춘원 이광수 전집 37

일본어 평론·논설

최주한(崔珠瀚) | 서강대 인문과학연구소 연구원. 숙명여자대학교 화학과를 졸업하고 서강대학교 국어국문학과에서 이광수 소설 연구로 박사학위를 받았다. 저서로 『제국 권력에의 야망과 반감 사이에서 - 소설을 통해 본 식민지 지식인 이광수의 초상』, 『이광수와 식민지 문학의 윤리』, 『한국 근대 이중어 문학장과 이광수』가 있고, 역서로 『근대 일본사상사』(공역), 『『무정』을 읽는다』, 『일본 유학생 작가 연구』, 『이광수, 일본을 만나다』, 『일본어라는 이향』, 『이광수의 한글창작』 등이 있다. 이 밖에 공편 자료집으로 『이광수 초기 문장집』 I·II·III과 『이광수 후기 문장집』 I·II·III을 간행했다.

하타노 세쓰코(波田野節子) | 니가타 현립대학 명예교수. 아오야마학원대학 문학부 일본문학과를 졸업하고 니가타대학 국제지역학부 교수로 재직했다. 한국어 번역 저서로 『『무정』을 읽는다』, 『일본 유학생 작가 연구』, 『이광수, 일본을 만나다』, 『일본어라는 이향 - 이광수의 이언어 창작』, 『이광수의 한글창작』이 있고, 일본어 역서로 『無情』, 『夜のゲーム』, 『金東仁作品集』, 『樂器たちの圖書館』, 『血の涙』 등이 있다. 공편 자료집 『이광수 초기 문장집』 I·II·III과 『이광수 후기 문장집』 I·II·III, 『이광수 친필 시첩 〈내 노래〉, 〈내 노래 上〉』 등을 간행했다.

춘원 이광수 전집 37

일본어 평론·논설

초판 1쇄 발행 2025년 8월 11일

지은이 | 이광수
번역 및 감수 | 최주한, 하타노 세쓰코

펴낸곳 | (주)태학사
등록 | 제406-2020-000008호
주소 | 경기도 파주시 광인사길 217
전화 | 031-955-7580
전송 | 031-955-0910
전자우편 | thspub@daum.net
홈페이지 | www.thaehaksa.com

편집 | 조윤형 여미숙 김태훈
마케팅 | 김민선
경영지원 | 김영지
인쇄·제책 | 영신사

ⓒ이정화, 2025. Printed in Korea.

값 25,000원

ISBN 979-11-6810-376-4 03810

이 전집은 춘원 이광수 선생 유족들의 협의를 거쳐 막내딸인 이정화 여사의 주관으로 발간되었습니다.

책임편집 | 조윤형
북디자인 | 이윤경

춘원 이광수 전집 37

일본어 평론·논설

—

최주한, 하타노 세쓰코 번역 및 감수

태학사

이광수(李光洙, 1892~1950)

일러두기

1. 이 책은 1910년 3월 『부의 일본(富の日本)』에 발표된 「특별기증작문(特別寄贈作文)」부터 1944년 10월 『신시대』에 발표된 「반도 청년에게 보냄(半島靑年に寄す)」까지 이광수가 일본어로 쓴 평론과 논설을 모두 모은 것으로, 해당 작품을 발표한 신문과 잡지를 저본으로 삼아 번역·감수했다. 원문의 제목과 출처는 각 작품 말미에 붙여 두었다.
2. 이 책은 한국 어문 규정(2017년 3월 28일 기준)에 따라 현대역을 진행하였으나, 작가의 의도를 고려할 필요가 있거나 사투리, 옛말, 구어체 중에서 의미나 어감이 통하는 표현은 가급적 살리고자 하였다.
3. 한글만 쓰기를 원칙으로 하였다. 단, 낱말의 뜻을 파악하기 어려운 경우나 지금은 사용하지 않는 한자어의 경우, 혹은 경전·시가·한시·노래 등의 원문을 그대로 인용한 경우에는 한글과 한자를 병기하였다.
4. 대화를 표시하는 『 』혹은 「 」은 모두 " "로, 그 밖에 강조의 뜻을 표시하는 경우에는 ' '로 바꾸었다. 말줄임표는 모두 '……'로 통일하였다.
5. 저술, 영화, 희곡, 소설 작품 등은 각각의 분량을 기준으로 「 」와 『 』를 사용하여 표시하였다.
6. 읽는 이들의 편의와 문맥의 흐름을 돕기 위해 원문의 의미를 훼손하지 않는 선에서 적절하게 문장부호를 추가, 삭제하거나 단락 구분을 하였다.
7. 숫자는 가급적 한글로 표기하되, 연도 등 문맥을 고려하여 필요하다고 판단되는 경우에는 아라비아숫자로 표기하였다.
8. 외래어나 외국어 원문을 특별히 밝혀야 할 필요가 있는 경우에는 그 뜻을 병기하였다.
9. 외래어 표기법을 따르되, 그 쓰임이 굳어진 것은 관례적인 표현을 따랐다.
10. 명백한 오탈자나 낱말의 순서 바뀜 등의 오류는 바로잡았다. 선정한 저본 안에서 해결할 수 없는 경우에는 다른 판본을 참조하여 수정하였다.
11. 이상의 편집 원칙에 따르되, 감수자가 개별 텍스트의 특성을 고려하여 유연하게, 탄력적으로 이 원칙들을 적용하였다.

발간사

    춘원연구학회가 춘원(春園) 이광수(李光洙) 연구를 중심축으로 하여 순수 학술단체를 지향하면서 발족을 본 것은 2006년 6월의 일이다. 이제 춘원연구학회가 창립된 지도 18년이 되었다. 그동안 우리 학회는 2007년 창립기념 학술발표대회 이후 학술발표대회를 28회까지, 연구논문집 『춘원연구학보(春園硏究學報)』를 30집까지, 소식지 『춘원연구학회 뉴스레터』를 13호까지 발간하였다.
    한국 현대문학사에 끼친 춘원의 크고 뚜렷한 발자취에 비추어보면 그동안 우리 학회의 활동은 미약하였다. 그러나 여러 가지 어려운 여건 속에서도 학회를 창립하고 3기까지 회장을 맡아준 김용직 선생님과 4~5기 회장을 맡아준 윤홍로 선생님, 그리고 학계의 원로들과 동호인들의 각고의 노력으로 우리 학회의 내일이 한 시대의 문학과 문화사에 깊고 크게 양각될 것으로 기대된다.
    일제강점기에 춘원은 조선인들에게 민족의식을 일깨워주고 문학적 쾌락을 제공하였다. 춘원이 발표한 글 중에는 일제의 검열로 연재가 중단되거나 발간이 금지된 것도 있다. 춘원이 일제의 탄압에도 끊임없이 소설을 쓴 이유는 「여(余)의 작가적 태도」에 잘 나타나 있다. 이 글은 검열을 의식하면서 쓴 글임에도 비교적 자세히 춘원의 입장을 밝히고 있다. 춘원은 "읽을 것을 가지지 못한" 조선인, 그중에도 "나와 같이 젊은 조선의 아들 딸을 염두에" 두고 "조선인에게 읽혀지어 이익을 주려" 하는 것이라 하면서, 자신이 소설을 쓰는 근본 동기가 "민족의식, 민족애의 고조, 민족운동의 기록, 검열관이 허(許)하는 한도의 민족운동의 찬미"라고 밝히고 있다. 춘원의 소설은 많은 젊은이에게 청운의 꿈을 키워주기도 하고 민족적 울분을 삭여주기도 했다.

뿐만 아니라 춘원은 『신한자유종(新韓自由鐘)』의 발간, 2·8독립선언서 작성, 대한민국 임시정부 수립, 임시정부의 『독립신문』 사장, 수양동맹회(修養同盟會)와 수양동우회(修養同友會), 그리고 동우회(同友會) 활동 등 독립운동과 민족운동에 참여한 바 있다.

일제는 1937년 7월, 중일전쟁 직전인 1937년 6월부터 1938년 3월까지 수양동우회와 관련이 있는 지식인 180명을 구속하고 전향을 강요하였으며, 1938년 도산(島山) 안창호(安昌浩)의 사후 춘원은 전향하고 '가야마 미쓰로(香山光郞)'로 창씨개명을 하게 된다.

당시의 정황은 우리가 생각하는 것처럼 단순하지 않다. 조선의 히틀러라 불리는 미나미 지로(南次郎) 총독이 전시체제를 가동하여 지식인들의 살생부를 만들고 그들의 생명을 위협하던 시기였다. 나라를 잃고 민족만 남아 있는 일제강점기에 우리 선조들은 온갖 고난을 감수해야만 했다. 일제에 저항하여 독립운동을 하고 옥사한 사람들도 있지만, 생존을 위해 일제에 협력하고 창씨개명을 한 이들도 적지 않았다.

해방 후 춘원은 자신의 과오를 반성하지 않고, 자신은 민족을 위해 친일을 했고, 민족을 위해 자기희생을 했노라고 했다. 이러한 주장은 많은 사람들로부터 질타를 받았다. 그럼에도 춘원을 배제하고 한국 현대문학과 현대문화를 논할 수 없으며, 그가 남긴 문학적 유산들을 친일이라는 이름으로 폄하하는 것은 온당해 보이지 않는다. 문학 연구에 정치적인 논리나 진영 논리가 개입하면 객관적인 연구가 진척될 수 없다. 공과 과를 분명히 가리고 논의 자체를 논리적이고 이지적으로 전개해야 재론의 여지가 생기지 않는다.

삼중당본 『이광수전집』(1962)과 우신사본 『이광수전집』(1979)은 편집자의 의도에 따라 많은 작품이 누락되어 춘원의 공과 과를 가리기에 어려움이 있다. 또한 현대어와 거리가 먼 언어를 세로쓰기로 조판한 기존의 전집은 현대인들이 읽기에 어려움이 있다.

따라서 춘원이 남긴 모든 저작물들을 포함시킨 새로운 전집을 발간할 필요성이 제기되었다. 춘원연구학회에서는 춘원의 공과 과를 객관적으로 평가하는 장을 마련하기 위해 춘원학회가 아닌 춘원연구학회라 칭하고 창립대회부터 지금까지 공론의 장을 마련해왔으며, 새로운 '춘원 이광수 전집' 발간을 준비해왔다.

전집 발간 준비가 막바지에 달한 2015년 9월 서울 YMCA 다방에 김용직, 윤홍로, 김원모, 신용철, 최종고, 이정화, 배화승, 신문순, 송현호 등이 모여, 모 출판사 사장과 전집을 원문으로 낼 것인가 현대어로 낼 것인가, 그리고 출판 경비는 어느 정도로 할 것인가를 가지고 논의했으나 합의점을 찾지 못했다. 2016년 9월 춘원연구학회 6기 회장단이 출범하면서 전집발간위원회와 전집발간실무위원회를 구성하였다. 전집발간위원회는 송현호(위원장), 김원모, 신용철, 김영민, 이동하, 방민호, 배화승, 김병선, 하타노 등으로, 전집발간실무위원회는 방민호(위원장), 이경재, 김형규, 최주한, 박진숙, 정주아, 김주현, 김종욱, 공임순 등으로 구성하였다.

  전집발간위원들과 전집발간실무위원들은 연석회의를 열어 구체적인 방안들을 논의하고, 또 전집발간실무위원들은 각 작품의 감수자들과 연석회의를 하여 세부적인 사항들을 논의한 끝에, 2017년 6월 인사동 '선천'에서 춘원연구학회장 겸 전집발간위원장 송현호, 태학사 사장 지현구, 유족 대표 배화승, 신문순 등이 만나 '춘원 이광수 전집' 발간 계약을 체결하였다. 춘원이 남긴 작품이 방대한 관계로 장편소설과 중·단편소설을 먼저 발간하고 그 밖의 장르를 순차적으로 발간하기로 하였다. 또한 일본어로 발표된 소설도 포함시키되 이 경우에는 번역문을 함께 수록하기로 하였다.

  전집발간위원회에서 젊은 학자들로 감수자를 선정하여 실명으로 해당 작품을 감수하게 하며, 감수자가 원전(신문 연재본, 초간본, 삼중당본, 우신사본 등)을 확정하여 통보해주면 출판사에서 입력하여 감수자에게 전송해주고, 감수자는 판본 대조, 현대어 전환을 하고 작품 해설까지 책임지기로 하였다.

  '춘원 이광수 전집' 발간은 현대어 입력 작업이나 경비 조달 측면에서 간단한 일이 아니어서 오랜 시일이 소요되었다. 전집 발간에 힘을 보태주신 김용직 명예회장은 영면하셨고, 윤홍로 명예회장은 요양 중이시다. 두 분 명예회장님을 비롯하여 전집발간위원회 위원, 전집발간실무위원회 위원, 감수자, 유족 대표, 그리고 태학사 지현구 사장님께 감사드린다. 아울러 실무를 맡아 협조해준 전집발간실무위원회 김민수 간사와 춘원연구학회의 신문순 간사, 그리고 태학사 관계자에게도 고마운 마음을 전한다.

2025년 8월

춘원이광수전집발간위원회 위원장 송현호

차례

7 발간사

1부 평론·문학론

19 민요에 나타난 조선 민족성의 일단
26 조선의 문학
39 문단 위문 사절의 의의
41 문학의 국민성
48 조선문학의 신경향
50 조선 문화의 장래
59 역시집(譯詩集)에 부쳐
61 내선일체와 조선문학
70 영화와 사실성
71 조선 문예의 오늘과 내일
75 감격의 영화
76 국어와 조선어
80 대동아정신(大東亞精神) ― 대동아문학자대회의 발언
84 '대동아정신(大東亞精神)의 수립'에 대하여
87 나와 국어 ― 국어에 대한 애정
89 전쟁과 문학
101 대동아문학(大東亞文學)의 길 ― 대동아문학자대회 석상에서

2부   논설·시론

111	특별기증작문(特別寄贈作文)
113	조선인 교육에 대한 요구
121	조선인의 눈에 비친 일본인의 결함
123	민족대회소집청원서
127	재외 조선인에 대한 긴급책에 대하여 다음의 2건을 건의함
132	합의〔申合〕
135	조선 청년과 애국심
137	죽은 후의 명예 — 야스쿠니신사(靖國神社) 초혼식(招魂式)
139	자기를 소중히 여긴다는 것
141	두 가지 뼈아픈 방망이
143	기대되는 약속
145	자치훈련(自治訓練)
147	국민개학(國民皆學)과 세 가지 의무
149	생활의 미화 — 미술전람회를 계기로
151	근로의 본뜻
153	금장식(金粧飾)을 없애라
155	진지한 태세
157	사변 2주년 — 여전히 부족한 긴장감
159	이 상등병의 전사
161	영국이여, 물러나라
163	가슴과 배의 힘 — 휴가·휴일의 새로운 가치
165	타인에 대한 예의
167	가뭄 피해의 교훈 — 재해를 극복하는 기백의 양성
169	청소 운동 — 집집마다 매일 아침 문 앞을 청소하면 어떨까
171	교통 예의 — 다만 한 걸음씩 서로 양보하는 것
173	명예로운 고립 — 오직 황도(皇道), 용왕매진(勇往邁進)이 있을 뿐

175	구주(歐洲)의 동란(動亂) ― 백인(白人)의 이른바 정의란?
177	직장과 공명심 ― 청년 학생에게 보내는 경고
179	조선 청년과 신념
181	신질서(新秩序)의 근본원리
183	전사자(戰死者)와 우리 ― 전몰장병(戰歿將兵)의 유족이 되라!
185	총후(銃後)의 사치를 부끄러워하라
187	개인의 진면목 ― 신(神)과 임금의 은혜 아래
189	쌀의 절약
191	애국일 자숙(自肅) ― 그날만으로는 아무것도 안 된다!
193	반도인(半島人)과 국민정신
195	존폐(存廢)의 선택 ― 씨제도(氏制度) 실시의 세 가지 정신
198	한파(寒波)와 우리들 ― 전쟁터를 떠올리고 위문품을 보내자
200	총동원의 한도
202	흥아(興亞)의 기본 사상
204	개성개명(改姓改名)에 대하여
207	기원 2600년
209	연두(年頭)의 서(誓)
211	소학교 선생님께
213	신내각(新內閣)의 사명과 국민
216	영국에 항의함
218	성심(誠心)의 기원절(紀元節)
220	건국제(建國祭)의 아침
222	인애(仁愛)와 충후(忠厚)
224	황민화(皇民化)의 한길
226	지식층의 외딴섬
228	잘못된 구복술(求福術)
230	조선의 불교
233	졸업생에게 주는 말

235	왕(汪) 정권의 성립
237	청년의 길 ― 잘못된 허세와 외양을 배척하라
239	기본 예의 ― 핏대를 올릴 필요 없다
241	청년의 마음 하나
243	마음을 다스려라
245	국민의 보건과 정신
248	어린이와 청년
250	여행의 아름다움과 추함
253	기개를 숭상하고 염치를 중히 여길 것
255	잘못된 사고
257	마음과 얼굴과 복
259	지성의 서약
262	공리주의의 몰락
265	한 병졸의 마음가짐
268	정변과 우리들
271	새로운 자랑
273	정동연맹(町洞聯盟) 상회(常會)
275	8월 10일의 기쁨
277	여자 교육
279	내선(內鮮) 청년에게 보냄
284	잇따른 기쁨
286	개인의 신체제
289	배움의 감격
293	두세 가지 제안
295	쓸모 있게 되자
297	동포에게 보냄
316	가두(街頭)의 훈련
318	젊은이의 감격

320	지원병 훈련소의 하루
328	신체제(新體制)의 윤리
330	얼굴이 변한다
335	중대한 결심 — 조선의 지식인에게 고함
344	내선일체(內鮮一體) 수상록
354	반도의 제매(弟妹)에게 보냄
366	가훈(家訓)
379	항구(恒久) 원대한 구상
382	지금이야말로 봉공(公奉)의 기회
384	병역과 국어와 조선인
395	천황의 방패가 되려는 날
398	대동아전쟁(大東亞戰爭) 1주년을 맞는 나의 결의
399	일어서는 농촌
402	대동아전쟁(大東亞戰爭)의 교훈
414	사상(思想)의 간소화
424	딸에게 주는 글
430	청년에게 고함
436	청년과 오늘
445	이 전쟁과 사생활
448	반도 청년에게 보냄

해설

467	이광수의 일본어 평론과 논설에 대하여 __ 최주한

1부 평론·문학론

민요에 나타난 조선 민족성의 일단

호소이 하지메(細井肇) 씨는 조선 민족의 잔인성(殘忍性)이란 것을 대원군(大院君)의 복수(復讐)의 예를 들어 실증(實證)하려고 했다. 과연 대원군 같은 이에게는 잔인성도 있었을 것이다. 어떤 개인에게 잔인성의 맹아(萌芽)가 있는 것처럼 어떤 민족에게 잔인성은 있을 것이다. 그러나 호소이 하지메 씨가 대원군의 생애에서 잔인했던 부분을 취하여 그것이 조선 민족성의 주목할 만한 중요한 특색의 하나라고 단정한 것은 조선 민족성에 대한 무지(無知)가 아니면 참무(讒誣)라고 하지 않으면 안 된다.

'호양부쟁(好讓不爭)'이라고 한인(漢人)이 평(評)한 것과 같이 조선인처럼 잔인성을 결여(缺如)한 민족은 필시 유례(類例)가 적을 것이라고 생각한다. 첫째, 조선인에게는 '복수〔仇打〕'라는 말이 없고, 복수에 관한 전설(傳說)이나 문학도 거의 없다고 해도 좋을 정도로 적다. '친하기 어려운 원수(怨讐)'라고 할 만한 경우조차 피를 흘릴 시도(試圖)의 여지는 없었던 것이다. 궁정(宮廷) 안이라든가 정당(政黨) 간의 알력과 투쟁에서는 호소이 씨가 지적한 것처럼 잔인이라고 할 만한 사건이 없지도 않았지만, 민간에서는 피를 흘리는 복수 따위는 하층계급에서만 극히 드물게 보는 것이었다. 그들은 반대로 원수를 용서하고, 원수 되기 어려움을 가르치는 것을 자랑으로 여기고 미담(美談)으로 삼는 터이다. 그것은 고대(古代)에만 그런 것이 아니다. 오늘날에도 조선인의 범죄에 4, 5인을 살해하는 것과 같은 범죄는 거의 없다. 강도와 살인죄가 매우 적은 것은 경찰이나 재판소의 통계를 보더라도 분명한 사실이다.

   여담(餘談)으로 들어가는 것 같지만, 민요에서도 그러하다. 혹은 나를 버리고 가는 님을 원망하여,

   나를 버리고
   가시는 님은
   십 리도 못 가서
   발병 난다

고 한 것이 가장 깊은 원망을 나타낸 것이고, 그렇지 않으면,

   울고 매달리네
   님의 소매
   떨치고 떨치고
   가버리시네

   끝내 막다른 길에
   해도 저물어
   하마 저 등불
   적막하게

   지새는 밤을
   밝힐 때
   이내 정은

알지 못할러라

라는 정도가 고작이다.
　다음으로 학정(虐政)에 괴로워하고 정부를 원망하는 것으로서는 매우 여러 가지가 있지만, 그것 역시,

　　　을축(乙丑), 갑자(甲子)의
　　　초하루에
　　　경복궁을
　　　세울 적에

정도로, 갑자(甲子), 을축(乙丑)이라 해야 할 것을 을축(乙丑), 갑자(甲子)라고 거꾸로 읊어 고작 경복궁의 조영(造營)이 정치의 본말(本末)을 거꾸로 한 것임을 풍자하고 있는 정도이다.
　또 병인년(丙寅年) 흑선(黑船)의 난(亂) 이래 외국인 침입에 대하여 적개심을 나타냈다고 할 만한 민요가 있는데, 대표적으로 꼽을 만한 것으로는 아마도,

　　　양귀자(洋鬼子) 무리
　　　우리를 보호할
　　　대원의 궁은
　　　걱정이 무용(無用)

이라든가,

함경도 원산은
좋은 곳이라도
왜노(倭奴)의 괴롭힘에
견디기 어렵네

라든가,

다바코야, 다바코야
동래(東萊) 울산(蔚山)의 다바코야
네 나라도 있는데
대한나라에 왜 왔나

은을 가지고 왔나
금을 가지고 왔나
은도 금도 없이
다바코 종자가 왔구나

라는 정도일 것이다. 다바코(담배)라는 것은 물론 일본인을 풍자한 것으로, 일본인은 우리에게 도움 되는 것을 가져와 준 것이 아니라, 단지 '다바코라는 종자를 가지고 왔다.'고 풍자한 것이다. 즉 증오해야 마땅한데 잠깐 웃어 보이는 것이다.

　이렇게 웃어 보이는 데 조선인의 특색이 있는 것이다. 조선어에는 "뭐 웃고 말게."라는 말이 있다. 이것은 슬플 때, 괴로울 때 하는 말이지만, 또 분개했을 때, 원수를 대할 때도 사용하는 말이다. 그들은 정말이지 껄 껄 웃고 칼을 가진 원수에게 등을 보이고 유유하게 가 버리는 것인데, 이런 태도를 그들은 우러러볼 만한 태도라고 말한다. 이는 극하층민 간에도 일상적으로 자주 보이는 현상이다.

 다음으로 조선 민족의 특성 중 하나는 낙천적이라는 것이다. 그들은 슬픔에 빠지거나 실망하는 것을 부녀자의 일이라고 생각하고, 그것을 부끄럽게 여긴다. 그래서 조선에는 진정한 의미의 비극문학이나 가요도 없다. 「심청전」이든 「춘향전」이든, 비극이면서도 언제나 '웃어 버리는' 것을 잊지 않는다.

  천 년을 살거나
  만 년을 살거나
  죽음에 들어서 노소(老少)가 없다

까지는 어느 정도 비애(悲哀)의 어조(語調)를 띠고 있지만, 그들은 곧,

  살아생전에
  마음껏
  즐기려무나

라고 말하는 것이다.

 "불탄 말뚝에도 꽃이 핀다."는 속담이 있다. 불탄 말뚝에 꽃이 필 리도 없지만, 어떤 경우에도 실망하지 않음을 말하는 것이다.

 지금도 유행하고 있는 민요 중에 가장 비애조(悲哀調)를 띠고 있다고 일컬어지는 것은 남방(南方)의 「육자배기」와 중앙의 「홍타령」, 서도의

「수심가」가 있는데, 과연 그 어조가 비애를 띠고 있다고는 해도 그 가사는 의연히 낙천적이다.

저 건너 갈미봉에
부슬부슬 비가 오네
우장을 두르고 지심을 맬거나

라는 것이 「육자배기」의 대표이고,

천안 삼거리 수양버들은 흥
제멋에 겨워서
늘어졌구나

라는 것이 「흥타령」의 본체(本體)이다.

노세 노세
젊어서 놀아
늙어지면
못 노나니
청춘이 있는 동안
마음껏 노세

라는 것이 「수심가」의 대표적 가사이다.

근래 데카당 시인들이 서양식 절망이나 비애를 수입하면서 낙천적인 조선심(朝鮮心)에는 그다지 공명(共鳴)하지 않는 모양이지만, 시인 자신도 조선인인 이상 완전한 절망이나 완전한 슬픔에 빠지지는 않는 것 같다. 민족성은 완고한 것이다.

— 이광수(李光洙), 「民謠に現はれる朝鮮民族性の一端」, 『신진(眞人)』, 1927. 1.

조선의 문학

1

오늘날 조선문학은 아직 세계 시장에 내놓을 정도에 달하지 못한다. 작가도 작품도, 양으로나 질로도 유감이지만 아직 역사를 지닌 한 민족의 문학으로서 널리 내놓을 정도는 아니다. 다만 2,300만이라는, 결코 수에 있어서 적다고는 할 수 없는 한 민족이 현재 소유하는 문학으로서 소개의 가치를 발견할 수 있을는지.

2

멀리 1천 수백 년 전의 옛날, 특히 신라에서는 문학도 미술도 발달한 시대가 있었다. 무수한 전란(戰亂)과 시간의 마멸(磨滅)을 거친 오늘날에조차 신라의 옛 도읍 경주, 그리고 그 밖에 신라 문화의 일면을 말하는 우수한 건축과 조각이 남아 있고, 또 『삼국유사(三國遺事)』, 『균여전(均如傳)』 등에는 당시의 아름다운 시편이 수천 편 수록되어 있다. 1,045년 전 진성여왕(眞聖女王) 시대에는 『삼대목(三代目)』이라는 칙선가집(勅選歌集)까지 있었다.

하지만 고려 이후 조선에 한문학(漢文學)이 융성하게 되고부터는 한문학의 본고장인 지나(支那)에서조차 칭찬을 얻을 정도의 문인·시인을 배출했으나 조선어로 된 조선문학은 거의 돌아보지 않았다. 이조 제4대 세종대왕(世宗大王) 때 훌륭한 한글(언문)이 발명되어 자유자재로 조선어가 쓰이게 되고, 또 임금 자신 순(純)언문으로 「용비어천가(龍飛御天歌)」와 「월인천강지곡(月印千江之曲)」 등 대서사시편(大敍事詩篇)을 지어 조선문학의 모범을 보였음에도 불구하고 지나문학에 탐닉한 조선인은 겨우 '시조(時調)'라는 국풍시가(國風詩歌) 수백 편과 소설·희곡·이야기 수십 편을 남겼을 뿐 한 민족에 상응하는 문학을 산출하지 못하고 말았다. 이들 시편은 『가곡원류(歌曲源流)』·『청구영언(靑丘永言)』·『해동가요(海東歌謠)』 등에 수록되어 있다.

그 소설이라 함은 「구운몽(九雲夢)」(한문 번역과 게일 박사의 영문 번역이 있다. "The Cloud Dream of Nine"이라는 제목으로 런던에서 발행되었다), 「춘향전(春香傳)」〔이것은 조선인에게 가장 애송(愛誦)되는 연애가극(戀愛歌劇)으로 영문 번역, 불문 번역, 독문 번역이 있고, 한문 번역도 있다〕, 「홍길동전(洪吉童傳)」 등이 그 대표이다. 그중에서도 특히 「춘향전」은 좋든 나쁘든 조선인의 마음을 가장 잘 나타내고 있다.

3

편집자는 조선의 현대문단·작가·작품·경향 등을 주문하는데, 현대문학의 시작은 정확한 연대를 정하기는 곤란하나 일러전쟁이 끝난 무렵부터라고 할 것이다. 포츠머스 일러 강화조약 결과 당시 한국이던 조선은 일본의 보호국이 되고 마침내 1910년(明治 43) 8월 29일 일본에 병합

(倂合)되었다. 그 사이 겨우 7년, 그러나 그 7년은 조선인의 마음에 7백 년도 뛰어넘는 변화를 가져다주었다.

　이 시대에 발생한 것이 애국시가(愛國詩歌)로, 이른바 애국시가 시대이다. 애국을 테마로 한 서정시가가 몇백, 몇천씩 쏟아져 나왔기 때문이다. ×××××××, 대개는 익명이나 변성명한 이름으로 씌어진, 주로 필사본에 드물게는 등사판으로, 극히 드물게는 활자로 인쇄되어 조선 전체를 휩쓸었던 것이다. ××, ×× 한 가사나 어조 ×××××××××, ××××××× 가 많았다. 이들 시가는 지금은 한 편도 남아 있지 않다. ×××××××, ××××××, ×××, ×××, ×××××××××××× 그 시가들은 다시 활자화되어 나올 기회를 영구히 잃고 말았다. 아마도 이곳에 인용하는 것도 곤란할 것이다.

　이들 시가에 대한 당시의 인심(人心), 특히 청년 학생의 마음을 움직인 힘은 실로 큰 것이었다. 많은 지사(志士)와 청년들이 이들 시가를 읊으며 사실상 시베리아나 만주, 태평양 저편으로 표랑(漂浪)의 길에 올랐으니, 그 수는 아마도 수만을 헤아릴 것이다.

4

　이 애국시가 시대의 뒤를 이은 것, 혹은 다음 시대의 선구(先驅)가 된 것은 최남선(崔南善)의 산문시 시대이다. 최남선은 한국 정부가 도쿄에 파견한 제1회 유학생 가운데 한 사람으로, 부립1중과 와세다대학 문과에서 공부했다. 합병 두 해 전에 애국적 열정에 타올라 학업을 포기하고 귀국하여 『소년(少年)』이라는 월간 잡지를 발행했다. 1908년(明治 41)

의 일이다. 당시 그는 18세 소년이었다. 그는 그 지면에 산문시를 다수 발표했다. 그 시형(詩形)은 아마도 투르게네프(Turgenev)의 산문시를 모방했을 것이다. 그러나 그 내용은 전혀 독창적인 것으로, 동족애·희망·힘·자기희생과 같은 것이었다. 즉 애국시가 시대의 내용을 좀 더 심각하고 복잡하며 세련되게, 자유로운 산문시의 그릇에 담은 것이다. 최남선식의 산문시에서 뒷날 조선의 신체시(新體詩)가 태어났다. 요컨대, 단순한 4·4조(이것은 조선 고유의 것이다)나 7·5조(이것은 일본에서 유입된 것이다)의 천편일률적(千篇一律的)인 애국시가에 대한 불만에서 최남선의 산문시가 태어나고, 그 산문시가 지나치게 산문적인 데 대한 불만에서 좀 더 정리되고 구속력 있는 신체시가 태어난 것이다.

한 가지 더 중요한 일이 있다. 조금 뒤의 일이지만, 최남선이 산문시에서 전향하여 시조(時調) 형식을 취한 수천 편의 작품을 발표한 것이다. 시조란 앞에서도 언급한 대로 조선 고문학(古文學)의 근간을 이루는 형식인데, 그 옛 형식에 새로운 내용을 담아 신문학의 한 형식으로 부활시킨 것은 역시 최남선이었다.

이러한 경로를 거쳐 조선에 새로운 시 형식 — 신체시와 시조의 기초가 마련된 것인데, 신체시에서는 주요한(朱耀翰)·김안서(金岸曙)·박월탄(朴月灘)·김소월(金素月)·김파인(金巴人) 등을 낳았고, 시조에서는 최남선·이노산(李鷺山)·이병기(李秉岐)·정인보(鄭寅普) 등을 낳았다.

주요한은 제1고에서 공부한 적도 있고 가와지 류코(三路柳虹)에게 인정받기도 한 사람으로, 『아름다운 새벽』·『봉사꽃』 등의 시집을 냈다. 그는 기독교인이고 직업은 신문기자인데, 명철한 두뇌, 예민한 감정, 명랑한 양심을 특색으로 하며, 그의 시는 실로 밝고 꾸밈없는, 젊은 조선의 마음을 노래한 것이라 할 만하다.

김안서는 게이오대학(慶應大學)을 나온 사람으로, 1921년(大正 9) 무렵 『오뇌(懊惱)의 무도(舞蹈)』라는 번역 시집을 내어 조선 문단에 보들레르(Baudelaire)·베를렌(Verlaine) 등의 시풍(詩風)을 소개한 공적이 있고, 또 서정시와 아름다운 문장으로 한때 널리 애독되었던 시인으로 조선 신시단(新詩壇)의 창설자 가운데 한 사람이다.

박월탄은 『흑방비곡(黑房秘曲)』이라는 시집을 냈고, 김소월은 『진달래꽃』이라는 시집을 냈다. 두 사람 모두 10년래 오로지 침묵을 지키고 있지만, 김소월의 애조를 띤 민요풍의 시는 실로 조선에서 민요시와 동요시의 선구이자 모범이 되었으니, 지금도 생명을 잃지 않았다.

그리고 김파인인데, 그는 1919년(大正 8)의 ××운동 이래 전 조선의 청년을 휩쓴 데카당 풍조와 『악의 꽃』식의 시가에 대해 크고 강력한 반항의 목소리를 높인 시인으로, 『국경(國境)의 밤』이라는 시집은 조선 문단에 커다란 파문을 일으켰다. 굵은 선, 거칢, 힘, 반항 — 이러한 그의 정신과 수법은 그때까지의 탐미파, 예술지상파적 경향에 대하여, 어떤 의미에서는 최남선 이전의 애국시가 시대로 돌아갔다고도 할 수 있고, 또는 훗날의 프로시의 선구가 되었다고도 할 수 있을 것이다.

양주동은 『조선의 맥박(脈搏)』이라는 시집을 내어 민족애를 드높였다.

그리고 시조에 관한 것인데, 시조에서는 최남선의 『백팔번뇌(百八煩惱)』와 이노산의 『노산시집(鷺山詩集)』, 또 이병기·정인보의 작품도 모두 애국시가 시대의 정통성을 잇고 있다고 할 만하며, 모두 검열관에게 허용되는 한도에서 '민족'을 중심 사상으로 삼고 있다. 특히 노산의 시는 현대시조의 금자탑이라 할 수 있다.

5

다음은 소설이다. 소설은 양으로나 질로나 또 독자의 범위가 광범하다는 점에서 오늘날 조선 문단의 주인이라고 해도 좋다. 사실상 4, 5년래 신체시는 몇 명의 새로운 작가를 배출한 외에는 거의 그림자를 감추고 말았다. 단지 시조만 이노산·이병기 외 몇 사람에 의해 나아간 경지를 보이고 있다. 그러나 시조는 일본의 와카(和歌)와 마찬가지로 문예적으로 훈련된 계급에게만 완상(翫賞)되는 것이어서 일반 대중에게 파고들 성질의 것은 아니다. 대중의 먹거리는 뭐니 뭐니 해도 소설이다.

조선에 구미풍(歐米風) 형식의 소설이 일기 시작한 것은 지금으로부터 30년 전 이인직(李人稙)이라는 사람의 「혈(血)의 누(淚)」와 「귀(鬼)의 성(聲)」 등의 작품에서였다. 그는 순수한 조선어로 현대의 조선 생활을 그렸으나, 다만 현대적·사상적 배경과 근거를 갖지 못했다. 그래서 그의 작품은 훗날 신문학 운동과는 아무런 유기적 관계를 갖지 못했다.

실로 새로운 민족의식과 구미사상에 눈뜬 소설이 나타난 것은 구주대전(歐洲大戰)이 바로 한창이던 1916, 17년(大正 5, 6) 무렵부터이다.

당시 조선 유일의 조선문 신문이었던 『매일신보』, 최남선의 『청춘(靑春)』, 도쿄 유학생들이 발행했던 『학지광(學之光)』과 그 밖의 잡지, 그리고 ××운동이 일어 데라우치(寺內)식 무단통치에서 사이토 마코토(齋藤實) 대장의 이른바 문화정치가 시행되어 두세 개 일간 신문과 십수 개의 월간 잡지가 발행되면서부터 새로운 문학운동은 다른 부문의 문화운동과 함께 왕성히 일었다. 앞서 언급한 시인들도 대부분 이 무렵에 나왔다.

이 무렵에 소설에서는 김동인(金東仁)·현빙허(玄憑虛)·염상섭(廉想涉)·나도향(羅稻香) 등이 나왔다. 그들은 이미 민족의식에 구애되지 않고 당시의 세계적 조류(潮流)였던 인생주의에 기초하여 인습(因襲)에 대한 반항, 연애를 중심으로 한 감정의 해방, 현실의 폭로, 그리고 조선의 현실에 대한 ××, ××, ×× 등을 가미한 것이었다.

이들 소설가는 모두 도쿄 유학생으로 세계대전을 전후한 일본의 사상과 문예에서 많은 영향을 받았다. 이른바 대진재(大震災) 전의 문란한 사상에서 영향을 받은 것으로 보인다.

그러나 이 무렵 신문예의 달콤한 맛에 취하여 청년들은 걷잡을 수 없이 문예로 내달렸고, 한때는 문예가 아니면 지낼 수 없는 상태였다.

김동인은 이들 작가 가운데서 가장 뛰어난 수완을 가진 작가다. 그는 대개는 단편을 썼는데, 「감자」·「발가락이 닮았다」 등은 가장 뛰어나다고 평가받고 있고, 「감자」는 『신초(新潮)』에 번역되어 실리기도 했다. 이 작가는 관찰력이 뛰어나고 위트와 유머가 풍부하며, 인습이라든가 도덕·세평(世評) 따위에는 전혀 아랑곳 않고 자유자재로 자기가 생각하는 대로 쓰기 때문에 독자의 머리를 어쩔하게 하는 점이 있다.

현빙허는 『지새는 안개』라는 단편집을 냈는데, 그의 작품은 어느 것이나 실로 능히 균제미(均齊美)가 있고 상식이 풍부하며 화려한 문체로 되어 있고, 특히 그의 문장은 여전히 아름답다고 칭찬받고 있다.

염상섭은 주로 장편을 쓴 작가인데, 그의 작품은 자못 떨떠름하고 둔중하며 심각한 느낌을 준다. 그 장황한 점까지도 도스토옙스키(Dostoevsky)식이라고 이야기되고 있다. 그의 작품으로는 「표본실의 청개구리」·「만세전(萬歲前)」·「해바라기」·「이심(二心)」 등이 있고, 지금도 작가 생활을 계속하고 있어 프로파(派)에서는 민족주의 문학의 대장(大

將)이라고 부르고 있다.

　나도향은 젊어서 죽었는데, 그의 「환희(幻戲)」·「벙어리 삼룡이」는 그의 이름을 영원히 조선문학사상(朝鮮文學史上)에 남겼다. 특히 「벙어리 삼룡이」는 가장 좋은 작품으로 일컬어지며, 사례로서 인용되거나 영화화되기도 했다. 그에게는 로맨티시즘의 경향이 있다.

　그러나 이들 작가에게는 오늘날 말하는 것 같은 지도적인 사상은 없었다. 어느 편인가 하면, 예술을 위한 예술과 같은 탐미적(耽美的)·데카당적 경향이 있어 인생에 대한 깊은 통찰이라든가 고원(高遠)한 이상과 같은 윤리적 혹은 사회적 요소가 결여되어 있었다. 여하튼 유희적(遊戲的)이었다는 비난을 면할 수 없다. 이는 시단(詩壇)의 경우도 마찬가지였다.

　이때 나타난 것이, 시에서는 앞서 언급한 김파인(金巴人)의 「국경(國境)의 밤」이고, 소설에서는 최서해(崔曙海)의 「탈출기(脫出記)」이며, 이들 작품을 전후하여 박영희(朴英熙)·김기진(金基鎭) 두 사람이 프로 문학의 봉화를 올렸다.

　최서해는 소학교를 마쳤을 뿐, 혹은 짐꾼이 되고 혹은 나무꾼도 되며, 혹은 만주에서 방랑하고 혹은 중이 되기도 했던 사람으로, 아마도 「탈출기」는 자신을 모델로 삼은 작품이었을 것이다. 「탈출기」는 간도(間島)에서 활동하는 ××운동자들의 생활의 일면을 그린 것인데, 그 착실함과 굳셈, 굵은 선은 고리키의 작품에서 받는 듯한 어떤 압력을 주기도 한다. 세기말적(世紀末的)·연애물적(戀愛物的) 문학에 빠졌던 청년들은 이 「탈출기」에서 문학의 새로운 감격을 얻었을 것이 틀림없다. "문학은 결코 유희가 아니다. 그것은 피로 기록된 인간의 악전고투(惡戰苦鬪)의 기록이 아니면 안 된다."는 새로운 문학관을 젊은이들의 마음에 새겨 주었을 것이 틀림없다.

6

나도향은 죽고, 현빙허는 소설의 붓을 던지고, 오늘날 여전히 소설을 쓰고 있는 것은 인생파로 불리고 있는 김동인, 민족주의자로 불리고 있는 염상섭, 그리고 준(準)프로파 격인 최서해뿐이다. 그 밖에 윤백남(尹白南)·최독견(崔獨鵑) 등의 대중작가들을 제외하고는 ×× 당시의 작가로 생명을 유지하고 있는 이는 없다.

그리고 신흥(新興)의 프로문학인데, 앞에서도 잠깐 언급한 대로 박영희·김기진 등은 잡지 『개벽(開闢)』을 아성(牙城)으로 삼아 앙리 바르뷔스(Henri Barbusse)의 소개를 시작으로 하여 왕성히 마르크시즘의 문학이론을 소개하거나 작품을 발표하고, 기성문단과 기성작가들을 부르주아 문사(文士)로 매도하며 커다란 기세를 올렸다. 신진인 최서해도 그 진영에 영입되었고, 이어서 조명희(趙明熙)는 시로써, 이기영(李箕永)은 소설로써 프로 진영의 공격력과 방어력을 강화했다. 이들에 의해 일본 프로 작가들의 작품도 얼마간 소개되었다.

프로문학은 정확히 공식에 의한 것이므로 설명할 필요를 느끼지 못하지만, 이것이 한때 조선 청년 사이에 얼마나 열광적으로 환영받았는가 하면, 실로 경이(驚異) 그 자체였다. 프로문학의 기관지나 되는 듯이 뽐내던 『개벽』은 놀랄 만하게 발행 부수가 증가했고, 이 때문에 결국 당국의 발행 금지 처분을 받고 말았다. 『개벽』지가 발행 금지당하고부터 프로파의 문사들은 일간신문의 문예란에 의거했으나 그것도 버리지 않을 수 없었고, 최후의 견고한 보루이던 새 지면『조선지광(朝鮮之光)』도 이제는 ×××××××××, 거세되었고, 계속 발행조차 여전히 어려운 모양이다.

프로문예동맹·카프시인동맹 등이 있긴 하지만, 프로문학은 커다란 문학적 수확(주의적 수확은 있었을지언정)이 없이 막다른 골목에 맞닥뜨린 상태이다. 그러나 이 막다른 골목은 꼭 검열의 ××× 탓으로만 돌릴 수 없고, 작가 자신의 역량과 노력, 또 그들이 움켜쥐고 있는 문학 이론이 지나치게 협애(狹隘)한 목적론적 성격을 띠고 있다는 점에도 책임이 있다고 하지 않으면 안 된다. 이것은 아마도 일본의 프로문학에서도 마찬가지일 것이다. 조선의 프로문학운동은『분게이센센(文藝戰線)』·『센키(戰旗)』등의 한 분파(分派)에 지나지 않았으므로.

그러나 프로문학운동이 조선의 문학에 준 공헌, 그 자극, 그 이데올로기의 영향은 불멸할 것이다. 이후의 문학은 어떤 의미에서는 프로문학의 이론, 여과기(濾過器)를 통과하여 만들어져야 할 것이다. 이런 의미에서, 조선의 프로문학은 이미 그 역할을 달성했다고도 할 수 있다.

7

이제 주어진 지면도 이미 다하려 하므로 조선문학 전체에 대하여 개론적인 약간의 고찰로써 이 원고를 마치기로 하자. 그것은 혹은 조선문학의 금후의 경향에 대한 얼마간의 암시를 포함할지도 모른다.

대체로 조선 민족은 적어도 오늘날의 상태로는 문학에 커다란 관심을 가지고 있다고는 생각되지 않는다. 그들에게 문학과 예술 등은 있어도 그만 없어도 그만인 정도의 것으로, 그것이 생활의 필수 조건이 되어 있지 않다. 가장 문학을 좋아할 만한 청년·학생들조차 문학과 예술에 대해 통절한 요구는 갖고 있지 않은 듯하다. 하물며 현재 사회 각 부분의 지도자 계급에 있는 40대 이상에게는 문학은 일종의 유해(有害)한 사치품에 불과하다.

문자(文字)의 나라로 일컬어지는 조선에서 이 정도로 문학에 냉담하다는 것은 좀 이상하게 느껴지지만, 거기에는 이유가 있다.

첫째, 조선인은 이 30년래 느긋하게 문학과 예술을 맛볼 만한 그런 마음의 여유를 갖지 못했다. 그들은 그들의 민족적 운명의 급격한 변전(變轉)에 대하여 몹시 정치적 관심에 몰두하지 않으면 안 되었다. 원래 조선인은 정치적이라고 일컬어지고 있는데, 가뜩이나 이러한 환경에 놓인 그들로서는 깊은 정치적 관심을 갖는 것이 지극히 당연한 일일 것이다.

이런 상태이니, 지사적(志士的) 기백을 가진 사람들로서는 문학 따위는 한가한 사람의 따분함이나 무료를 달래기 위한 여기(餘技)·말기(末技)일 뿐이다. 따라서 아직 일찍이 문예를 평생의 업(業)으로 여기는 사람은 없다. 문학은 일종의 가벼운 부업(副業)에 지나지 않는다.

다음으로, 조선인의 생활은 해가 가고 날이 감에 따라 경제적 궁핍이 더해져 왔다. 문학과 예술을 즐길 만한 마음의 여유도 또 경제적 여유도 없다. 잡지 한 권, 소설 한 권조차 살 돈이 없고, 또 살 기분도 나지 않는다. 이런 상태이니 시인과 문사가 아무리 작품을 써도 살 사람이 없다. 그래서 밥을 굶게 된다. 생존하고자 하면 금융조합이나 면사무소의 서기라도 되어 20원, 30원의 월급이라도 받지 않으면 안 된다.

셋째, 조선의 검열제도이다. 이것은 조선인이 되어 보지 않으면 도저히 상상도 할 수 없다. 〔41자 삭제〕 오늘날 조선인의 사상을 크게 나누면 민족주의자와 ××주의자 두 가지로 나눌 수 있을 것이다. 가장 근래에는 세계 사조인 파시즘에 자극되어 양자를 합친 민족사회주의 같은 이데올로기가 급속한 속도로 구성되고 있는데, 이를 합하면 세 종류이다. 따라서 작가가 가장 흥미를 갖고 또 대중이 가장 기대하고 있는 것은 이들 세 가지 이데올로기로부터 오는 ××××××××××. 그런데 이들의 ××는 ×××××××, 완전히 터부시되어 있는 것이다. 작가가 뭔가 감흥을 얻어 펜을 들어 원고지를 향하면 우선 나타나는 것은 ×××의 비전이다. ××××, ×××××××, 있는 것이 아니라, 작가로서 펜과 원고지 있는 곳 어디서든 그 ×××××××를 느끼는 것이다. 그래서 제1의 감흥도, 제2, 제3의 감흥도 달아나고 ××××××××××, 테마를 찾아 마치 간판장이가 그 주인의 마음에 들도록 의장(意匠)을 베풀듯이 ××××, ××××, 필법(筆法)으로 쓰지 않으면 안 되는 것이다. 오늘날까지 조선인이 쓴 문학은 이렇게 만들어진 것이다.

  마지막으로, 신문학(新文學)의 역사가 짧은 것, 다른 부문의 문화, 특히 교육이 보급되지 않은 것, 또 인재(人材)가 나지 않는 것도 이유가 될 것이다. 여하튼 조선의 오늘날은 문학을 누리지 못하고 있다는 것만은 사실이다.

  그러면 조선문학의 장래는 어떠할까? 아마도 민족주의적일 것이다. 혹은 더 적절하게는 민족사회주의적일 것이다. 게다가 조선인 고유의 인도주의(人道主義) 사상을 더하고, 그 위에 그 민족성인 도피적 낙천주의와 절망적 애조(哀調) 속에 불교식 달관(達觀)의 미소를 혼합한 것일 것이다. 내일의 힘과 광영에 대한 동경과 도피적이고 절망적이며 달관적인 애조와 미소, 이것은 일견 교환 불가한 듯하지만, 이들을 합친 것이 실로 고금(古今)을 통하여 조선문학의 특징이다. 그것은 오랜 역사 — 민족적 생활 과정의 영향일지도 모른다.

    덧붙임. 조선문학에 대한 필자 자신의 역할은 일절 쓰지 않기로 했다. 그것이 올바르다고 생각하기 때문이다.

— 이광수, 「朝鮮の文學」, 『가이조(改造)』, 1932. 6.

문단 위문 사절의 의의

　조선 문단 위문 사절로서 김동인(金東仁)·박영희(朴英熙)·임학수(林學洙) 세 사람이 지난 15일 북지(北支)로 향했다. 조선 문단의 위문 사절이 전선에 파견된 것은 실로 일대 사건이며, 일기원(一紀元)을 긋는 것이라 해도 결코 과언이 아니다.
　조선의 문학은 많은 사람들에게 아직 참된 의의가 인식되어 있지 않다. 그것은 역사가 짧고 성인층 조선 민중이 문학과 예술에 대하여 관심과 이해가 부족하기 때문이다.
　오늘날의 조선문학은 그 질과 양에서 이미 초창기를 벗어났을 뿐 아니라, 그 영향, 특히 청년층에 대한 감화력에서 실로 놀랄 만한 점이 있다. 달리 많은 읽을거리를 갖지 못한 조선에서 문학서는 일종의 종교적 감화력을 갖고 있음을 간과해서는 안 된다.
　그런데 이 조선문학은 아직 일찍이 국민적 감정으로 움직인 예가 없던 것이다. 원래 조선의 신문학은 민족사상을 근거와 배경으로 하여 일어난 것으로, 초기의 작품은 순문학적이라기보다는 일종의 이데올로기적인 것이었다.
　좀 더 솔직하게 말하면, 국민적 감정에 관여하는 것을 피해 왔던 것이다. 이어서 구주대전(歐洲大戰) 후 좌익 문인 단체까지 결성되어 일시 청년 간에는 마르크스주의 색채를 띤 문학이 아니면 돌아보지 않는 시기도 있어서 민족주의 문학과 공산주의 문학, 이른바 동반자 문학 등이 있었으나, 일본 국민으로서 국민적 감정권 내에서 만들어진 문학은 없었다.

그러던 것이 이번 문단의 황군 위문 사절 파견을 계기로 하여 좌우 양쪽 모두 종래의 사상을 내던지고 문자 그대로 오월동주(吳越同舟) 격으로 국민적 감정 일색이 된 것이다. 총독부 당국이나 군 당국에서도 이 일에 찬성하는 뜻을 표하여 여러 가지 알선의 수고를 맡고 격려의 말씀을 해 주었다고 들었다. 이것이야말로 조선 문인의 손에 의한 최초의 성전(聖戰) 묘사 및 찬미어서 그것만으로도 실로 뜻깊은 일이지만, 이어서 이윽고 이 세 작가에 의해 성전의 묘사와 찬미가 담긴 조선 최초의 국민적 문학이 나와 여기서 새롭게 출발한 조선문학이 조선 민중 — 특히 내일의 주인인 청년층에게 얼마나 깊고 광범위한 영향을 줄까는 말할 필요도 없을 것이다.

— 「文壇慰問使の意義」, 「국민신보(國民新報)」, 1939. 4. 23.

문학의 국민성

참으로 일본적인 문학 정신

문물의 구미화(歐米化)는 메이지(明治)·다이쇼(大正)에 걸쳐 주된 노력이었다. 그 노력은 필요한 것이었고, 이를 통해 일본이 힘을 기른 것도 사실이지만, 동시에 구미를 배우는 것에 열중한 나머지 그것이 지나쳐 이른바 심취하는 폐를 낳고 구미 숭배에까지 빠진 사람도 적지 않았던 것이다.

그러나 일본인은 어떤 경우에도 자기를 망각하는 국민이 아니다. 1923년(大正 12)의 간토대진재(關東大震災) 무렵부터 전국적으로 깊은 자기비판의 정신이 일어나 일본의 재검토·재인식의 소리가 높아졌다. 그것은 사상 방면에서는 공산주의 내지 자유주의로부터 황실 중심의 일본주의로의 복귀가 되었고, 문예 방면에서는 좌익 문예 내지 예술지상주의 문예로부터 일본 정신을 규명할 것을 목적으로 하는 이른바 대중 문예의 궐기로 나타났던 것이다.

대중 문예에 대해 문예비평가들은 이를 저급하여 다루기에 미흡한 것으로 묵살하거나 조소해 왔던 것인데, 이는 구미문학에 길들여진 머리의 소행이지 결코 올바른 인식은 아니었다. 과연 이른바 대중물은 대부분 그 정신의 깊이와 높이를 결여하고 저조함을 면치 못했다. 그러나 그것이 왕성한 국민정신의 외침이자 장차 구축되려 하는 신(新)국민문학의 기초공사였음은 부정할 수 없다. 메이지 이래 문학의 주류는 버터 냄새 나는 문예를, 이것이야말로 자기들의 위장에는 맞지 않지만 참으로 고급한 예술이라 하여 국민 대중에게 떠안겼다. 그리고 국민 대중 쪽에서는 눈에 보이지 않는 임금님의 옷에 대한 동화처럼 맛없다고 생각하면서도 맛있는 체하며 문예가들이 차린 식단을 통째로 삼켜 온 것이었다. 그 억제된 식욕이 대중 문예를 향해 폭발했다고도 할 수 있다. 이른바 구미의 순예술파의 입장에서 보면 이는 틀림없이 한탄스러운 타락이겠지만, 국민문학이라는 견지에서 보면 중요한 기초공사였던 것이다.

대중문학의 선구적 개척 위에 이번 흥아(興亞)의 성전(聖戰)이 일어나게 되어 국민정신은 더욱더 앙양되었다. 일본의 마음, 일본의 혼에 분명히 눈뜬 것이다. 일본적인 것의 아름다움·위대함에 새삼 경이를 느낀 것이다. 구미(歐米) 문화는 일본인의 문화로 삼을 만한 문화가 아닐 뿐만 아니라, 일본 정신에서 나고 자란 문화야말로 일본인 자신의 문화이며, 나아가 바야흐로 막다른 골목에 내몰린 저 구미 문화를 대신하지 않으면 안 될 내일의 문화라는 확신을 얻은 것이다.

이런 까닭에 이제부터의 일본문학은 구미문학의 추수에서 벗어나지 않으면 안 된다. 지금 대학의 문과에서는 문학이라고 하면 구미문학을 시조로 삼는 모양인데, 이런 누습(陋習)은 단연코 청산되어야 할 것이다. 그렇다고 해서 구미문학의 연구가 쓸모없다는 것은 아니다. 다만 구미문학은 구미문학이고 일본문학은 일본문학 자신이라고 분명히 인식해야 할 따름이다.

애초에 예술은 국민 생활의 분비물이다. 땀이나 체취와 마찬가지로 그 신체에서 분비된 어떤 것이다. 다만 예술은(종교나 풍속, 습관 내지 철학도 올바른 의미에서는 국민 생활의 분비물이지만) 땀이나 콧물과 같이 피하고 싶은 것이 아니라 향기롭고 바람직한 분비물이며, 그것이 이번에는 역으로 국민 생활 공동체에 좋은 의미의 기쁨과 자극을 주는 그런 성질의 분비물인 것이다. 예술은 꿀에 비유할 수 있다. 자기의 분비물로 만든 것을 자기의 영양분으로 삼는 것이다.

문장보국(文章報國)의 참된 의의는

예술은 국민 생활의 분비물이므로 그 내용과 색깔과 냄새가 그 국민성 내지 그 국민의 생활 상태에 따라 특색 지어지는 것은 참으로 필연적일 수밖에 없다. 일본문학이 그리스문학·인도문학·영문학 등과 구별되는 것은 바로 이 때문이다. 따라서 일본문학이 일본인의 체취를 띠는 것은 당연하며, 오히려 일본인의 체취가 많으면 많을수록 더욱 일본문학답다고 할 것이다.

그러면 문학의 보편성 문제는 어떻게 할 것인가? 과연 문학과 그 밖의 문화 산물에는 보편성이 있다. 시간적으로는 고대의 작품이 우리 현대인에게 영감을 주고, 공간적으로는 스페인이나 스칸디나비아의 작품이 우리 동양인의 심금을 울린다. 이런 의미에서 문학 내지 문화의 보편성이 있는 것은 사실이지만, 그것은 마치 서양 건물과 일본 건물에 다 같이 토대와 지붕·침실·부엌이 있고, 비바람과 추위, 더위를 피하는 데 공통인 것과 같으며, 그 이상은 아무것도 아니다.

한때 일본에는 문화주택이란 것이 유행했다. 그것은 서양식에 일본식을 약간 가미한 주택이었는데, 이제는 이미 싫증 나 버린 듯하다. 지금은 순 일본식, 거기까지는 아니라도 외부는 양식이면서 내부만큼은 일본식으로 꾸민 주택이 환영받고 있는 듯하다. 아마도 이번 국민 정신 앙양기 이후로는 서양을 흉내 낸 문화주택도 아니고 또 지금 일부에서 유행하고 있는 것 같은 외양내화(外洋內和)의 짬뽕도 아닌, 서양풍을 완전히 소화 흡수해 버린 새로운 형태의 일본 주택이 생길 것이다. 문학과 예술도 그럴 것이라고 생각한다.

오늘날의 이른바 현역 작가들 중에는 아직껏 회칠 벗겨진 문화주택에 집착하는 사람이 상당히 있는 듯하다. 사람도 달팽이와 마찬가지로 자기의 껍질을 하나 만들고 나면 좀처럼 거기서 빠져나오기 어렵다. 단지 생활력이 왕성한 사람만이 능히 구각(舊殼)을 벗을 수 있다. 오늘날은 많은 문사들에게 일대발분(一大發奮)이 요구되는 때가 아닌가. 즉 아시아 대개조(大改造)의 유례없는 기운과 앙양된 국민의 대정신을 한껏 흡수하여 이 시대, 이 정신에 상응하는 크고 힘찬 노래를 불러야 할 때가 아닌가. 흔해 빠진 신변잡기나 정치(情痴)·우치(愚痴), 구주류(歐洲流)의 탐미와 향락, 인성(人性)의 병리적 방면의 확대·찬미, 이데올로기의 소아병적 관념 유희, 그런 것은 모름지기 시대의 화톳불 속에 던져 버리고, 흥아(興亞)의 성업(聖業)에 힘쓰는 대국민의 정신적 분비물에 상응하는 문학을 만들 때가 아닌가.

문인의 정신 총동원은 바로 이 선상에 따라 행해져야 한다. 비상시의 문인이라고 해서 반드시 시국물이나 군가, 군담적인 것만을 쓰는 것이 총후(銃後) 봉사는 아니다. 때로는 그런 것도 필요할 것이다. 그러나 이런 비상시에 국가가 문인에게 바라는 것은 그보다는 더욱더 바닥 깊이 물결치는 크고 높은 어떤 것이 아닐까. 국민의 혼을 근저에서부터 흔들고 분기시키는 웅장한 외침이 아닐까. 그것은 구구하게 이데올로기적이거나 프로파간다적인 것이 아니라, 차라리 종교적·신앙적인 것이리라는 생각이 든다. 오늘날 우리 일본 문인의 사명은 바로 이런 문학을 만드는 데 있다고 생각한다. 문장보국(文章報國)의 참된 의의는 여기에 있는 것이 아닐까.

국민성과 문학의 관계

　문학을 만든다고 했지만, 문학은 만드는 것이 아니라 낳는 것이다. 분비(分泌)이다. 작위(作爲)가 있는 것은 참된 예술이 아니다. 이른바 기교의 흔적이 없는 것이야말로 참된 예술품인 것이다. 이데올로기 문학이라면 만들 수도 있으리라. 어용문학(御用文學)이라면 대서인(代書人)을 고용해서라도 만들게 하면 그만이다. 그러나 진정한 문학은 만들고자 해서 만들어지는 것이 아니다. 그것은 바로 혼으로부터 절로 발하는 빛이자 소리여야 한다. 문장은 사람이다. 이에 우리 문인은 무엇보다도 우선 자기의 개조, 자기의 수련이 필요하다. 구습을 벗어나 매우 청아하게, 매우 경건한 혼으로써 감각하고 감정을 느끼는 훈련을 하지 않으면 안 된다. 다방(茶房) 정서를 새벽의 후지산(富士山) 꼭대기에 선 듯한 기백으로 바꾸지 않으면 안 된다. 모든 감각·감정의 키에 달라붙은 먼지를 떨어내고 비뚤어진 것을 바로잡아 매우 청정한 마음으로 대국민의 정신적 울림을 받아들이지 않으면 안 된다. 이는 자기도취나 조로(早老)에 빠지기 쉽다. 우리 문인으로서는 확실히 고생스러운 일이 틀림없다. 그러나 그것은 우리 인간 된 자 누구나 반드시 통과하지 않으면 안 되는 용광로이다.
　어떤 이는 말할 것이다. 그것은 문학을 시대정신의 노예로 만드는 것이라고. 나는 대답할 것이다. 그렇다고, 또 그렇지 않다고. 문학은 시대정신을 반영하지 않으면 안 되고, 또 반영하지 않을 수 없다. 이런 의미에서 문학은 사진으로도 비유될 수 있을 것이다. 그러나 동시에 문학은 시대정신의 근저를 흐르는 영원의 흐름을 포획하지 않으면 안 된다. 즉 감개적(感慨的)인 것 가운데 영성적(靈性的)인 것을 포함하지 않으면 안 된다. 이런 의미에서 문학은 종교적인 상징물에 비유될 수 있을 것이다. 좀 더 적절하게 말하면, 문학은 시대정신이나 시대상을 영원한 것의 발현으로서 파악하고 표현하지 않으면 안 된다. 이런 까닭에 문학은 시대정신을 무시함으로써가 아니라, 시대정신을 파악하고 실현함으로써 그 시공(時空) 보편성을 획득하는 것이다. 내가 그렇다, 또 그렇지 않다고 대답하는 이유가 바로 여기에 있다.

마지막으로 조선문으로 쓰인 문학에 대해 한마디 하자. 조선문에 의한 새로운 문학운동은 이미 3분의 1세기를 지났다. 그동안 수백 명의 문인들의 노력에 의해 이제는 수많은 작품을 산출했고, 특히 최근 2, 3년래 문예 출판물의 발행과 매출이 갑자기 왕성해졌다. 조선문 문학은 이제야 기초가 잡혔다고 해도 좋다.

그런데 조선의 문인 및 문학은 바야흐로 일대 전기(轉機)에 도달했다. 조선문의 문학은 일본 국민문학의 일부라는 명확한 인식과 강한 의식이 그것이다. 사실대로 말하자면 □□ 병합에서 얼마 되지 않아서이기도 할 것이다. 종래의 조선 문인은 바로 최근까지도 국민의식에 눈뜨지 못했다. 따라서 그 작품에도 국민적 감정이 스며 있지 않다.

□□□를 회고하고 헛되이 애착하는 것과 같은 □□ 민족주의적인 것이 아니면 □□ 마르크시즘의 이데올로기물이나, 일부 이른바 순문예파라고 자칭한 구주류(歐洲流)의 탐미주의나 인성(人性) 병리학적 묘사를 뽐내는 일파가 있었을 뿐, 일본제국 전체를 시야에 둔 문인이나 작품

은 없었던 것이다.

그런데 아시아 대륙에 흐른 황군(皇軍)의 피가 조선인 전체에 이상한 변화를 일으킨 것처럼, 그것은 조선 문인의 뇌리에도 새로운 각성을 초래한 것이었다. 임학수(林學洙) 씨의 『전선시집(戰線詩集)』과 박영희(朴英熙) 씨의 『전선기행(戰線紀行)』은 새로운 각성이 낳은 조선문학 작품의 표본인데, 금후의 조선문학은 오로지 이 방향을 밟을 것이다. 그 과정에서 조선어는 국어의 일부, 조선문 문학은 국문학의 일부로서의 권리와 영예를 획득할 것이다.

국민성을 떠나서 문학은 없다.

― 이광수, 「文學の國民性」, 「경성일보(京城日報)」, 1939. 11. 14.~17.

조선문학의 신경향

 조선의 문인이 '일본 정신에 기초한 국민문학의 건설'을 슬로건으로 하여 문인협회(文人協會)를 결성한 것은 실로 훌륭한 일이고, 바로 그래야 마땅한 일이다. 따라서 금후 새로운 국민적 감격을 담은 문학이 잇달아 산출될 터인데, 그렇다면 그 새로운 문학은 어떤 방향을 향해서는 안 되는지, 또 어떤 방향을 향해야만 하는지가 당면의 문제가 될 것이다.
 우선 향해서는 안 되는 것은 유물론적(唯物論的) 방향이다. 조선에서는 한때 유물론적 이데올로기가 유행하여 마치 유물론이 이미 논의의 경계를 넘어 보편적으로 승인된 진리인 듯이 알고 있는 문인도 적지 않았다. 따라서 이런 문인의 작품, 특히 평론은 이 이데올로기의 선전 방편이었고, 단지 인심에 어그러진 인생관과 사회관을 고취했을 뿐만 아니라 실로 문학 자신의 본령에서 벗어난 사도(邪道)였다. 이러한 유물론과 그것에 뒤따른 계급투쟁의 이론 및 감정의 선전·자극은 우리 국체(國體)의 본의(本義)에 어그러질 뿐 아니라, 실로 천지(天地)의 이법(理法)에도 부합하지 않는 것이다. 따라서 금후의 문학은 완전히 이런 이데올로기에서 벗어나지 않으면 안 된다.
 둘째로 문학이 벗어나야 하는 방향은, 우선 개인에 관해서는 인생의 암흑면, 병적 방면을 마치 인생 그 자체인 듯이 드러내고 열등 감정을 도발하거나 탄미(歎美)하는 것, 또 사회에 대해서는 증오·원망과 탄식·분리 등 조화가 아니라 해체·쇠퇴를 부추기는 것과 같은 불건전한 내용을 담는 일이다. 예술의 이름으로 이런 악문학(惡文學)을 만드는 것은 실로 악마의 짓이며, 이 죄는 만 번 죽어 마땅할 것이다. 왜냐하면 흉기를 사용한 살인은 한 사람, 많아야 몇 사람을 죽이는 데 불과하지만, 문학의 형태를 빌린 흉기는 때와 장소를 초월하여 수십백만 사람의 혼을 죽이게 되기 때문이다.

셋째로 향해서는 안 되는 방면은 내선일체(內鮮一體)를 저해하는 내용의 문학이다. 내선일체는 실로 우리 제국(帝國)의 기초이다. 문학이든 어떤 것이든 이에 반하는 것은 허용될 이유가 없다.

이상에서, 벗어나지 않으면 안 되는 방향을 지적함으로써 금후 문학의 방향이 대강 정해졌을 것이다. 즉 우주의 진선미성(眞善美性)을 긍정하는 것이 아니면 안 된다. 따라서 인생은 진선미의 이상을 내포하고 있고, 언뜻 보기에 불만과 모순에 찬 현실도 한층 높은 단계로 진화 향상하는 도정에 있다는 것을 긍정하는 것이 되어야 한다. 그리고 인생의 선하고 아름다운 방면을 찬미하고, 앙양된 국민 감정을 구가하는 것이 되어야 한다.

이러한 문학이야말로 내일이 바라는 조선문학이다.

— 「朝鮮文學の新傾向」, 「국민신보」, 1939. 11. 26.

조선 문화의 장래

반도 문화의 본류

일괄적으로 조선 문화라고 해도 무엇을 가리키는지 약간 납득이 안 간다. 멀리 단군시대까지 거슬러 올라가지 않아도 삼국시대가 있고 고려시대가 있고 이조시대가 있으며, 또 같은 이조시대라고 해도 초기와 말기는 현저히 특색을 달리한다.

여기서 조선 문화의 본류(本流)는 무엇인가라는 문제에 봉착하는 것이다. 즉, 혹은 한(漢)과 수(隋)·당(唐), 혹은 원(元)·명(明)·청(淸) 등 지나(支那)의 문화 및 불교문화의 영향을 받았으면서도 의연히 유지하고 있는 주체적인 면을 끄집어낼 수 있다면, 그것이 곧 당연히 조선 문화의 본류일 것이다. 그러나 이는 여러 각도에서 연구된 후에 비로소 확실해져야 할 것이며, 아직 전혀 미개척 상태라 해도 좋을 조선문화사(朝鮮文化史)로서는 가벼이 단안(斷案) 내리는 것을 삼가지 않으면 안 된다. 그러나 조선 문화의 장래에 대해 뭔가 의견을 말해 달라고 편집자에게서 부탁받은 나로서는 미숙하나마 조선 문화의 본류에 대해 나의 소신을 개진하지 않을 수 없다.

첫째, 내 생각으로는 문헌으로 남아 있는 조선사(朝鮮史)의 신빙성이 극히 박약한 점을 인식하는 데서 출발하지 않으면 조선 문화의 정체를 파악하기 어렵다는 점을 역설하고 싶다. 조선의 역사로서 오늘날까지 남아 있는 것으로 기본적인 것이 『삼국사기(三國史記)』인데, 이것은 그 저자인 김부식(金富軾)의 지나 숭배 사상의 한 방편으로 쓰인 것으로, 당시까지 전해진 비기(秘記)·고기(古記)·비지(秘誌) 등은 물론, 고구려·백제·신라의 역사마저도 묵살하거나 개찬(改撰)해 버림으로써 자기의 이데올로기로 왜곡된 사실과 해설만을 전하고, 그 밖의 사료(史料)는 자기가 재상(宰相)의 지위에 있는 것을 이용하여 없애 버렸던 것이다. 이 소논문에서 김부식의 사론(史論)을 비평할 여유는 없지만, 신라 등의 왕이 연호(年號)를 사용하고 짐(朕)이라 칭하고 붕(崩)이라 칭한 것조차도 이를 예(禮)가 아니라 하여 지나 제후(諸侯)의 예(例)를 좇아 과인(寡人)이라든가 훙(薨)이라는 문자로 고치고, 연호 등은 완전히 삭제하고 지나의 연호로 대신한 일례만 보아도 충분히 짐작될 것이라고 생각한다.

특히 조선 문화의 원류이자 중심인 고신도(古神道)에 대해서는 선왕〔先王, 김부식에게는 요순(堯舜)·문무(文武) 등의 왕을 의미한다〕의 도(道)가 아니라 하여 묵살하고 배척했으며, 그 후 정몽주의 척불(斥佛)·배선(排仙)을 거쳐 이조의 성종(成宗)·중종(中宗) 대에 이르러 이 지나 숭배 사상은 그 절정에 달하여 모든 고조선적인 것을 배척하고 완전히 지나를 모방하고자 했다. 저 조광조(趙光祖) 같은 사람은 수천 년래 연면히 계속되어 온 제천의식(祭天儀式)조차 제후의 도가 아니라 하여 폐지시킬 것을 주청(奏請)했고, 당시의 이른바 유림들은 갈채하며 이에 동조하여 마침내 영구히 제천의식을 중단하는 데 성공한 것이다.

이 제천의식이야말로 조선 문화의 연원이라 할 것으로, 조선인의 신앙·정치·사회·인생관은 모두 이 근본 사상에서 갈라져 나온 것이었다. 저 조선의 건국신화인 삼신전설(三神傳說), 신인(神人)의 하강전설(下降傳說) 및 승천전설(昇天傳說) 등은 바로 이를 말하는 것이다. 즉 우주의 주재자인 '환인(桓因)'의 아들 환웅(桓雄), 환웅의 아들 왕검(王儉)이 태백산의 박달나무 아래 내려와 신시(神市)를 만들고, 그 신시에 360조의 율령(律令)을 정하여 그곳에 지상의 국가를 이루었으며, 이 일을 마치자 왕검은 다시 하늘에 오른 것이다.

이 왕검을 지나의 사적(史籍)에서는 선인왕검(仙人王儉)이라고 부르고 있는데, 이 선(仙)이라는 말은 지나에서 말하는 선(仙)과 결코 같은 뜻이 아니다. 그래서 신라에서는 왕검의 도를 국선도(國仙道)라 하여 지나의 선(仙)과 구별한 것이었다.

국선도는 신라뿐 아니라 고구려와 백제에도 공통이었던 듯하다. '제천(祭天)' 의식은 삼국의 역사 기록에 공통으로 보이며, 게다가 그것은 8월부터 10월에 걸쳐 행해졌다. 이 정도의 자료는 김부식의 『삼국사기』에도 실려 있다.

국선도는 조선의 고신도(古神道)인데, 이것은 물론 한자를 사용하고 나서부터의 칭호로 원래 조선어로 무엇이라 불렀는지는 알 수 없다. 다만 국선도 신앙의 본존(本尊)이 하나님이고, 인간 세상을 주관하는 신의 본존이 검님·왕검·서낭님·대신(大神) 등으로 불렸던 것은 여러 기록과 오늘날까지 민속에 남아 있는 언어 등으로 미루어 단정할 수 있다.

신라사에서는 "왕이 신궁(神宮)에 행차하다.", "왕이 시조묘(始祖廟)를 알현하다." 같은 조항이 제3대 왕의 기록 이래 곳곳에 보인다. 더욱이 그 신궁은 시조묘보다 상위에 속했다. 신궁·시조묘·산천신기(山川神祇) 세 종류의 제사가 매년 일정한 시기(신라에서는 8월 15일, 고구려에서는 10월, 삼한시대에도 10월)를 정하여 국왕의 친제(親祭)로 거행되었고, 그 때에는 남녀(男女)·문무(文武)의 여러 가지 경기(競技)와 대중적인 행사가 있었다고 기록되어 있다.

이는 국가의 제례(祭禮)이고, 민간에는 마을마다 당(堂) 또는 사당이라 불리는 신사(神祠)가 있고, 특히 수도의 진산(鎭山)이나 남산에는 대규모 사당이 있으며, 명산(名山)에도 국선(國仙)의 신령한 기운이 서리지 않은 곳이 없었다. 이런 신사가 관령(官令)으로 폐지된 것은 이조(李朝) 성종과 중종 때이다. 이른바 음사폐지(淫祀廢止)인 것이다.

  그러나 국선도는 제사뿐 아니라 신라사를 읽어 보면 알 수 있듯이 종교·정치·무술·예술의 수련을 포함한 것으로, 유명한 국선(國仙)의 문하에 수천의 문하생이 있어 일종의 종교적 단체를 만들고, 그 문하생이 스승인 국선의 도장에서 종교적·정치적·무술적·예술적 수련을 했다. 17세가 졸업 시기였던 듯하며, 이 국선 도장이야말로 국민교육의 연총(淵叢)이었던 것이다.

  최치원이 쓴 난랑비(鸞郞碑)에 이 국선도의 요령(要領)이 적혀 있다. "오동유도 호왈국선(吾東有道 號曰國仙)"〔우리나라에 도(道)가 있어 부르기를 국선(國仙)이라 한다 — 역자〕이라는 구절을 시작으로 하여 불교의 자비(慈悲)도 유교의 인의(仁義)도 도교의 청아(淸雅)함도 겸비한 신도(神道)가 있어 위대한 문신(文臣)도 무장(武將)도 그 가운데서 나왔다는 의미의 말이 적혀 있다. '오동(吾東)'이란 조선 반도를 가리킨다. 최치원은 신라인으로 당(唐)에 문명(文名)을 떨친 이른바 당화(唐化)된 인물이었음에도 불구하고 국선 난랑의 비문에 이렇게까지 국선도를 칭송한 것이 특히 주목할 만하지 않은가.

  나아가 이 국선도의 윤리적 내용으로서 5개조의 이른바 세속오교(世俗五敎)가 신라 명승(名僧)의 말로 『삼국사기』에 전해지고 있다. 즉,

  1. 임금을 섬김에 충으로써 하라.

2. 부모를 섬김에 효로써 하라.
3. 친구를 사귐에 믿음으로써 하라.
4. 전투에 나아가 물러나지 말라.
5. 생명을 죽임에 가림이 있어야 한다.

라는 것이 그것이다. 세속오교라는 것은 불교의 입장에서 본 것이고, 국선열전(國仙列傳)을 읽어 보면, 국선, 즉 화랑들이 얼마나 이 5개조를 잘 실천했는지 알 수 있다. 관창랑(官昌郞)·사다함(斯多含) 등은 그 적절한 예일 것이다.

 우리는 신라사(주로 『삼국유사』·『삼국사기』를 가리킨다)에 남아 있는 단편적인 재료만 가지고도 국선의 전모를 파악할 수 있다. 즉 국선은 천지의 창조자이자 주재자인 하나님을 믿고, 그 하나님이 인간세계를 가르치고 다스리기 위해 그 아들 검님을 세상에 보냈으며, 그 검님이 인간으로 오면 왕이 되고 돌아가면 신이 됨을 믿는다. 그리고 이렇게 신을 공경하고 신의 현대신(現代身)인 왕에게 충의를 다하고, 부모에게 효도하며, 일반 동포와는 믿음으로써 사귀고, 그리고 국가를 위해서는 일단 완급(緩急)이 있어서 전쟁에 나아가 물러나지 말고, 그러면서도 되도록 생명을 불쌍히 여겨 살해하지 말라는 것이다. 다시 요약하자면, 충(忠)·효(孝)·신(信)·용(勇)·인(仁)의 다섯 가지 덕목은 신에 대한 신앙에 뿌리를 두고 있으며, 특히 왕은 신의 현대신(現代身)으로서 이를 충으로써 섬긴다는 정신은 신라 천년일계(千年一系)의 왕통을 지킴으로써 실행되었다. 고구려와 백제도 그러했다. 고려의 왕건(王建)이나 이조의 태조(太祖)가 이른바 역성혁명(易姓革命)을 감행한 것은 지나사상의 영향을 받았다고 할 것이다. 그렇다 해도 왕건은 고구려 왕통의 후계자로 자임했고, 이태조는 신라의 후계자로 자임했다.

국선의 수련 방법에 대해서도 역사에 기록된 것만으로도 대략 미루어 살필 수 있다. 즉 열일곱 살까지는 스승의 도장(道場)에서 철저히 문무(文武)의 훈련을 받고, 거기서 어엿한 한 사람의 화랑(花郞)이 되면 대개는 명산(名山)을 다니며 혹은 선왕(仙王)의 영장〔靈場, 오늘날 조선의 사찰에 산신당(山神堂)으로서 대웅전보다 한 층계 높은 곳에 모셔져 있는 것이 그 흔적인데, 산신당이란 적당히 한문식으로 만든 단어임은 말할 것도 없다〕에서 기도와 같은 영성단련(靈性鍛鍊)을 하고, 혹은 담력과 무술을 연마하며, 혹은 노래를 불러 예술적 정조(情操)를 함양했던 것이다. 금강산·태백산·지리산 등은 가장 저명한 영장(靈場)으로 아직껏 영랑(永郞) 등의 전통이 남아 있을 정도이다. 금강산은 불교가 개척한 명산이 아니라 국선의 영장에 불교의 가람(伽藍)이 세워진 것으로, 말하자면 신불융화(神佛融化)였다. 저 유명한 이차돈(異次頓)이 신라의 법흥왕(法興王) 때 불교를 위해 순교한 것은 실로 신불(神佛), 좀 더 정확히 말하면 선불(仙佛) 충돌의 희생이 된 것으로, 이차돈의 용감한 죽음은 선불의 융화를 가져온 것이었다.

화랑(국선과 거의 같은 뜻이다)과 노래는 깊은 관계가 있다. 신라에서는 노래가 신성한 것으로, 병란(兵亂)이 있거나 가뭄·역병이 유행할 때는 노래를 지어 신께 바치거나 음악과 춤으로 신을 위로해 드린 것이었다. 만파식적(萬波息笛)이나 처용무(處容舞) 등의 예를 들지 않더라도, 신라사 곳곳에 그런 이야기가 적혀 있다. 거문고 곡조의 발달과 오늘날 아악(雅樂)으로 남은 신라악도 국선도의 유물이며, 진성여왕(眞聖女王) 대의 칙선가집(勅選歌集)『삼대목(三代目)』이란 것도 화랑이 읊은 것이었다고 생각한다. 신라의 노래, 이른바 향가(鄕歌)로서 오늘날 남아 있는 것은 26편 정도이다. 주로 부처의 공덕을 찬미하는 노래인데, 이는 곧 노래가 원래 신께 바친 것이었다는 증좌(證左)라고도 할 수 있다.

또 국선의 전기(傳記)가 신라사에 열전(列傳)으로 남아 있는데, 이를 읽어도 국선도의 내용이 충분히 귀납될 수 있다고 생각한다. 즉 신을 믿고 공경하고 충효를 근본으로 삼으며 신의(信義)를 위해 생명도 버렸고 (사다함은 친구와의 약속을 지키기 위해 음식을 끊고 죽었다), 전장에서는 죽음을 두려워하지 않았다(관창랑의 예). 게다가 자비와 예술적 여유를 가져 세간에서 '풍월도(風月徒)'라든가 '백운향도(白雲香徒)'라고 불릴 정도의 기품과 풍류와 느긋함을 갖췄던 풍모도 엿볼 수 있다. 만약 독자가 이왕가(李王家)의 아악(雅樂)을 들은 적이 있다면, 그때의 심경이야말로 국선도인의 심경일 것이라고 생각한다. 실로 고조선의 정신을 가장 완전히 보존하고 있는 것은 조선 음악이라고 나는 항상 믿고 있다. 그리고 이러한 고조선의 기분은 오늘날 조선인 속에서도 종종 발견된다.

이 국선도의 신앙적 부분은 7백 년래, 특히 이조(李朝) 중종 이래 4백여 년간 학대받아 왔지만, 혹은 단군 숭배라는 종교의 형태로 혹은 선왕(仙王)이나 대검, 산신 숭배의 민간신앙의 형태로 아직껏 전해지고 있다. 그리고 그 하나님[主宰] 숭배의 정신은 지금도 조선인 전체의 혼에 스며들어 있으며, 그 예술적 부분은 노래와 음악, 춤으로 미미하게나마 계속되고 있다. 마지막으로 그 윤리적 부분인 충효 관념에서도 지나식 충효의 덕목으로 대치되었다고는 해도 역시 전통적인 관념을 잃지 않고 있다. 요컨대, 아무리 벗겨도 완전히 벗겨지지 않고, 아무리 씻어도 완전히 씻기지 않는 부분이 아직 조선인의 마음에 남아 있다고 할 수 있으리라. 그렇다면 이것이야말로 조선 문화의 본류가 아닐까(이상은 신라를 중심으로 언급한 것이지만, 고구려도 백제도, 또 고려왕조도 국선도에 관한 한 공통

된다).

조선 문화의 장래

　만약 국선도가 조선 문화의 본류라고 한다면, 앞으로 조선 문화는 어떤 방향을 취할 것인가?
　상술한 것으로써 조선 문화의 본류가 일본 문화의 본류와 얼마나 닮았는지 알 수 있을 것이다. 아니, 닮았다기보다도 동일하다고 할 수 있을 것이라고 생각한다. 어느 것이 먼저고 어느 것이 나중인지는 역사가의 연구를 기다려야 하겠지만, 그 내용이 동일한 것만큼은 사실이라고 단언할 수 있다고 생각한다. 오늘날의 조선과 일본의 다른 모습은 주로 조선의 지나화(支那化)에서 온 것이며, 그 본질은 동일한 것이다. 이 점에 중요한 시사점이 담겨 있다고 생각한다.
　즉, 정신상·문화상의 내선일체는 조선 측에서 보면 결국 일종의 복고(復古)에 지나지 않는 것이다. 바꿔 말하면, 일시적으로 입었던 지나의 옷을 벗어 버리고 선조 시대의 원래 복장으로 돌아가는 것에 불과하다. 신을 공경하는 것도 그러하고, 충효 중심의 도덕 또한 그러하며, 인정과 풍속의 주된 것에 이르기까지 그러하다. 요컨대 조선인은 일본 문화 안에서 천 년 전의 조선인 자신의 모습을 보는 것이다. 이 점에 대해서는 실로 많은 자료가 있지만, 이미 내게 허락된 지면이 다했다.
　오늘날의 조선 문화 중에는 자연히 소멸의 과정을 밟을 것도 있을 것이다. 혹은 강제적으로 소멸시키지 않으면 안 될 것도 있을 것이다. 지나화된 부분과 내선일체에 지장이 되는 부분, 또는 오늘날의 시세에 맞지 않는 부분 등이 응당 그러할 것이다. 그러나 또 한편으로는 새로운 국민 문화에 흡수될 요소도 있을 것이다. 혹은 조선만의 지방 문화로서 생명력을 유지할 부분도 있을 것이다. 오늘날 조선이 가진 언어와 문화와 풍습이 이에 속하리라. 마지막으로 조선 문화 중에는 앞으로 더욱더 빛을 발하여 다만 일본 문화 전체에 광채를 더할 뿐 아니라, 세계 문화에 공헌할 만한 것도 있을 것이다. 이는 국선도의 진수(眞髓)에서 흘러나올 것이라고 생각한다.

그 무엇이 되었든, 내 의견으로는 조선 문화는 일본 문화와 융합하기 위해 비로소 오랜 부당한 억압에서 벗어나 그 사명을 발휘하고 찬연한 광채를 빛낼 날이 머지않았음을 믿는다.

만약 조선 문화와 일본 문화가 질적으로 서로 배치, 괴리되어 있었다면 내선(內鮮) 관계는 실로 큰 비극이었을 것이 틀림없다. 눈 멀쩡히 뜨고서 자신의 선조의 문화가 사라져 가는 것을 보는 것은 무엇보다도 견디기 어려운 일이 틀림없다. 그러나 다행히 역사와 민속은 내지와 조선의 문화가 같은 근원임을 완전히 설명해 준다. 이는 얼마나 기쁜 일인가.

— 이광수, 「朝鮮文化の將來」, 『총동원(總動員)』, 1940. 1.

역시집(譯詩集)에 부쳐

조선은 원래 예술의 나라였습니다. 옛 역사에 의하면, 조선인은 노래를 부르고 춤추는 것을 좋아했고, 음악도 좋아했습니다. 당(唐)에서도 고려악이 국악의 일부를 차지했고, 일본에서도 고려악이 우방지악(右房之樂)이었습니다. 일본에서 노래가 국도(國道)였던 것처럼 신라와 백제, 고구려도 그러했고, 고려도 그러했습니다. 그런데 이조(李朝) 조선에 이르러서부터 지나(支那)의 문화에 심취한 나머지 국도가 모두 스러지고 말았습니다.

지금부터 약 30년 전 조선인은 자신의 언어로 노래를 부르거나 소설을 쓰기 시작했습니다. 병합 이래 교육이 보급됨에 따라 이 새로운 문학이 번성하게 되었습니다. 이리하여 새로운 시(詩)도 태어났던 것입니다.

따라서 조선의 새로운 시는, 말하자면 다만 발생기에 속하여, 아직 커다란 수확이 있다고는 할 수 없습니다. 그러나 젊어도 시는 시입니다. 젊은 조선의 혼의 소리인 것은 틀림없습니다.

김소운(金素雲) 씨는 일찍이 조선의 민요를 수집하여 몇 권인가의 역서를 간행했습니다. 그것은 실로 훌륭한 번역으로 강호(江湖)의 칭찬을 얻었습니다. 김 씨는 그 붓으로 새롭게 또 조선의 신시(新詩)를 백 편 정도 번역하였습니다. 원문의 리듬과 향기에까지 신경을 썼다고 들었습니다. 실로 김 씨는 시인이면서 동시에 원어와 역어 둘 다 모국어라고 할 만한 재능을 갖고 있고, 만약 시가 번역될 수 있는 것이라고 한다면 그 이상의 역자는 있을 수 없다고 믿습니다.

바야흐로 야마토(大和) 민족과 조선 민족은 하나가 되어 일본제국을 지킬 운명으로 결합되어 있습니다. 이를 위해서는 서로 혼과 혼이 융합될 필요가 있습니다. 이 역할을 할 자, 문학을 두고 달리 무엇이 있을까요. 문학이야말로 양 민족의 마음과 혼을 결합시키고 융합시킬 가장 힘 있는 요인이라고 믿습니다. 이 역시집의 의의도 여기에 있는 것이라고 생각됩니다.

오랜 친구인 역자에게 뭔가 쓰라고 부탁받은 터라 기쁘게 한마디 말씀 드리는 바입니다.

1940년(昭和 15) 1월
경성에서 이광수(李光洙)

— 이광수, 「譯詩集に寄せて」,
김소운(金素雲) 저, 「젖빛 구름(乳色の雲)」, 가와데쇼보(河出書房), 1940. 5.

내선일체와 조선문학

내선일체의 실현성

조선은 지나사변(支那事變)을 계기로 많은 방면에서 큰 비약을 보였다. 여기서 말하는 비약이란 보통 사용되듯이 진보라는 말의 수사적 과장이 아니라, 논리적 비약이라든가 진화적 비약이라고 할 때와 같은 의미에서의 비약이다. 진화 또는 변천 과정에서 자연히 통과하지 않으면 안 되는 여러 단계를 한 번에 뛰어넘었다는 의미의 비약이다. 교육령의 개정도 비약이고, 지원병제도도 비약이며, 내선일체라는 표어도 비약이다. 그러나 무엇보다도 조선 민중이 마음으로부터 일본 국민이 되고자 결심하여 현재 그 성과가 나타나고 있는 것은 실로 비약 중의 대비약이라고 하지 않을 수 없다.

미나미(南) 총독은 조선 통치에 비약의 일대 획을 긋기 위해 조선에 온 것이 틀림없지만, 그렇다고 해도 지나사변이라는, 아니 아시아 재건설이라는 성업(聖業)이 시작되지 않았다면, 미나미 총독의 호소가 이처럼 적확하게 조선 민중의 마음에 공명하여 이렇게까지 강력한 효과를 거둘 수는 없었을 것이다. 이번 조선의 대비약은 성전(聖戰)을 통한 제국의 성스러운 모습의 발로와 미나미 총독의 총명하고 성의 있는 의도, 그리고 조선 민중의 국가에 대한 마음가짐 이 세 가지가 맞물려 서로 합치하여 이루어진 것이라고 해야 할 것이다. 이런 의미에서, 이는 사실

비약이 아니라 당연하고도 필연적인 인과(因果) 과정이라고 보는 것이 지당하다. 인(因)이 무르익지 않으면 결코 과(果)는 생기지 않는다. 우리의 성의 있는 노력은 다만 인을 증강시키고, 또 그 인을 과로 바꾸기 위한 연(緣)이 되는 데 지나지 않는다. 결코 무(無)에서 유(有)는 생기지 않는 것이 자연의 이법(理法)이며, 동시에 인사(人事), 즉 역사의 이법이다.

오늘날 조선에서의 내선일체 운동에 대해 일부에서는 혹은 관제(官製)라고 칭하고 혹은 임시변통(臨時變通)이라고 헐뜯으며 의문의 눈으로 보는 경향도 있는 듯한데, 이는 인과의 이법을 무시한 견해이다. 왜냐하면 조선 민중의 진로는 황민화(皇民化) 이외에는 없다는 엄연한 사실과, 다른 한편 조선 민중에 대하여 일체 평등한 신민의 자격을 허락한다는 국가의 의지 표시, 이 두 가지가 서로 합치하여 내선일체의 열매를 거두지 않을 수는 없기 때문이다. 다만 당장은 내지인 측에서는 조선인의 충성의 정도가, 조선인 측에서는 내지인의 성의의 정도가 아직 분명치 않고, 아직껏 그것을 실증할 만큼 많은 사례도 부족한 관계상, 왠지 소리만 요란한 것은 아닐까 하는 느낌이 일부에 있는 것도 일단 납득이 간다. 그러나 수천 년 다른 역사에서 성장한 7천만 대 2천만이라는 양대 민족이 혼연(渾然)한 하나의 국민이 된다는 것 자체로도 이미 역사적 대사업이므로 그 완전한 성과를 일조일석(一朝一夕)에 구한다는 것은 몹시 성급한 사고방식이며, 서로 그 진심을 터놓고 같은 신념을 품어 그것을 향해 노력하려는 결심만 서 있다면 우선 대수확이라고 서로 축하해야 할 일이 아닐까. 더욱이 오늘날 황민화에 대한 조선 민중의 마음가짐만으로도 오늘날의 비상시국을 타개하기에 충분하다고 단언될 수 있음에랴.

문학의 국민성

다음으로 조선문학의 문제인데, 문학은 정치 관념에 좌우되어서는 안 된다는 것이 통념인 듯하다. 문학이 어떤 이데올로기의 노예가 되는 것은 본연의 길에서 벗어난 타락이듯, 정치의 노예가 되는 것은 타락이라는 것이다. 이는 실로 지당한 말이며, 문학에 관한 한 진리이다. 문학은 인성(人性)의 영원성을 응시하고 어떤 이데올로기에 의해서도 왜곡되지 않은 진실을 노래하고 묘사하는 데 그 진가(眞價)가 있다는 것은 말할 필요도 없다. 만약 그렇다면, 일본 정신과 문학 사이에는 어떤 관계가 있을까? 더구나 내선일체와 문학은 어떤 연관이 있을까? 합리적이라 할 만한 아무런 인과관계도 없는 것이 아닐까.

이는 일단 수긍할 수 있는 이론이다. 아니, 그것은 진실이다. 문학은 정치 관념 등에 좌우되어서는 안 된다. 작자의 인생관 및 예술 감정 이외의 것에 좌우되는 것은 관리가 정실(情實)이나 뇌물에 좌우되는 것이 악이듯 분명히 악이다.

그러나 '인성의 영원성', '작가의 예술적 양심'과 같은 관념을 무비판적으로 받아들여서는 안 된다. 그렇게 함으로써 우리는 중대한 착오에 빠질 우려가 있다. 그러면 그 중대한 오류란 무엇인가? 이것이야말로 문학의 국민성을 논하는 데 근본 문제이다.

우리는 인성이라든가 인류라는 말을 손쉽게 사용하는 습관을 갖게 되어 버렸다. 마치 개인이라는 말을 대수롭지 않게 사용해 온 것처럼 말이다. 그런데 올바른 인식으로는, 개인이라는 완전히 독립한 개체가 없듯이 인류라는 완전히 보편화한 전체도 사실은 존재하지 않는다. 개인이라는 것도 또 그 극단으로서 인류라 칭하는 것도, 하나는 지극히 소박한 감각적 견해이고 다른 하나는 지극히 추상적인, 가령 공상까지 가지 않더라도 이상적인 개념이며, 둘 다 현실적인 존재는 아니다. 우리가 현실적으로 인식할 수 있는 것은 실로 민족 또는 국민뿐이다. 국민주의에 대응하는 개인주의라는 말이 있지만, 국민적 성격과 전통 등을 버리고 남은 개인이라는 것이 과연 어떤 것일까? 그것은 아마 그림자보다도 얇고 거의 생명력이 없는 것이리라. 따라서 누군가 자기가 독립한 한 개인이라고 생각한다면 그것은 착각이나 환영에 지나지 않는다. 이에 반하여 누군가 자기는 세계인의 한 사람이라고 칭한다면, 이 역시 개인에게서와는 다른 의미에서 착각이고 환영이다. 왜냐하면 유태 민족조차도 어떤 나라의 국적(國籍)을 가지듯이 우리는 누구나 어떤 민족성에 물들어 있기 때문이다. 인류 진화의 먼 장래 어느 단계에서라면 모를까, 우리의 인식 영역에서 국민성을 초월한 세계인은 있을 수 없다. 저 석가세존(釋迦世尊)조차 인도인으로서 태어나셨고, 인도인의 전통에 기초하여 인도인에게 설교하시지 않았는가. 그리고 이 우주주의(宇宙主義)라고나 할 석가는 분명히 국왕에 대한 충의를 말씀하셨는데, 이는 국민 생활이 인간 생활의 단위임을 인정하신 것이다. 사실상 우리는 국가를 통하여, 즉 국가에 대한 의무를 통하여 인류에 공헌할 수 있는 것이다.

이런 견지에서 우리는 개인주의나 세계주의의 이름으로 통용되는 모든 인생관을 그릇된 것으로 배제하지 않으면 안 된다. 그런데 이른바 자유주의의 이름으로 통용된 정치사상·문학사상은 개인주의적인 것이고, 이른바 사회주의로서 통용된 정치·경제·사회 및 문학예술에 대한 사상은 세계주의적인 것으로, 모두 잘못된 견해에 속한다. 좀 더 적절한 말로 하면, 개인과 세계의 의의(意義)를 잘못 파악한 인생관·문화관·예술관이라고 할 것이다.

매우 소략한 논술이지만, 이것으로 문학의 국민성에 대해 파악할 수 있었으리라고 생각한다.

조선문학의 장래

그러면 지금까지의 조선문학은 어떤 것이었는가? 여기서 조선문학이라 함은 일한병합 후의 새로운 문학을 가리키는 것이다. 그것만으로도 작자가 수백 명에 이르고 작품은 수만 편을 넘을 것이니, 이를 간단히 분류하기란 결코 간단하지 않은 일이다. 그러나 편의상 과거 30년간 조선문학의 경향을 크게 인도주의·사회주의·예술지상주의 세 가지로 구분할 수 있다고 생각한다. 이 가운데 인도주의란 국민적 편견에서 벗어나 인간을 인간으로서 보고 사랑한다는 태도로서 톨스토이적이라고 할 수 있다. 사회주의란 말할 것도 없이 인류를 무산자와 유산자 양 계급으로 엄격히 구별하여 이들을 서로 적대케 하는데, 무산대중으로 하여금 유산계급을 증오케 하고 그 조국을 유산계급의 이익만을 대표하는 것으로 간주하여 이에 반항케 하려는 것이 예의 무산문학이다. 지금까지 조선에는, 나는 일본 국민이다, 라는 강한 신념과 앙양된 감격으로써 만들어진 문학은 거의 없다고 해도 과언이 아닐 것이다.

그런데 이상에서 거론한 과거 30년간의 조선문학의 태도는 모두 청산되지 않으면 안 되는 태도이다. 세계주의와 개인주의가 일본의 국체 관념에 어그러지는 것은 말할 것도 없지만, 민족주의는 그 인식과 동정(同情)의 범위를 2천만에서 9천만으로 확대하고 그 향토애를 조선 반도에서 일본제국 전체로 넓히지 않으면 안 된다. 이는 단지 조선인만의 문제가 아니고 내지인에게도 마찬가지라고 믿는다. 즉 세계주의와 개인주의〔이는 모두 올바르지 않은 의미에서, 즉 국민성을 사상(捨象)했다는 의미에서〕를 청산하지 않으면 안 된다는 것은 내지인 측에도 마찬가지일 것이고, 또 민족에 관한 인식과 동정의 범위를 7천만에서 9천만으로 확대하는 문제도 마찬가지일 수밖에 없다.

지난해 조선문인협회가 생긴 것도 실은 이 취지에서이다. 조선 반도의 문학으로 하여금 바람직하지 않은 경향을 청산케 하고, 진리와 정의를 기조로 하는 새로운 일본문학답게 하자는 것이다.

이렇게 말한다고 해서 결코 쇼비니즘(chauvinism)을 고창하는 것은 아니다. 일본 정신이란 그런 편협한 것이 아니라고 생각한다. 팔굉일우(八紘一宇)도 그렇지만, 나라 안팎에 베풀어 사리에 어긋나지 않는다는 취지는 모두 일본 정신의 진리성·정의성, 따라서 보편타당성을 의미한다고 생각한다. 다만 오늘날 저 구미인(歐米人)이 진리와 정의라고 칭하는 것과 일본 정신은 중요한 점에서 서로 배치하고 있을 따름이다. 만약 일본 정신이 일본인에게만 타당한 것이라면, 그것은 일본인의 이상(理想)으로 삼기에 부족할 것이다. 이 정신에 의해서야말로 우선 동아(東亞)가 구제되고, 나아가서 세계까지 구제된다는 신념을 갖게 할 만한 것이라야 일본 정신이라고 할 것이다. 우리가 문학의 기조로 삼고자 하는 것은 바로 이러한 일본 정신을 가리키는 것이다. 일본적인 것은 무엇이나 좋다는 것은 아니다. 충효 일치의 정신과 밝은 마음으로 신과 나에게 자기를 바치려는 매우 고마운 정신, 그리고 그것에 어울리는 모든 문화 정신을 가리키는 것이다. 이러한 정신을 기조로 한 문학을 만들겠다는 것이 조선문인협회가 이상으로 삼는, 일본 정신에 기초한 국민문학의 건설인 것이다. 조선의 문인 거의 전부가 조선문인협회에 가입했는데, 그들은 국가에 대한 새로운 감격에 추진되어 일본 정신에 기초한 자기 수양과 창작을 통해 앞으로 점차 새로운 문학을 낳을 것이다. 혹은 국문(國文)을 사용하는 자도 있을 것이고, 혹은 조선문을 사용하는 자도 있을 것이다. 그러나 어느 쪽이든 일본 정신에 기초한 국민문학인 점에서는 다름없을 것이다.

문학과 내선일체

국민문학이라고 해서 국책(國策)의 선전 기관이 될 것이라고 생각하는 사람은 없을 것이다. 그와 마찬가지로 문학이 내선일체의 이데올로기를 담는다고 해서 내선일체에 공헌하는 것도 아니다. 만약 어떤 작품이 우선 문학의 자격을 갖춘 데다 그 안에 내선일체의 정신이 담겨 있다면 매우 훌륭한 일이지만, 문학이 특별히 내선일체의 선전을 위해 만들어질 필요는 없다. 다만 좋은 일본 정신을 담은 문학이면 충분하고, 그것이 곧 내선일체의 촉진에 이바지하는 문학일 것이다.

그러면 문학과 내선일체의 관계는 어떤 것인가? 문학이 내선일체를 위해 할 수 있는 역할은 무엇인가? 역할은 분명히 있다. 그것도 꽤 중요한 역할이다.

첫째는 내선(內鮮) 간 문화 교류의 일원으로서의 역할이다. 양 민족이 혼연일체가 되려면 진정으로 서로 이해하지 않으면 안 된다. 왜냐하면 사랑과 존경은 이해에서 생기기 때문이다. 그런데 이런 종류의 이해는 조사 보고나 여행 등으로 달성되는 것이 아니다. 그것은 개인과 개인, 가정과 가정의 이해관계를 떠난 친밀한 접촉과, 그리고 문화 교류로써 달성된다.

개인이나 가정의 이해관계 없는 접촉이 상호 접촉에서 가장 중요하고 효과적이라는 것은 말할 것도 없지만, 이는 한정된 것이며 대량으로 바라기는 그리 쉽지 않다. 여기에 문학의 빛나는 역할이 있는 것이다. 즉 조선인은 내지의 문학을 읽음으로써 내지와 접촉하고, 내지인은 조선의 문학을 읽음으로써 조선과 접촉하는 것이다. 그러므로 참된 일본의 모습을 그린 문학이나 참된 조선의 모습을 그린 문학은 내선일체를 위한 절호의 자료라 할 것이다. 그런데 문제는 참된 일본의 모습 또는 참된 조선의 모습을 그린다는 것인데, 여기에서야말로 '일본 정신에 기초하기' 위한 문인의 자기 수양이 요구되는 것이다. 진정으로 조국을 사랑하는 마음이 없는 사람에게 조국의 참된 모습이 보일 리 없다. 따라서 일본 정신에 사는 문인의 문학만이 능히 참된 일본의 모습을 파악하고 이를 세상에 전할 수 있는 것이며, 조선 문인이라 해도 일본제국의 구성 요소로서의 조선 및 조선인을 능히 파악한 사람이 아니면 참된 조선의 모습을 그릴 수 없다고 생각한다. 일본인이 쓴 문학이면서도 일본을 잘못 전한 작품이나, 조선인이 쓴 문학이면서도 조선을 잘못 전한 작품이 적지 않은 것을 보면 짐작이 갈 것이다.

　다음으로 중요한 것은 내선(內鮮) 문학인들끼리의 접촉이다. 문인은 정직한 사람이다. 그는 체면을 내세운다든가 꾸며서 말한다든가 그런 세간적인 작위(作爲)와는 거리가 먼 종족이다. 그는 느낀 대로 본 대로 솔직하게 털어놓는 버릇이 있으며, 느끼고 본 것을 마음속에 감춰 둘 수 없는 사람이다. 그는 때와 장소에 구애받지 않고 자기의 소감과 소신을 붓 한 자루를 통해 발표하는 습성의 소유자이다. 따라서 내지인 측의 문인에게 조선에 대한 참된 인식을 주는 것, 또 조선인 측의 문인에게 내지인에 대한 좋은 인식을 주는 것이 얼마나 중요한 의미를 갖는가는 상상하기 어렵지 않을 것이다. 그런데 문인이란 자는 정치가와 실업가 부류의 종족이 말하는 것을 신용하지 않는다. 그들이 가장 신용하는 것은 민중 자신이나, 아니면 문인끼리의 말이다. 그들은 길가의 거지가 하는 말 한마디에 정당의 총재가 하는 말보다도 더 귀를 기울이며, 거기에서 더 많은 진리를 발견하려고 한다. 다음으로 그들은 문인의 몹시 초라한 시구(詩句)를 존중하고 변덕스러운 한마디를 존중하는데, 그것은 민중의 대표자로서의 격식을 차리지 않는 솔직한 말을 믿기 때문이지, 꼭 문인의 편벽인 것은 아니다. 이런 이유로 내선 문인끼리의 접촉은 내선 관계의 해결에 매우 중요한 의미를 갖는다고 하지 않을 수 없다.

결론

이상에서 언급한 것을 요약하자면, 이제부터 조선문학은 '나는 일본 신민이다!'라는 새로운 감격을 기조로 하여 국민문학으로서의 성격을 강하게 띠게 될 것이다.

그리고 내선(內鮮)의 문학과 문인 및 문화인의 빈번하고 또 친밀한 접촉에 의해 촉진되어 문학에 신시대의 획을 그을 것이다. 조선 민중은 오랫동안 감격에 목말라 있었다. 감격이 없는 곳에 문학은 없다. 설사 감격이 있었다고 해도 그것은 겨우 개인적이거나 회고적인 것이었으며, 웅대함이 결여되어 있었다. 국민적 감격보다 웅대한 것은 없다. 진실로 내선일체가 실현되어 조선 민중이 모두 국민적 감격에 불타는 바로 그때 조선에는 대문학(大文學)이 태어날 것이다.

— 춘원생(春園生), 「內鮮一體と朝鮮文學」, 『조선(朝鮮)』, 1940. 3.

영화와 사실성

　나는 영화를 별로 보지 않는다. 고작 한 해에 두세 편 정도다. 일본 영화는 억지로 울리려는 게 마음에 들지 않고, 서양 영화는 □적인 것이 많아서 싫다. 이따금 조용한 유머를 엿보는 경우도 없지 않지만, 아무래도 영화는 아직 영혼에 호소할 정도에는 도달하지 못한 듯하다. 슬프든 우습든 오늘날의 영화는 지나치게 덕지덕지 겉치레를 하고 작위적인 듯하다. 영화야말로 리얼리즘으로 돌아갈 필요가 있지 않을까.

― 가야마 미쓰로(香山光郎), 「映畵と寫實性」, 『경성일보』, 1940. 7. 6.

조선 문예의 오늘과 내일

언문(諺文)의 기원은 아직 확실하지 않다. 반도(半島)에 한문이 들어오지 않았던 이전부터 오늘날 언문의 모체인 조선 문자가 있었다는 기록도 있고 증거도 있는 듯하지만, 아직 정설은 없다. 그러나 언문이 오늘날 사용되고 있는 형태로 완성되어 일반에 통용되도록 국가에서 정한 것은 이조(李朝) 제4대 임금이자 동시에 성왕(聖王)으로 이름 높았던 세종대왕 때이다. 그 유명한 신숙주(申叔舟)·성삼문(成三問)은 언문 정리의 공로자이다. 현재 아악(雅樂)이라든가 정악(正樂) 등으로 불리고 있는 조선 고악(古樂)도 이 세종대왕이 박연(朴堧)에게 명하여 집대성시킨 것이었다.

언문이 완성되자 세종대왕은 이 언문을 사용하여 「용비어천가(龍飛御天歌)」라는 웅대한 장편 서사시를 지으셨다. 이것은 이조(李朝) 태조대왕(太祖大王)의 건국을 서술한 것이다. 세종의 둘째 아들인, 문종과 단종의 2대를 지나 왕이 된 세조가 또한 부왕(父王)에 못지않은 영왕(英王)으로 여러 가지 치적을 남겼는데, 언문으로 「월인천강지곡(月印千江之曲)」이라는 석가모니의 수행과 성불을 이야기한 대시편(大詩篇)을 지으신 것, 『법화경(法華經)』·『원각경(圓覺經)』·『금강경(金剛經)』 등의 불전(佛典)과 사서오경(四書五經)·두시(杜詩) 등을 번역하신 것은 언문문학의 기초를 높인 것이라고 할 수 있다.

그러나 세조 이후 지나(支那) 숭배 사상이 양반계급을 풍미하여 언문을 업신여기게 되고, 따라서 이후 5백 년간 수백 편의 단가(短歌) 이외에는 언문다운 문학을 낳지 못하고 말았다.

이리하여 일러전쟁에 이르게 되었다. 일러전쟁의 영향으로 조선의 청년들은 혹은 관비생(官費生)으로 혹은 사비생(私費生)으로 일본에 유학하는 수가 많아졌고, 이들이 조선으로 돌아와 새로운 사상·문화 운동을 일으켰다. 저 최남선(崔南善) 씨도 이들 유학생의 한 사람으로, 그가 조선 최초의 문학잡지라고 할 『소년(少年)』을 창간한 것은 1908년(隆熙 2) 즉 메이지(明治) 41년으로, 당시 최 씨는 겨우 19세의 소년이었다.

『소년』 창간호의 권두 삽화에는 "일본에 어유학(御留學)하옵시난 아(我) 황태자 전하(殿下)와 태사(太師) 이등박문공(伊藤博文公)"이라는 표제의 사진이 실려 있는데, 황태자 전하란 지금의 이왕(李王) 전하이신 것은 말할 필요도 없다. 그리고 맨 앞에 「해(海)에게서 소년에게」라는 신체시가 실려 있는데, 이것은 아마도 조선 시잡지의 효시일 것이다. 최 씨는 『소년』에 왕성히 시를 썼고, 잡지의 거의 절반은 자작시로 채워져 있다.

작자 자신은 문학으로서보다는 어떤 정신과 기백의 고취를 목적으로 쓴 것이겠으나, 이것이 조선 신문예의 시작이었다. 필자도 이 『소년』에 시가와 소설 같은 것을 쓴 일이 있고, 장편소설 「무정」을 『매일신보』 지면에 연재한 것은 1915년(大正 4)인가로 기억한다. 이것이 조선에서의 소설문학의 시작이라고 언급되고 있다. 그 후 곧 1919년(大正 8)의 만세 사건이 있었고, 사이토(齋藤) 총독의 문화정치 선언 등이 있어 그때까지 금지되었던 언문으로 된 신문 잡지의 발행이 허가되었다. 그래서 봇물 쏟아져 나오듯 시와 소설이 속속 생겨난 이래 20년, 오늘날 같은 조선문학이 완성되었던 것이다.

음악과 미술도 그러하다. 문학은 병합 이전부터 싹이 텄다고도 생각할 수 있지만, 현대적인 음악·미술·연극·무용 등은 완전히 합병 이후의 산물이며, 좀 더 정확히 말하면 사이토 정치 이후에 시작된 것이다. 그 수준이 어느 정도인가 하는 것은 자주 문제가 되곤 하지만, 손쉽게 말하자면 선전(鮮展) 출품작 수준이라고 보아 무방하다고 생각한다. 오직 문학이 보다 나은 수준일지도 모른다.

그러나 조선의 문화는 일대 전기(轉機)와 조우했다. 조선인의 황민화(皇民化), 즉 내선일체(內鮮一體)가 그것이다. 조선 병합 이래 조선인이 일본 국민이었던 것은 말할 것도 없지만, 알게 모르게 문화 단위로서 민족 관념을 지지해 온 것이었다. 이를 민족주의라고 부르는 것인데, 이 민족주의는 정치적인 것이 아니라 문화적인 것이었고, 위정(爲政) 당국도 그런 의미로 인정해 온 것이었다. 즉 언어·풍속·습관에 따라 문학·사상·예술·건축양식·의상·예법 등에서 조선인은 민족적 단위를 허용받은 것으로 믿어 온 것이다. 1919년(大正 8) 이래의 민족 인식이라는 것은 해외에 있는 일부 인사들을 제외하고는 지금 말한 것과 같은 문화적인 것이었다. 즉 문화적으로 민족 단위를 유지하면서 일본제국의 구성 요소가 되자는 것이다. 오늘날에도 이런 생각은 아직 완전히 청산되지 않았다고 생각한다.

그런데 지나사변 이래 미나미 총독 정치인 내선일체 관념으로는 이것이 허용되지 않게 되었다. 조선인은 민족이라는 관념을 깨끗이 청산하고, 모든 조선적인 것으로부터 일단 벗어나 백지로 돌아간 다음 황국신민(皇國臣民)으로서 다시 시작하라는 방침으로 해소된다. 바꿔 말하면, 조선인은 단지 일본 국민이 되는 데 멈추지 않고 야마토(大和) 민족이 된다, 그리고 완전히 평등하고 단일한 국민으로 융합되라는 식으로 받아들여야 한다고 생각한다. 그리고 이 호소에 대해 조선인은 7할 9푼 3리에 달하는 창씨개명(創氏改名)으로써 응했던 것이다. 즉, 좋다, 우리는 야마토 민족으로 녹아들자고 했던 것이다. 다시 말해, 조선 민족은 야마토 민족으로 융합해 들어감으로써 새로운 생명을 획득하자, 영원한 번영을 도모하자고 마음먹고 이른바 민족의 발전적 해소를 단행한 것이다. 이로써 조선 민족은 혈액적으로, 정신적으로 병합되었다고 할 수 있다.

이렇게 되면 조선인의 모든 문화적 태도에 대전환을 가져오지 않으면 안 된다. 대전환이라기보다 차라리 완전히 새로 시작하지 않으면 안 된다. 특히 관념예술인 문학에서 그러하다.

지난가을 조선문인협회의 결성, 음악가협회의 결성은 이런 이유에서 이루어진 것인데, 그 결과가 작품으로 나타나기까지는 여전히 약간의 시간이 필요할 것이다. 왜냐하면 문학과 예술은 인생관·사회관의 분비물이자 꽃이어서 어떤 관념이나 신념만으로 즉시 산출되는 것이 아니기 때문이다. 술처럼 발효되는 기간이 필요하다. 어쨌든 금후 조선의 문학과 예술은 단지 향토색을 띠는 이외에는 조선적인 전통에서 떨어져 나올 것이다. 조선에 살고 있는 일본인이 만든 문학과 예술이 되어 일본문학·일본예술의 지방적 한 분야를 형성하는 데 그칠 것이다. 이것은 힘 있는 조선의 문인이나 예술가는 조선인 출신의 정치가나 군인이 그렇듯이 도쿄에서 출세할 것이라는 사실을 의미한다. 마치 규슈인(九州人)이나 도호쿠인(東北人)이 그런 것처럼.

— 가야마 미쓰로,「朝鮮文藝の今日と明日」,『경성일보』, 1940. 9. 30.

감격의 영화

   데라다(寺田) 씨, 이번 뉴스 영화는 누구나 꼭 한번 보았으면 합니다. 궁성(宮城) 외원(外苑)의 저 축하장 광경은 감격 그 자체였습니다. 두 분 폐하를 지척에서 모신 듯이 실로 황공했습니다만, 다카마쓰노미야(高松宮) 전하께서 어성(御聲)을 한껏 올려 천황 폐하 만세를 외치시던 그 음성! 기쁘다고 할까, 힘차다고 할까. 그 음성에 화답해 올리는 5만여 참례자의 우레와 같은 소리와 저 치켜든 손! 두 분께서 나란히 축하를 받으시는, 두 분 폐하의 모습! 저는 일본의 고마운 모습을 여기서 볼 수 있었습니다. 이 영화는 전 국민에게 빠짐없이 보여 주지 않으면 안 됩니다.

— 가야마 미쓰로, 「感激の映畫」, 「경성일보」, 1940. 11. 23.

국어와 조선어

구마노신사(熊野神社)의 부적(符籍)을 열어 보면,

이사나미나미ㄱㅗㄷㅗ
이사나기나미ㄱㅗㄷㅗ
ㅅㅜ사나ㅇㅗ나미ㄱㅗㄷㅗ

라고 적혀 있다. 이는 1,200년보다 이전에 쓰인 위패(位牌)인데,『고지키(古事記)』도 이 신대문자(神代文字)로 쓰인 책이 있다고 한다. 이 문자는 지금은 조선에서만 사용되고 있으나, 원래 내선(內鮮)이 나뉘기 전의 문자였을 것이다.

게다가 조선어로 무스메(娘)를 다라, 즉 딸이라고 하지 않는가. 그뿐만 아니다. 스사노오노미코토(素盞鳴尊)의 행적이 실로 '사나ㅇㅗ'라는 한마디에 잘 나타나 있지 않은가.

같은 시대에 내지에서는 아마테라스 오카미(天照大神)를 국조(國祖)로 받들고, 조선에서는 오카미의 동생이신 스사노오노미코토께 제사 지낸 사실로 절로 분명하다.

조선에도 마을마다 신사(神社)가 있었고 지금도 그 유풍(遺風)이 남아 있어 혹은 봄가을에 두 번, 혹은 가을에 한 번 마을에서 제사 지내고 있는데, 그 제신(祭神)을 '서낭님'이라고 한다.

'서낭님'이란 '사나기님'일 것이다. 즉 이사나기나미ㄱㅗㄷㅗ인 것은 말할 것도 없다.

그런데 이를 분석해 보자.

'이사'는 ㅇㅅ에서 온 말로, ㅇㅅ는 국어(國語)의 아사(アサ, 朝), 사(サ, 早), 이자(イザ, 시작한다는 뜻), 그리고 오늘날 조선어의 '아조 아츰, 일즉, 잇서, 어서'의 어원으로 최초라는 뜻이다. 개벽의 시초라는 뜻이다. 아가나다라마바사가 원시음이고, ㅈㅊㅎㅌㅍㅋ은 후세에 생긴 음인 것은 말할 것도 없다.

'나'는 오늘날에는 '나(ナ)', '노(ノ)', 'ㄴ', '는', '네'가 되어 남아 있다. '미'는 ㅁ이고, 하늘·해·어머니·위·음식·왕 등등을 뜻한다.

ㅇㅁ는 아마(アマ, 天), 오모(オモ, 母)이고, 조선어에서는 어마, 어미이다. 하늘과 해는 만물의 어머니이다. 따라서 '이사나미나'는 '최초의 어머니이시다.'라는 의미이다.

'미'는 ㅁㅁㄷ로, 'ㅁ'는 하늘·해·높음·귀함의 뜻이고, ㅁㄷ, 즉 고토(コト), 고도는 목이라는 뜻이다. 가타(カタ)는 어깨가 되었지만 어깨와 목의 총칭이고, 목은 숨을 쉬는 곳이어서 생명이라는 뜻이 되는 것이다. 미코토(ミコト)에 목숨 명(命) 자를 붙인 것은 당연하다. 오늘날에도 죽는 것을 고토키레루(コトキレル)라고 한다. '고토(コト)'는 목숨[命]을 가리킨다.

그런데 조선어에서는 어떠한고 하니, 목에서 어깨까지를 고두라고 한다. 또 '수(壽)' 자를 수놓아 어린아이의 웃옷 어깨에 붙인 것을 '고두바기'라고 하는데, 이것은 말할 것도 없이 고토브키(コトブキ, 壽)이다.

그러므로 '이사나미나미ㄱㅗㄷㅛ'는 '최초의 어머니이신 분'이라는 뜻이다.

다음으로 '이사나기나미ㄱㅗㄷㅛ'에 대해 살펴보자.

'이사나'는 이미 설명한 대로이다. '기'는 'マ'로, 움직임을 나타내는 말이다. 구(ク), 이쿠(イク), 유쿠(ユク), 가, -거(머거, 사거 등)의 어원이다. ㅇㅁ는 남성이고 ㅇㅁ는 여성이다. ㅇㅁ야말로 신라어의 ㅂㅁ〔曉, 男兒〕, 국어(國語)의 히로(ヒロ)의 어원이며, ㅇㅁ는 신라어의 ㅂㅁ〔晝, 女〕, 국어에서는 히메(ヒメ)의 어원이다. 따라서 '이사나기나'는 최초의 남성, 즉 최초의 아버지이시라는 뜻이다.

그러면 'ㅅㅜ사나ㅇㅗ나(スナナヲナ)'는 어떤 의미일까?

'ㅅㅜ'는 수이고, 수는 수컷, 즉 남성이다. 조선어에서는 오늘날에도 남성을 '수'라고 한다. '수사돈'에서 보는 바와 같다. 국어에서는 '세(セ)'가 되었고, 세노키미(セノキミ), 이모세(イモセ)에서 보는 바와 같다. 이모세란 조선어의 ㅇㅁㅅ, 즉 암수라는 것은 말할 것도 없다. 세(セ)가 등〔背〕이 아닌 것은 물론, 남편이 등님〔背の君〕일 리가 없다.

그러므로 'ㅅㅜ사나ㅇㅗ'의 'ㅅㅜ'는 남자라는 뜻이다.

'사나ㅇㅗ(サナヲ)'는 오늘날 조선어의 사나이〔男, 夫〕·사나오〔猛〕이며, 국어로는 사노(佐野)·세노(瀨野)·시노부(信夫) 등의 성씨 또는 남성의 이름에 남아 있다.

아마테라스 오카미는 스사노오노미코토의 누님이시다. 아마(アマ)는 하늘이고 태양이며 여성이다. ㅇㅁ, 암이다. 이와 관련하여 데라(テラ)·데루(テル, 照)는 오늘날의 조선어에서는 '다라'라고 한다. 다라는 타다·빛나다·열나다 등의 뜻이다.

그러면,

    이사나미나미ㄱㅗㄷㅛ

이사나기나미ㄱㅗㄷㅗ
아마다라ㅇㅗㅎㅗ가마
ㅅㅜ사나ㅇㅗ나미ㄱㅗㄷㅗ

에서 사주(四柱)의 부모 자식 된 의의가 분명할 것이다.

— 가야마 미쓰로, 「國語と朝鮮語」, 『신시대(新時代)』, 1942. 6.

대동아정신(大東亞精神)
대동아문학자대회의 발언

1

대동아정신의 수립이란 말은 적당치 않다. 대동아정신이라는 말도 오늘날에는 필요하겠으나 사실은 적당치 않다. 대동아정신이란 진리를 가리키는 것이며, 진리는 대동아만이 아니라 전 지구상, 아니 시방삼세(十方三世)에 보편타당성을 갖지 않으면 안 된다.

따라서 우리가 오늘날 외치고 있는 대동아정신이란 결코 어떤 목적을 위해 만들어 낸 것이 아니고, 고금을 통하여 변함없이 나라 안팎에 베풀어 어그러지지 않는 진리이지 않으면 안 된다.

이 진리를 우리 동양인은 무엇이라 불렀는가? 우리 일본에서는 거울과 같이 맑고 밝은 마음이라고 하고 또 팔굉위우(八紘爲宇)라고도 하며, 지나(支那)에서는 인의(仁義) 혹은 자연(自然)이라고 했고, 석가는 자비(慈悲)라고 하고 공(空)·적멸(寂滅)이라고도 했는데, 결국 이 정신은 자기를 버리는 것이다. 사리사욕(私利私慾)을 단념하는 것이다. 이것이 미영사상(米英思想)과 근본적으로 서로 대척하는 점이다.

그러면 인생 본연의 진리인 청명심(淸明心), 인의와 자비는 세계 어느 곳에서 행해지고 있었던가. 그것은 바로 일본에만 있었다고 할 수 있다. 유사(有史) 이래 3천 년, 이 인류의 보물을, 생명을 기특하게 유지해 온 것이 일본이다.

그리하여 세계를 통하여 자비의 덕을 완전하게 행하시는 분은 만세일계(萬世一系) 일본의 천황뿐이시다. 천황께서는 털끝만큼의 사심(私心)도 없으시다. 천황께서 소의한식(宵衣旰食)하며 염두에 두시는 것은 다만 오로지 만방조민(萬方兆民)의 안녕이지 그 밖의 어떤 것도 아니다. 이 마음을 대어심(大御心)이라고 하는데, 일본인은 이 대어심을 입고 그 대어심을 구현하여, 작지만 응분의 자비를 행한다. 그리고 일본인은 미력이나마 이 대어심에 접근하고자 한다. 이것이 일본인의 생활 목표이다.

따라서 일본인에게는 개인 사상이 없다. 자기는 천황의 것이라는 것만 생각하므로 천황에 대한 감은(感恩)과 사랑이 있을 뿐이다. 즉 일본인이 충(忠)이라고 하면 그것은 다른 나라의 충과는 다르다. 주종관계(主從關係)의 의리를 위한 충이 아니라, 부자지간과 같은 천륜관계(天倫關係)의 충이다. 이것은 의리라기보다도 애정이다. '우미유카바(海ゆかば)'라든가 '신민(臣民)인 나'라든가 하는 것은 바로 그 감정이다. 그렇다, 그 감정이다.

2

이 정신이야말로 천황께 대해서는 황도(皇道)라 하옵고 신민(臣民)에게 있어서는 일본 정신이라고 부르고 있는 것인데, 일본 문화는 실로 이 정신 위에 서 있는 것이다. 이 정신을 빠뜨리고 일본 문화의 진수를 알고자 하는 것은 마치 인과율(因果律)을 무시하고 자연현상과 인사현상(人事現象)을 알고자 함과 같은 것이다.

과연 일본에는 지나(支那) 문화도 들어왔다. 인도(印度) 문화도 들어

왔다. 구미(歐米) 문화도 들어왔다. 그러나 이들 문화의 유입을 무인지경(無人之境)에 사람이 이주한 것처럼 생각해서는 안 된다. 이들 문화는 일본에 들어와 일본 정신에 포옹되어 더욱더 그 특색을 발휘했던 것이다.

여기서 나는 나의 결론에 이르고자 한다. 동양 본연의 정신이 있는 곳은 다름 아닌 일본이다. 비(非)이기적 대동아정신은 일본에서 찾아져야 하고, 이 정신이야말로 동양 여러 민족으로 하여금 서로 사랑하고 서로 의지케 할 만한 정신일 뿐 아니라, 전 인류를 구하기 위한 진리의 길이다.

공영권(共榮圈) 각국의 문학자 여러분은 여러분 동포의 생활 속에서 이 일본 정신적인 것을 택해야 한다. 그리고 여러분의 동포에게 청명심을 불어넣어야 한다. 일본의 참모습, 참마음을 전하는 것도 여러분의 동포에게 이 정신을 불어넣는 인연이 되고 좋은 모범이 되기 때문이다. 마지막으로 나는 한마디 더 덧붙일 의무가 있다.

이 정신을 위해 우리는 우선 이번 전쟁에서 이기지 않으면 안 된다. 만일 전승(戰勝) 후의 일본의 태도에 관해서 공영권 여러 민족 중에 조금이라도 의심을 갖는 자가 있다면 나는 이렇게 말씀드린다. 일본인 개인 중에는 거짓말을 하는 사람이 있을지도 모른다. 그러나 황공한 말씀이지만, 천황의 조서(詔書)에는 결코 거짓이 없다고.

여러분은 일본을 이해하기 바란다. 일본 정신을 배우기 바란다. 일찍이 영미(英米) 정신을 배웠던 열의로써 일본 정신을 배우기 바란다. 이런 국제적 회의석상에서 내 발언에는 예의를 잃은 점이 있을지도 모른다. 그러나 지금은 그런 것을 운운하고 있을 때는 아니다. 하물며 우리들은 문학자이다. 흥정이나 외교적인 겉치레 말은 서투르다.

공동의 목적을 위해 공동의 적과 싸우고 있는 것을 생각하고, 함께 싸우고 함께 이기고 함께 살며 좋은 대동아를 건설하지 않겠는가.

— 가야마 미쓰로, 「大東亞精神 — 大東亞文學者大會の發言」, 『경성일보』, 1942. 11. 11.~12.

'대동아정신(大東亞精神)의 수립'에 대하여

　대동아정신(大東亞精神)은 진리 그 자체가 아니면 안 되며, 국제연맹(國際聯盟)이 만들어 낸 것과 같은 인위적인 것이어서는 안 된다고 생각합니다. 여기서 우리는 이 대동아정신을 수립하는 것이 아니라 발견하는 것이라고 생각합니다. 이 대동아정신을 가장 알기 쉽게 말씀드리자면, 그 기조(基調)를 이루고 진수(眞髓)를 이루는 것은 자기를 버리는 정신이라고 생각합니다. 이를 유교에서는 인(仁)이라고 하고, 불교에서는 자비(慈悲)라고 합니다. 일본에서는 청명심(淸明心) ― 인자(仁慈)라고도 합니다. 이 자기를 버리는 마음이야말로 서양 사상과 정반대의 사상으로, 가장 적절한 예는 로마 사상과 일본 사상의 차이에 있습니다. 로마 사상은 자기를 추구하는 사상이어서 권리 사상이 발달했지만, 일본 정신에는 권리 따위는 없습니다. 개인이라는 것이 없기 때문입니다. 이 정신은 일본뿐만 아니라 널리 동아 여러 민족의 사상적 기조가 되어 있는 정신입니다.

　그런데 수십 년 동안 서구(西歐) 사상이 이입되어 다수의 동아인은 이 선조로부터 전래된 귀중한 정신을 벗어 버리고자 열심히 노력해 왔습니다. 그리고 서구인의 이기주의 사상을 배웠던 것입니다. 서구인은 동아인에게 그들의 이기주의를 심어 놓아 어떤 이익을 얻었을까요? 그것은 동아 민족을 서로 반목게 하고 분리시켜 그 사이에서 감쪽같이 어부지리(漁父之利)를 차지한 것입니다. 이기주의는 동아에서만 진리가 아닌 것이 아니라, 인류가 사는 전 세계 어디를 가더라도 진리가 아닙니다. 인간이 가야 할 진정한 길은 자기를 버리는 길이라고 믿습니다.

그렇다면 동아의 인의사상(仁義思想)은 사라졌을까요? 그렇지 않습니다. 이 사상은 서양 사상의 풍미에도 불구하고 착실하게 보존되고 실행되었습니다. 그 주체는 일본입니다. 전 세계에 자비를 이야기한 성자는 석가이고 공자입니다. 그러나 이 자비를 정말 행한 분은 천황 한 분밖에 없다고 나는 믿고 있습니다. 일본인은 천황께서 자비를 행하시는 일에 힘을 다해 익찬(翼贊)해 올리는 것이 원칙입니다. 그것이 일본인의 생활 목표라고 믿습니다. 따라서 일본인에게 개인주의는 없습니다. 개인의 인생 목표는 없습니다. 인생의 목표를 갖고 계신 분은 오직 천황 한 분뿐이십니다. 일본인은 이렇게 믿기 때문에 자기를 완전히 없앱니다. 그것이 석가의 이른바 공적(空寂)에 통하며, 공자 사상의 궁극적인 경지라고 믿습니다.

자기의 모든 것을 천황께 바치는 것을 일본 정신이라고 합니다. 또 천황께서 자비를 행하시는 것을 황도(皇道)라고 합니다. 대군(大君)께는 황도이고, 그것이 우리 신민(臣民)에게는 신도(臣道)입니다. 자기를 바치고 자기를 버리는 이 정신이야말로 인류가 나아갈 길 가운데 가장 고상하고 또 가장 완전한 진리에 가까운 길이라고 생각합니다. 왜냐하면, 우리의 목표, 일본인으로서 우리의 목표는 미영(米英)처럼 국가의 강대함을 도모하는 것이 아니라, 이 세계 인류를 완전히 구원하는 데 있기 때문입니다. 그것은 역사를 통해 유례없는 일입니다. 그리고 이 목적의 달성이 우리의 목적이지만, 그 목적을 달성하는 것은 우리 개인이 아니라 천황이십니다. 우리는 이 천황을 익찬해 올리면서 죽는 것입니다. 저는 자기를 완전히 버리고 자기를 모두 바친다는 이 정신이야말로 대동아정신의 기조가 되지 않으면 안 된다고 생각합니다. 이곳은 국제적 회장(會場)이어서 제가 드리는 말씀이 어쩌면 국제 예의에 어그러지는 점이 있을지도 모릅니다. 그러나 지금 국제 예의를 운운할 시기는 아니라고 생각합니다. 지금은 전쟁 중입니다. 〔박수〕

  여기 모인 분들은 문학자입니다. 양심에 사는 문학자가 지엽적인 데 구애되어서는 참된 문학자라고 할 수 없습니다. 마지막으로 한마디 덧붙이겠습니다. 그것은 아무리 이 정신이 훌륭해도 이를 허공에 드러낼 수는 없다는 점입니다. 이 훌륭한, 자기를 완전히 버리는 정신을 드러내기 위해서는 국토와 민중이 필요합니다. 그 국토는 즉 아시아이고, 그 민중은 즉 십억의 여러 민족이라고 생각합니다. 이 아시아의 국토를 확보하고 십억 민중을 하나로 묶기 위해서는 무슨 일이 있어도 이 전쟁에 이기지 않으면 안 됩니다. 따라서 중화민국과 만주국 여러분, 또 여기 계시지 않은 아시아 여러 민족의 여러분들도 우선 이 전쟁에 이기도록 하나가 되지 않겠습니까. 그리고 이 아름다운 정신을 동아(東亞)에 드러내고 정말 살기 좋은 극락과 같은 아시아를 건설하지 않겠습니까. 〔박수〕

    — 가야마 미쓰로, 「"大東亞精神の樹立"に就いて」, 『대동아』, 1943. 3.

나와 국어
국어에 대한 애정

나는 소학교에는 다닌 적이 없다. 중학부터 도쿄에서 교육을 받았다. 나의 국어(國語) 실력은 중학과 문학서에서 얻은 것이고, 소학 교육을 받지 않은 탓에 매우 불완전한 것이다.

나는 최근 다시 국어 공부를 시작했다. 그것은 완전한 국어를 사용하고 싶다는 야심에서이다.

나는 되도록 라디오를 청취하고 있다. 특히 방송극과 만담(漫談)·강화(講話) 등을 주의해서 듣고 있다. 이들 출연진은 모두 말을 다루는 사람이고, 또 생활의 온갖 분야에서 사용되는 말을 이들 프로그램에서 들을 수 있기 때문이다. 매우 도움이 되는 것 같다.

조선인인 나로서는 가장 곤란한 것이 가정 내에서 사용하는 말을 들을 기회가 많지 않다는 점이다. 그 때문에 내가 사용하는 국어는 '책으로 배운 말'의 영역을 넘지 못한다. 살아 있는, 실제로 말해지고 있는 국어가 되기 어렵다. 나는 이 결점을 라디오와 전차 안에서의 귀동냥으로 보충하고자 노력하고 있다.

쓰는 문장, 이야기하는 말에서 전혀 조선인 티가 나지 않게 하는 것은 정말 어렵다. 어휘의 부족, 말에 의미를 충분히 담지 못하는 것, 발음과 억양, 그리고 마지막으로 사고방식과 표현방식에서의 여러 가지 잘못, 이것들을 전부 제거하고야 비로소 국어를 안다고 할 수 있다. 특히 국어로 문학을 하기 위해서는 이 밖에 일본 그 자체를 충분히 정확하게 이해하고, 느끼고, 그리고 살지 않으면 안 된다. '불확실한 기억'을 '엉터리'로 사용한다면 여행자의 말에 불과하다.

　오늘날의 국민학교(國民學校) 아동들은 정확한 국어를 배우고 있다. 나는 아이들의 복습을 도와주면서 거꾸로 배우는 것이 많고, 때로 내가 사용하는 말의 부정확한 지식에 얼굴이 뜨거워지는 일조차 있다.

　그러나 어렵다고는 해도 불가능한 것은 아니다. 나는 반드시 완전한 국어를 사용하는 날이 내게 올 것을 믿는다. 나는 아직 나이 오십밖에 되지 않았으니까.

— 가야마 미쓰로, 「私と國語 – 國語への愛情」, 『경성일보』, 1942. 11. 26.

전쟁과 문학

　인간이 원하든 원하지 않든 그것을 향해 돌진하지 않으면 안 되는 것이 두 가지 있습니다. 그것은 개인적으로는 죽음이고, 민족적으로는 전쟁입니다. 인간은 — 다른 생물, 즉 유정물(有情物)도 마찬가지입니다만 — 누구나 죽음을 싫어하고 무서워합니다. 그래도 죽음을 면할 수는 없습니다. 그러나 인간이 죽음을 두려워하는 것은 사실 미혹(迷惑)에 빠진 탓이며, 죽음은 옷을 갈아입는 것에 지나지 않는 것입니다. 옷을 갈아입는다기보다 군인이나 관리가 제복을 바꿔 입는 것이라고 하는 게 적절할 것입니다. 계급이 올라감에 따라 군인이든 관리든 다른 견장(肩章)과 금장(襟章)을 단 옷으로 바꿔 입지 않으면 안 됩니다. 곧 승급(昇級)입니다. 이 신체는 나의 현재 계급을 나타내는 옷이며, 이 제복을 걸치고 있는 동안의 자기 임무를 완수한 그날, 오른 계급의 새 제복으로 바꿔 입는 것이 죽음이자 삶인 것입니다. 이것이 사생(死生)에 대한 올바른 견해이며, 사생의 정체(正體)입니다. 다만 복무 성적이 나쁘면 좌천(左遷)도 있고 징벌도 있으니, 옷 바꿔 입기가 반드시 위 계급의 옷에 국한되는 것은 아닙니다. 그것이 초라한 수인복(囚人服)인 경우도 있을 것입니다.
　이렇게 보면 죽음이 반드시 두려워해야 할 것이 아니며, 삶이 반드시 기뻐해야 할 것도 아닙니다. 올바른 삶이야말로 기뻐해야 할 삶이고, 나쁜 죽음이야말로 두려워해야 할 죽음입니다. 나쁜 삶은 혐오하고 저주해야 하고, 올바른 죽음은 바람직하고 축하해야 할 것입니다. 우리는 추한

삶과 아름다운 죽음을 수많이 봅니다. 도(道)에 맞는 죽음을 얻는 것이야말로 인생의 궁극 목표이니까요.

전쟁도 마찬가지입니다. 인생이 있으니 전쟁이 있는 것이며, 전쟁은 민족적 생명을 혹은 갱신하고 혹은 쇠퇴시키는 것입니다. 민족이 전쟁 없이 망한 예는 있지만, 전쟁 없이 흥한 예는 없는 것입니다. 역사가 생기고 약 3,500년래 인류 세계에는 크고 작은 8천여의 전쟁이 기록되어 있다고 합니다. 역사야말로 최고의 전쟁문학이며 전쟁 서사시입니다. 모든 전쟁은 평화를 목표로 한 것이지만, 평화는 전쟁을 준비하는 사이의, 즉 막간의 상연(上演) 작품 같은 느낌마저 줍니다. 그 정도로 전쟁이 많았던 것입니다.

더욱이 『서경(書經)』은 지나(支那)의 가장 오래된 역사문학일 뿐 아니라 세계에서 가장 오래된 고급 역사이자 문학인데, 요전(堯典)과 순전(舜典)을 비롯하여 탕서(湯誓)·무성(武成) 등 어느 하나 전쟁 기록문학 아닌 것이 없습니다. 그중에서도 탕(湯)이 걸(桀)을 치고 무왕(武王)이 주(紂)를 친 그 이념은 의(義)로써 불의를 친 것이라는 점에서 그대로 오늘날의 대동아전쟁의 이념이 되는 것입니다.

『역경(易經)』은 세계의 가장 오래된 경전인 것은 말할 것도 없는데, 64괘 중 일곱 번째가 사괘(師卦)로, 전쟁의 도(道)를 논한 괘입니다. 게다가 그 앞의 네다섯 번째 괘는 천지가 정해진 후 만물이 생겨나고 인간이 나서 이윽고 나라를 세우는 일을 언급하며, 여섯 번째 괘는 개인의 싸움인 송(訟), 그다음이 민족의 싸움인 사(師), 즉 전쟁에 관한 것으로 되어 있습니다. 즉 역(易)의 작자는, 백성이 있으니 나라가 있고, 나라가 있으니 안으로는 인민끼리의 다툼이 있고 밖으로는 외국과의 전쟁이 있다고 본 것입니다.

그런데 역(易)의 작자인 문왕(文王)은 전쟁을 어떻게 보고 있을까? 사괘(師卦)의 괘사(卦辭)를 봅시다.

師 貞丈人 吉无咎
(전쟁은 명분이 바르고 장인이 나서야 길하고 허물이 없다 — 역자)

라고 하였고, 공자는 이를 이렇게 해석하고 있는 것입니다.

象曰 師衆也 貞正也 能以衆正 可以王矣 剛中而應 行險而順 以此毒天下 而民從之 吉又 此何咎矣
〔사(師)는 무리이고 정(貞)은 바른 것이다. 능히 무리를 바르게 하면 가히 왕이라 할 만하다. 강(剛)과 중(中)이 호응하고, 험난하나 순한 데로 나아가니, 이로써 천하를 해치나 백성이 따른다. 길(吉)하고 허물이 없다. — 역자〕

라고 썼습니다. 전쟁은 올바르지 않으면 안 됩니다. 올바른 전쟁이라면 민중이 충분히 응하여 어떤 괴로운 일도 참고 견디므로 "길(吉)하고 허물이 없다.", 즉 목적을 달성한다는 것이며, 올바른 전쟁은 반드시 이긴다는 것입니다. 이것이 문왕과 공자의 전쟁관입니다만, 석가세존은 전쟁을 어떻게 보셨을까?

『법화경(法華經)』 안락행품(安樂行品)에 이런 말씀이 있습니다.

譬如强力 轉輪聖王 欲以威勢 降伏諸國 而諸小王 不順其命 時 轉輪王 起種種兵 而往討罰 〔…〕 如來亦復如是 於三界中 爲大法

王 以法敎化 一切衆生 見賢聖諸軍 與五陰魔 煩惱魔 死魔 共戰 有大功勳 滅三毒 出三界 破魔網 爾時如來 亦大歡喜 〔…〕 久護明珠 今乃與之

〔비유컨대 강력한 전륜성왕이 위세(威勢)로써 여러 나라를 항복시키려 할 때 소왕(小王)들이 그 명령에 순종하지 않으면 전륜성왕이 온갖 병사를 일으켜 토벌한다. 〔…〕 여래 또한 이와 같아 삼계(三界) 중에 대법왕(大法王)이 되어 법(法)으로써 일체 중생을 교화할새, 현성(賢聖) 장군들이 오음마(五陰魔)·번뇌마(煩惱魔)·사마(死魔)와 더불어 함께 싸워 큰 공훈이 있고, 또 삼독(三毒)을 멸하고 삼계(三界)에서 나와 마구니의 그물을 깨뜨리는 것을 보시고는 여래 역시 크게 환희하시고 〔…〕 오래도록 보호하던 명주(明珠)를 이제야 주는 것과 같으니라. — 역자〕

이는 물론 직접 전쟁을 의미하는 것은 아닙니다. 여래가 현성(賢聖) 장군들과 함께 인간세계의 악을 깨뜨리는 것을 전륜성왕(轉輪聖王)의 정복 전쟁에 비유한 것이지만, 그러나 전륜성왕이 현실의 악을 깨뜨리기 위해 전쟁이 없어서는 안 됨을 긍정하신 것입니다. 석존은 전륜성왕이 받들지 않는 소왕들을 정복하는 것과 마찬가지로,

如來亦復如是 以禪定智慧力 得法國土 王於三界 而諸魔王 不肯順伏 如來賢聖諸將 與之共戰

〔여래(如來) 역시 이와 같이 선정(禪定)과 지혜의 힘으로 법(法)의 국토를 얻어 삼계(三界)의 왕과 마왕들이 순순히 복종하지 않으면 여래의 현성(賢聖) 장군들이 함께 이들과 싸우느니라. — 역자〕

이라고 말씀하고 계십니다. 즉 여래(如來)는 정신의 전쟁, 즉 법국(法國)의 전쟁과 현실계의 전쟁, 즉 전륜왕의 전쟁을 둘 다 없어서는 안 되는 것으로 긍정하신 것입니다.

이로써 보면 전쟁은 악을 깨뜨리고 선을 옹호하는 것이 그 본래의 목적입니다. 우리 일본 역사에서 '고토무케(ことむけ)'와 일치하는 것입니다. '고토무케'란 천황의 말씀에 따르게 하는 것으로, 이를 받들지 않는 사람은 무력으로써 정복하는 것입니다. 즉 전륜성왕의 전쟁입니다.

그런데 전쟁의 동기와 목적을 경제력에서 찾는 사상이 있습니다. 이는 최근까지 일본 학계의 일부에서도 존재했던 사상인데, 이것이야말로 미영사상(米英思想)의 중심을 이루는 것입니다. 물질을 획득하여 동물적 생존을 유지하고 향락하는 것을 인생의 목표로 여기는, 미영인(米英人)의 동물주의입니다. 개인의 동물적 생존은 그 도덕적, 즉 신격적(神格的) 임무를 달성하기 위한 것입니다. 이 육체는 방편(方便)이고 제복(制服)이지 생명 그 자체는 아닙니다. 국가도 마찬가지로, 국가는 어떤 도덕적 목표를 달성하기 위해 있는 것이지 미영인이 생각하듯이 그 안에 포함된 국민 각 개인의 동물적 생존을 향락게 하기 위한 것이 아닙니다. 더욱이 개인은 그 국가를 통해서만, 즉 국민의 한 사람으로서만 그 신적(神的) 책무를 온전히 할 수 있는 것입니다. 단적으로 말하면, 국가의 정당한 목표는 전 인류를 신으로 끌어올리는 것입니다. 황도(皇道)란 이에 다름 아닙니다. 국민 개개인은 그 국가 목적의 달성을 위해 태어난 것이며, 이런 까닭에 국가를 위해서는 기쁘게 모든 것을 바치는 것입니다. 일본 정신이 이것이며, 역(易)의 사상, 공자의 사상, 석존의 사상이 지닌 근본 뜻이 이것입니다. 즉 동양의 사상입니다.

만약 전쟁이 단지 물자(物資) 획득을 위한 것이라면 그런 어리석은 일은 없습니다. 몸이 죽으면 물자가 무슨 소용이겠습니까. 일본이 자존자위(自存自衛)를 주장하는 것은 결코 동물적 자존이라든가 경제적 자존을 의미하는 것이 아닙니다. 일본이 없으면 황도(皇道)가 없으므로 일본의 자존자위를 주장하는 것입니다. 저 미영인(米英人)의 복지(福祉)를 위해 일본은 전쟁에 이기지 않으면 안 됩니다. 일본이 이기지 못하면 미영인은 동물의 영역에서 벗어나 신의 영역에 나아갈 수 없기 때문입니다. [박수] 이는 역설이 아니고 문자 그대로입니다. 불교에서는 식사할 때 도(道)의 그릇을 이루기 위해 음식을 먹고 기갈을 달랜다고 합니다. 이는 불교에 국한된 것이 아니라 유정계(有情界) 전체에 걸쳐 올바른 생활 태도이며, 이에 어긋나는 것은 잘못된, 인성(人性)을 그르치는 생활방식입니다.

우리는 천황을 섬겨 드리기 위해 태어났다고 믿습니다. 바로 그렇습니다. 그리고 천업익찬(天業翼贊)을 위해 살고 일하고 싸우고 또 죽는다고 합니다. 바로 그대로입니다. 천황은 도(道)이십니다. 천황은 가장 올바른 인류의 지도자이시기 때문입니다. 천황께서 이루시려는 업(業), 즉 황도(皇道) 또는 천업(天業)은 곧 우리 삶의 목표이기 때문이며, 여기에 군민일체(君民一體)의 실질이 있는 것입니다.

그런데 대동아전쟁은 어떤 전쟁인가? 역사상 팔천수백의 전쟁이 있었다고 하지만, 이 대동아전쟁만큼 신성(神性)과 동물성의 대립이 명료한 전쟁은 일찍이 없었던 것입니다. 이 전쟁에 미영(米英)이 이기면 뉴욕과 런던에는 더욱 큰 건물이 들어서고, 더욱더 많은 술집과 댄스장이 생겨 인류의 짐승화가 급템포로 진행되겠지요. 그 반면에 아시아 십억 인구는 미영의 식민지 토인(土人)의 운명 아래 신음하지 않으면 안 됩니다. 우리들 십억은 더욱더 선조의 문화도 정신도 잃고 미영인의 변소를 치우며 남은 음식을 얻어먹지 않으면 안 됩니다. 죽어서는 그 해골이 미영인의 장난감 원료가 되지 않을 수 없습니다. 그러나 이보다 더욱 슬퍼해야 할 것은 고귀한 아시아의 마음이 상실되어 버리는 것입니다. 아시아의 마음이란 부처의 마음이며 신의 마음입니다. 동물적인 몸에 머무르면서도 신이 되고자 하는 동경과 노력의 마음입니다. [박수] 이를 잃어버리게 되면 인류는 그만 짐승으로 전락하고, 잇달아 망하고 마는 것입니다.

그러나 이 전쟁에 일본이 이기면 어떻게 될까? 그러면 아시아인은 자유로운 백성이 됩니다. 아시아의 땅에서 아시아인이 경작한 가장 맛있는 음식과 가장 향기로운 향료를 마음껏 향락할 수 있습니다. 그 정신력도 체력도 노예적으로 강요받는 일 없이, 선조로부터 물려받은 고귀한 이상(理想)의 실현을 위해 기쁨과 자랑 속에서 사용할 수 있습니다. 그리고 아시아를 그 본연의 고귀함으로 되돌리고, 아시아에 지상 최고의 문화를 만들어 내 극락을 현전(現前)케 할 수도 있는 것입니다.

마지막으로 문학과 전쟁 문제입니다만, 그 전에 이 문학에 대해서 한마디 해 두지 않으면 안 되는 것이 있습니다. 그것은 문학에 대한 동서(東西) 간 관념의 차이입니다.

동양의 문학은 어디까지나 그 도의적(道義的) 인생관에 기초하여 도의적인 것이었습니다. 즉 문학은 인간성의 동물적 방면이 아니라 그 신적 방면을 대상으로 했던 것입니다. 바꿔 말하면, 선악(善惡)과 정사(正邪)에 대한 분명한 판단과 신념을 가진 대인격(大人格)의 목소리가 있고서야 비로소 문학이었던 것입니다. 공자께서 "시삼백 일언이폐지왈 사무사(詩三百 一言以蔽之曰 思無邪)"[『시경(詩經)』 삼백 편의 시를 한마디로 말하면 생각함에 거짓됨이 없다 — 역자]라고 말씀하셨습니다만, 이것이 동양적 문학관입니다. 따라서 동양에서는 문학자라고 하면 성현군자(聖賢

君子)와 동의어였던 것입니다. 세계의 가장 오래된 문학인 지나문학도 인도문학도 모두 '경전(經典)'이라고 불리는 것입니다. 도의(道義)를 기조(基調)로 하지 않은 문학은 유희담〔嬉談〕으로 멸시되었습니다. 오늘날 서양문학의 대부분은 동양적 표준에서 말하면 유희담에 속하는 것입니다. 특히 문예부흥기 이후 이른바 인성(人性) 해방이라는 미명하에 숨은 문학이 그렇습니다. 인성 해방이란 인간의 동물 본능의 해방을 의미하는 것인데, "인간이여, 동물로 돌아가라."는 것입니다. 그래서 인간의 동물 생활 방면이 왕성하게 묘사되고 찬미되어, 예컨대 연애 같은 것이 문학의 호제목(好題目)은커녕 주제목(主題目)인 듯한 외관을 나타냈습니다. 자연주의·탐미주의·관능주의 등등으로 불려 온 문학이 그것입니다. 요컨대, 춘화(春畵)를 회화의 본도(本道)라고 하는 것과 다르지 않은 것입니다. 실제로 춘화적 명작이라는 것이 예술계 전체를 풍미했습니다. 일본의 메이지(明治)·다이쇼(大正) 시대의 문학도 이 부류에 속하는 것이 많다는 것을 여러분도 금방 눈치챌 것이라고 생각합니다.

청교도(淸敎徒) 시대의 영미인(英米人)은 그 정도는 아니었겠지만, 일곱 바다를 영유(領有)하고부터의 영미인은 완전히 신을 이탈하여 동물로 돌아갔습니다. 아니, 혹은 우리가 신의 자손인 것과는 달리 그들은 원숭이의 자손인지도 모릅니다. 다윈(Darwin)은 그들의 가계(家系)를 썼던 것인지도 모릅니다. 그들의 문화를 봅시다. 건물이든 생활방식이든 모두 동물적 본능의 만족을 중심으로 하고 있지 않습니까. 그들은 물질을 획득해서 육적 향락을 얻는 것이 목적입니다. 이에 반해 동양인은 "자손을 위해 비옥한 땅을 사지 않는다."고, 다만 육체의 안일과 향락을 목적으로 하지 않을 뿐 아니라 이를 죄악시했던 것입니다. 검소한 집에서 살고 거친 밥과 거친 옷을 달게 여기며, 그러고도 그 가운데서 즐거움과 아름다움을 만들고 또 느끼는 것이 동양적인 올바른 인생관입니다. 이른바 안빈낙도(安貧樂道)라는 것인데, 이것은 인간의 동물성을 억누르고 그 신성(神性)을 생장시키는 것을 목표로 하는 인생관의 발로입니다.

부자(富者)의 도락(道樂)은 시도 그림도 안 됩니다. 미천한 사람이 자기 집에서 묵묵히 근로하는 모습이야말로 시도 그림도 되는 것입니다. 영미 문화는 수욕문화(獸慾文化)이고 생식기문화(生殖器文化)이지만, 동양의 문화는 제사문화(祭祀文化)입니다. 영미 문화는 탐욕 문화이고 동양의 문화는 경건한 감사와 봉사의 문화입니다. 영미인은 권리를 주장하지만 동양인은 다만 헌신할 뿐 권리라는 것이 없습니다. 영미인은 자기의 성욕을 만족시키기 위해 결혼합니다. 동양인은 집안과 부모를 위해 결혼합니다. 서양인은 부모의 본능 탓에 자식을 낳고 동양인은 선조와 나라를 위해 자식을 낳습니다. 영어로는 좋은 가정을 스위트 홈이라고 합니다. '달콤한 가정'이라는 의미로 한없는 포옹과 키스를 상상케 하는 말입니다만, 동양의 가정은 엄격한 질서를 기준으로 합니다. 미각을 예로 들자면 담담하다고 해야 할까, 차라리 약간 쓰고 떫은맛을 띠었다고 할 것입니다. [박수] 이렇게 인생관이 서로 반대되는 것입니다.

영미인은 오직 물질밖에 보지 않는 인종이므로 물질문명이 발달했습니다. 동양인이 자연의 의미를 생각하고 삼계중생(三界衆生)을 위해 극락을 설계하고 있는 동안 그들은 자기의 형편을 충족시키기 위해 배를 만들고 대포를 만들었던 것입니다. [박수] 이것이 바로 그들이 물질문명으로 나아간 원인으로, 그들은 달과 꽃의 아름다움조차 알지 못합니다. 충(忠)과 효(孝)의 장엄함 같은 것은 고양이에게 금화(金貨)인 격입니다. 그들은 오직 황금과 생식기에 도취된 민족입니다. 그들에게는 우리가 갖고 있는 것과 같은 정신적인 부(富)가 없는 것입니다.

그런데 메이지(明治) 이래 우리도 영미의 문물과 더불어 그 인생관과 문학관까지도 모방했습니다. 왕자이면서도 거지가 되려고 한 것입니다. 신이면서도 짐승에 가까워지려고 한 것입니다. 물질문명에서 그들은 우리보다 조금 나은 점이 있었습니다. 그러나 정신문화에 있어서 우리는 그들보다 훨씬 뛰어났던 것입니다. 그것을 잊고 오랫동안 헤맸던 것입니다.

대동아전쟁(大東亞戰爭)은 동양인이 이 영미적(英米的) 주술로부터 각성케 하기 위한 경종(警鐘)이었습니다. 이 전쟁에서 그들은 그 보살적(菩薩的) 가면을 홱 벗어던지고 야차(夜叉)의 본성을 유감없이 폭로한 것입니다. 우리 선조들은 고심참담(故心慘憺)하여 악마의 그림과 조각상을 만들었습니다만, 아무리 붉은 뿔과 푸른 뿔을 만든들 거기에 여전히 동양적인 애교가 깃든 것을 어쩔 수 없었습니다. 근본이 선량한 우리의 선조로서는 악마를 그리는 데 매우 서툴렀던 것입니다. 우리는 다행히도 악마의 정체를 눈앞에 볼 수 있습니다. 바로 루스벨트(Roosevelt)와 처칠(Churchill)이 그들입니다.

그런데 문학은 어떻게 나아가야 할까? 문학자는 우선 영미적인 악마적 마취에서 깨어나지 않으면 안 됩니다. 그리고 엄격한 참회로써 동양으로 돌아오지 않으면 안 됩니다. 아킴보(akimbo)의 무례한 자세로부터 단좌합장(端坐合掌)한 경건한 자세로 돌아오지 않으면 안 됩니다. 이욕(利慾)을 추구하는 아귀도(餓鬼道)에서 도(道)를 닦는 인도(人道)로 복귀하지 않으면 안 됩니다. 개인주의를 떠나서 천황께 삼가 귀일(歸一)하지 않으면 안 됩니다. 이 육체의 생존과 향락을 생의 목적으로 한 축생도(畜生道)에서 "의롭지 못하게 사느니 정의롭게 죽는다."는 인간적 경지에 되돌아오지 않으면 안 됩니다. 그리고 그 붓의 힘을 다해 동포를 타일러 깨우치지 않으면 안 됩니다. 연애를 찬미하던 붓으로 대의(大義)에 목숨을 버리는 아름다움을 찬미해야 합니다. 이른바 개성적인 것을 강조하던 붓으로 민족성을 강조해야 합니다. 지금은 요리점의 조리사가 총을 들고 전선에 서고, 샤미센(三味線)과 가얏고를 울리던 기생의 손가락은 군수공장에서 일하고 있습니다. 문사(文士) 된 자, 군인이 되거나 산업전사가 되거나, 그렇지 않으면 붓을 검으로 삼지 않으면 안 됩니다. 신변잡기나 개인주의의 덧없는 이야기, 관능적인 시구(詩句)를 농할 때가 아닌 것입니다. 모든 작품은 적을 격멸하는 탄환(彈丸)이 되지 않으면 안 되는 것입니다. 문학자가 영미적 잔재를 탈각(脫却)하여 본연의 모습으로 돌아올 때 저절로 나아가야 할 길이 발견될 것입니다.

시세가 시세인지라 참된 문학은 할 수 없다고 하는 사람이 있습니다. 자기는 어디까지나 순문학의 보루를 지키겠노라고 대단히 비장한 어조로 말하는 사람을 나는 문학자대회에서 본 일이 있습니다. 나는 아연하지 않을 수 없었습니다. 오늘날만큼 문학자로서 커다란 감격과 테마의 은혜를 입은 시대가 또 있을까요. 일억 국민이 목숨을 건 싸움입니다. 아침부터 저녁까지 감격으로 가득 차 있습니다. 감격은 시(詩)의 원천입니다. 감격이 문학의 원천이라면, 오늘날만큼 커다란 감격을 시시각각 맛본 적이 또 있겠습니까. 그런데도 문학을 할 수 없다고 합니다. 무엇 때문일까요?

달콤한 연애물이나 하찮은 신변잡기를 쓸 수 없다는 것이겠지요. 천박한 성욕을 묘사하거나 질투라든가 불의(不義)의 간통이라든가 하는 열등 감정을 노래할 수 없다는 것이겠지요. 그렇다면 알겠습니다. 그런 문학자의 렌즈에는 오늘날의 감격이 비춰지지 않을지도 모릅니다. 색다른 취미를 가진 사람의 식욕은 건전한 식단으로는 만족될 수 없는 것도 당연한 이치입니다. 이런 종류의 문학자는 렌즈를 다시 닦고 붓을 빨지 않으면 안 됩니다.

오늘날만큼 국민이 정신적 양식, 정신적 위안에 굶주린 일은 없습니다. 그런 까닭에 청신하고 건전한 문학이 요구됩니다. 아니, 저급한 문학 취미가 좀 더 강할지도 모릅니다. 술을 마시고 싶은 것처럼. 그러나 오늘날의 문학자는 화류객(花柳客)에게 교태를 부리는 매춘부여서는 안 됩니다. 진지한 국민적 감격을 가지고 올바른 인생관을 국민에게 호소하는 열렬한 편지의 발신인(發信人)이 아니어서는 안 되는 것입니다. 한마디 한마디 폐부로부터 나와 폐부를 찌르는 것이 아니면 안 되며, 게다가 어디까지나 진리성(眞理性)을 떠나지 않는 것이 아니면 안 됩니다. 이로부터 쇼와(昭和) 대문학, 대동아(大東亞)의 대문학이 발족하게 될 것입니다. 〔박수〕

— 가야마 미쓰로, 「戰爭と文學」, 『신시대』, 1944. 9.

대동아문학(大東亞文學)의 길
대동아문학자대회 석상에서

우리 대동아(大東亞) 민족은 우리 선조의 향토인 아시아를 미영(米英)의 점령으로부터 되찾기 위해 광복(光復)을 위한 혈전(血戰)을 한창 결행 중이지만, 문화 영역에서도 선조의 동아(東亞)로 돌아갈 날이 왔다. 오늘이 바로 그날이다.

우리 선조들의 문학은 오늘날 영미류(英米流)의 그것과는 다른 것이었다. 영미류의 문학이 엎드려 누워 성적 충동을 즐기면서 읽는 것인 데 비해, 우리 선조의 문학은 소향단좌(燒香端坐)하고 하늘의 소리를 듣기 위해 읽던 것이다. 공자(孔子)는 "시언지(詩言志)"(시는 뜻을 말로 표현한 것 — 역자), "시삼백 일언이폐지 사무사(詩三百 一言以蔽之 思無邪)"라고 하시고, 또 "흥어시 입어례 성어악(興於詩 立於禮 成於樂)"[시(詩)로써 깨우쳐 일어나고 예(禮)로써 바로 서며 악(樂)으로써 완성한다 — 역자]이라고 하셨는데, 우리 선조의 문학은 그런 의미의 것이었다. 연애나 폭력, 그 밖에 인간의 동물적 본능을 노래한 영미류의 문학은 우리 선조에 따르면 음풍(淫風)에 지나지 않을 것이다. 주남(周南)과 소남(召南), 아송(雅頌) 같은 것은 영미인들의 이해 범위를 벗어난 영역의 것이다.

문학에 대한 이 대척적인 차이는 그들과 우리의 인생관의 차이에서 온 것이다. 무릇 문화는 그 민족의 생명의 분비물이다. 우리 동아인은 천손(天孫)으로 자임하고 있다. 일본 민족의 경전인 『고지키(古事記)』는 말할 것도 없지만, 한(漢)민족의 경전인 『서경(書經)』도 마찬가지로 천명

(天命)에 의거해야 할 것을 말하고 있다. 요순(堯舜)과 공자(孔子)를 일관한 사상은 천명을 믿는 것이다. "인심유위 도심유미 유정유일 윤집궐중(人心惟危 道心惟微 唯精唯一 允執厥中)"〔인심(人心)은 위태롭고 도심(道心)은 미약하니 정성을 다하고 한결같이 해야 진실로 그 중심을 잡을 수 있다 — 역자〕이야말로 순(舜)과 우(禹) 사이에 전하는 심법(心法)인데, 인심(人心)이란 인간의 동물적 본능, 즉 이해고락(利害苦樂)을 취사선택하는 공리적 욕망이며 도심(道心)이야말로 천명(天命)의 본성인 것이다. 우리의 선조는 이 심법으로써 공구수성(恐懼修省)하며 하늘에 가까워지기 위해 노력한 것이다. 일본의 아마테라스 오카미(天照大神)의 신경(神鏡)은 이를 가장 단적으로 나타낸 것이다. 버마도 천손사상(天孫思想)을 갖고 있다고 들었다. 조선도 마찬가지이다. 동아 여러 민족은 이 사상을 공통으로 하고 있다. 동아 여러 민족의 오랜 전통인 제사와 수행은 하나같이 인간의 동물적 본능을 억누르고 천명에 따르고자 하는 노력 아닌 것이 없다. 불교도 마찬가지이다. 동아인이 불교를 받아들이고 이를 존중한 것은 인욕(人慾)을 억누르고 천리(天理)를 보존하는 전통적 이상에 합치한 까닭이라고 생각한다. 천명주의(天命主義), 이것이야말로 동아 여러 민족의 인생관의 근저를 이루는 것이다.

그러면 천명(天命)이란 무엇인가?

『서경(書經)』에 의하면, 요(堯) 임금의 덕(德)을 칭찬하는 최초의 구절이 '흠명(欽明)'이다. 흠(欽), 즉 공경함으로써 천명을 밝게 하여 요 임금은 성인(聖人)이 되었다는 것이다. 불교의 견성성불(見性成佛)도 같은 이치이다. 그러면 공경함으로써 밝아진 천명의 내용은 어떤 것인가? 경전에서는 아직 인의(仁義)와 같이 추상적인 말은 사용하고 있지 않지만, 그 쓰임, 즉 천명대로 행하여 얻은 결과를 다음과 같이 적고 있다.

克明俊德 以親九族 九族既睦 平章百姓 百姓昭明 協和萬邦 黎民拾變時雍

(큰 덕을 밝혀 온 친족을 화친하게 하니 온 친족이 이미 화목하게 되었고, 백성을 공정하게 다스리니 백성들이 사리를 분간함이 밝아졌으며, 만방을 협화케 하니 모든 백성이 감화를 받아 화목해졌다. ― 역자)

인간이 하늘에서 품부(稟賦)받은 본성, 즉 천명, 즉 도심(道心)을 밝게 하여 이를 발휘하면 백성들이 사리를 분간함이 밝아지고 만방(萬邦)이 협화(協和)하는 이상에 도달할 수 있다는 것인데, 이것이 곧 인의(仁義)이고 불교에서 말하는 자비(慈悲)이다. 이 인의의 마음이 언행에 나타나는 그 방식이 예(禮)이고, 예(禮)로써 연성(練成)하여 얻은 힘을 덕(德)이라고 하는 것이다.

이 인의(仁義)의 근본 사상 위에 세워진 것이 우리 동아인의 국가이고 문화였다. 이 사상이 정치에 나타나면 황도(皇道)·왕도(王道)이고, 개인에게 나타나면 이른바 윤공극양(允恭克讓)이 되는 것이다. 공검지기(恭儉持己)의 공(恭)이며, 박애급중(博愛及衆)의 양(讓)이다. 이 근본 사상에 의거하여 연마된 우리 선조의 성격은 그 청명함이 거울에 비유될 만하고, 그 온화함이 옥(玉)에 비유될 만하며, 악에 대해서는 엄격한 검(劒)으로 상징되는 것이다. 그 풍격(風格)은 공손하고 겸양하고 무겁고 두터우며, 그 생활은 편안히 천명(天命)을 따르는 것이다. 그리고 그 수련은 성(誠)과 경(敬)에 의거한 극기복례(克己復禮)이다.

한편 영미인의 인생관을 보건대, 실로 우리와는 반대이다. 그들이 인생의 목표를 행복에 두는 것은 잠시 그렇다 치고, 그들의 이른바 행복이란 인간의 동물적 본능의 만족을 의미하는 것이다. 최대 다수의 최대 행복이라고 해 보았자 결국 동물 본능의 만족이다. 즉 우리의 선조가 가장 경멸하고 극복하기 위해 노력해 온 인심(人心)을 그들은 인간의 본성으로 보는 것이다. 재화의 획득을 가장 중요시하는 그들의 인생관은 여기에서 생겨난 것이다. 여기에 우리와 그들 사이의 조화할 수 없는 근본적 차이가 있는 것이다.

어떤 이는 말할 것이다. 영미인에게도 정의·자유라는 말이 존재한다고. 과연 그들은 이 두 가지 말을 존중하고 있다. 적어도 그들의 문명인으로서의 체면을 겉꾸미기 위한 간판으로 삼고 있다. 그러나 우리 동아인은 이 두 가지 말을 오해하고 있는 것이다. Justice와 정의, Freedom 또는 Liberty와 자유가 같은 것을 의미한다고 생각하는 것은 큰 잘못이다. 그들의 정의는 give and take이고, eye for eye이다. 기껏해야 just distribution이다. 가장 높이 평가해도 법률적 정의의 영역을 벗어나지 않으며, 보통은 상거래의 개념에 불과하다. 법적 정의조차 우리 동아인에게는 어딘가 부족하다. 우리에게 정의라고 하면 가장 깊고 높은 도덕적, 아니 차라리 종교적인 감정조차 수반되는 것이다. 영미인의 정의란 사실대로 말하면 자기의 획득물을 넘보지 못하게 하는 것이다. 그들은 홍콩이나 말레이시아, 버마나 필리핀을 되찾기 위해 싸우는 것을 정의의 전쟁이라고 칭하고 있다. 인도를 해방시키지 않는 것이 그들의 정의이다.

정의보다도 더 유해하게 오해되고 있는 것은 자유라는 말이다. 자유라는 말은 동아에서는 완전히 욕망에서 벗어난 상태를 말하며, 재차 이해(利害)와 고락(苦樂)과 생사(生死)에 좌우되지 않는 성현지사(聖賢志士)의 심경을 가리키는 것이지만, 영미인은 윤리학에서 고상한 의미로 사용하는 경우에조차 타인에게 방해받지 않는 것을 가리키는 데 불과하

다. 자기의 중심에 자리하여 만악(萬惡)의 근원을 이루는 이기욕에 속박되지 않는 상태를 나타내는 것이 아니다. 더욱이 일상적 용법에서는 자유라고 하면 대내적으로는 자유무역, 즉 재화와 향락 획득의 자유이며, 대외적으로는 앵글로인(Anglo人)의 이민족 착취의 자유를 의미하고 있다. 천도(天道)의 절대성을 보는 눈을 갖지 못한 그들은 공리주의와 실용주의밖에 갖고 있지 않다. 우리의 덕(德)의 궁극(窮極)이 절대의 천명(天命), 천도(天道)인 데 비해 그들의 궁극은 이해(利害)이다. 일본의 『고지키(古事記)』, 중국의 『서경(書經)』에 비해 영미인의 궁극을 나타낸 경전은 다윈의 진화론(進化論)이다. 생존경쟁이 그들의 세계관이다. 우리가 신성(神性)으로 돌아가는 것을 인생의 목표로 삼는 데 비해 그들은 동물 본능의 만족을 목표로 삼고 있는 것이다. 고토무케(ことむけ)·덕화(德化)가 우리 동아의 국가 목적인 데 비해 그들의 국가 목적은 정복(征服)이다. 우리가 겸양충신(謙讓忠信)으로써 이민족을 대하는 데 반해, 그들은 수렵적 폭력과 낚시꾼의 교묘한 속임으로써 대하는 까닭이다.

이렇게 우리 아시아인과 영미인의 인생관·국가관이 양립할 수 없는데도 불구하고 과거 약 한 세기 동안 동아인은 부득이하게 그들을 추수(追隨)했다. 어떤 동아인은 영미의 학자를 모방하여 감히 우리 선조의 이상과 문화를 고고학적(考古學的) 흥미로써 바라보기조차 했던 것이다. 마치 사멸(死滅)한 원시민족(原始民族)의 유적을 찾는 박물관 관리처럼 신성한 우리 선조의 경전(經典)과 유적(遺跡)을 탐험했던 것이다.

바야흐로 동아인은 선조의 동아로 돌아갈 날이 왔다. 그리고 잊히려 했던 아시아인의 선조 공통의 이상(理想)에 기초하여 아시아 공영(共榮)의 세계를 건설할 때가 왔다. 나는 우리 선조들의 외침을 듣는다. "아들들이여, 아시아로 돌아가라."고. 그리고 공손히 하늘의 명명(明命)을 듣는다. "아시아의 빛이야말로 인류를 생존경쟁의 금수적(禽獸的) 참극에서 구원할 것이라."고.

보라. 아시아인은 같은 얼굴을 하고 있지 않은가. 같은 인생관, 즉 같은 혼을 갖고 있지 않은가. 눈앞에 공동의 적(敵)을 대하고 있지 않은가. 여기서 우리는 우리 자손의 장래의 운명이 하나 됨을 깨달아야 한다. 우리 선조의 정신을 살리는 길이 오직 하나 있다. 그리고 우리들 자손의 번영의 길이 오직 하나 있다. 그것은 아시아를 영미인의 마수(魔手)에서 탈환하여 아시아인끼리의 천손적(天孫的) 아시아를 만드는 것이다. 아시아의 여러 민족이 각각 천명(天命)을 기초로 한 국가를 이루고, 그들이 서로 공경(恭敬)과 겸양(謙讓)과 호조(互助)의 아시아 정신을 통해 도나리구미(隣組)를 만드는 것이다.

지금이야말로 그 기회이다. 아시아의 땅은 이미 우리 동포의 충혈(忠血)과 충혼(忠魂)에 의해 정화(淨化)되었다. 앞으로는 이것을 지키면 되는 것이다. 십억일심(十億一心)으로 우리 아시아를 지키고, 두 번 다시 다원주의의 패거리로 하여금 우리 신성한 아시아의 땅을 더럽히게 하는 일이 있어서는 안 된다. 그들의 분열 공작에 넘어가서는 안 된다. 적의 말이긴 하지만, 합존분망(合存分亡)이야말로 우리 아시아 여러 민족의 운명인 것이다.

그리고 이 아시아의 좋은 땅에, 아시아의 천손(天孫)들이 아시아의 풍부한 산물을 부리고 우리들 선조의 이상(理想)이자 구상(構想)인 문화세계·평화세계를 건설한다면, 그것은 멋진 세계가 될 것이다. 『아미타경(阿彌陀經)』에 묘사된 극락세계를 실현할 수 있을 것이다. "격석부석 백수솔무(擊石拊石 百獸率舞)"[석경(石磬)을 치고 두드리니 여러 짐승들이 다

같이 춤을 춘다. — 역자]의 평화경(平和境)이 나타날 것은 정해진 일이다. 백성소명(百姓昭明)·협화만방(協和萬邦)의 날을 이 눈으로 보게 될 것이라고 믿는다.

  문학의 길은 절로 명백하다. 아시아의 백성이여, 아시아로 돌아가라. 아시아인의 운명은 하나다. 인류 구제의 빛은 아시아로부터 발할 것이다. 이 사실을, 이 이상(理想)을, 이 감정을 우리 문학자는 붓으로써, 혀로써, 우리 동포들에게 외치는 것이다. 이것이 곧 대동아문학이고 우리의 사명이다.

— 가야마 미쓰로, 「大東亞文學の道 — 大東亞文學者大會席上にて」, 「국민문학(國民文學)」, 1945. 1.

2부 논설·시론

특별기증작문(特別寄贈作文)

〔상략〕 일체 이러한 잘못된 생각을 하게 된 것은 "인간은 만물의 영장이다."라는 그릇된 자만심이 동기인 까닭에, "인간은 만물의 영장이다."라고 말하는 대신 만물과 다른 점이 없어서는 안 된다. 그래서 도덕이라는 것을 만든다. 율법이라는 것을 만든다. 집이라는 것을 만든다. 기계라는 것을 만든다. 그러고는 문명이다, 야만이다 떠들어 댄다. 그로부터 신성하다, 비열하다, 선하다, 악하다 등등 제멋대로 판단을 내리고, 제멋대로 이름을 붙이고, 제멋대로 의미를 붙여 골계적(滑稽的)인 흉내를 내기 시작한다. 그래서 가난한 자가 생긴다. 부자가 생긴다. 성욕의 만족이 줄어든다. 인생의 생명인 쾌락이 줄어든다. 그래서 (즉) 괴로워하고, 울고, 신음한다. 이른바 자업자득이다. 무엇을 선악의 표준으로 세웠던 것일까? 신성과 비열의 표준으로 세웠던 것일까? 실로 가소롭지 않은가. 만약 신의 뜻을 행하는 것이 생의 본연의 임무라면, 그들은 점점 죄악을 짓고 있는 것이다. 그리고 신이여, 신이여를 외치는 그 신을 등지고 달아나면서 신을 부르는 골계이다. 나는, 본능에 따르면 고통이라는 것은 없고 행복만 있다고 말하는 것이 결코 아니다. 다만 이것이 우리들의 자연이고, 그래서 마음껏 길게든 짧게든 쾌락을 맛볼 수 있는 것이라고 말하는 것뿐. 쾌락은 우리들이 생존하는 최대, 아니 목적의 전부이기 때문이다. 그런데 인간은 동물이면서 동물이 아니고자 한다. 여기에 보다 큰 고통이 있는 것이다. 극기, 과연 어떤 가치가 있는가? 마치 개구리

가 사람의 흉내를 내어 두 다리로 걷는 듯한 모습이 아닌가.

"자연으로 돌아가라!" 이곳은 우리가 거처할 만한 곳이 아니다. 이곳은 우리의 자유를 속박하는 곳이다. 천부(天賦)의 본성을 훼손시키는 곳이다. 자연으로 돌아가라! 〔하략〕

— 이보경(李寶鏡), 「特別寄贈作文」, 『富の日本』 2, 富の日本社, 1910. 3.

조선인 교육에 대한 요구

1. 조선인은 일본을 의심하고 있다

우리는 조선인이 경제적으로나 문화적으로 열등함을 안다. 따라서 조선인을 오늘날의 일본인과 평등하게 대우해 주지 않는다고 해서 턱없이 국가를 미워한다거나 저주하는 것은 아니다. 다만 조선인도 장래에 문화의 수준이 높아지면 일본인과 평등한 권리와 의무를 향유할 수 있다는 보장만 있다면 만족해야 한다. 물론 조선인 가운데는 독립을 꿈꾸는 자도 있을 것이다. 그러나 그들이 독립을 외치는 가장 유력하고 보편적인 원인은, 일본이 조선의 이익을 도외시하고 일본의 이익만 도모하며, 어디까지나 조선인을 압박하고 박해하여 조선 땅을 모조리 일본인만의 것으로 삼으려 하여, **일본인의 지배를 받는 한 조선인은 멸망할 수밖에 없다는 데 있다.**

조선인이 이런 오해(나는 오해이기를 바란다)를 품게 된 것은 꼭 조선인이 우매하기 때문이라고만은 할 수 없다. 거기에는 당국의 시정(施政) 태도가 영향을 미치고 있다고 생각한다. 일본인과 조선인 간의 소송(訴訟)은 대개 조선인의 패소(敗訴)로 끝난다. 관청에서도 일본인은 인격을 인정받아 말하는 바도 믿어 주고 친절한 대우를 받지만, 조선인이 가면 턱없이 바보 취급하고 조소(嘲笑)하며, 심한 경우는 상당한 사회적 지위를 가진 사람에게조차 '네놈'이라고 말하며 때리거나 발로 찬다. 사업 경영에서도, 예컨대 광산(鑛山)의 인가(認可) 같은 것도 일본인과 조선인의 경쟁이 있는 경우에는 반드시 일본인이 따낸다. 저 동척(東拓) 등도 필시 조선인의 피를 빨아 살찌우는 것으로 보인다. 해마다 수만 정보(町步)의 전답(田畓)을 매수(買收)해서는 그 전답으로 생명을 이어 온 조선인 농부를 쫓아내어 만주 벌판에서 방황케 하기 때문이다. **게다가 재선(在鮮) 일본인이 조선인에게 취하는 잔혹하고 방만한 태도는 조선인으로 하여금 원한이 골수에 사무치게 만들기도 한다.** 그리고 때로 총독부 측 유력자의 입에서 "조선인에게는 영원히 참정권을 줄 수 없다."는 식의 얘기가 흘러나오기도 한다. 당장 참정권을 부여하라고는 할 수 없지만 장래에는 부여될 수 있다는, 문화 수준이 높아짐에 따라 조선인도 일본인과 모든 면에서 평등하게 된다는 희망이 없으면, 조선인은 영원히 일본인을 원망할 수밖에 없는 것이다. 왜냐하면 **문명은 노예로 하여금 영원히 노예임을 감수케 하지 않을 것이기 때문이다.** 우리는 국가로부터 조금씩 자유와 권리를 얻는 자로서, 그것만을 바라고 기대한다. 그리고 우리도 성의껏 이를 조금씩 요구하고자 하는데, 우선 교육의 해방을 요구하지 않을 수 없다. 왜냐하면 교육은 문화 향상의 유일한 길이기 때문이다.

2. 조선의 현 교육제도

조선 교육제도의 대략적인 현황(現況)은 다음과 같다.

보통교육 명칭	수업 연한	수준
보통학교	4년	심상소학 4학년
고등보통학교	4년	중학 4학년

전문교육 명칭	수업 연한	입학자격 수준
의학강습소	4년	고보 졸업
공업전습소	2년	상동
농림학교	3년	상동
실업학교	3년	보통학교 졸업
법학교	3년	고보 졸업

단, 고등보통학교는 여자 학교도 있다.

이런 형편이어서 보통학교가 일본의 소학교보다 수업 연한이 2년 적고, 또 고등보통학교가 중학교보다 1년 적다. 즉 보통교육은 조선인이 일본인보다 3년 덜 받는 셈이다. 따라서 학과목의 수준도 낮을 수밖에 없어서 조선인은 입체기하(立體幾何)나 삼각함수를 배우지 않고, 역사와 지리는 일본 교과서의 3분의 1 분량에도 못 미치며, 특히 우스운 것은 프랑스혁명이라든가 미국 독립, 남북전쟁 등은 거의 기술되지 않을 정도이고, 물리와 화학도 합하여 200쪽 분량에 불과하다는 점이다. 물론 영어는 전혀 배우지 않는다. 따라서 이들 학교의 졸업생은 도저히 일본 학생과 경쟁할 수 없는 것이 명백하다. 그러므로 이른바 전문학교도 극히 저급하여 대개 일본의 을종(乙種) 실업학교 수준이라 보아도 지장이 없을 것이다. 그래서 이들 학교 졸업생이 일본인과 직업에서 경쟁할 수 없는 것은 자명한 이치로, 설령 취직하더라도 일본인의 3분의 1 수준의 박봉에 만족해야 하는 것이다. 이리하여 이들 학교 출신자는 거의 직업을 얻을 수 없고, 설령 얻더라도 먹고 입는 것조차 궁핍한 형편이다. 그 가운데 다소 재산이 있는 자는 일본으로 유학을 간다. 해마다 2, 3백 원의 돈을 들여 수천 원의 학비를 내고 일본인과 동일한 교육을 받고 돌아와도 당국에서는 손톱만큼도 일본인과 동등하게 보아 주지 않는다. 여기에 조선인의 불평이 있는 것이다.

  도대체 무슨 이유로 국가는 조선인에게 교육을 해방하지 않는 것인가? **조선인은 일본인과 동등한 교육을 받을 능력이 없다는 것인가, 아니면 조선인은 영원히 일본인과 평등한 표준에 달해서는 안 된다는 것인가** — 이 둘 가운데 하나일 것이 분명하다. 만약 조선인은 남양(南洋)의 토인(土人)과 같이 열등한 민족이어서 우수한 일본 민족과 평등한 교육을 받을 자격이 없다고 한다면 이는 몹시 제멋대로의 독단(獨斷)이다. 일본인과 조선인이 실제로 그렇게 현격한 차이가 있는 것일까? 50년 전의 일본인은 과연 지금의 조선인보다 문화적으로 우월했다고 할 수 있을까? 지금 조선은 일본인의 지배를 받게 되었기 때문에 조선인은 남에게 지배받아야 할 민족이고 그 가운데는 위인도 대정치가도 없는 것처럼 보이지만, 메이지유신(明治維新) 당시 구미(歐米) 여러 나라가 식민지 전쟁으로 바쁜 탓에 일본을 병탄(倂呑)할 여유가 없었던 것처럼, 만약 일본이 아니었다면 조선에도 혹은 요시다 쇼인(吉田松陰), 이와쿠라 도모미(岩倉具視), 사이고 다카모리(西鄕陸盛), 오쿠마 시게노부(大隈重信)가 무수히 나오지 말란 법도 없을 것이다. 어쨌든 **조선인이 만일 문명을 이해할 능력이 없는 열등 민족이라면 이는 일본인 자신을 열등 민족으로 취급하는 것과 마찬가지 아닐까.** 역으로 일본인이 문명을 이해하는 점에서 구미인(歐米人)에게 대항할 수 있다고 한다면 조선인도 그렇다고 해야 할 것이다. 또 현재 도쿄에서 유학하는 조선 학생은 유전(遺傳)과 가정교육 및 사회교육을 결여하고 또 어학 능력이 부족함에도 불구하고, 일본 학생보다 크게 열등하다고도 생각되지 않는다.

또 만약 조선인을 일본인과 평등한 수준으로 끌어올리는 것이 국가에 위험하다고 한다면, 이는 우리들이 얘기할 수 있는 영역 밖의 일이다. 그러나 병합 당시 일본은 뭐라고 말했는가? 조선인의 행복을 위해서라고 하지 않았는가. 그렇다면 **일본의 신부민(新府民)인 조선인의 행복은 완전한 일본 신민(臣民)이 되는 데 있고, 완전한 일본 신민이 되려면 우선 일본 신민과 평등한 교육을 받아야 할 것이다.** 당국은 걸핏하면 동화(同化), 동화 해 댄다. 우리도 속히 동화되기를 바라지만, 여기서 이른바 동화란 완전한 일본 신민이 되어 국가를 유지하고 발전시키는 데 요구되는 제 권리와 의무를 향유하게 된다는 의미이지, 결코 언제까지나 식민지 토인(土人)으로서 협찬권(協贊權)이 없이 조세를 납부하고 일본인에게 부림당하는 기계가 된다는 의미는 아니다. 이미 '조선인의 행복'을 수긍하고 '조선인의 동화'를 인정했다면, 동일한 천황의 적자(赤子)에게 동일한 교육을 시행해야 하지 않는가. 그런데 이렇게 현격한 차이가 나는 교육을 시행해서는 일본인과 조선인에게 지식이나 감정 면에서 일치융화(一致融和)할 시기는 영원히 오지 않을 것이다. 뿐만 아니라 이렇게 저급한 교육만 시행한다면 조선인의 문명 수준은 날이 갈수록 일본인보다 뒤처질 것이 틀림없다. 그렇다면 이것은 다만 **조선인에 대한 죄악일 뿐만 아니라 실로 세계 문화에 대한 죄악이 아닐 수 없다.**

그러나 이는 어쩌면 우리의 오해일 것이다. 대세를 알지 못한 그릇된 견해일지도 모른다. 그러나 이것이 조선인 일반의 견해인 것은 부정할 수 없는 사실이다.

3. 우리의 요구

이에 대한 우리의 요구는 한마디로 충분하다. 즉 일본 내지와 같은 교육제도하에 일본인과 동일한 교육을 받고 싶다는 것이다. 그리고 졸업 후에는 일본인과 평등한 자격을 인정받고 싶다. 그렇게 되면 **조선인은 참으로 황은(皇恩)을 입은 것을 마음속 깊이 감사하게 될 것이다.** 그리고 상당한 시기에 이르면 조선인도 참정권을 부여받아 완전한 일본 신민(臣民)의 대열에 참가할 수 있게 되었으면 좋겠다. 이렇게 해야 비로소 완전히 동화의 열매를 거두어 조선인이 모반심(謀反心)을 일으키는 일이 결코 없을 것이다. **설령 이런 자가 있다 해도 인민(人民)은 일본에 충의(忠義)를 다하여 그들에게 동조하는 일이 없을 것이다.** 우리는 이러한 요구가 결코 부당하다고 생각하지 않는다. 오히려 일본을 위해서나 조선을 위해서나 가장 좋은 합리적 요구라고 확신한다.

우선 소학과 중학의 보통학교를 일본과 동일하게 만들고, 나아가서는 조선에 각 분과가 있는 대학을 설립해 주었으면 한다. 후쿠오카(福岡)에 제국대학을 둘 정도라면 인구가 2천만이나 되는 조선에 대학을 두는 것은 당연한 처사가 아닐까. 만약 재정상 아직 여유가 없다면 증세를 부과해도 상관없다. 이를 위해서라면 우리는 먹고 입는 것을 절약해서라도 아낌없이 세금을 납부할 것이다. **경성(京城)에 아스팔트 도로를 만드는 것보다 상당히 긴요하고 유익한 일이라고 생각한다.**

교육도 시키지 않으면서 열등하다, 바보라고 말한다. 말하는 쪽은 재미있을 테지만, 듣는 쪽은 가엾지 않은가.

아아, 의협심(義俠心) 있는 일본 인사들이여, 그대들은 조선인을 단지 식민지 토인(土人)으로서 언제까지나 그대들의 노예로 삼을 작정인가.

아니, 일본인은 결코 그렇게 부도덕한 민족이 아니다. 그대들은 실로 인의(仁義)를 귀하게 여기는 국민임을 안다. 그렇다면 일본 인사들이여, 그대들은 그대들의 수중에 생사(生死)의 운명을 맡긴 1,500만의 새로운 동포를 위해 노력하는 수고를 아끼지 않을 것이다. 조선인은 아직 입을 여는 것을 금지당하고 있다. 그들은 요구하고 싶은 것을 요구할 수 있는 방편이 없는 것이다. 그들의 유일한 방편은 다만 그들의 속마음을 의협심 있는 그대들에게 호소하는 것이고, 그들의 요구를 만족시킬 것인지의 여부는 오로지 그대들의 손에 달린 것이다. **그대들에게는 자유로운 입이 있고, 붓이 있으며, 의회에서의 발언권이 있다. 그렇다면 일본 인사들이여, 다음번 의회에서 조선인에게 교육을 개방하기 위한 응분의 수고를 아끼지 말아 달라.**

이 원고를 끝내려고 할 때 한 일본인 친구가 말했다. "그러나 언어가 다르기 때문에 평등한 교육은 할 수 없을 것이다."라고. 일면 지극히 당연해서 누구나 제기할 만한 의문이다. 그러나 들어 보라. 현재 조선에 있는 모든 보통학교와 고등보통학교에서는 한문과 조선어를 제외하고는 모두 일본어로 수업한다. 바로 한 달 전부터 사립 고등보통학교 수준의 학교도 모두 일본어로 수업하게끔 강제되었다고 한다. 실제로 오늘날 조선 학생에게는 놀라울 정도로 일본어가 보급되어 있어서 그들이 일본에 가면 곧바로 일본 학생과 함께 공부할 수 있다. 하물며 보통학교의 수업 연한을 연장하여 일본의 소학교와 같게 하면 중학교에서는 국어 교과과정조차 어렵지 않게 시행할 수 있다고 생각한다. 만약 국어와 영어 실력이 일본의 중학생에 미치지 못한다 해도 이는 1, 2년의 준비로 충분히 따라잡을 수 있다. 그러나 실제로는 그럴 염려도 없는 것이다. 원래 타이완(臺灣)의 토인(土人) 등을 대하는 것과 동일한 방식으로 조선에 교육을 시행하는 것은 지나치게 학교를 얕보는 이야기라고 생각한다. 보통학교 등의 명칭도 타이완에서 온 것이라고 하는데, 왠지 우리들은 묘한 기분이 드는 것이다.

― 고주생(孤舟生), 「朝鮮人敎育に對する要求」, 『홍수이후(洪水以後)』 8, 1916. 3.

조선인의 눈에 비친 일본인의 결함

　학우회 기관지 『학지광(學之光)』의 편집인 이광수(甲号 와세다대 학생)는 잡지 『홍수이후(洪水以後)』 제8호(1916년 3월 21일 발행)에 「조선인 교육에 대한 요구」라는 제목으로 기사를 투고했다. 이어서 같은 해 4월 익명으로 「조선인의 눈에 비친 일본인의 결함」이라는 제목으로 같은 잡지에 기고했으나, 잡지사 사원이 당국의 주목을 두려워하여 이를 게재하지 않았다. 그런데 후자의 내용은 전문(全文)이 거의 매도적(罵倒的)인 문구로 이루어져 있고, 그들이 항상 마음에 품은 이른바 배일사상(排日思想)을 나열한 것이다. "일본인은 조선인에게 정신적 압박을 가할 자격이 없기 때문에 괜히 무력(武力)이나 완력(腕力)에 호소하여 압도하려고 한다. 이것은 대국민(大國民)이 아닌 증좌이다.", "일본인은 조선인 또는 지나인(支那人)에게 오만하기 짝이 없는 데 반해, 백인종(白人種), 특히 영국인에 대한 비굴한 태도는 정말이지 실소를 금할 수 없다.", "일본의 정당 싸움은 일관된 주의에 기초한 주장이 아니라, 일시의 감정적 발작에 불과하다.", "미국인 또는 지나인, 조선인이 일본을 원수로 여겨 배척하는 까닭은 필경 일본인이 섬나라 근성을 가지고 있어 대국민 자격이 없는 데 기인한다." 등의 구절을 잇달아 쓰고 있다. 그리고 "만일 일본인 재미 동포가 지나인이나 조선인과 마찬가지로 백인으로부터 온갖 모욕과 학대를 받고 있는 사실에 생각이 미치면, 가까운 조선인 및 지나인을 경멸하고 압도해서는 안 된다는 것을 깨닫는 것이 좋다. 대개 서양인은 종교·문명·금전 등으로 조선인을 구제하고 있지만, 일본인은 조선인을 냉대할 뿐 아니라 나아가 직업을 빼앗고 재산을 빼앗아 아사(餓死)시키려 하고 있다. 일본인은 우리 조선인에게는 어디까지나 기생충과 같다."고 결론짓고 있다.

─「朝鮮人の眼に映たる日本人の缺陷」, 『홍수이후』 9, 1916. 4. ;
『특고·경찰관계자료집성(特高·警察關係資料集成)』 32, 不二出版, 2004, p.57.

민족대회소집청원서

배계(拜啓)

　인류가 있어 온 이래 미증유(未曾有)의 참담이 극에 달했던 구주(歐洲)의 전란(戰亂)은 종국(終局)을 고(告)하고 오늘날 세계가 정의(正義)·인도(人道)에 기초하여 영구의 평화를 확립하고자 하는 이때, 본단(本團)은 오늘 대회를 개최하고 우리 2천만 민족의 의지를 대표하여 그 요구하는 바를 천하에 공표함으로써 세계의 공평한 여론에 호소하고자 한다. 이에 별지(別紙)의 선언서·결의문 및 청원서를 삼가 올리니, 정의·인도를 사랑하는 각하(閣下)는 헤아려 동정을 표하여 다대한 원조를 보내 주길 바란다.

1919년 2월 8일 조선청년독립단

민족대회소집청원서

　우리 조선 민족은 건국 이래 4,300년간 연면(連綿)히 국가를 보존해 온, 실로 세계 최고 문화 국민의 하나이다. 삼국(三國) 중엽 이래 왕왕 지나(支那)의 정삭(正朔)을 받들기는 했어도 이는 단지 주권자 상호 간의 형식적·외교적 관계에 불과하여 일찍이 실질적으로 이민족(異民族)의 지배를 받은 일이 없다. 그러므로 우리 조선 민족이 옛 전통과 역사적·민족적 자존과 위엄을 희생하여 이민족의 지배를 받는 것은 결단코 참을 수 없는 바이다. 보호조약과 병합조약은 전적으로 무력(武力)의 위협 아래 이루어진 것으로서, 조선 민족의 의지가 아닌 것은 이래로 수도 없이 독립운동이 일어난 것으로부터도 알 만하고, 또 각각 조약 체결 당시의 한국 황제 및 그 정부의 여러 반항적 행위로부터도 명백하다. 병합 이래 조선 민족이 일본에 열복(悅服)했다는 이야기가 들리는데 이것은 잘못이다. 그들은 온갖 저항의 방법 및 반항의 의사를 발표할 길이 끊긴 이러한 상태 아래에서조차 각종 독립운동을 일으키지 않았는가. 하물며 조선 내에서 일어난 그런 종류의 운동은 혹은 암살 음모라 칭하고 혹은 강도라 칭하여 어둠 속에 묻혀 버릴 뿐.

특히 병합 이래 이미 10년 조선 민족은 일본의 통치하에서는 그들의 생존과 발전을 위협받음을 깨달았으니, 참정권, 집회·결사의 자유, 언론·출판의 자유 등 모든 문화 있는 민족이 생명으로 귀하게 여기는 온갖 자유를 허하지 않고, 만인에게 공통해야 할 인권조차도 행정·사법·경찰의 제 기관에 의하여 유린함으로써 이에 대해 호소할 길을 끊으며, 뿐만 아니라 조선 정부의 제 기관 및 사립 제 기관에도 전부 혹은 대부분 일본인을 채용하여 조선인으로 하여금 일면 자치(自治)의 지능과 경험을 얻을 수 있는 기회를 빼앗고, 일면 직업을 빼앗으며, 일면 몸소 사회적·국가적 이상(理想)을 실현할 기회를 빼앗는다. 또 공사(公私) 영역을 막론하고 이른바 조선인에게 엄연한 차별적 장벽을 세워 공공연하게 모국인과 식민지놈이라고 부르며 조선인은 마치 피정복자인 식민지의 토인(土人)과 같이 대우한다.

교육에서도 차별적 교육제도를 설치하여 일본인보다 열등한 교육을 실시하여 조선인으로 하여금 영구히 일본인의 노예로 부리고자 한다.

조선 민족은 도저히 이러한 정치하에서 민족적 생존과 발전을 이룰 수 없다.

조선은 본디 인구 과잉의 국토임에도 불구하고 무제한으로 일본인의 이주(移住)를 장려하고 보조하여 토착 조선인으로 하여금 해외에 유랑하지 않을 수 없게 한다. 그리고 고등한 제 직업은 무엇이든 일본인이 독점하고, 산업에서도 일본인은 특수한 편익을 받는다. 이리하여 조선인과 일본인의 이해는 서로 배치하여 조선인의 부(富)는 날로 줄어든다.

또한 병합의 최대 이유인 동양 평화의 견지에서 보면, 그 유일한 위협자인 러시아는 이미 제국주의를 포기하고 신국가(新國家) 건설에 종사하고 있고, 지나(支那) 역시 그러하다. 그뿐만 아니라 이번 국제연맹(國際聯盟)이 결성되면 재차 약소국을 침략하려는 강대국이 없을진대 우리 조선 민족의 국가는 순조롭게 생장할 수 있을 것이다. 불행히 다년간 전제정치의 해독과 처지의 불행으로 인해 쇠퇴했을지언정 이미 오랜 국가생활의 경험을 가진 조선 민족이 새로운 주의 원칙 위에 국가를 세우면 능히 동양 및 세계의 평화와 문화에 공헌할 수 있는 국가가 될 것을 믿는다. 만약 일본이 이를 허락하고 원조한다면 우리 단체는 일본에 경의를 품지 않을 수 없고, 참된 의미에서 친선(親善)에 힘쓰는 지도자 된 은의(恩誼)를 잊지 않을 것이다.

이상 거론한 이유에서 우리 단체는 대일본제국 의회에 대하여 우리 조선민족대회를 소집하고 민족 자결(自決)의 기회를 부여할 것을 청원한다.

1919년 2월 조선청년독립단 대표

최팔용(崔八鏞), 김도연(金度演), 이광수(李光洙), 김철수(金喆壽),

백관수(白寬洙), 윤창석(尹昌錫), 이종근(李琮根), 송계백(宋繼白),

최근우(崔謹愚), 김상덕(金尙德), 서춘(徐椿)

―「民族大會召集請願書」, 1919. 2. 8.(1919년 2월 10일 일본 외무성 접수)

재외 조선인에 대한 긴급책에 대하여 다음의 2건을 건의함

재외 조선인에 대한 긴급책으로서 다음의 2건을 건의한다.

　1. 방랑 조선 청년 구제 선도의 건
　2. 재외 조선인 교육 선도의 건

　'덧붙임〔附〕'　　적임자의 자격
　　　　　　　　　실행 시의 주의

1. 방랑 조선 청년 구제 선도의 건

　이유

　1919년(大正 8) 조선 독립운동 발발 이래 중등 정도 이상의 교육을 받은 자로서 지나(만주·베이징·상하이) 및 시베리아에 유랑하는 자가 2천 이상에 달한다. 그리고 그들은 조선에 돌아갈 수 없는 자, 또는 돌아가고자 하지 않는 자이다. 지금 그들은 의식(衣食)이 곤궁하여 이번 겨울을 나는 것조차 곤란한 상태이다. 이러한 상태에 있는 그들로서는 취할 만한 길이 세 가지가 있다.

1) 독립운동을 표방하고 무기를 휴대하여 조선 내에 몰래 들어오는 것

   2) 과격파 러시아의 선전자(宣傳者)가 되는 것

   3) 사기꾼 또는 절도·강도가 되는 것

이 이것이다.

  그들 2천 명은 조선인, 특히 재외 조선인 사이에서는 지식계급이면서 동시에 애국지사로서 민심(民心)을 선동하는 데 막대한 세력을 가진다. 현재 그 지역에 있는 각종 독립단체의 여러 기관은 그들에 의해 굴러가고 있고, 여러 계획 및 실행은 그들의 손으로 이루어진다.

  또 그들은 과격파의 사상(思想)에 기울고 있다. 소비에트 정부도 동양에서의 과격주의의 선전자로서 조선의 불우(不遇) 청년 지식계급을 이용하는 방책을 세우고, 현재 상하이 기타에서 수백의 조선 청년을 부리고 있다. 이대로 두면 필시 그들 2천여 명은 전부 과격화될 것으로 보인다.

  그리고 그들은 수적(數的)으로는 적은 것 같아도 사실 일본의 국방 및 사회의 안녕에 대하여 경시할 수 없는 관계를 갖고 있는 것이다.

  게다가 그들은 선도(善導)하면 재외 조선인, 나아가서는 전 조선인의 교육 및 산업적 활동에 쓸모 있는 인재가 될 수 있고, 또 인도상으로 보더라도 2천여 쓸모 있는 청년을 도랑과 골짜기에 구르게 하는 것은 국가로서도 인류로서도 참을 수 없을 것이라고 믿는다.

구제책

  그 구제책은 그들에게 우선 의식(衣食)을 주고, 다음으로 교육을 주어 건실한 직업을 누릴 수 있는 능력을 주는 데 있다.

  지린성(吉林省) 또는 펑톈성(奉天省)에 적당한 토지를 구매하고, 조

선인 가운데서 적절한 인재를 구하여 이곳에 농촌과 학교를 경영케 한다. 거기서 그들 유랑의 무리를 모아 한편으로 농공업에 종사하여 의식(衣食)의 밑천을 얻게 하고, 다른 한편으로 농업과 공업 등 만주(滿洲)의 조선인 산업에 필요한 학술 또는 기예 또는 사범 교육을 받게 한다. 사범 교육을 하는 것은 재외 조선인(백만을 넘는다고 한다)의 교육을 진흥케 하는 자극이 되고 실력을 갖추게 하기 위함이고, 실업 교육을 베푸는 것은 첫째, 그들 자신에게 건전한 직업에 종사하는 능력을 전수하고, 둘째, 재외 조선인의 산업을 진흥시키기 위함이다.

이상에서 언급한 사업의 시도로서, 우선 5백 명을 수용하기 위한 경비를 대강 셈하면 다음과 같다.

1) 토지 구입비(1인 경작분 50엔으로 견적)	2만 5천 엔
2) 개간비(기계 구입비 포함)	2만 엔
3) 기숙사 건설비(1실 평균 4인으로 125실 및 부속 건물)	2만 엔
4) 교사 및 공장 건설비	2만 엔
5) 5백 명 최초 1년 생활비	2만 엔
6) 공공비 및 잡비	1만 엔
합계	근 10만 엔

일단 이러한 설비가 마련되면 이듬해부터의 해당 토지의 수입으로 유지할 수 있을 것.

2. 재외 조선인 교육 선도의 건

이유

국외에 거주하는 조선인이 2백만이라고 한다. 그 가운데 가장 밀집도가 높은 거주지는 러시아령 연해주 및 만주 지역이다. 특히 저 간도(間島) 및 서간도로 통칭되는 지역은 거의 조선 내지와 다르지 않고, 주민이 백만에 달한다. 그런데 그들에게는 정치가 없고 법률이 없고 종교가 없고, 교육도 예술도 없다. 거의 만민(蠻民)으로 퇴화(退化)하고 있다. 더구나 이러한 인민(人民)은 해마다 급증가하여 매년 이주하는 자가 만 명을 헤아린다. 그리고 그들을 지배하는 유일한 주권은 위의 항목에 서술한 유랑 청년이 있을 뿐이다. 따라서 그들 백만의 인민은 일본의 국방상 간과할 수 없는 위험으로서, 또한 그들을 계발하는 것은 조선 통치자로서 일본이 등한시할 수 없는 문제이다.

교육 선도안

그 교육 선도책은 학교의 설립, 강습소 및 순회 강습의 시설, 또 값싼 출판물을 발행하는 것이다.

1) 적당한 곳에 기숙사가 딸린 소학교를 세울 것
2) 강습소를 마련하여 산업에 관한 지식을 줄 것
3) 강연을 통해 위생 기타 필요한 사상을 고취할 것
4) 값싸고 또 그 목적에 맞는 출판물로써 도덕과 지식과 위안을 줄 것

상술한 사업은 아래 항목에 언급한 사업 경영자에게 위임하면 가장 편

리하다. 경비는 일정해야 하는 것은 아니고, 다만 이로써 시험적으로 전진하는 것이 좋다.

적임자의 자격
이러한 사업에는 적임자를 얻는 것이 가장 긴요한 조건이다. 그 적임자는 다음의 자격을 가질 필요가 있다.

1) 조선인, 특히 조선 청년 사이에 명망 있는 자일 것
2) 조선인으로서 친일파로 지목되지 않을 것
3) 교육에 관한 식견이 있고 사무적 수완이 있을 것
4) 비록 일선동화(日鮮同化)를 외치지 않더라도, 급진적 사상이 아니라 조선인에게 교육과 산업을 전수(傳授)하는 것을 조선인의 유일한 구제책이라고 믿는 자
5) 거짓말하지 않고, 의지 강고(強固)하여 주의(主義)를 굽히지 않는 자

이러한 인물이라면 신임해도 좋을 것이다. 이것은 일선동화를 외치지 않더라도 재외 조선인의 망령된 움직임을 견제하고, 그들에게 지식과 부(富)를 주어 생활의 안정을 얻게 하는 효력을 얻을 수 있다.

실행 시의 주의
상술한 사업을 진행하는 데는 절대 비밀을 지키는 것이 좋다.

―「在外朝鮮人に對する緊急策として左の二件を建議する」,
『사이토문서(齋藤文書)』(분류번호 2166), 1921, 일본국회도서관 헌정자료실 소장.

합의〔申合〕

우리들은 병합(倂合) 이래 일본제국의 조선 통치를 영국의 인도 통치나 프랑스의 베트남 통치와 같이 단순한 이른바 식민정책으로 생각해 왔다. 그리고 조선 민족은 일개 식민지 토인(土人)으로 영원히 노예의 운명에 놓인 것이라고 한탄해 왔다. 메이지 대제(明治大帝)의 일시동인(一視同仁)의 말씀은 실제로는 영구히 실현되지 않을 것이라고 생각했던 것이다. 이에 우리들은 독립사상을 품고, 조선 민족을 일본제국의 굴레로부터 해방하는 것이 우리들의 의무라고 믿어 왔던 것이다.

그러나 우리들은 과거 1년 반 깊이 반성한 결과, 조선 민족의 운명에 대해 재인식하고 종래 우리들이 품었던 사상에 대해 재검토함으로써 일본제국의 조선 통치의 진의(眞意)에 대하여 올바른 이해에 도달할 수 있었다. 우리들을 이 기쁜 결론으로 이끈 가장 유력한 원인이 된 것은 지나사변(支那事變)으로 인해 명백해진 일본의 국가적 이상(理想)과 미나미(南) 총독의 몇 가지 정책과 의사 표시이다.

우리들은 지나사변을 통하여 일본제국의 국가적 이상이 서양의 제국주의 국가들의 그것과는 매우 현격한 차이가 있음을 인식했다. 일본은 팔굉일우(八紘一宇)의 이상(理想)을 깊이 인식하여, 우선 아시아 여러 민족을 구미(歐米) 제국주의와 공산주의의 질곡(桎梏)으로부터 벗어나게 하고 동양 본래의 정신문화 위에 공존공영(共存共榮)의 신세계를 건설하는 데 일본제국의 국가적 이상이자 목적을 두었음을 이해하는 동시에, 조선 민족도 결코 종속자(從屬者)나 추수자(追隨者)로서가 아니라 함께 일본 국민의 중요한 구성 분자로서 이 위업(偉業)을 분담하고 또 이로부터 다가올 행복과 영예를 향수(享受)할 자임을 국가로부터 허락받고 또 요구받았음을 우리들은 이해할 수 있었던 것이다. 이미 교육의 평등은 실현되었다. 가까운 장래에는 의무교육도 실시되고, 병역의 의무를 조선 민족에게 실시케 할 것도 암시되어 있다. 일언이폐지(一言以蔽之)하면, 일본제국은 조선 민족을 식민지의 피통치자가 아니라 진실로 제국의 신민(臣民)으로서 받아들였고, 그리고 거기에 신뢰하고자 하는 진의(眞意)가 있음을 우리들은 이해하고 또 믿을 수 있게 된 것이다.

이리하여 우리들은 종래 우리들의 오해에 기초한 조국에 대해 진실로 죄송스러운 사상과 감정을 청산하고, 새로운 희망과 환희와 열정을 갖고 다음과 같이 결의한다.

1. 우리들은 지성으로써 천황에게 충의를 바치자.
2. 우리들은 일본 국민이라는 신념과 긍지로써 제국의 이상 실현을 위해 정신적·물질적으로 전력을 다하자.
3. 지나사변은 우리가 일본제국의 국가적 이상 실현의 기초에 관계되는 것임을 확실히 파악하고, 작전 및 장기 건설을 위한 온갖 국책의 수행에 최선의 노력을 하자.

이에 메이지절(明治節)을 택하여, 우리들은 숙려(熟慮)를 거듭하여 합의를 이룬 바이다.

1938년(昭和 13) 11월 3일

전(前) 동우회 회원 일동

― 「동우회사건 보석출소자의 사상전향회의 개최에 관한 건(同友會事件保釋出所者ノ思想轉向會議開催ニ關スル件)」, 『경고특비(京高特秘)』 제2494호, 1938. 11. 5.

조선 청년과 애국심

국민에게 없어서는 안 되는 것이 애국심이지만, 특히 청년에게 애국심이 없는 것은 병적이며 실로 부끄러워해야 할 일이다.

청년의 가장 바람직한 야심은 임금과 나라를 위해 깨끗한 생명을 바치는 것으로, 폐하의 군인으로서 전쟁에 나가는 것은 청년으로서 더할 나위 없는 기쁨이자 감격이며 숙원(宿願)이다. 특별지원병(特別志願兵) 여러분으로 하여금 분연히 일어나게 한 것은 실로 이 순정(純情)이다.

그러나 애국심은 꼭 전장(戰場)에만 국한된 것은 아니다. 정말로 애국심을 갖고 있는 사람이면 그의 일상생활 어느 것에나 애국심이 나타나지 않을 리 없다. 사람들이 일상생활에서 나라를 잊을 때 그 나라는 쇠퇴하고 결국 망하는 것인데, 나라의 번영 없이는 개인의 성공도 행복도 없는 것이다. 세계를 위한다든가 전 인류를 위한다고 하여 국가를 떠나 초월하여 진로(進路)가 있는 듯이 생각하는 것은 미혹일 뿐이다.

그러면 애국심이란 무엇인가? 그것은 일본은 내 집이라고 생각하는 것이고, 내 몸, 내 생명이라고 생각하는 것이다. 이 감정은 천황을 내 아버지로 사모해 드리고 섬겨 드리는 것이다. 전선(前線)의 병사들이 죽음의 순간에 천황의 만세(萬歲)를 외치는 그 마음인 것이다. 경건과 감사와 기쁨에 넘치는 외침이야말로 전사(戰死)하는 병사의 만세인 것이다. 그것은 병사에게만 한정된 기쁨은 아니다. 실로 애국심에 사는 사람은 누구나 그 지위나 직업이 무엇이든, 그 임종(臨終) 시의 한마디 말은, 보잘

것없는 임무를 수행하고 감사와 만족 속에서 이 생명을 거둡니다, 라는 것이어야 한다.

    그런데 조선인은 오랫동안 애국심과 무관한 생활을 해 왔다. 애국심이 확고하게 내 마음이 되어 있지 않다. 국가를 떠나서는 집도 자손의 번영도 없다는 참된 국민적 자각이 아직 희박하다. 그래서는 안 된다. 여기에 조선 청년의 중대한 사명이 있다. 2,300만 조선 동포를 일본의 역사를 분담하는 강력하고 영예로운 국민의 영역으로 이끄는 것은 실로 조선 청년의 신성한 본분인 것이다. 적어도 조선 청년 된 이는 마땅히 한번 깊이 반성하지 않으면 안 될 때가 아닌가. 작은 자기를 버리고 일본을 견고히 껴안으라. 설령 학생 신분이더라도 총을 들고 전장에 설 마음가짐이 아니면 안 된다.

—「朝鮮青年と愛國心」,「국민신보」, 1939. 4. 16.

죽은 후의 명예
야스쿠니신사(靖國神社) 초혼식(招魂式)

4월 23일부터 야스쿠니신사(靖國神社)의 임시 대제(大祭)로, 여기서는 이번 사변에서 나라를 위해 죽은 10,389주(柱)의 영령을 호국신(護國神)으로 모시는 초혼식이 행사의 주를 이뤘다.

23일에는 초혼식이 있었고, 25일에는 황공하옵게도 성상(聖上) 폐하께서 야스쿠니신사에 행차, 친히 절을 올리셔서, 그 시각인 오후 10시 15분을 기(期)하여 전국에서 일제히 묵도(黙禱)를 올렸던 것이다.

야스쿠니신사에 모셔져 있는 영령 중에는 작년에 합사(合祀)의 영예를 입은 반도(半島) 출신자도 있는데, 이번에 또 관동군(關東軍) 자동차부대 운전수 김자원(金子元), 조선총독부 순사 황진식(黃辰植)과 조연진(趙然軫) 3인이 이 광영(光榮)을 입게 되었다. 김자원 씨의 아우님은 "야스쿠니신사에 모셔지는 것, 그것만으로도 만족입니다. 우리들의 충의(忠義)의 마음은 결코 내지인(內地人)만 못하지 않습니다."라고 말했다는데, 실로 믿음직한 일이다.

"야스쿠니에서 만나자."

라는 것은 출정하는 군인과 이를 전송하는 부모 형제 간의 인사말이다. 살아서는 돌아오지 않는다는 의기를 나타내는 것인데, 동시에 남아(男兒)가 죽을 자리를 얻은 것을 기뻐하는 의미도 되는 것이다. 더구나 나라를 위해 죽음으로써 조금도 바라는 것은 없다. 다만 멋지게 죽어 호국신(護國神)이 되는 것, 그것뿐인 것이다. 김자원 씨의 아우님이 말한 "야스쿠니신사에 모셔지는 것, 그것만으로도 만족입니다." 이것인 것이다.

　조선인도 이제부터 줄줄 야스쿠니신사에 모셔지지 않으면 안 된다. 조선의 청소년 된 자, 실로 야스쿠니신사를 그의 혼(魂)을 둘 곳으로 마음먹어야 한다. 조선에도 사단(師團) 소재지인 경성과 나남(羅南)에 호국신사(護國神社)를 세우게 되었다. 이것은 실로 조선 남아의 긍지가 되어야 한다.

　조선인은 원래 약한 민족은 아니었다. 고구려인은 수양제(隋煬帝)나 당태종(唐太宗)의 대군(大軍)을 격파했다. 살수(薩水)나 안성(安城)의 대승리가 이것이다. 백제에 계백(階伯)이 있고 신라에 관창랑(官昌郞)이 있어 그들은 누구나 의를 위해서는 죽음을 보기를 깃털처럼 여겼다.

　이러한 선조의 피는 오늘날도 조선인의 혈관에 흐르고 있는 것이다.

　이제 조선 민족이 나아갈 길은 하나로서, 오직 한 가지가 있을 뿐이다. 그것은 살아서는 황국(皇國)을 위해 충의(忠義)를 다하는 백성이 되고, 죽어서는 일본을 위해 호국신이 되는 것이다. 헛되이 사당(祠堂)이나 무덤을 꾸미는 것이 아니라, 혼을 야스쿠니신사나 호국신사에 맡기는 것이다. 이리하여서야말로 선조의 영예를 잇는 동시에 자손의 번영을 꾀하게 되는 것이다.

―「死しての後のほまれ ― 靖國神社招魂式」, 「국민신보」, 1939. 4. 30. ;
「동포에게 보냄」, 박문서관, 1941. 1.

자기를 소중히 여긴다는 것

우리의 생활에는 낭비가 너무 많다. 낭비가 많다는 것은 곧 물건을 소중히 여기지 않는다는 것이다. 값을 따지지 않는다든가 물욕(物慾)이 없다는 것은 일종의 미덕이 틀림없지만, 이것과 물건을 소중히 여기는 것은 다른 문제다. 언제나 물건을 소중히 여기는 것은 실로 군자(君子)의 덕(德)이다. 물건을 소중히 여길 줄 모르는 개인은 가난할 것이고, 이러한 개인이 많은 가정이나 국가도 가난할 것이다. 그런데 불행히도 조선에는 요즘 물건을 소중히 여기는 정신이 스러진 듯하다. 소중히 할 것은 물건만이 아니다. 우리의 일언일동(一言一動)은 전장(戰場)의 전투행위에도 견줄 만한 것으로, 성실함 그 자체가 아니면 안 될 것이다. 이 일언일동이 모여 제물(祭物)이 되고 사업이 되고 일생이 됨을 이해한다면, 그 누구도 종래 자기가 생활력을 낭비해 온 사실에 놀람을 금치 못할 것이다.

그러나 우리가 평소 가장 소홀히 여기는 것은 사람이 아닐까. 우리는 충분히 사람을 소중히 여기고 있는 것일까. 어리석은 중생은 자기를 소중히 여길 줄은 알지만, 다른 사람을 소중히 여기는 것이야말로 참으로 자기를 소중히 여기는 방법이 됨을 깨닫지 못한다. 우리는 전차나 기차 안에서 서로를 소중히 대하지 않는 남부끄러운 광경을 보게 되는데, 민중에게 이러한 정신이 빈곤하기 때문에 교통 도덕의 결핍, 공공 도덕의 결핍이 나타나는 것이다.

덧붙이건대, 참으로 자기를 소중히 여기는 사람은 임금과 나라를 소중히 여기며, 부모와 동포, 그리고 물건을 소중히 여길 것이다.

―「自己を大事にする」, 『국민신보』, 1939. 5. 7.

두 가지 뼈아픈 방망이

　지난번 조선군(朝鮮軍) 당국이 담화를 통하여 특별지원병이 학과(學科) 및 술과(術科)에서는 양호한 성적을 보여 주었지만 돌격정신(突擊挺身)의 기세를 결여하고 있음을 발표한 일에 대해 지난 호의 본란(本欄)에 언급한 일이 있다. 지금 또 조선국민정신총동원연맹(朝鮮國民精神總動員聯盟) 총재인 가와시마(川島) 대장의 담화를 통해 신문 지상에 다음과 같은 글이 게재되었다. '전쟁의 승패는 정신력, 반도인에게는 그것이 결여되어 있다. 가와시마 대장은 말한다'는 제목하에 "전쟁은 경제전(經濟戰)이라지만 전쟁의 승패를 결정하는 것은 정신력이다. 대전(大戰) 전의 독일이 그러했다. 독일은 전쟁에 이긴 뒤 국민이 기세가 꺾인 것이다. 전쟁에는 최후의 5분간이라는 것이 있다. 이런 각오와 정신력이 반도에 거주하는 민중에게는 결여되어 있는 듯하므로, 반도 대중에게 주입해야 할 것은 '정신력'이다. [하략]"라고.

　이 정신력이라는 말의 내용은 매우 광범위한 것이지만, 앞뒤 맥락으로 보건대 희생정신이라든가 견인지구(堅引持久)하는 침착한 용기 등을 가리키는 듯하다. 저 '주입한다'는 말로 보아 애국심도 포함하고 있는지도 모르겠다. 여하튼 가와시마 총재의 이러한 평가는 앞서 언급한 조선군 당국의 말과 함께 '조선에 거주하는 민중'을 내리치는 두 가지 뼈아픈 방망이인 셈이다.

　이들 방망이는, 맞는 입장에서 보면 아플 것이 틀림없다. 이러한 평가를 신문에서 읽은 반도인들은 필시 고개를 숙이고 깊이 자기를 돌아보았을 것이다. 자기에게 이 정도로 정신(挺身)의 기세가 결여되어 있는가, 하고 맹렬히 반성했을 것이다.

 그러나 반도에 거주하는 민중 된 이는 이 뼈아픈 방망이에 낙담하고 위축되어서는 안 된다. 하물며 화를 내서는 안 된다. 이를 고마운 질책으로 삼아 크게 분발해야 한다. 앞장서 돌격하는 정신(挺身)의 기세를 길러 강한 정신력을 발휘해야 한다. 이런 정신은 그들 가운데도 잠재해 있을 것이다. 밖으로부터의 주문(注文)에 의해 얻어질 수 있는 것이라기보다는 적절한 자극과 감격에 의해 눈뜨는 것이고 진작(振作)되는 것이라고 생각한다.

―「二大痛棒」,『국민신보』, 1939. 5. 14.;
『동포에게 보냄』, 박문서관, 1941. 1.

기대되는 약속

이번 미나미(南) 총독이 상경(上京)한 것은 조선 및 조선인에 대하여 커다란 의도를 가진 것이었다. 지나사변(支那事變) 이래 조선인이 보여준 충성을 천황께 상달(上達)하고, 수상(首相) 이하 주요 관계자와 금후 조선 통치의 새로운 방침에 대해 중요한 협의를 하는 것이 미나미 총독의 의중(意中)이었음이 각종 보도를 통해 분명해졌다.

일본의 보도기관이 전하는 바에 따르면, 종래의 식민지 관념을 일소(一掃)하여 조선을 '젊은 일본'으로 간주하고, 조선인을 내지인과 대척적인 존재가 아닌 '순 일본인'으로 취급한다는 것이 그 골자인 듯하다. 그리고 이러한 정신의 구체적인 표현으로서, 30년 이내에 조선인에게 대륙 자치 참정권과 징병의 의무를 실시한다는 것이다. 이 글을 쓰는 지금, 미나미 총독은 도쿄를 출발하여 조선으로 돌아오고 있는 중이지만, 이 글이 독자에게 읽힐 즈음에는 어쩌면 총독이 경성에 돌아와 유고(諭告) 등의 형식으로 어떤 의사표시를 할지도 모른다. 그 후가 아니면 이번 중앙 당국과 조선 총독 사이에 결정된 새로운 조선 통치 방침의 내용을 확인할 방법이 없다. 그러나 만약 신문에 보도된 것이 사실이라면, 그것은 실로 중대한 한 전기(轉機)이며 조선에 관한 한 하나의 신기원(新紀元)을 긋는 국가적 의사표시라고 해야 할 것이다. 원래 일시동인(一視同仁)이라든가 내선일체(內鮮一體)라는 말 속에 이러한 의의(意義)가 포함되어 있다고는 해도, 그것이 일정한 기한을 두고 약속된다는 것은 새로운 의미를 갖는 것이라고 하지 않을 수 없다.

  미나미 총독에게 직접 새로운 방침의 실상에 대해 듣기까지는 이런저런 비평 따위는 삼가자. 지금 조선 및 조선인에 대해 국가가 중대한 의사 표시를 앞두고 있다는 사실만을 염두에 두고 우리는 삼가 자기를 다스리고 내일을 전망하자.

―「期待さるるお約束」, 「국민신보」, 1939. 5. 21.

자치훈련(自治訓練)

지난 21일 조선 전도(全道)에서 일제히 부읍면회(府邑面會) 의원의 총선거가 실시되었다. 다소의 부정선거 및 기권자도 있었던 모양이지만, 그건 그렇다 치고 투표를 한 사람들은 실로 양심적으로 자기가 속한 자치체(自治體)를 위해 어떤 후보자에게 신성한 한 표를 던졌을까? 이에 대해서는 각자 반성의 여지가 있는 것이 아닐까.

이번 총선거는 지방자치제도 개정 후 두 번째 총선거이고, 이제 4년이 지나야 다음번 선거가 올 것이다. 다음번 선거를 이번보다 진전된, 한층 이상에 가까운 선거로 만들기 위해서는 오는 4년의 기간을 유효하게 활용하지 않으면 안 된다. 그 활용이란, 민중의 정치교육과 자치훈련을 말한다. 평소 아무것도 하지 않다가 막상 막판에 이르러 공정한 선거라든가 기권(棄權) 방지를 외쳐 보았자 소용없다.

우선 첫째, 민중에게 자치(自治)의 정신을 납득시키지 않으면 안 된다. 민중의 인식이 면협의회(面協議會)·읍부회(邑府會)가 도대체 뭐냐는 수준에 머물러 있어서는 선거열(選擧熱)이 오를 리가 없다. 이 기관들이야말로 우리의 생활과 밀접하여 뗄 수 없는 관계를 가진 것이고, 문화적으로도 우리의 행복과 불행의 원인이 되는 곳이라는 자각만 있다면 민중은 저절로 선거를 소중히 여기게 될 것이다. 그런데 조선의 민중에게는 아직 이런 정신이 철저하지 못한 것은 아닐까. 그래서 후보로 나서는 일에나 어떤 후보자를 선택하여 투표하는 데도 진정한 성의가 결여되어 있다. 지자체의 의원이 실로 자기 생활의 지배인이라는 실감이 있다면, 마음으로 신뢰하지 않는 후보자에게 무책임하게 투표하는 일은 없을 것이다.

민중에게 정치교육과 훈련을 실시하는 것은 국가의 임무 가운데 하나이지만, 특히 조선처럼 자치 생활의 초기에 있고 또 머지않은 장래에 참정권(參政權)의 부여도 고려되고 있는 곳에서는 위정(爲政) 당국이 민중의 정치 훈련에 한층 노력하지 않으면 안 된다. 남녀 각 학교나 청년 단체 등에서 자치의 정신과 습관을 양성하는 것이 가장 효율적이고 바람직한 일이라고 생각되지만, 각 도(道)나 군(郡)에 학무계(學務係)·산업계(産業係)와 함께 자치계(自治係)와 같은 부서를 두어 자치 지도의 임무를 맡게 하는 것도 과도기의 한 방책이 아닐까 싶다. 자치에 능숙한 민중이 아니면 현대 국민의 자격이 없는 것이다.

―「自治訓練」,『국민신보』, 1939. 5. 28.;
『동포에게 보냄』, 박문서관, 1941. 1.

국민개학(國民皆學)과 세 가지 의무

시오바라(塩原) 학무국장(學務局長)은 1940년(昭和 25)부터 학령 아동 9할 이상을 수용할 뜻을 발표했다. 이는 조선에 의무교육을 실시하겠다는 비공식적 선언이라 할 수 있는, 실로 획기적인 것이다. 이른바 국민개학(國民皆學)에 대한 약속이다.

애초에 국민 자격의 기초는 의무교육에 있고, 의무교육 없이는 병역(兵役)이나 참정(參政)을 감당할 수 없는 것은 물론, 현대적 산업도 달성할 수 없는 것이다. 이런 중대한 계획이 지금 흥아(興亞)의 성전(聖戰)으로 국가적 사무가 한창 바쁜 와중에 발표된 데 한층 깊은 의의를 느낀다. 이는 제국(帝國)의 유례없는 대업(大業)에 대하여 국가가 조선인에게 기대하고 촉망하는 바가 얼마나 크고 간절한지를 보여 주기 때문이다. 바꿔 말하면, 국가가 다만 쌀이라든가 돈과 같은 물적 자원을 조선에 요구할 뿐 아니라 실로 인적 자원에 대해서도 조선인에게 크게 기대하고 있음을 의미하는데, 이는 곧 우리 조선인을 국민으로서 전폭적으로 신뢰함으로써 국가의 운명을 분담케 하려는 고마운 참뜻을 드러낸 것이다.

국민으로서 국가를 위해 진력하는 길은 이루 다 헤아릴 수 없으며, 우리 생애 그 자체가 곧 국가를 위해 진력하는 삶이 되어야 한다. 개인 생활과 국가 생활과는 떼려야 뗄 수 없는 것이므로, 이를 상대적으로, 심하게는 상반되게 여기는 것은 잘못된 생각임은 말할 것도 없다. 그러나 국민의 의무는 편의상 병역·납세·참정이라고 보통 세 가지로 구분하는데,

이러한 구분 방식은 중요한 요인의 하나를 간과하고 있다. 그것은 직업의 의무다. 관리(官吏)·군직(軍職)·공직(公職)은 말할 필요도 없고, 교원(敎員)·승려(僧侶)·농상공(農商工), 그 밖에 가장 미천하다고 할 수 있는 여러 직업에 이르기까지, 개인의 직업은 국무(國務)를 분담하는 것이다. 따라서 그 직업을 통해 얻을 수 있는 개인의 의식(衣食)과 기쁨과 명예는 차라리 국가에 대한 봉사의 보상으로서 받는 것이며, 우리가 우주의 본래 근원인 신성(神性)을 섬기는 것조차도 국가에 대한 봉사를 통해서만 이룰 수 있다고 해야 할 것이다. 국가와 개인 간의 이러한 윤리적 관계(단지 법률적·정치적 관계만이 아니라)야말로 일본 국체(國體)의 진수(眞髓)이며, 결국은 모든 국가가 좇아야 할 길, 즉 황도(皇道)인 것이다.

 국민개병(國民皆兵)·국민개정(國民皆政)·국민개업(國民皆業)의 세 가지는 모두 의무교육, 즉 국민개학(國民皆學)에 기초를 두고 있다. 따라서 10년 후 의무교육을 실시한다는 것과 30년 내에 징병과 참정권을 부여한다는 것은 서로 부합한다. 조선인 된 자는 마땅히 대사일번(大死一番)하여 이 세 가지 의무를 감당하는 새로운 기백(氣魄)으로써 다시 태어나야 하는 것이다.

―「國民皆學と三皆」,『국민신보』, 1939. 6. 4.

생활의 미화
미술전람회를 계기로

　제18회 조선미술전람회가 지금 총독부미술관에서 개최 중이다. 동양화·서양화·조각·흙공예 네 부문으로, 올해 조선에 핀 마음의 꽃을 모은 것이다. 그만큼 나라에 미적(美的) 자산이 늘어난 셈이다. 이 귀중한 자산은 자자손손 전해져야 할 것으로, 문예·음악 등과 더불어 민족의 마음을 □□, 아름답게, 높게 또한 강하게 만드는 이른바 예술의 자산인 것이다.

　현명하게 살고 올바르게 살고 풍요롭게 사는 것이 인간의 목표이고 동시에 국민 생활의 목표이지만, 그것만으로는 충분하지 않다. 더하여 아름답게 삶으로써 우리의 생활은 완전해지는 것이다. 현명하게, 올바르게, 풍요롭게, 아름답게, 이렇게 나누어 생각하는 것은 설명의 편의를 위해서일 뿐 사실 이 네 가지는 하나의 사물이 갖는 여러 면이고, 좀 더 적절하게 말하면 하나의 사물을 이루는 구성 요소인 것이다.

　현명하게, 라는 것이 교활함을 의미하지 않는 것과 마찬가지로, 아름답게, 라는 것은 화려함이나 호화로움, 사치 등을 의미하지 않는다. 화려한 옷차림에 금이며 옥을 눈부시게 장식하는 것이 아름다움은 아니다. 그것은 오히려 분별 있는 이가 부끄럽게 여기는 바로서 천박한 사치인 것이다. 쓰러져 가는 초가집이라도 모두 잘 정돈하고 깨끗이 청소하면 그것이 '아름답게'이다. 누덕누덕 기운 면 옷이라도 잘 빨아 깔끔하게 몸에 걸치면 거기에서 아름다움이 나오는 것이다. 작은 방이나 정원은 풀꽃

한 송이로써 미화시키고, 변변찮은 밥상도 무나 오이 써는 방법, 장식하는 방법을 통해 품격을 높일 수 있다. 예의란 말 사용법, 맵시 있게 옷 입는 법, 몸가짐의 아름다움을 가리키는 것으로, 신체의 동정(動靜) 그 자체가 미화의 대상인 것이다.

현명하게, 올바르게 사는 데 돈이 들지 않는 것과 마찬가지로, 아름답게 사는 데도 결코 비용이 들지 않는다. 생활을 미화함으로써 우리는 대가 없는 기쁨과 즐거움을 향유할 수 있는 것은 물론, 동시에 마음에 이른바 정서적 여유가 생겨 일면 불평 살벌한 기질을 없애고 청신한 활동력과 생활력을 증가시킬 수 있다. 국가가 문예·음악·미술 등을 장려하고, 미술관·음악당·극장 및 공원·녹지(綠地) 등을 만드는 이유가 여기에 있다.

생활의 미화 운동은 실로 국민정신총동원운동의 중요한 한 부문이 되어야 하며, 특히 조선과 같이 심미감(審美感)과는 절연된 듯한 마음이 거칠어진 곳에서는 한층 더 필요함을 느낀다. 문화란 미화된 생활을 의미한다.

― 「生活の美化 ― 美術展覽會を機に」, 「국민신보」, 1939. 6. 11.

근로의 본뜻

　요즘 길거리에서 제복을 입은 여학생이 도로 청소 등에 나서는 모습을 자주 본다. 올해 여름방학에는 중등 이상의 학생들이 일정 기간 동안 철도·도로 등의 토목 공사장에서 근로봉사를 하게 될 모양인데, 이는 무조건 기뻐해야 할 일이다. 이러한 근로 수행은 학생들에게만 국한할 필요는 전혀 없다. 만인(萬人)이 모두 여기에 참여하지 않으면 안 된다. 그리고 그것을 단지 일시적인 비상시 풍경으로 끝나게 해서는 안 된다. 이런 유례없는 비상시를 절호의 기회로 삼아 근로를 존중하는 국민적 풍습을 영구적으로 만들어야 한다. 특히 "양반은 일하지 않는다."는 망국적 악습을 이번 기회에야말로 절멸시켜야 한다. 황공하게도 성상(聖上)께서 몸소 논에 나가서서 모내기를 하셨다고 삼가 들었다. 미나미 총독은 애국반의 일원으로 청소 봉사를 했다. 근로야말로, 근로야말로 사람이 가장 존중하는 제일의적(第一義的) 의무임을 이번 계제에 확실히 파악해야 한다.

　그러나 지식계급의 경우 이른바 근로봉사는 자칫 하는 척하는 행동에 빠지기 쉽다. "우리는 이런 천한 노동에 종사해야 할 신분이 아니다."라는 오만한(이것은 잘못된 생각이고 비열한 한계이지만) 마음이 봉사대의 거동에 나타나는 일이 있다면, 이는 도리어 근로의 신성함을 모독하는 것이다. 도로 청소에 나선 여학생들의 움직임에서 유희가 반쯤 섞인 듯한 불성실함을 본 것은 본 사람이 잘못 본 것일까. 실로 한심스러운 일이다.

근로는 엄숙한 근행(勤行)이지 과시하는 것이 아니다. 특히 학생들의 근로봉사는 그 공리적 결과보다도 오히려 근로를 존중하고 근로를 즐기는 정신적 훈련이 주가 되어야 하므로, 불성실한 근로봉사는 양두구육(羊頭狗肉)의 가치조차도 없는 것이다.

학생들, 특히 여학생들은 가정에서 근로의 실천자가 되고 근로의 모범이 되지 않으면 안 된다. 학교나 길거리에서 근로봉사를 한 이가 가정에 돌아가면 양반적인 도련님·아가씨의 빈둥거리는 모습으로 되돌아가서는 근로봉사의 의미가 없다. 실로 근로의 정신에 사는 이라면 가정의 일상생활에서야말로 그 정신을 발휘해야 한다.

"자기 일은 스스로 하라."는 것은 소학생에게 가르치는 훈계이지만, 중등학교 이상의 학생이라면 자기 일을 스스로 하는 것만으로는 부족하다. 가업(家業)과 가사(家事) 돕기, 청소·청결 등은 물론, 학업을 위한 시간을 제외하고는 스스로 할 수 있는 일이면 무엇이든 해야 한다.

위인은 근로자이고 성공하는 사람은 근로하는 사람이다. 비상시의 국민은 평소의 배가 되는 근로를 국가에서 요구받는다. 비상시의 청년 남녀는 마땅히 근로의 정신에 살아야 한다.

— 「勤勞の本意」, 『국민신보』, 1939. 6. 18.

금장식(金裝飾)을 없애라

전쟁도 벌써 3주년, 만 2년의 비통한 세월이 흘렀다.

돌아보면 실로 비통한 경과였고, 황군(皇軍) 장병들이 감내한 인고(忍苦)와 고투(苦鬪)가 어느 정도였는지에 대해서는 새삼 말할 필요도 없을 것이다. 그러나 총후(銃後)의 봉공(奉公) 또한 만만치 않은 정신력과 비상한 긴장으로 시종일관해 온, 만족할 만한 것이었다고 생각한다.

그런데 요즘 국가를 내건 총동원의 부르짖음이 갑자기 높아진 것은 무슨 까닭일까? 강화에 강화를 거듭하고, 주의에 주의를 거듭하라는 각오로 출발한다면 굳이 아무런 말도 필요 없을 것이다. 그러나 사실은 이 비참한 3주년에 즈음하여 마음가짐이 조금 해이해진 것은 아닐까. 그렇다면 실로 슬퍼해야 마땅하다.

내지(內地)를 관광하는 외국인이 도쿄·오사카 및 그 밖의 도시 어느 곳을 가도 실로 느긋하여 3년이나 대전쟁을 계속하고 있는 나라 같지 않다고 감탄한다는 이야기를 종종 듣는다. 그러나 이것은 외국인이 우리 일본을 칭찬하는 것이라고 곧이곧대로 받아들여서는 결코 안 된다.

그 칭찬의 말 속에는 희미한 조소가 담겨 있음을 간과해서는 안 된다.

만약 이를 거짓말이라고 생각한다면 백화점이나 전차 안을 잠시 주시하라. 많은 유한(有閑) 여성들이 화려한 옷차림을 하고 있는 것은 아직 용서할 만하다고 해도, 팔과 같은 곳에 금장식이 번쩍번쩍 빛나고 있는 것은 무슨 일인가.

노인들이 금니를 빼서까지 나라에 금을 바치고자 하는 이 비상시에 미련이 있어서 나라에 팔 수 없다면, 경대 서랍에라도 넣어 감추어 두는 것이 좋다. 황군 장병들이 위험한 전쟁터에서 목숨을 내놓고 삼복(三伏)의 더위 아래 잔학한 적과 싸우고 있는 마당 아닌가.

　단지 이름뿐인 총동원으로는 아무 소용도 없다. 100억의 금이 없으면 이 시국을 감당할 수 없고, 조선에서도 3억을 떠맡지 않으면 안 된다. 모름지기 반지나 줄, 시계 등 황금색을 띤 것은 모두 몸에서 없애라.

　실로 여유 있는 전쟁에 능숙한 대국(大國)이라는 등, 외국인의 공연한 아첨에 도취되어 우쭐거리며 사치할 때가 아니다.

　시국(時局) 3주년이 다가온다. 황금색 일체를 없애라. 그보다 더 좋은 총후의 봉공은 없다.

— 「金飾リを除れ」, 『국민신보』, 1939. 6. 25.

진지한 태세

이번 경성의 방공연습 때 시내 각 곳에서 가정부인의 방공(防空)·방화(防火) 실습이 이루어졌다. 그런데 필자가 참관한 바로는 지휘하는 쪽이나 지휘를 받아 실습하는 쪽, 또 이를 견학하는 동네 주민 모두 아무래도 진지함이 부족하지 않은가 생각되어 유감이었다. 연습이니까, 라는 것이 진지함이 부족한 데 대한 변명이 되어서는 안 된다. 국민이 모처럼의 연습에 방공놀이하듯 불성실하게 임해서는 그 방공은 불안할 수밖에 없다.

혹은 우리 국경 내에 적의 공군이 침입하는 일은 없을 것이라고, 국력에 대한 절대적 신뢰에서 국민의 마음이 해이해진 것일지도 모른다. 그러나 국민의 마음이 해이해지면 국력(國力) 그 자체가 해이해진다는 사실을 명심하지 않으면 안 된다.

진검(眞劍)이란 본래 검술(劍術)상의 용어로 칼날이 없는 죽도(竹刀)가 아니라 진짜 검(劍)이라는 의미이다. 죽도를 진짜 검으로 생각하고 싸우는 사람이 아니면 진검승부(眞劍勝負)에 쓸모 있는 검사(劍士)가 될 수 없다. 그리고 일상의 모든 움직임 가운데 적의 독 묻은 칼날이 내 몸을 엿보고 있다는 기분으로 한 치의 틈도 내보이지 않는 것이 검도(劍道)의 지극한 뜻이라고 하는데, 이 정신은 반드시 검도에 국한되는 것은 아니다. 신불(神佛)에 대한 신심(信心)은 말할 것도 없고, 충(忠)·효(孝)·우신(友信)을 비롯하여 우리의 일상생활은 모두 진지하지 않으면 안 된다.

스포츠나 연극 등은 일견 유희 같지만, 진지한 정신이 없으면 그 기예(技藝)의 숙달은 요원한 것이다.

　진지한 정신으로 심신을 단련하고 급한 쓸모에 대비해 둔 사람이 아니면, 유사시에 의연하고 태연하게 어려움을 극복할 수 없을 것이다.

　우리의 생활은 지나치게 불성실한 것이 아닐까. 진지하지 못한 것은 아닐까. 쓸데없거나 엉터리 따위가 지나치게 많은 것은 아닐까. 길에서 스쳐 지나가는 아는 사람끼리 나누는 눈짓 하나, 말 한마디에도 더욱 많은 진지함이 담기지 않으면 안 된다. 하물며 시국에 대하여, 즉 장기전(長期戰)과 장기건설(長期建設)에 대하여 우리는 더더욱 진지해져야 한다. 소비 절약이든 저축이든 자원 옹호든, 또는 일상생활에서의 자계자숙(自戒自肅)이든 오늘날처럼 구호만 요란하고 진지함이 부족해서는 실로 불안할 뿐이라고 할 수밖에 없다.

　여름방학도 가까워졌는데, 학생들의 근로봉사나 인고단련의 수행도 최대한 진지하게 해야 한다고 생각한다.

　진지한 자세! 이것이야말로 우리가 갖춰야 할 자세인 것이다.

―「眞劍の態勢」, 『국민신보』, 1939. 7. 2.

사변 2주년
여전히 부족한 긴장감

　성전(聖戰) 2주년의 7월 7일은 일억 국민(國民)의 감격과 기원, 그리고 새로운 결심으로써 기념되었다. 전쟁은 실로 승리의 연속이어서 이른바 중원(中原)의 거의 전 지역이 황군(皇軍)에 의해 제압되었고, 이제 성전 제2기인 잔적(殘賊) 소탕과 장기 건설(建設)의 단계로 접어든 시점에서의 기념일인 것이다. 끝까지 싸우지 않으면 안 되는 것이 이 전쟁이고, 완수해 내지 않으면 안 되는 것이 이 장기 건설이다. 그리고 그것은 '억조일심(億兆一心)'으로써만 달성할 수 있다. 전장(戰場)에 서든 서지 않든 모두 일선(一線)에 나선 병사의 마음가짐을 가지라고 조국이 우리에게 호소하고 있는 그 목소리에, 이날 우리는 맹세를 새롭게 다졌던 것이다.

　이날을 맞아 우리 조선인은 특수한 감상을 갖지 않을 수 없다. 우리는 이 전쟁에서 지나치게 무력했다는 것이다. 우리의 자식들이 처음부터 전선(前線)에 서지 못했던 것은 아직 징병제도가 실시되지 않은 조선의 현실로서는 어쩔 수 없는 일이라고 해도, 총후(銃後)의 봉사만이라도 더욱더 힘을 냈어야 했다. 이까짓 국방헌금이나 그 밖의 봉사 정도로 당국이나 내지(內地) 동포에게 감격이나 칭찬을 받은 것이 실로 부끄러운 형편이라고 하지 않을 수 없다. 헌금도 더 많이 하자. 기원(祈願)도 더 많이 하자. 더욱더 자숙자계(自肅自戒)하여 소비 절약하고 국채(國債)도 사자. 저축도 하자. 출정군인(出征軍人)의 가족도 돕자. 더더욱 '전장에

선' 마음가짐이 되어 생산 확충과 근로봉사에 나서자고 스스로 자신을 채찍질했던 우리들이다.

  이것은 국민으로서의 당연한 의무감이며 또 자연스러운 인정이지만, 동시에 자기 자신과 자손의 장래에 생각이 미칠 때 우리는 모든 것을 바쳐 흥아(興亞)의 대업(大業)을 달성하는 데 온 힘을 다하지 않을 수 없다. 자기 자신의 안전은 물론 자손의 번영도 이 일전(一戰)에 달려 있기 때문이다. 만약 이 전쟁에서 패한다고 상상할 때, 우리는 전율(戰慄)을 금할 수 없지 않은가. 그러므로 우리는 경제적으로 거의 무력(無力)이나 다름없이 미력(微力)한 존재이긴 하지만, 우리의 왕성한 애국심과 정신력은 반드시 이 결함을 보충하고도 남음이 있을 것이다. 아니, 국가가 우리에게 요구하는 첫 번째 것은 실로 이 '밝은 마음'인 것이다. 지금은 적은 수의 특별지원병이 전선에 나가 있을 뿐이지만, 조선의 장정 전부가 총을 들고 나라를 지킬 날도 머지않을 것이다. 바라건대 제3주년의 기념일은 한층 감사와 감격 깊은 날이 되기를.

                ―「事變二周年 ― まだまだ不足の緊張感」, 『국민신보』, 1939. 7. 9.

이 상등병의 전사

　제1기 특별지원병 상등병 이인석(李仁錫) 씨는 북지(北支)의 ○○전선에서 눈부시게 전사(戰死)했다. 이 소식은 반도 2천만 민중의 가슴에 이루 말할 수 없는 감격을 불러일으켰다. 이 상등병의 전사가 보도된 지 이미 며칠이 지났지만, 우리가 뭐라 말해야 좋을지 아직 적절한 말이 떠오르지 않는다. 그것은 최초의 경험이기 때문이기도 할 것이다. 또는 오랫동안 게으른 잠에 빠져 있던 우리의 혼으로서는 매우 큰 충격이고 감격이었던 탓인지도 모른다. 오직 "이 군, 고맙소, 고맙소." 이 한마디를 되풀이하는 것 말고는 달리 할 말이 없는 것이다.

　이 상등병 이전에도 반도 출신의 육군 장교 출정자도 있고 몇몇은 전사하여 야스쿠니신사(靖国神社)에 모셔져 있긴 하지만, 폐하의 군인으로서의 전사는 이 씨가 처음이다. 똑같이 제국의 신민이면서, 또 전 국민의 4분의 1 남짓을 차지하면서, 이번처럼 대사변(大事變)을 만나서도 피의 봉사가 불가능했던 우리 반도인의 미안함이 이 씨의 용감한 전사로 인해 얼마간 경감된 듯한 느낌이 든다. 국가가 이 상등병에게 내린 영예는 우리 전체의 것이다. 이 상등병은 자신의 죽음으로써 전 일본 가정의 사랑스러운 자식이 된 것이지만, 특히 전 조선 6백만 가정의 사랑스러운 자식이 된 것이다.

　이에 우리는 두 가지를 맹세하지 않으면 안 된다. 하나는 우리 자식들을 강하게 길러 폐하의 군인으로서 헌신해 드리도록 하는 것이고, 다른 하나는 이 상등병의 유족을 위해 성심성의껏 후원하는 것이다. 이 두 가지 맹세를 지켜 냄으로써 우리는 실로 국민의 자격에 부끄럽지 않은 국민이 될 것이다.

이인석 상등병이 학생 시절은 물론 훈련생 시절에도 모범 청년이었다는 이야기를 들으니, 한층 더 친숙함과 존경스러움을 느끼게 된다. 그가 평소 의무 관념이 두터운 믿음직한 인격자였고, 바로 그랬기 때문에 용감하게 '적진(敵陣) 속으로 뛰어들어' 눈부시게 싸울 수 있었던 것을 우리는 배우는 것이다.

"이인석 군, 고맙소!"라고, 독자들이여, 한목소리로 감사하지 않으려는가.

―「李上等兵の戰死」, 「국민신보」, 1939. 7. 16.

영국이여, 물러나라

영국이 아시아에 그 독이빨을 들이밀어 동방 여러 민족의 생혈(生血)을 빨기 시작한 지 두 세기가 되어 간다. 그토록 보고(寶庫)였던 인도도 부(富)뿐 아니라 생활력까지도 모조리 빨려 버리고, 그 대가로 3억 인도인이 영국으로부터 받은 것은 빈궁(貧窮)과 악정(惡政)이다. 영국은 구주대전(歐洲大戰) 당시 인도의 자치를 미끼 삼아 인도인에게서 피와 돈을 우려냈음에도 불구하고 전쟁이 끝나고 이제 단 즙을 빨 단계가 되자 기관총탄으로써 인도인의 정당한 요구를 억누르고 말았다. 얼마나 의리 없는 처사인가.

원래 영국의 이민족 통치는 완전히 이기주의적이어서 피통치자의 향상 발전 따위는 염두에 없다. 오직 자기의 부를 증가시키는 데 쓸모 있으면 그것으로 흡족할 뿐, 피통치자의 장래는 될 대로 되라는 식이다. 이런 불친절함을 영국은 자못 자유주의적인 것처럼 꾸몄고, 많은 약소민족 또한 감쪽같이 이 손에 현혹되어 왔다. 여기에 우리 일본의 황도주의(皇道主義)와 저 영국의 제국주의(帝國主義)의 대척성(對蹠性)이 있는 것이다. 그것은 도리(道理)와 탐욕(貪慾)의 차이다.

그런데 영국은 유유히 인도라는 접시를 비우고 나서 다음 접시인 지나(支那)를 향했다. 그들이 아편전쟁 이래 상하이(上海)·톈진(天津) 등의 조계(租界)에 흡반(吸盤)을 붙박고 방약무인(傍若無人)하게도 지나의 고혈(膏血)에 입맛을 다시고 있는 차에 그들 앞에 불쑥 나타난 것이

신흥(新興) 일본의 자태였다. 이에 영국은 음으로 양으로 일본을 방해해 온 것이다. 그것이 이번 지나사변에서 드디어 일본에 대한 적성(敵性)의 본체를 속속들이 드러내고 말았던 것이다. 과거 2년간 우리가 치른 성전 (聖戰)의 진짜 적은 영국과 소련 두 나라임이 분명해진 것이다.

만약 우리 일본이 일어서지 않으면 지나는 제2의 인도가 되고 마는 것이다. 아니, 지나만이 아니고 동아 대륙 전체가 반드시 영국의 먹이가 될 것이다. 그런데 장제스(蔣介石) 일파는 왜 영국 의존의 미몽(迷夢)에서 깨어나지 못하는 것일까? 왜 동문동종(同文同種)인 일본을 믿지 않는 것일까? 그것은 일본의 국가 이상, 즉 황도(皇道)와 영국류의 제국주의를 분간하지 못하고, 또 일본이 아시아에 관한 한 어떤 장애 세력도 제거할 수 있는 실력이 있다는 것을 인식하지 못했기 때문인 듯하다.

지금 도쿄에서 일영회담(日英會談)이 진행 중이지만, 그 유일한 해결은 영국이 일본에 대한 적성(敵性)을 전면적으로 포기하는 길밖에 없다. 영국이 아직도 아시아에서의 역사의 전환을 인식하지 못한다면, 우리는 오직 "영국이여, 물러나라!"라는 일갈(一喝)과 함께 참고 있던 일본도(日本刀)를 꺼내 들게 될 것이다.

―「英國よさがれ」, 『국민신보』, 1939. 7. 23.

가슴과 배의 힘
휴가·휴일의 새로운 가치

여름휴가라는 관념이 바로잡혀 여름 단련이 되었다. 호흡과 심장박동과 먹고 마시기에 휴식이 없는 인생인 이상 노력에 휴식이 있을 리 없다. 일요일이나 제일(祭日)이라 해도 빈둥빈둥 노는 날이어서는 안 된다. 그것은 육체의 휴일인 대신 정신 수양의 근무일이어야 한다. 원래 일요일은 신불(神佛)께 예배하는 날이며, 제일(祭日)은 특히 애국정신을 상기(想起)하여 국은(國恩)에 대한 감사와 국가에 대한 충성의 맹세를 새롭게 다지기 위해 근무하는 것이 온당하다. 인생은 쉼이 없다.

오늘날 인생의 생활 양태는 지나치게 머리와 손에 치우쳐 있다. 학교교육은 물론 직장 일도 주로 머리와 손에 한정되고 말았다. 현대인을 만화적으로 표현한다면, 가슴과 배는 오직 호흡과 소화의 쓰임에 그친다 싶을 정도로 가늘고, 머리와 손만 유달리 커다란 괴물이 될 것이다. 가슴은 정의와 인정을 주관하며, 배는 경험과 용기를 주관한다. 가슴과 배의 힘을 갖고 있지 않은 머리와 손은 기계적일 수밖에 없고, 나쁘게는 범죄적이 되는 것이다. 가슴과 배가 없는 인텔리의 나라를 우리는 곳곳에서 보고 있지 않은가.

청소년 학도에게 내리신 칙어(勅語) 가운데 "국가의 근본과 국력을 배양함으로써 국가 융창(隆昌)의 기운을 영구히 유지할 임무는 매우 중요하고, 길은 매우 멀다. 그리고 그 임무는 실로 너희 청소년 학도의 두 어깨에 놓여 있다."고 하신 것은 배를 단련하라는 어의(御意)이며, "너희는 그 기개와 염치를 소중히 여기라."는 말씀은 가슴의 힘에 대한 것이라고 받들어 생각한다. 이 배와 가슴이 있을 때라야 "잡은 바가 중심을 잃지 않고 향한 바가 올바름을 그르치지 않으며, 각기 본분을 삼가 지키고 문무(文武)를 수련하여 실질적이고 강건한 기풍을 떨침으로써 맡은 바 대임(大任)을 온전히" 할 수 있다는 성지(聖旨)라고 삼가 배찰(拜察)한다.

자기 한 몸을 위해 돈과 지위와 향락을 바라고 그에 걸맞은 방편으로서 지식과 기술을 배우는 식으로는 국가의 힘이 될 수 없다. 참으로 맡은 바 큰 임무를 인식하여 가슴과 배를 단련해야 비로소 그 사람의 머리와 손이 참으로 효력을 나타내는 것이다.

그런데 이 가슴과 배의 단련이야말로 수양의 중심이 되는 것이다. 이것은 주로 성인(聖人)의 가르침을 배우고 행함으로써 이루어지는 것이므로, 이른바 휴일이나 휴가를 이 일에 할당해야 할 것이 아닌가. 특히 종교적 수련과 인연이 멀었던 조선인으로서는 그 필요성을 한층 통절하게 느낄 것이라고 생각한다.

―「胸と腹の力 ― 休暇休日の新しい價値」, 『국민신보』, 1939. 7. 30.;
『동포에게 보냄』, 박문서관, 1941. 1.

타인에 대한 예의

조선은 예부터 예의의 나라라고 불렸다. 이것은 일면 자랑스러운 일이지만, 다른 한편으로는 예의의 발달을 심하게 저해한다. 왜냐하면 나는 예의를 지니고 있다는 긍지가 예의에 대해 반성하는 마음을 무디게 만들기 때문이다. 나는 예의를 모른다, 그러므로 예의를 많이 닦지 않으면 안 된다는 겸양의 마음이야말로 예의에 어울리는 것이다.

유교에서는 예의를 군신(君臣)·부자(父子)·부부(夫婦)·장유(長幼)·붕우(朋友)의 다섯 가지로 분류하여 이를 오륜(五倫)이라고 부르고 있는데, 오늘날에도 이런 분류는 문제될 것이 없다고 생각한다. 애초에 예의란 한 개인이 다른 개인 또는 공중(公衆)을 대하는 언어나 행동 및 도덕성을 말하는 것이다. 이것이 있어서 비로소 가정이나 사회의 질서와 친화가 유지되는 것이며, 이런 질서와 친화가 유지되어야 비로소 가정이나 사회의 행복과 진보를 얻을 수 있는 것이다. 예의를 결여한 것을 무례(無禮)라고 하는데, 무례한 사람이 모인 곳에는 오직 투쟁과 불행이 따를 것이다. 이것이 바로 『논어(論語)』에서 "덕(德)으로 인도하고 예(禮)로써 가지런히 한다면 부끄러움을 알게 되고 운운"한 까닭이다. 정치와 형벌로써 겨우 다스려지는 식으로는 일등 국민이 될 수 없다. 국민 자신이 예의로써 몸소 다스려서야말로 문명 국민이라고 할 수 있다는 것이 공자께서 말씀하신 의미인 것이다.

오늘날 우리는 부자·부부·장유의 예절에서도 결코 흠잡을 데가 없다고는 할 수 없다. 오히려 일상적인 가정에서의 예절이 크게 어지럽혀져 있다고 보는 것이 옳지 않을까. 이것은 실로 부끄러워해야 할 일이고 걱정해야 할 일이라고 하지 않으면 안 된다. 더구나 벗, 즉 일반 타인에 대한 예의에서는 한층 더 반성해야 한다고 생각한다. 그런데 예의의 정신이 낮은 사람은, 모르는 타인에 대해서는 예의를 지킬 필요를 거의 느끼지 않는다. 여행지에서는 창피를 당해도 아무렇지도 않다는 마음가짐일 것이다. 아주 무례한 짓이다. 모든 사람은, 아는 사람이든 모르는 사람이든 나의 동포라는 마음이야말로 바람직한 것이며, 이런 마음만 있다면 예의는 절로 지켜질 것이다. 예의란 결국 존경하고 사랑하는 마음의 표현이므로.

―「他人への禮儀」, 『국민신보』, 1939. 8. 9.

가뭄 피해의 교훈
재해를 극복하는 기백의 양성

가뭄이 각지의 농민에게 상당한 타격을 주고 있는 모양이다. 특히 지난 몇 해 동안 번번이 가뭄 피해와 수해(水害)를 만났던 남도 지방은 가까스로 자력갱생을 앞두고 있던 때이니만큼 무척 동정이 간다. 그러나 이 경우 비탄은 금물이다. 이런 재해에 직면해서야말로 우리는 그 무엇에도 좌절하지 않는 강한 생활력을 발휘해야 한다. 어떤 재해도 극복하는 정신력이 그것이다. 우리는 1923년(大正 12) 간토대진재(關東大震災)를 상기하자. 그런 대재해(大災害)조차도 오직 일본 국민의 분기를 촉구하는 하나의 계기에 지나지 않은 듯이 보였던, 그런 기백이야말로 남도의 재해민에게 요망되는 것이다. 아니, 전 조선의 민중에게 요망되는 것이다.

심한 가뭄이나 수해를 천재(天災)라고 생각해서는 안 된다. 그것은 바로 우리 선조 및 우리들 자신의 무기력과 나태함에 책임을 돌려야 한다. 따라서 우리는 이 타격을 끈기 있게 견디며 한 해의 난관을 돌파하고, 금후로는 우리의 자손을 위해 다시는 이러한 재해에 끄떡없을 식수(植樹)·관개(灌漑)·배수(排水) 및 저축을 위해 피나는 노력을 기울여야 한다.

수해 방지와 수원(水源) 조성을 위해서는 나무 심기보다 좋은 것이 없다. 조선의 산들이 푸르러지고 관개와 배수 시설이 적절히 갖추어졌을 때, 가뭄 피해와 수해는 영원히 조선에서 자취를 감출 것이다. 민중에게 그런 자각과 열의만 있다면 정말이지 지금 조금만 더 노력하면 충분할 것이다.

    비가 오면 수해에 울고, 비가 오지 않으면 가뭄 피해를 한탄한다. 이 얼마나 무기력한가. 칠칠치 못한가. 하물며 한두 해의 가뭄 피해와 수해로 주저앉아 버린다면 참으로 한심스러운 일이라고 하지 않을 수 없다. 우선 다가올 흉작(凶作)의 한 해를 씩씩하게 극복하자. 비탄이나 남의 동정에 의지하는 등의 무기력함으로는 안 된다는 자조(自助)의 정신을 일으키자. 힘들고 고생스러운 일이 그대를 옥(玉)으로 만든다고 한다. 바라건대, 이번 재해가 간토대진재와 같이 우리에게 무한한 용기를 떨쳐 일으킬 기연(機緣)이 되기를.

                  ―「旱害の敎訓 ― 災害に打克つ氣魄の養成」,『국민신보』, 1939. 8. 13.;
                                     『동포에게 보냄』, 박문서관, 1941. 1.

청소 운동
집집마다 매일 아침 문 앞을 청소하면 어떨까

 청소(淸掃)라는 말은 실로 아름답고 정겨운 울림을 갖는다. 귀여운 소학교 학동들이 갈퀴와 빗자루를 저마다 손에 들고 신사(神社)의 경내나 도로를 청소하는 모습은 실로 감격적이다. 종종 중류 이상의 부인이 머릿수건을 쓰고 앞치마를 입고 문 앞에 물을 뿌리거나 청소를 하는 우아한 모습도 눈에 띈다. 청소는 얼마나 아름답고 바람직한 일인가.

 가정의 첫 번째 일은 청소라 할 만하다. 『소학(小學)』에도 닭이 울면 일어나 이를 닦고 얼굴을 씻고 머리를 빗고 방과 마당에 물을 뿌려 깨끗이 청소하라고 되어 있다. 게다가 그것은 하인이나 하녀에게 말한 것이 아니라 모든 자녀에게 명한 것이다. 이는 매우 뜻깊은 일이다. 왜냐하면 청소는 결코 천한 일이 아니라 귀한 일이고, 다른 사람에게 시킬 일이 아니라 몸소 해야 할 일임을 보여 주고 있기 때문이다. 특히 부엌이나 변소 등의 청소는 주부 자신이 해야 하고, 문 앞이나 마당 청소는 남편 자신이 해야 한다고 생각한다. 이렇게 함으로써만 자녀나 고용인에게 청소의 정신을 철저하게 심어 줄 수 있기 때문이다.

 경성(京城)을 비롯하여 조선의 각 도시는 부끄럽게도 아직 불결함을 벗어나지 못하고 있다. 파리와 모기는 가는 곳마다 맹렬한 위세를 떨치고, 티푸스 등의 미개적인 병이 해마다 대도시 한가운데 만연하고 있다. 게다가 도로의 불결함, 멋진 포장도로조차 흡사 쓰레기장 같은 광경을 드러내고 있는 것은 시민으로서 얼마나 부끄러운 일인가. 이미 사태가 이러한데, 하물며 농어촌 지역에서랴. 이는 부읍면(府邑面) 등의 자치(自治) 당국이나 경무(警務) 당국에도 책임을 돌려야 하지만, 무엇보다 주민 자신의 책임이라는 것은 말할 필요도 없다.

이렇게 하면 어떨까. 집집마다 매일 아침 자기 집 문 앞을 청소하는 운동을 일으키는 것은. 국민 총동원의 청소 운동을 일으키는 것은. 이는 예산이 들지 않는 일이고, 동시에 주민 전체의 정신적·근로적 훈련이 되어, 그야말로 일석이조(一石二鳥)의 방책이 아닌가.

집 안이나 동네를 깨끗이 청소하여 먼지 한 톨 남지 않게 될 때 파리나 모기, 전염병균은 자취를 감출 것이다. 동시에 우리 마음의 때도 깨끗해질 것이다.

―「清掃運動 ― 家毎に毎朝門前の掃除をしては如何」, 『국민신보』, 1939. 8. 20.;
『동포에게 보냄』, 박문서관, 1941. 1.

교통 예의
다만 한 걸음씩 서로 양보하는 것

배나 차를 막론하고 모든 교통기관은 만원 상태인 것이 오늘날의 모습이다. 이는 국민의 경제적 활동이 왕성해진 징후로서 실로 축하할 만한 일이다. 이런 상태가 언제까지나 계속되기를 바란다. 흥아(興亞)의 대업(大業)이 진전되면 될수록 더욱더 교통량은 늘어나기만 할 것이다.

그런데 여기서 문제되는 것이 교통도덕, 즉 교통기관을 이용하는 공중(公衆)의 예의이다. 오늘날과 같은 저급한 도덕 수준으로는 배나 차 안은 문자 그대로 지옥이다. 서로 밀고 밀리는 것은 그렇다고 해도, 밀어젖히고 떼밀어 넘어뜨리고 서로 으르렁거리며 욕하는 추태(醜態)·악태(惡態)조차 종종 눈에 띌 때는 단순한 불쾌함을 넘어 내 자신의 모습이 비참해지지 않을 수 없다. 더구나 이런 추태는 무지몽매한 민중보다는 번듯한 신사 차림의 사람들에 의해 연출되는 것이다. 하층계급의 사람들에게는 삼가는 태도가 있지만, 양복쟁이들에게는 오만과 뻔뻔함이 있기 때문이다. 이래서는 동양의 지도자인 대국민(大國民)의 체면이 말이 아니다.

원래 도덕이라든가 예의라는 것은 인생을 살기 좋게 만들기 위해 성인(聖人)이나 현인(賢人)들이 발달시킨 것이다. 그러나 그 근원은 인성(人性)의 '좋은 면'에서 발생한 것이어서, 사람으로 태어난 자는 잠시 돌이켜 성찰만 하면 절로 그 언동이 예의에 맞게 되어 있다. 서로 타인의 마음을 동정하고 다만 한 걸음 서로 양보함으로써 인생의 여로는 즐거워지고, 반대로 다만 한 걸음 나섬으로써 인생은 서로 견디기 어려운 지옥의 모습을 연출하는 것이다. 실로 "먼저 하세요."라는 일념이야말로 지옥과 극락의 갈림길이다. 여기에 "고맙습니다."와 "미안합니다." 두 마디가 더해지면 어느 때, 어느 장소에서도 도덕과 예의는 해야 할 일을 마친 것이다.

서로 이런 마음으로 사는 것은 단지 교통도덕이라든가 공중 예의를 위해서만은 아니다. 실로 이는 인간 수양의 근간을 이루는 것이다. 이 정신을 닦아 이 정신에 통한다면 사람은 훌륭한 국민의 일원이 되고 인류의 일원도 될 것이니, 개인의 완성은 여기에 있다고 할 수 있다.

실로 깨끗하고 아름답게 닦인 국민의 마음을 단적으로 표현하는 공중도덕과 교통 예의야말로 나라를 가장 크게 빛내는 것이다. 이러한 예의를 모르는 애국심은 있을 수 없다.

— 「交通の禮儀 — たつた一歩だけ讓り合ふことだ」, 『국민신보』, 1939. 8. 27.

명예로운 고립
오직 황도(皇道), 용왕매진(勇往邁進)이 있을 뿐

인류를 불행에서 구하고 동시에 이른바 영불식(英佛式) 자본주의와 유리주의(唯利主義)의 부패에서 구하자는 도의적 신념하에 제국(帝國)과 견고한 동맹을 맺은 독일이 돌연 소련과 불가침협정을 맺었다. 영국과 프랑스에 가까스로 포위된 형세에 놓였던 독일로서는 이른바 배를 등과 바꿀 수 없는 급박한 사정도 있었을 것이다.

독일이 던진 이 하나의 돌이 야기한 구주(歐洲) 정세의 급변, 그리고 그 결과로서 일어날 독일·이탈리아·소련과 영국·프랑스 간의 대충돌을 바로 눈앞에 둔 지금 우리 제국은 어떤 태도와 결심으로써 나아가야 할 것인가? 한마디로 말하면, 오직 명예로운 고립이 있을 뿐이다. 원래 한 나라의 대사업은 고립으로써만 완수된다는 것이 역사가 가르치는 바이다. 흥아(興亞)의 대사업은 오직 대일본제국의 독자적인 판단과 실력, 그리고 아시아 여러 민족의 협력으로써만 이루어져야 한다. 도덕적이든 뭐든 섣불리 특정한 나라와 모종의 의무 관계에 있기보다도 모든 고려에서 벗어나 자유롭게 아시아를 처리하는 것이 손쉬운 이야기가 아닐까. 당장 제국에는 거치적거릴 게 한 가닥도 없는 것이다. 황도(皇道)가 명하는 바에 따라 용왕매진(勇往邁進), 종횡으로 솜씨를 휘두를 기회를 하늘에서 부여받은 것이다. 어떤 나라도 일본에 반항하는 나라는 아시아에서 쫓겨날 것을 각오해야 한다.

이런 때를 맞아 굉장한 울림으로 우리의 가슴에 육박하는 것은 비상시

국민으로서의 책임감이다. 1937년(昭和 12) 7월 7일에 다시 태어났던 우리는 이제 한 번 더 다시 태어나자. 모든 사리사욕을 버리고 국책(國策) 수행을 위해 보조를 맞추자, 온 힘을 다하자. 모두가 일사보국(一死報國)의 결심을 확고히 하자. 그리하여 각자가 흥아의 성업(聖業)에 기여할 땅속 깊은 곳의 한 개 돌멩이가 될 각오를 하자.

—「名譽の孤立 — ただ皇道, 勇往邁進あるのみ」, 『국민신보』, 1939. 9. 3.

구주(歐洲)의 동란(動亂)
백인(白人)의 이른바 정의란?

지난번 구주대전(歐洲大戰)이 발발한 지 25년, 그리고 전쟁이 끝난 지 20년 만에 구주는 또다시 동란터로 변했다. 영구 평화를 입에 올리며 보낸 20년 동안을 구주는 병기(兵器)의 개량, 군비의 확장에 보냈던 것이다. 아직 이탈리아와 미국의 태도에 따라 대전(大戰)이 될지 소전(小戰)으로 끝날지는 모르지만, 만약 대전으로 확장된다면 그 참화는 지난번보다도 훨씬 혹독할 것이다. 그리고 그 참화의 근본 원인은 항공기에 의한 후방의 폭격에 있을 것이다.

이런 참화가 일어날 것을 서로 충분히 속속들이 알고 있으면서도 여전히 전쟁을 하지 않으면 안 되는 데 인생의 비극성이 있는 것이다. 독일은 자기 몫에 상응한다고 믿는 것을 획득하지 않으면 안 되고, 영국과 프랑스는 독일을 억누르지 않으면 오늘날까지 누려 온 영달(榮達)과 영화(榮華)가 보장되지 않는다. 영국과 프랑스가 약해지면 이탈리아는 코르시카(Corsica)나 튀니지(Tunisie) 등을 회복하여 이른바 이탈리아 이레덴타(Italia irredenta)의 숙원을 성취할 가능성을 얻게 되며, 러시아는 '구주의 신사들'이 전쟁만 하면 적화(赤化) 공작의 호기를 엿볼 수 있게 된다. 이리하여 전쟁은 일어나는 것이다. 욕망의 착종, 원한의 착종, 이것이 힘의 충돌이 되어 전쟁으로 이어지는 것이다.

애초에 이번 비극의 원인이 된 것은 베르사유조약(Versailles條約)의 부자연하고 불공정한 중재에 있으니, 그 장본인은 영국과 프랑스이다. 영국과 프랑스는 전승(戰勝)의 위세를 몰아 오로지 이기적으로 구주(歐洲) 문제를 처리했던 것이다. 그들이 체코나 폴란드 같은 안성맞춤의 허수아비를 몰아붙여 자신들의 수족을 삼았을 때, 구주 재동란(再動亂)의 불길한 씨앗은 뿌려졌던 것이다. 체코라는 허수아비를 위해 고통을 겪어야 하는 영국과 프랑스는 이제 폴란드를 위해 사선(死線)에 서지 않을 수 없게 된 것이다. 이것이 정의를 위해서라니, 가소롭기 짝이 없다. 그들이 말하는 정의는 이욕(利慾)과 수사적(修辭的)으로 동의어이다.

부자연한 구주의 현 정세는 바뀌지 않으면 안 된다. 그것이 시정(是正)이든 개악(改惡)이든 구주에 신질서가 도래할 징후인 것은 변함이 없다. 아마도 영국과 프랑스의 시절은 끝나게 될 것이다. 이욕적(利慾的) 질서 대신 도의적(道義的) 신질서가 구주에 출현하는 것은 우리로서도 바라는 바가 아닐 수 없다.

몰로토프(Molotov)의 말을 빌리면, 구주(歐洲)의 신사들이 싸우고 있는 동안에 우리는 아시아의 일을 멋지게 해내자. 수 세기 동안 저주받을 백인의 질곡(桎梏)에 고통받아 온 아시아 여러 민족에게 자유의 날을 줄 수 있는 것은 지금이다. 그리하여 '빛은 동방으로부터'라는 옛말이 오늘날을 예언한 것임을 저 오만불손한 구주인들이 깨닫게 하자.

―「歐洲の動亂 ― 白人のいはゆる正義とは」, 『국민신보』, 1939. 9. 10.

직장과 공명심
청년 학생에게 보내는 경고

공명(功名)의 정도(正道)는 직장을 충실히 지키는 것이다. 자신의 길에 정진하는 것이다. 무릇 공명이란 그 길에 뛰어난 것, 즉 그 길의 명인(名人)이 되는 것이다. 정치의 명인, 교육의 명인, 학문의 명인, 군사의 명인, 또는 농·상·공·예술·문학 등 온갖 직업에서 명인이 되는 것이 곧 공명(功名)과 공적(功績)을 세우는 것인 셈이다. 남을 앞질러 세운 공명이란 있을 수도 없지만, 설사 있더라도 오래 지속되지 못한다. 공명이란 모두 성심성의껏 하나의 길을 좇아 심혈(心血)을 기울이고, 흔들리거나 굽힘 없이 용왕매진(勇往邁進)함으로써만 이룰 수 있는 것이다. 따라서 공명에 지름길 따위는 결코 없다.

보다 좋은 직장을 찾아 전전하는 이 가운데 변변한 사람은 없는 것이다. 하나의 길에 눌러앉지 못하는 이에게 많은 것을 바랄 수는 없다. 주어진 직장에 충실한 인물이야말로 믿음직한 사람이며, 그는 장래에 반드시 큰일을 이룰 것이다. 성의와 힘이 있는 사람은 어떤 직장이 주어진다 해도 즐겁게 해내고 결코 불평하지 않는다. 현재의 처지에 불평하는 사람은 대개 그 일조차 제대로 해내지 못하는 건달이다. 하물며 그 이상의 일에 있어서랴. 곁에서 보기에 실로 하찮고 힘들어 보이는 직장을 감사와 만족을 갖고 다니는 인물이야말로 은근하고 바람직한 국민의 일원이다.

청년과 공명심(功名心)은 따라다니게 마련이다. 생활력이 왕성한 청년이라면 그만큼 공명심도 왕성하다. 그러므로 청년의 공명심을 책망하는 것은 금물이다. 아니, 오히려 공명심을 크게 북돋워야 한다. 왜냐하면 명예욕은 인간의 여러 욕망 가운데 가장 고급한 것으로, 열등한 욕정을 억누르는 데 자못 도움이 되는 힘이기도 하기 때문이다. 다만 경계해야 할 것은 그릇된 공명심일 따름이다.

공명심은 두 가지 잘못된 사고방식으로 인해 우선은 자기를 해치고, 나아가서는 사회를 해롭게 한다. 그 하나는 다짜고짜 큰 것, 높은 것만을 동경하고 작은 것, 낮은 것을 멸시하는 것이고, 다른 하나는 한 걸음 한 걸음 입립신고(粒粒辛苦)하고 근근자자(勤勤孜孜)하여 자기 힘으로 자기의 지위를 쌓아 올리려 하지 않고 요행을 바라는 것이다. 부정행위를 하거나 권세에 아첨하는 것, 기회주의라든가 의뢰심, 부화뇌동(附和雷同) 등 온갖 악덕은 여기서 생기는 것이다.

— 「職場と功名心 — 靑年學生への警告」, 『국민신보』, 1939. 9. 17.;
『동포에게 보냄』, 박문서관, 1941. 1.

조선 청년과 신념

청년은 언제나 국가의 생명이지만, 건설이나 부흥 등의 비상시에 특히 그렇다. 이탈리아나 독일 등의 신흥국에서 청년 훈련 사업을 중시하는 것은 이런 이유에서이다. 우리 일본에서도 현재 비상시를 맞아 청년의 정신력과 체력 수준의 향상을 위해 국가적으로 힘을 쏟게 되었다. 지난 주 경성에서 열린 대일본청년단연맹대회(大日本靑年團聯盟大會) 및 일만지몽강청년교환(日滿支蒙疆靑年交歡) 등의 행사에서 조선 청년은 크게 자극받은 바가 있었으리라고 생각한다.

조선 청년이 일본 청년에 속함은 말할 것도 없지만, 조선청년단이 작년에야 간신히 대일본청년단연맹에 가맹(加盟)한 것으로 보아도 다소 사정이 다름을 알 수 있을 것이다. 그 다른 사정이란 즉 새롭게 국민에 편입되었다는 점이다. 이 점에야말로 조선 청년의 수양과 훈련이 갖는 특수성이 있는 것이다.

조선 민중이 오랫동안 비국가적 사상 감정 속에서 생활해 온 것은 불행이지만, 숨길 수도 없는 사실이다. 따라서 많은 조선 청년이 이러한 분위기 속에서 자랐다고 생각되는 점도 없지는 않다. 조선 민중이 나는 일본의 국민이라는 의식 일반에 도달한 것은 사실대로 말하면 이번 사변(事變) 후이고, 좀 더 정확히 말하면 미나미(南) 총독이 내선일체(內鮮一體)를 천명하고부터라고 해야 할 것이다. 그러므로 조선 민중 가운데는 내심 국민적 의식을 확실히 파악하고 있으면서도 이를 행위로 드러내는

데 아직 약간의 어색함과 겸연쩍음을 느끼는 경우도 없지 않고, 또 한편으로는 국민적 감정이나 사상의 곡조(曲調)가 완전히 몸에 배지 않은 점도 없지 않다. 이 때문에 내심 정착해야 할 곳에 정착하고 있으면서도 표면적으로는 아직 일종의 답답함을 내보이고 있는 것이 아닐까 싶다. 어른이 아직 이러한데, 하물며 이러한 어른 밑에 있는 자녀나 후배 청년, 특히 학생층의 심경이야 헤아릴 만하지 않은가.

  조선의 청년은 마땅히 개인과 민족의 앞길에 대한 의혹과 불안, 그리고 새로운 양식의 국민 생활로의 급격한 전환을 감내하지 않으면 안 되는 데서 오는 하찮은 어색함이나 겸연쩍음을 내던지고 '나는 일본 국민'이라는 강한 신념으로 살아갈 첫걸음을 힘차게 내딛지 않으면 안 된다. 이것이야말로 조선 민중에게는 단 하나의 유일한 정로(正路)이기 때문이다. 조선 청년이 지녀야 할 근본적이고 제일의적(第一義的)인 정신은 천황께 맹세해 올리는 충성과 대일본제국에 대한 사랑이 아니면 안 된다. 그 밖의 모든 것은 이것에 종속되며, 이것에서 파생되지 않으면 안 된다.

—「朝鮮靑年と信念」,「국민신보」, 1939. 9. 24.

신질서(新秩序)의 근본원리

오늘날은 우리 제국(帝國)에 의해 동아(東亞)에 신질서가 건설되고 있는 빛나는 역사의 한 시기이다. 제국은 이를 성전(聖戰)이라고 명명하나 구미(歐米)의 여러 강국은 지나(支那)에 대한 일본의 침략이라고 칭하고 있다. 그들이 우리의 성전을 침략이라고 부르는 것은 꼭 악의 때문만이라고는 할 수 없다. 왜냐하면, 그들에게는 팔굉일우(八紘一宇)의 황도정신(皇道精神)이 이해되지 않으며, 오직 유리주의(唯利主義)에 기반한 자기의 마음으로써 타인의 마음을 가늠하기 때문이다.

원래 오늘날의 제국주의라든가 민주주의 또는 공산주의란, 그 형태에는 여러 가지 잡다한 변화가 있을지언정 그 근본을 이루는 것은 자기중심적인 유리주의이다. 그리고 그 근원은 로마인의 권리 사상에서 나온 것이라고 할 수 있다. 석가나 공자, 예수의 가르침은 모두 이러한 인간의 유리적(唯利的) 일면을 억누르고 의(義)를 위해 자기를 비울 것을 가르친 것이었다. 이러한 도의주의(道義主義) 정신은 동양 정신이라고 불리고 있는데, 이 동양 정신이야말로 황도(皇道)의 진수(眞髓)를 이루고 있으며, 그것이 수천 년 동안 발효하고 생장하여 오늘날 인류 구제의 대사명(大使命)을 위한 흥아성전(興亞聖戰)이 되어 나타나기 시작했던 것이다.

여기서 우리는 각각 자기 마음의 질서의 재건이라는 큰 문제에 맞닥뜨린다. 즉 절반 이상 서양의 유리주의로 인해 잘못된 길로 들어선 구질서를 단호히 파괴하고 도의주의(道義主義)라는 우리 본연의 모습으로 되돌아가는 일이 그것이다. 즉 자식은 부모를 섬기고 아내는 남편을 섬기며, 사람들이 서로를 섬기고 우리는 모두 대군(大君)을 섬기는 본연의 질서로 돌아가는 것이다. 자식이 부모에게 자식의 권리를 주장하고 아내가 남편에게 아내의 권리를 주장하며, 백성이 나라에 백성의 권리를 주장하고 사람들이 서로 상대에게 자기의 권리를 주장하는 것, 이것이 바로 지금 우리가 잘못 빠져든, 따라서 당장 파괴하지 않으면 안 되는 구질서인 것이다. 개인의 마음속에 자리한 이 구질서가 청산되지 않는다면 새로운 사태에 걸맞은 국내 사회의 신질서도 태어날 수 없다. 하물며 많은 이민족(異民族)을 포용하여 이상적 신동아(新東亞)를 만들고자 하는 신질서 건설에 있어서랴.

우리가 누리는 부(富)와 지위는 모두 신과 임금에게서 '받은 은혜'이지 우리의 권리로 '획득한 전리품'이 아니다. 우리의 신체 및 생명조차도 신과 임금께서 맡기신 것이다. 이 정신은 전선(前線)의 병사에 의해 가장 잘 발휘되었다. 이것은 총후(銃後) 국민 전체의 정신이 되지 않으면 안 된다. 아니, 이제부터 자자손손 이어 갈 영구한 정신이 되어야 한다. 그리고 이 정신이야말로 인류를 구제할 팔굉일우(八紘一宇)의 대정신인 것이다. 우리가 지나(支那) 4억 민중을 위해 지나에서 싸우고 있다는 사실은 이 정신으로써만 이해될 것이다.

—「新秩序の根本原理」,「국민신보」, 1939. 10. 1.

전사자(戰死者)와 우리
전몰장병(戰歿將兵)의 유족이 되라!

　요즘 북지전선(北支戰線)에서 전몰장병의 유골(遺骨)이 귀환하여 경성과 그 밖의 곳에 차분한 동네 장례 행렬 등이 보인다. 지나가던 학생과 마음이 있는 통행인은 잠시 발걸음을 멈추고 모자를 벗고 정중히 절하여 호국용사(護國勇士)의 영령(英靈)에 애도와 감사의 뜻을 표하지만, 전몰자(戰歿者)의 장례식이라는 표지(表識)가 분명치 않아서 그냥 지나치는 사람도 있는 것은 실로 유감이다. 특히 자동차가 먼지를 일으키며 지나가는 것을 보니 격분하는 마음까지 일어난다. 어떻게 해서든 지나다니는 사람들이 빠짐없이 영령에게 경의를 표할 수 있도록 하고 싶은 것이다.
　조선인에게는 전사자와 부상자에 대한 예의범절에 익숙해질 기회가 없었다. 말하자면 이번이 처음인 것이다. 그러나 전사자의 유골과 상복(喪服)을 입고 뒤따르는 유족들의 슬픈 모습을 볼 때, 우리는 우리가 누리는 평화와 번영이 얼마나 비싼 대가를 치르고서 얼마나 많은 동포의 피와 슬픔을 통해 얻어진 것인지 통절히 느끼지 않을 수 없다. 우리의 생명은 전선(前線)에 선 장병들의 피로써 수호되고 있고, 우리 가정의 기쁨은 그들 장병 유족의 슬픔으로써 길러지고 있는 것이다. 이것은 비유(譬喩)도 수사(修辭)도 아니다. 문자 그대로이다. 그렇다면 우리는 이들 전사자 및 유족에게 어떻게 하면 좋을까? 전사자의 장례 행렬을 보낼 때는 감사와 애도의 눈물을 흘리자. 유족에 대해서는 있는 힘껏 위로와 도움의 손길을 내밀자. 그것은 당연한 일이다. 그러나 그것만으로는 부족하다. 우리는 그들 용사가 품었던 뜻을 완수하지 않으면 안 된다. 돌을 물어뜯든 진흙을 움켜쥐든 무슨 일이 있어도 흥아(興亞)의 성업(聖業)을 완수해 내야 한다. 쌀을 절약하자. 온갖 물자를 절약하고, 이를 악물고 생산하고 저축하자. 공채(公債)를 사자. 나라의 비밀을 지키자. 그리고 언제 어느 때든 전선에 설 각오를 하는 한편, 다음 세대의 담당자인 자녀를 충의(忠義) 있고 역량 있는 국민으로 기르자. 이렇게 해야 비로소 전몰장병과 그 유족의 존귀한 희생에 보답할 수 있을 것이다.

우리 조선인은 겨우 몇 사람의 전사자(戰死者)를 낸 데 불과하다. 피와 슬픔으로써 나라를 위해 애쓴 일이 너무 적다. 뭔가 다른 방법으로 그만한 보상을 하지 않으려는가. 그 방법은 우리 자신이 모든 전몰장병의 유족이 되는 것이다. 병사자(病死者)의 상(喪)을 치르는 것밖에 할 수 없는 우리의 한심스러움을, 전사자의 상을 치르고 있는 유족을 위로하고 도움으로써 갚지 않으려는가. 그리고 총후(銃後)의 봉공(奉公)을 혼자 도맡겠다는 결심으로 해 나가지 않으려는가. 특히 죽어 마땅한데 살아 있는 조선의 장정이 그러해야 한다.

— 「戰死者と吾等 — 戰歿將兵の遺族たれ!」, 『국민신보』, 1939. 10. 8.

총후(銃後)의 사치를 부끄러워하라

 이 비상시에, 나라 전체가 봉공(奉公)에 힘을 쏟고 있는 이 비상시에, 거리에서 값비싼 새 양복을 차려입은 신사 차림의 남자들을 본다. 화려한 옷을 걸치고 금은보석을 과시하는 숙녀 차림의 여자들을 본다. 얼마나 한심한 풍경인가. 특히 부인들의 사치가 근래 눈에 띄게 늘어난 듯이 보이는 것은 어찌된 일인가.
 일본인 된 자는 당분간 모직(毛織)을 소비해서는 안 된다. 그것은 출정(出征) 병사의 동복(冬服)과 수출(輸出)에 대 주어야 한다. 면은 물론 비단이나 인조견(人造絹)도 최소한도로 소비하지 않으면 안 된다. 이것도 군용(軍用)이나 수출품이 되기 때문이다. 금이나 금제품은 모두 정부에 팔지 않으면 안 된다. 그것이 결혼반지든 부모에게서 물려받은 내력 있는 비녀든, 적어도 금인 이상 갖고 있어서는 안 된다. 그만큼의 국력을 도둑질하는 셈이 되기 때문이다. 생명조차 국가에 바치는 오늘날이 아닌가. 금이 뭔가. 기념이 뭔가. 이런 때 금제품을 몸에 두르고 걷는다든가 옷장에 넣어 두는 것은 얼마나 부끄러운 일인가.
 모든 것은 있는 물건으로 임시변통하자. 되도록 새것을 보류하자. 해진 옷이라면 꿰매면 된다. 잡곡을 먹어 쌀을 절약하자. 전선(前線)에 선 병사의 고생을 생각하고, 가뭄 지역 주민의 노고를 생각하면 절약 정도는 아무것도 아니지 않은가.
 일반 민중의 물자 절약은 주부의 손으로 이루어져야 한다. 부엌과 바

느질과 응접실의 절약 없이 물자 절약은 이루어지지 않는다. 그런데 이러한 물자 절약의 근본이 되는 부인들이 총후(銃後)의 사치에 몰두하는 것은 얼마나 얕은 생각인가.

일반적으로 조선 민중은 신분(身分) 이상의 사치를 하는 습관이 있다. 이 비상시의 절약을 철저히 하는 것이야말로 우리의 부(富)의 수준에 어울리는 생활이 될 것이다.

힘껏 생산하고 힘껏 절약하고 힘껏 자숙자계(自肅自戒)하고 힘껏 저축하는 것이야말로 총후보국(銃後報國)의 주류를 이루는 것이니, 특히 조선 민중에게 이렇게 호소하고 싶은 것이다.

서로 총후의 사치를 부끄러워하자.

— 「銃後の奢侈を恥ぢよ」, 『국민신보』, 1939. 10. 15.

개인의 진면목
신(神)과 임금의 은혜 아래

자기를 독립한 하나의 개체로 생각하는 것만큼 잘못된 사고방식은 없다. 따라서 또 이것만큼 자기를 해치는 악(惡)은 없다. 모든 악은 여기에 뿌리를 둔다. 이러한 잘못된 인생관은 자기가 가정의 일원이고 직장의 일원이며 국가의 일원이라고 생각하는 대신, 가정이나 직장, 국가가 자기의 사욕(私慾)을 채우기 위해 있는 것처럼 생각하게 한다. 이를 제멋대로라고 하고, 염치없다고 한다.

나는 구성원의 하나이지 중심도 전체도 아니다. 나는 가정과 직장의 일원으로서 국가의 일원이다. 따라서 나는 섬기는 자이지 섬김을 받는 자가 아니다. 내게 맡겨진 역할을 감사와 성의로써 섬기는 것이 모든 개인의 본분이다.

줄기를 떠난 가지가 없고 전체를 떠난 지체(肢體)는 없다. 그런데 세간(世間)에서 종종 자기가 독립독존(獨立獨存)하는 개체인 듯이 생각하거나 행동하는 것은, 자기의 육체 및 정신의 생명이 어디에서 오는지 의식할 정도의 현명함에 아직 도달하지 못했음을 증거할 따름이다. 바꾸어 말하면, 단순한 무지이고 어리석음 외에 다른 것이 아니다.

또 한 가지. 신(神) 없이 내가 있고, 내가 사는 것은 내 힘이지 신의 은혜 덕분이 아니라는 생각만큼 어리석고 송구한 것은 없다. 내게 생명을 주신 것도 신이고, 내게 일용(日用)할 양식을 주시는 것도 신이시다. 신체·재산·재능·지위 등 내가 누리는 모든 것은 신에게서 받은 것이라고 인식하는 것이야말로 윤리의 제일요체(第一要諦)가 되어야 한다.

신을 삼가 인식하지 못하는 이가 어떻게 임금께서 현인신(現人神)이심을 삼가 인식하랴.

신과 임금께서 나를 낳으시고, 기르시고, 다스리신다. 그 마음에 부합해 드리고 그 은혜에 보답해 드리는 일이야말로 내 일생의 목적이라고 믿는 일은 무릇 어떤 종교나 종파를 불문하고 모든 국민의 근본 신조(信條)가 되어야 한다. 이는 곧 일본 정신의 원칙이고, 동시에 전 인류에게 베풀어도 사리(事理)에 어긋나지 않을 보편적 진리이다.

그렇다고 해서 개성을 몰각하는 것은 아니다. 봄에 야산(野山)의 아름다움을 이루는 천자만홍(千紫萬紅)은 실로 일자일홍(一紫一紅)의 개성이 발휘되어 이루어진 것이다. 우리나라의 위업(偉業)도 결국 위에 계신 한 분〔上御一人〕의 위광(威光) 아래 우리 국민 한 사람 한 사람의 역할로써 이루어지는 것이다. 여기에야말로 개인 생활의 진면목(眞面目), 참된 가치, 참된 기쁨이 있는 것이다.

―「個人の眞面目 ― 神と君の惠みのともに」, 『국민신보』, 1939. 10. 22.

쌀의 절약

이제부터 내년 수확기까지 국민은 줄이고 줄여 쌀을 절약하지 않으면 안 된다. 올해의 가뭄은 조선 지방에 유례없는 쌀의 흉작을 가져왔을 뿐 아니라, 실로 일본 전국에 상당한 쌀 부족 현상을 초래하기에 이르렀다. 이렇게 부족한 쌀을 우리는 칠분도미(七分搗米)와 잡곡을 사용함으로써 보충하자는 것이다. 지금 정동연맹(精動聯盟)은 각 애국반을 통해 쌀 절약 운동에 힘껏 노력하고 있지만, 사실상 쌀 절약의 실행 당사자는 가정이다.

나라의 부름에 응하여 쌀을 절약하자. 우선 백미(白米)를 먹지 말고 칠분도미를 사용하자. 그리고 조·보리·옥수수·콩·고구마·감자 등을 섞어 먹자. 이로써 각 가정에서 쌀 소비량을 반으로, 3분의 1로, 적어도 4분의 1로 줄이도록 노력하자. 그리고 우리 국민의 일심일체(一心一體)의 예를 여기서도 멋지게 보여 주자.

빈핍하기 때문에 쌀을 절약하자는 것은 아니다. 한 가정의 생계를 위해서도 아니다. 국가 전체를 위해 쌀을 절약하자는 것이다. 창고에 수백만 석의 쌀을 쌓아 둔 큰 부자라도 칠분도미에 잡곡을 섞어 먹자는 것이다. 이리하여 쌀 부족의 난국(難局)을 타개하는 동시에 억조일심(億兆一心)의 국민적 훈련의 또 하나의 과정을 훌륭하게 완수하자는 것이다.

이미 조선에는 5백만 석 쌀 증산 계획이 세워졌다. 내년부터는 관개시설(灌漑施設)과 더불어 경작 면적이 계속 늘어날 것이다. 영구히 먹는 데 곤란을 겪지 않는 나라라는 목표를 향해 매진할 것이다. 그런데 이를 기회로 조선의 농업이 일대 비약을 이룰 수 있는 관건은 산의 이용에 있다. 이른바 임야(林野)를 널리 개간하여 잡곡을 경작하는 밭이나 소·말·양·돼지 등을 기르는 목장으로 만드는 것이다. 산이 많은 조선에서 얼마나 광대한 지역이 이용되지 않은 채 방치되어 있는가. 당국에서는 올해 백두산 일대의 이용 가치를 조사했다. 그런데 조선은 어디를 가도 산이 있다. 산이 있으면 경작이 가능한 기슭이 있을 것이다. 조·고구마·감자·보리·밀·옥수수는 어디나 심을 수 있는 토양을 가진 조선이 아닌가. 손바닥만 한 평원에 달라붙어 쌀만 먹어야 하는 법은 없는 것이다. 조리법만 적절함을 얻으면 밭에서 나오는 곡물만으로도 어떤 맛있는 요리든 만들지 못할 게 없다. 실제로 구미인(歐米人)은 쌀 없이 훌륭한 식탁의 사치를 누릴 수 있지 않은가. 밭농사와 목축과 어업을 합치면 좋을 것이다.

 나라에서 쌀을 절약하라고 하니 절약하자. 나라에서 잡곡을 먹으라고 하니 먹자. 정동연맹에서 말하는 것은 나라에서 말하는 것이고, 정동회(町洞會)나 애국반에서 말하는 것은 나라의 명령인 것이다. 나라의 호소에 응하고 나라의 명령에 따르는 것은 얼마나 즐거운 일인가.

─「お米の節約」, 『국민신보』, 1939. 10. 29.

애국일 자숙(自肅)
그날만으로는 아무것도 안 된다!

애국일이 정해진 뒤 제2회 자숙일(自肅日)이 지난 1일에 실시되었다. 경성(京城)이라는 소비 도시를 가진 경기도에서는 정동연맹 경기지역 총재 간쇼(甘蔗) 지사(知事)가 자숙엄수(自肅嚴守)에 박차를 가한 결과 이날 조선의 수도는 훌륭한 성적을 거두었다고 한다.

그런데 자숙(自肅)이란 게 자숙일 당일만 자숙하고 다른 날은 흐트러져도 좋은 것이 아니다. 정해진 당일보다도 오히려 평소가 중요한 것이 아닐까. 봉공일(奉公日) 당일 완전히 자숙했으니까 이날을 전후해서는 좀 해이해져도 좋다는 식의 오해가 있어서는 큰일이다. 도(道)의 가르침에 "평상심이 도(道)"라는 말이 있다. 사람에게 소중한 도란 일단 일이 있을 때라든가 지정된 때에 한정되는 것이 아니라, 매일의 마음가짐이 곧 '평상심'인 도가 되어야 한다는 것이다.

매달 있는 이 자숙도 자숙일 하루만 충실히 엄수하고 다른 날은 그렇게까지 긴장하지 않겠다는 마음가짐으로는 엄격하게 자숙한 자숙일 당일의 정진(精進)이 아무런 소용도 없게 될 것이다.

그러나 사람이란 끊임없이 감정의 움직임에 지배되는 존재이므로 기계에 맞춘 듯이 조금의 어긋남도 없이 1년 내내 긴장한 채로 지낼 수 없는 것도 당연하다.

그래서 1년에 한두 번의 호령으로는 자칫 잊기 쉽고 해이해지기 쉬우므로 매달 1일을 봉공일로 정한 것이다. 따라서 오는 12월의 자숙일은 한층 더 자계자숙(自戒自肅)의 초긴장이 요구된다.

  지난 1일 밤 환락가가 특히 호평을 얻은 듯한데, 이는 환락가 당사자가 자숙한 것은 물론 환락가의 손님들이 일제히 흥아봉공(興亞奉公)의 긴장으로 자숙했기 때문이다. 만약 당일을 전후하여 떠들썩한 음주가무가 이어졌다면, 이것은 누가 짊어져야 할 죄일까.

        ―「愛國日自肅 ― その日だけでは何にもならぬ！」,『국민신보』, 1939. 11. 5.

반도인(半島人)과 국민정신

이달 7일부터 국민정신작흥주간(國民精神作興週間)이었다. 우리는 혹은 신사(神社)에 참배하여 국운융창(國運隆昌)과 무운장구(武運長久)를 기원하고, 혹은 총후봉공(銃後奉公)의 맹세를 새롭게 다졌으며, 자원 애호 및 물자 절약을 철저히 실행하는 등 흥아(興亞) 비상시 국민으로서의 자각과 결심을 떨쳐 일으켰던 것이다.

국민정신이란 무엇인가? 그것은 첫째, 나는 대일본제국의 신민이라는 굳건한 의식과 긍지를 갖는 일이다. 둘째로는 내지와 조선이 하나임을 분명히 인식하는 일이다. 셋째는 몸을 닦고 업(業)을 익히고 각각 그 직장을 충실히 지켜 인고단련(忍苦鍛鍊)하며, 이로써 황도선양(皇道宣揚)을 위해 자기를 국가에 바치는 일이다. 정신작흥주간은 우리가 이 길로 좀 더 정진하도록 하기 위해 만들어졌다.

이 주간을 맞아 반도인(半島人)으로서 특히 명심해야 할 바가 있었을 것이다. 바꿔 말하면, 반도인이기 때문에 특히 수양하고 힘쓰지 않으면 안 되는 것이 있었을 것이다. 그것은 무엇인가?

"나는 천황의 적자(赤子)이고 천황은 나의 임금〔大君〕이시다. 내가 입는 옷과 먹는 음식, 가정의 화평한 향락은 물론 자손의 번영도 모두 우리 임금의 은혜이므로 나는 충성으로써 황은(皇恩)에 보답하고 우리 자손 대대로 그렇게 해야 할 것"이라는 염원이 그것이다. 거듭 반복해서 이렇게 염원하고, 입으로 내뱉어 말하며, 몸으로 행함으로써 날마다 우리는 참된 황국신민(皇國臣民)으로 성숙해 가는 것이다. 이 한 주간 동안 반도인은 그만큼 심도 높은 황국신민화의 길을 내딛었을 것이다.

  내선일체(內鮮一體)의 실현도 이러한 반도인의 성의와 수련으로써만 달성될 것이다. 국가는 반도인에게 내선일체를 허용했다. 그러나 허용되었다고 해서 내선일체가 이루어지는 것은 아니다. 반도인이 믿음직하고 든든한 신민이 됨으로써 내선일체는 이루어질 것이다. 그러므로 내선일체의 영광을 얻는 열쇠는 반도인 자신의 손에 쥐어져 있는 것이다. 이미 내선일체는 허락되어 있다. 반도인은 내지인과 동격(同格)의 제국 신민이다. 그러나 단지 격이 같다는 것만으로는 아무것도 아니다. 반도인이 실질적으로 내지인과 같은 황국신민이 되려면 상당한 공부가 필요함을 반도인 자신이 깊이 자각해야 한다. 국민정신의 공부가 바로 그것이다. 거듭 반복해서 황은(皇恩)의 고마움과 이에 대한 보은(報恩)의 지성을 염원하고, 입으로 내뱉어 말하고, 몸으로 행함으로써만 참된 내선일체는 진전되고 고조되어 가는 것이다. 거듭 말하건대 '내선일체는 반도인이 애써 노력함으로써만 달성될 수 있는 것'이다.

  만약 국민정신 작흥을 위한 이 한 주간을 헛되이 보낸 사람이 있다면 한 주간을 더 연장하자. 아니, 그보다도 반도인은 요 몇 년 국민정신작흥 주간을 계속하지 않으려는가.

―「半島人と國民精神」,「국민신보」, 1939. 11. 12.

존폐(存廢)의 선택
씨제도(氏制度) 실시의 세 가지 정신

조선인에 대한 씨제도(氏制度) 실시에 의해 성(姓)은 사라지게 되었다. 조선인은 1940년(昭和 15) 1월 1일부터 향후 6개월 이내에 새롭게 씨(氏)를 삼을 만한 씨명(氏名)을 호적 담당에게 제출하지 않으면 안 된다. 만일 이 기간 내에 제출하지 않는 사람은 종전의 성(姓)을 씨(氏)로 인정하게 되어 있다.

그런데 이 씨제도 실시의 정신은 크게 세 가지로 나눌 수 있을 듯하다. 일본의 특색인 가족제도의 강화가 그 하나이고, 조선 가족제도의 내지화(內地化)가 다른 하나이며, 그리고 이를 기회로 조선인의 씨명을 내지화하여 내선인(內鮮人)의 차이 가운데 가장 현저한 것 하나를 없애고자 하는 것이 나머지 하나이다. 마지막으로 언급한 씨명(氏名)의 내지화는 강제적이 아니라 자발적으로 이루어지도록 되어 있지만, 미나미(南) 총독의 담화에 비추어 보건대, 가능한 한 조선인 전체가 내지식의 씨명에 따를 것을 바라고 있는 태도를 분명히 엿볼 수 있다.

원래는 조선인도 멀리 삼국시대는 물론 고려 중기에 이르기까지 오늘날 사용하고 있는 것과 같은 지나식(支那式) 성명(姓名)을 보편적으로 쓰지 않았고, 당송(唐宋) 유학자나 지나 문화에 심취한 소수의 사람들만이 이를 사용한 데 불과하다. 고구려의 시조 고주몽(高朱蒙)은 이름이 주몽이고 성이 고(高)라거나, 신라의 시조 박혁거세(朴赫居世)는 성이 박(朴)이라 함은 받아들이기 어려운 속설(俗說)이다. 또한 거문고의 대가

인 옥보고(玉寶高)도 성이 옥(玉)이 아니라 '옥을 보고'라는 뜻의 조선어 이름이며, 그 유명한 장보고(張保皐)도 궁복(弓福), 즉 '활〔弓〕을 보고'라는 상서로운 꿈을 그대로 이름으로 삼았던 것인데, 이를 당인(唐人)식으로 한자를 쓴 데 불과하다. 오늘날 아이들의 호명은 옛 조선의 전통을 이어받은 것이고, 산하(山下)라든가 천상(川上)·상촌(上村)·하촌(下村) 등 집의 위치나 직업의 명칭을 이름 위에 붙여 씨(氏)를 삼았던 고대의 흔적 또한 지금까지도 친족이나 이웃 간에 서로 부르는 칭호로서 전해지고 있을 정도이다.

그러므로 조선인이 약 7백 년 동안 사용해 온 지나식 성은 이제 단호히 버리는 것이 오히려 당연하며, 하등 아쉬워할 이유가 없는 것이다.

이제 조선인의 목표는 내선일체(內鮮一體)에 있으므로 이 큰 목적에 지장을 주는 것은 하루라도 빨리 버리지 않으면 안 된다. 그리고 종래의 지나식 성명은 버려야 할 최우선의 것이 되어야 한다.

그러나 이 경우 유념해야 할 것은, 조선적 문물 가운데 존폐의 선택을 그르치지 않는 일이다. 조선적인 것 가운데도 장래에는 일본 전체의 문화에 보급, 공헌할 만한 것이 있을 것이다. 만약 잘못해서 이런 것을 없앤다면 그것은 국가 전체의 손실이 될 것이 분명하다. 또 내지인에게는 아무런 관계나 영향이 없는 것이라도 조선인에게는 의의 있는 것이 있을지도 모른다. 이런 것도 무리하게 없앨 필요는 없다. 요령(要領)은 선한 것과 해롭지 않은 것은 보존하고, 악한 것과 내선일체에 지장을 주는 것만을 없애는 데 있다. 그 방법에서도 아주 나쁜 것은 강제를 필요로 하지만, 그렇지 않은 것은 자연적인 소멸을 기다려야 할 것이다.

―「存廢の選擇 ― 氏制度實施三つの精神」, 『국민신보』, 1939. 11. 19.;

「동포에게 보냄」, 박문서관, 1941. 1.

한파(寒波)와 우리들
전쟁터를 떠올리고 위문품을 보내자

올해 겨울은 예년에 비해 따뜻하다고 생각하고 있던 참에 요 며칠 사이 갑자기 한파(寒波)가 내습했다. 이런 기후의 격변이 우리 신체에 미치는 영향이 큰 것은 말할 필요도 없지만, 특히 생각하게 되는 것은 지나(支那) 중부 지역과 만몽(滿蒙)에 있는 황군(皇軍) 장병과 남선(南鮮) 지방의 이재민(罹災民)이다. 지나 남부 전선의 용사들은 찌는 듯한 더위에 고생하고 있다고 한다.

우리들 총후(銃後)에 있는 자, 하물며 남선 지방의 이재민도 아닌 자가 모직물·면류·연료의 부족함 따위에 불평을 내뱉는 것은 실로 제멋대로의 극한이라고 하지 않을 수 없다. 우리가 오늘날 누리는 화평한 생활이 얼마나 과분한 것인지 뼈저리게 느끼지 않으면 안 된다.

그런데 우리는 이 한파를 맞아 무엇을 하면 안 되는가? 또 무엇을 해야 하는가?

게으름을 피워서는 안 된다. 나라를 위해 뭔가 보탬이 되기 위해서는 하루도 빠지지 않고 열심히 일하지 않으면 안 된다. 생산(生産) 확충이란, 필경 각자 열심히 일하는 것 외에 다른 것이 아니다. 그리고 우리는 안일하게 생활하고 낭비를 해서는 안 된다. 건강을 해치지 않을 정도로 곡류든 직물류든 연료든 모든 물자를 절약하지 않으면 안 된다. 이렇게 함으로써 개인적으로는 저축이 증가하고 국가적으로는 자원 옹호, 수출 증진이 이루어지는 것이다. 이것이야말로 애국심의 실천이고 일상생활

속의 총후봉사(銃後奉仕)이다.

그러나 이 한파를 맞아 혹한(酷寒)이 예상되는 이때 우리가 특히 고려하지 않으면 안 되는 것이 있다. 그것은 직접 전선(前線) 장병과 이재(罹災) 동포에게 추위를 막을 수 있도록 뭔가 힘을 보태는 것이다. 방한(防寒) 장비 한 가지씩을 장병에게 보내자. 조선 전체 5백만 세대에서 한 세대당 하나의 방한 장비를 전쟁터에 보낸다면 5백만 건이 될 것이다. 남선 지방 이재민에게도 마찬가지로 한 세대당 10전만 갹출해도 50만 원이 당장 모일 것이다. 하물며 백 원, 천 원에서 십만 원, 백만 원을 기부해도 거의 고통을 느끼지 않을 자산가(資産家)도 적지 않은 오늘날 조선에 있어서랴.

춥다! 전선 장병에게 위문품을 보내자.

춥다! 남선 지방 이재민에게 보낼 구제 금품(金品)을 모으자.

남선 지방 이재민에게 보낼 구제금 모집은 현재 사회사업협회가 중심이 되어 진행하고 있지만, 한기(寒期)와 새해가 성큼 다가온 이때 방한 장비 위주의 황군(皇軍) 위문품 모집 운동을 일으켰으면 한다.

—「寒波と吾等 — 戰地を偲び慰問品を送らう」, 「국민신보」, 1939. 12. 3.

총동원의 한도

총동원이나 비상시라는 말은 현재 왕성히 사용되고 있어 언제 어디서나 거의 듣지 못할 때가 없을 정도이다. 그러나 인간성의 약점 탓에 하나의 표어가 어느 순간 익숙해지면 이른바 귀에 못이 박혀 처음 들었을 때의 감수성이 마비되어 간다. 총동원이나 비상시라는 말도 이미 이런 시기에 도달한 것은 아닐까 싶다. 만일 그렇다면 그야말로 심각한 사태이다.

비상시는 이제부터이고, 따라서 총동원도 이제부터이다. 비상시는 북지사변(北支事變)이 일어난 때부터 시작된 것이지만 불똥이 지나 중부로 튐에 따라 비상시의 내용이 확대되었고, 더구나 그것이 지나 남부에 파급되면서 비상시의 중대성은 북지사변의 몇 배에 달했다. 그러나 비상시적 성격의 확대, 가중(加重)은 결코 이것으로 끝날 리가 없다. 오늘날 우리가 부르고 있는 지나사변이라는 말이 아시아사변 또는 아구사변(亞歐事變)과 같이 일찍이 역사에 유례가 없는 광범한 의의(意義)를 포함한 말로 바뀔 날이 머지않다는 예상은 결코 근거 없는 것이 아니다.

물론 동아 신질서의 건설이라는 말 속에는 이미 아시아 전체라는 의의가 포함되었을 것이다. 그러나 구주대전(歐洲大戰)의 확대 및 그에 뒤따라 일어나는 여러 현상, 예컨대 소련의 인도 침략설 등은 듣고 흘려버릴 수 없는 문제이고, 지나(支那)·만몽(滿蒙) 문제만 보더라도 사건이 아시아·구주적(歐洲的) 성격을 띠는 요인은 얼마든지 있는 것이다. 이렇게 보면 비상시적(非常時的) 성격의 확대는 이제부터라고 해야 한다.

비상시에 대응하는 것이 총동원인 이상 비상시적 성격의 확대에 정비례하여 총동원의 범위와 깊이, 강도가 확대되어야 할 것은 자명한 이치이다. 그렇다면 오늘날의 총동원은 아직 총동원의 완성이 아니라 오히려 총동원의 준비기라고 할 수 있다. 이것은 국민정신총동원연맹운동에 비추어 보더라도 그러하다. 이제 겨우 각 담당 부서의 연맹과 애국반이 조직되었을 뿐으로 시범 운전기라고나 할까, 아직 본격적인 활동에는 돌입조차 하지 않은 상태이다. 서민층에게 비상시임이 실감된 것이 바로 최근의 일이고 쌀과 연료를 통해 겨우 이를 느꼈을 정도이니, 비상시의 영향이 침투하는 것은 바야흐로 이제부터라고 보지 않으면 안 된다. 이에 응하여 서민층 가정의 각 구성원까지도 전원 총동원으로 신시세(新時勢)에 대응하는, 그야말로 본격적인 총동원 활동기에 들어가는 것은 금후의 일인 것이다.

아직 국민의 자숙(自肅)이 부족하다든가, 비상시 국책(國策)에 대한 성실한 노력이 부족하다는 소리를 듣는 것은 바로 이런 사정을 말하는 것이라고 생각한다.

이 사변(事變), 아직 어디까지 확대될지 그 한도조차 전망하기 어려운 이 사변을 뚫고 나가는 것이야말로 국가의 당면 목표이며, 동시에 국민 각자의 목표임을 국민이 철저하게 자각하는 날에 이르러서야 사변은 비로소 타개된다는 것을 재인식할 필요가 있다.

―「總動員の限度」, 『국민신보』, 1939. 12. 10.

흥아(興亞)의 기본 사상

지난 11월 18일 흥아원(興亞院) 제2회 위원회에 흥아원 총재(總裁)가 제출한 동아 신질서 확립의 기본 사상에 관한 자문(諮問)과 답신(答申)에 관한 안건이 금일 11일 만장일치로 가결되고 흥아원에 회부되어 실행에 옮겨지게 되었다.

우선 동아 신질서의 근본 성격으로서 (1) 동아의 공동방위(共同防衛), (2) 제국주의적 기구(機構)의 폐지, (3) 아시아적 공동 체제의 수립, (4) 신동방문화(新東方文化)의 앙양이 거론되었다. 신경제체제로서는 구미(歐米)의 제국주의적 착취 지배를 배제하고 동시에 일본 자신의 이기적 독점 활동을 억제하며, 열강의 식민지적 탐욕의 쟁탈장으로서의 지나(支那)를 동아 여러 민족이 공영(共榮)하는 낙토(樂土)로 만듦으로써 동아 신경제질서의 안목(眼目)을 삼아야 함을 언급했고, 또 지나로 하여금 명실공히 근대적 독립국가로서의 자격을 갖추게 하는 것은 동아 추축(樞軸)의 한 축으로서 신질서를 분담케 할 목적에 관해서는 커다란 희생을 치르며 지나사변(支那事變)을 수행하고 있는 데 빠질 수 없는 요건임을 명시했다.

다음으로 국가 일본이 바라는 것은 영토나 배상(賠償)의 문제가 아니라 실로 동아 신질서의 건설에 있는데, 그 이유는 한 민족의 정복과 강력 지배의 방법이 일본 민족의 머릿속에 내재한 황도적(皇道的) 지상명령에 적합하지 않아서, 즉 '소유하는' 것이 아니라 '다스리시는' 것을 국가의 본의(本義)로 삼은 것은 우리 황도(皇道)의 근본 원칙인 동시에 지나의 왕도(王道)의 이상이기도 하기 때문이라고 언급하고, 한 걸음 더 나아가 "민족주의 발달 이후의 근대 세계에서 민족주의를 경시하는 것은 큰 위험이 따르는 세계 정책이며, 따라서 우리 일본의 세계 경륜은 필연적으로 여러 민족의 자주적 연합의 지도자가 되는 방향이 되어야 할 것"임을 명시했다.

이상 흥아원 위원회의 답신 내용은 동아 신질서 건설의 기본 사상을 이루는 것이지만, 동시에 제국(帝國)의 국가 목적 즉 제국의 정신을 선언한 것이기도 하다.

이러한 도의적(道義的) 국가 의사의 표명은 실로 역사상 유례가 없는 일이며, 저 구미인(歐米人) 또는 구미의 이익사회 사상에 감염되어 있는 자들에게는 그 참뜻이 이해되지 않을지도 모른다. 이것마저 그들 부류의 견해에 따라 이른바 외교적 수사(修辭)인 듯이 곡해할지도 모른다. 그러나 금후 제국의 실천을 통해 이들 의사 표명이 문자 그대로 한 점의 수식(修飾) 없는 진의(眞意) 그 자체임을 머지않아 보이게 될 것이다. 일본의 황도(皇道)가 어떤 것인지를 천하에 알리는 것이 곧 세계를 구제하는 일이 되지 않으면 안 된다.

우리 국민 된 자는 우선 황도(皇道)의 진수(眞髓)를 체득하고 각자가 이 정신에 살고 이 정신의 구현자가 되지 않으면 안 된다. 그리고 우선 아시아의 여러 민족에게 이 고귀한 정신을 깨닫게 하고 체득시키는 역할이 실은 우리 국민 각자의 책무임을 자각해야 한다.

─「興亞の基本思想」, 「국민신보」, 1939. 12. 17.

개성개명(改姓改名)에 대하여

드디어 내년 봄부터 씨(氏)의 실시를 보게 되었다. 씨제도(氏制度)는 국가에서 만든 것이지만, 성을 바꾸는 것만큼은 인민의 자유의지에 맡겨져 있다. 따라서 호주(戶主) 된 자가 아무런 신고를 하지 않으면 재래 지나식(支那式)의 성(姓)이 자동적으로 씨(氏)로 정해지도록 되어 있다. 즉 성 바꾸기를 원하지 않는 사람은 재래의 성을 그대로 두어도 좋은 것이다.

그러나 우리는 국가가 개성(改姓)을 허용한 정신을 신중히 음미하지 않으면 안 된다. 만일 성 바꾸는 것의 필요성을 인정하지 않았다면 개성(改姓)을 허용한다는 법령을 내자고 했을 리가 없지 않은가. 자발적이라고는 하지만, 성 바꾸는 것의 필요성을 인정하기 때문에야말로 개성(改姓)에 관한 법령을 낸 것이다. 그러면 그 필요성이란 무엇인가?

한마디로 말하면 내선일체(內鮮一體)의 취지로서 비본질적인, 즉 가변적인 모든 것을 통일하려는 것이다. 이는 국가적 견지에서도 그렇지만 조선인 각 개인의 입장에서도 고마운 일이고 바람직한 일이다. 그런데 이 가변적인 것 가운데 가장 두드러지고, 그러나 고치는 데 조금도 고통을 느끼지 않아도 되는 것이 이름이다. 이 지나식 성명(姓名)은 일견 어떤 차별을 시사하여 내선일체의 감정을 크게 해친다. 이러한 차별감에서 오는 불이익을 받는 것이 조선인 자신임은 말할 필요도 없다. 한번 과감하게 이름을 일본식으로 바꾸지 않겠는가, 하는 것이 이 법령의 정신이 되지 않으면 안 된다. 강제적이 아니라 자발적으로 한다는 것은 우리의 자유의지를 존중하는 국가가 베푼 고마움이지 결코 성을 바꾸지 않아도 좋다는 의미는 아닐 것이다.

어쩌면 이렇게 말하는 이도 있을 것이다. 아무리 조선인이 내지식(內地式) 씨명(氏名)을 따른다고 해도 곧 내지인과 똑같이 되는 것은 아니라고. 원적(原籍)을 내지에 두는 것도 허용되지 않고, 병역도 참정권도 봉급 외의 수당도 허용되지 않는다고. 그것은 바로 말한 그대로이다. 그러나 내선(內鮮)의 완전한 평등을 향한 일보 전진인 것만큼은 논자도 부인하지 않을 것이다. 그것으로 좋은 것이 아닐까. 일보 전진만으로도 충분한 가치가 있지 않을까.

그것만이 아니다. 개성(改姓) 신고 기한은 1940년(昭和 15) 6월까지 인데, 그 기한이 끝난 후에야 비로소 성을 바꾸는 것을 미룬 것을 후회하게 될 것이 분명하다. 일찍이 임야(林野) 소유권 신고 때에도 늑장을 부리거나 혹은 고의로 회피하기까지 해서 애석하게도 선조 대대의 유산을 국유지(國有地)로 넘기고 난 후에야 소동을 피운 경우가 있었다. 그 전철을 반복하지 않도록 해야 한다. 국가의 고마운 정신을 의심 없이 순수하게 받아들이지 않으려는가.

근래 신문 지상에 개성(改姓)에 관한 기사가 조금씩 보이게 된 것은 실로 훌륭한 일이지만, 주로 구성(舊姓)이나 관습에 묶여 있는 듯하다. 김해(金海) 김씨(金氏)를 긴카이(金海)로 바꾼다든가, 하동(河東) 정씨(鄭氏)를 가토(河東)로 바꾸는 식으로. 선조를 잊지 않으려는 정신으로서는 수긍하지 못할 것도 없지만, 오히려 국민으로서의 새 출발의 의기를 보여 과감히 일본적인 씨명(氏名)으로 바꾸었으면 하는 것이다. 구씨(具氏)의 오카씨(丘氏)라든가, 하야시씨(林氏)·미나미씨(南氏)와 같이 옛

성을 어느 정도까지 보유하는 데 융통성 있는 것은 내버려두고, 그렇지 않은 것은 다카야마(高山)·기타무라(北村)와 같이 차라리 고향과 관련된 일본식 씨(氏)로 바꾸어야 한다. 그리고 이름도 이치로(一郎)·다로(太郎)·사부로(三郎)·다케오(武雄)·후미오(文夫)·유키코(雪子)·하나코(花子)와 같이 과감히 일본식으로 바꾸어야 한다. 흐지부지하게 할 필요는 없지 않은가.

― 「改姓改名に就て」, 『국민신보』, 1939. 12. 24.

기원 2600년

1940년(昭和 15)! 올해는 빛나는 황기(皇紀) 2600년 되는 해이다. 동시에 일한병합(日韓併合) 30주년을 맞는다. 때마침 성전(聖戰) 중이다. 이제 막 동아(東亞) 신질서의 건설에 착수하려는 비상시(非常時)이자, 비상시의 비상시이다. 1억의 백성은 마음을 하나로 모아 제일선에 선 병사의 마음가짐으로 자기를 잊고 봉공(奉公)하지 않으면 안 되는 때이다. 이런 이유에서야말로 이 기원 2600년은 뜻깊은 것이다.

황기 2600년! 황국(皇國)은 성장과 향상의 한길을 더듬어 더욱 번영하는 오늘에 이르렀다. 이제 우선 아시아 10억의 여러 민족을 고마운 황도(皇道)의 빛 속으로 끌어들이고, 이 신국(神國)의 새로움과 올바름과 광영(光榮)을 그들에게 골고루 나누어 주고자 우리 조국은 일어난 것이다. 현재 세계의 정세를 보라. 일본만큼 고마운 나라가 또 어디 있는가. 이 나라 임금의 백성으로서 이 나라에서 삶을 누리는 것은 얼마나 행운인가. 실로 황공함에 눈물겨운 일인 것이다.

병합 30주년! 조선 2천 4백만 민중은 메이지천황의 고마운 뜻에 의해 이 일본의 신민(臣民)이 된 것이다. 그리고 지금 천황 폐하의 적자(赤子)가 된 것이 얼마나 고맙고 영광스러운 일인지 마음으로부터 느끼게 된 것이다. 조선의 민중은 우리 임금을 위해 물에 잠긴 시체, 풀이 우거진 시체가 되는 것을 신바람 나는 일로 여기게 된 것이다. 그리고 영광스러운 대일본제국을 지키고 천대 만대에 이 나라를 더욱 번창케 할 신성한 책임과 의무의 부담자(負擔者)가 된 것이다.

조선의 백성이여, 이때에야말로 낡고 작은 감정을 청산하자. 그리고 부정(不淨)을 씻어 없앤 새롭고 큰마음으로 살아가자. 이제 우리의 고향은 작은 조선 반도가 아닌 것이다. 일장기가 번뜩이는 곳이야말로 모두 우리의 고향인 것이다. 북쪽으로는 치시마(千島), 남쪽으로는 신남양군도(新南洋群島)에 이르기까지 모두 우리의 자손이 지켜야 할 낙원인 것이다. 1억의 천황의 적자는 모두 우리의 동포인 것이다. 우리의 자손은 충성과 힘만 있으면 제국을 짊어질 국가의 중심 인물도 될 수 있는 것이다. 아직 제거되지 않은 다소의 차별을 괴롭게 여겨서는 안 된다. 우리의 충성은 가까운 장래에 이 차별까지도 일소(一掃)할 것이다. 그리고 그것은 오직 우리의 충성에 달린 것이다. 광대무변(廣大無邊)한 천황의 인자하심은 우리 2,400만 조선 민중을 완전한 일시동인(一視同仁)의 뜻에 품을 날이 하루라도 빨리 오기를 기다리신다고 삼가 배찰(拜察)하는 바이다.

그렇다면 조선 민중이여, 황기 2600년을 우리는 무엇으로써 축하하고 무엇으로써 기념할까. 그것은 다른 것이 아니다. 더욱 적극적으로 천황에 대한 충성을 떨쳐 일으켜 훌륭하고 믿음직한 신민(臣民)이 되는 데 있다고 생각한다.

─「紀元二千六百年」, 「국민신보」, 1940. 1. 7.;
「동포에게 보냄」, 박문서관, 1941. 1.

연두(年頭)의 서(誓)

나는 맹세하는 것을 두려워합니다. 그것은 내가 약한 사람이라 좀처럼 맹세대로 하지 못하기 때문입니다. 나는 몇 번이나 맹세하고는 또 몇 번이나 그 맹세를 깨뜨렸습니다. 내가 맹세한 횟수는 맹세를 깨뜨린 횟수와 같을 것이라고 생각합니다.

맹세를 하고 그것을 지켜내고 끝까지 해내는 그런 사람은 내가 볼 때는 대단한 위인(偉人)인 듯이 생각됩니다. 맹세에도 여러 가지가 있겠지요. 부처님의 제도중생(濟度衆生)의 넓고 큰 서원(誓願)도 있겠고, 또는 평범한 개인적인 맹세도 있겠지요. 그 어느 것이든 맹세를 끝까지 견지한다는 것은 매우 어렵고 위대한 일이 틀림없습니다.

그러나 맹세는 신앙으로써 성취된다고 이야기됩니다. 신불(神佛)의 도움으로 그 대신력(大神力)·대원력(大願力)에 의해 완수된다는 것입니다. 과연 역사상의 위인은 뭔가 하나의 신앙을 지닌 사람들이었던 듯합니다. 신앙이라는 말을 싫어하는 분께는 신념이라고 해도 상관없습니다만, 역시 신앙 쪽이 좋지 않을까요. 우주의 근본인 어떤 힘을 믿고 그것을 의지하는 것입니다. 이것이 신앙인 것입니다. 이 신앙의 힘에 의지함 없이는 평범한 맹세라도 좀처럼 끝까지 관철해 내기 어렵다고 믿습니다.

따라서 나는 다른 모든 맹세의 어머니인 신불(神佛)을 받들어 굳게 믿고, 언제 어디서든 믿으며, 행불행(幸不幸)을 가리지 않고 믿고 받들어, 내가 조우(遭遇)하는 모든 것은 그것이 이른바 복(福)이든 화(禍)든 나의 과거의 행위에 상응하는 신불의 지극히 공평한 판결임을 믿을 것을 맹세하고자 합니다.

그리고 내가 생각하고 말하고 행하는 모든 업(業)은 신불을 기쁘게 해드리는 것, 즉 신불의 뜻에 맞지 않으면 안 됩니다. 이것이 도(道)인 것입니다. 나는 도에 맞는 생활을 하지 않으면 안 됩니다. 도에서 벗어났을 때 이미 내게는 생명이 없는 것입니다. 영원한 죽음이 있을 뿐입니다. 게다가 그 죽음이라는 것은 잠깐을 의미하는 것이 아닙니다. 잠깐이 된다면 정말 다행입니다. 그런데 여기서 말하는 죽음이란, 비유컨대 잘못 산 데 대한 수치(羞恥)의 연장(延長)을 의미하는 것이며, 이해하기 쉽게 말하면 지옥도(地獄道)·아귀도(餓鬼道)·축생도(畜生道)를 향한 끝없는 윤회(輪廻)인 것입니다.

바라건대, 나는 이번 일 년을 도(道)에 따르는 일 년으로 만들고자 맹세하고 싶은 것입니다. 커다란 일, 좋은 일 등은 나 같은 사람에게는 애당초 무리이지만, 최소한 이번 일 년간 집안은 물론 친구에게도, 나라에도, 모르는 사람에게도 폐가 되지 않고, 그리고 내 존재가 최소한 불유쾌한 또는 해독을 끼치는 그런 일은 없었으면 하고 생각하는 것입니다.

— 가야마 미쓰로, 「年頭の誓」, 『국민신보』, 1940. 1. 7.

소학교 선생님께

지금 필자는 젊은 남녀 한 사람씩을 눈앞에 그리며 이 글을 쓴다. 이 두 사람은 모두 22, 3세의 소학교 선생이다. 그리고 결혼 직전으로 각각 연담(緣談)이 진행 중인데, 이 결혼이라는 현실의 문제에 부딪쳐 매우 큰 번민에 빠진 것이다. 독신자일 때는 적은 봉급으로도 큰 부자유함은 없었다. 설령 부자유함이 있다 해도 혼자라는 홀가분함으로 웃어 버릴 수도 있지만, 막상 가정을 갖게 되면 그렇게는 안 된다. 남자 쪽에서 보면 귀여운 아내에게 부자유한 생각을 갖게 하고 싶지 않고, 태어날 아이들에게도 남루한 옷을 입히고 싶지 않다. 장래의 교육 등도 걱정이 된다.

그래서 당신네는 생활의 방향 전환을 생각하게 된다. 한마디로 말하면, 좀 더 돈이 들어오는 직업을 원하게 되는 것이다. 그리고 대개는 무리를 해서까지 상급학교에 가려 하는 것이다. 상급학교를 나오면 좀 더 좋은 월급을 받아 아내와 자식에게 부자유함을 느끼게 하지 않고 살 것이라고 생각하는 것이다. 이것은 일단 수긍할 만한 일이어서 실로 동정하지 않을 수 없다. 오늘날과 같은 소학교 교원에 대한 대우는 실로 딱한 것이다.

그런데 이에 대해 한말씀 올리고 싶다. 그것은 당신네가 인생을 어떻게 보고 있는가, 그리고 소학교 교원이라는 직업을 어떻게 생각하고 있는가 하는 점이다.

부(富)가 욕심부려 얻을 수 있는 것이라면 세상에 가난한 사람은 없을 것이다. 저 수없이 가난한 노인들은 모두 욕심을 좇아 한평생을 보낸 것이다. 또 가령 부가 욕심을 부리고 욕심을 좇아 얻어지는 것이라 해도 부가 과연 안심입명(安心立命)과 이른바 행복을 가져오는 절대적인 것일까. 세상에는 가난하고 불행한 사람보다는, 부유하지만 그래서 불행한 사람이 많다는 사실을 확실히 인식하지 않으면 안 된다.

사람이 가야 할 올바른 길은 주어진 임무에 부지런히 힘쓰는 일이다. 밭을 가는 소는 결코 굶주리지 않는다. 자기의 정업(正業)을 위해 혼(魂)을 집중시키고 있는 자에게 의식(衣食)이 궁해지는 일은 결코, 결코 없는 것이다. 그것은 이 세상이 신이 섭리(攝理)하시는 세상이고 이 나라가 임금이 다스리시는 나라이기 때문이다. 신을 믿고 임금께 의지하여 주어진 직무를 위해 일생을 바치는, 성(誠)을 다해 몸도 혼도 집중하는 자라면 반드시 영탈(穎脫)의 영예도 얻게 될 것이다. 하물며 소학 교육이야말로 국가의 모든 부문 가운데 가장 기본적인 직무임에랴.

따라서 여러분! 어떻게 하려는가. 아내와 자식에게 어떻게 해 주겠다는 따위의 미혹에 빠져서는 안 된다. 아침저녁으로 어떻게 하면 학생을 잘 이끌지, 이 국민을 신(神)의 자식에 걸맞게 훈육할 것인지에만 전념하라. 무엇을 먹고 무엇을 입을지, 내일은 어떻게 할지, 가득한 공명심(功名心)은 어떻게 충족시킬지 등에 대해서는 모두 신께 맡겨 드리라. 한 가지 일에 전 생명을 바치는 자는 반드시 국가의 위인(偉人)이 될 것임을 믿으라.

—「小學校の先生方へ」, 「국민신보」, 1940. 1. 14.;
「동포에게 보냄」, 박문서관, 1941. 1.

신내각(新內閣)의 사명과 국민

요나이(米內) 신내각은 사변(事變) 처리를 주목적으로 국제 관계의 정돈, 국내 문제의 정리를 목표로 내걸고 등장했다. 사변 처리란 말할 것도 없이 동아 신질서의 건설을 가리키는데, 그 당면의 문제는 지나(支那)의 중앙정권에 왕징웨이(汪精衛) 정부를 성립시키는 것이다. 왕 씨가 장제스(蔣介石)에게 최후의 통첩을 보내어 일본에 의지하지 않으면 안 될 것을 설명하고, 만일 장제스가 말을 듣지 않으면 단연코 충칭(重慶) 정부를 뒤엎을 결심을 보인 것은 주목할 만하다. 그러나 그렇다 해도 왕 씨가 세우려 하는 새로운 지나 중앙정권의 대일 관계에 관해서는 아직 여러 가지 어려운 문제가 가로놓여 있는 듯하다. 이 문제의 해결이 가장 먼저 요나이 내각의 솜씨를 기다리고 있는 셈이다. 원래 지나사변은 육군이 주역이 되어 일어난 것이지만, 이번 요나이 내각의 손에 의해 해군의 의사(意思)가 반영될지의 여하가 주요 관심사가 되고 있는 모양이다.

국제 문제로서는 전(前) 내각의 손에 의해 일영(日英)·일미(日米)·일소(日蘇) 관계가 교섭 진척 중이지만, 모두 아직 윤곽이 잡히지 않은 채 요나이 내각의 손으로 넘어왔다. 영국은 아직 장제스와 더러운 인연을 청산하지 않고 있고, 미국은 여전히 이미 골동품이 되어 버린 9개국 조약의 환상에 매달려 1월 26일부터의 일미(日米) 무조약(無條約) 상태를 기다리고 있다. 소련과의 관계는 어느 정도 호전되어 있는 듯하지만, 근본적인 국교(國交) 조정의 성립 여부 또한 요나이 내각의 손에 달려 있는 것이다.

 이와 같이 영국·미국·소련에 대한 국교 조정 문제는 사변 처리와 서로 표리(表裏)를 이루는 중대한 문제이지만, 독일과 이탈리아에 대한 문제도 그 중대성에서 결코 이에 뒤지지 않는다. 제국(帝國)으로서는 독일과 이탈리아 양국이야말로 오히려 언제까지나 친교 이상의 것을 보유해 가지 않으면 안 되는 사정이 있어서 여기에 일종의 모순과 번민이 있다. 아리타(有田) 외상(外相)의 솜씨를 배견(拜見)할 수 있는 대목일 것이다.

 마지막으로 국내 문제인데, 이에 대해서 요나이 수상은 내각을 조직한 직후 이렇게 말했다. 모두 사이좋게 가자. 물자가 있는 곳에는 있고 없는 곳에는 없지 않도록, 그리고 모쪼록 자제하자고. 실로 맛깔스러운 말로, 이것으로 할 말은 다했다고 생각한다. 화(和)와 평(平)과 인(忍)·화(和)란 국민 총동원의 요긴한 방법이고, 물자의 배급을 평등 원활하게 하는 것은 국민 생활 안정의 관건이며, 간난(艱難)·궁핍(窮乏)을 견디는 것은 비상시를 타개하는 골격임은 말할 것도 없다. 요나이 수상은 내각 조직에서 우선 과거 민(民)·정(政) 양당과 연락을 취하여 사쿠라우치(櫻內) 씨를 장상(藏相)으로 삼아 민정당이 재정에 대한 책임을 지도록 하고, 시마다(島田) 씨를 농상(農相)으로 삼아 농촌 문제를 정우회(政友會)에 맡기는 한편, 후지와라(藤原) 씨를 상공상(商工相)에 앉혀 물자의 생산, 배급에 대한 책임을 상공업자 자신에게 맡겨 종래 민원(民怨)의 대상이 되었던 관료 독선의 폐해를 바로잡고자 하였다. 둘째, 혁신 사상을 지닌 인물인 요시다(吉田) 후상(厚相)을 임명하여 국민 생활의 조정을 도모케 하며, 셋째, 마쓰우라(松浦) 문상(文相)을 임명하여 교육 전문가에게 문교(文敎)를 맡겼다. 상당히 면밀하게 총친화주의(總親和主義)의 의도를 내보인 것이라 할 만하다.

그러나 아무리 강력한 거국일치(擧國一致) 내각이 출범해도 국민의 정신이 총동원의 궤도에 올라 이에 잘 화답하지 않으면 국책(國策)은 수행될 수 없다. 유흥세(遊興稅)의 증가, 암거래의 발호, □□ 풍조의 유행, 청년 학생의 무기력 등이 오늘날의 상태 같아서는 안 된다. 국민 된 자는 모름지기 애국의 지성(至誠), 즉 국책을 위해 목숨을 내던지는 기백을 떨쳐 일으켜 신내각으로 하여금 이번에야말로 사변(事變) 처리의 완성에 매진하도록 협력하지 않으면 안 된다.

―「新內閣の使命と國民」, 『국민신보』, 1940. 1. 21.

영국에 항의함

우리나라 배를, 더구나 제국(帝國)의 근해(近海)에서 불법 임검(臨檢)에 나선 영국 함대는 아직도 제국 근해를 서성이고 있을 것이다. 이 얄미운 처사는 오랫동안 잠잠하던 우리 국민 전체의 영국에 대한 분격을 부채질했다.

외무성·해군성·육군성 세 당국이 재빨리 협의하여 영국 측에 강경하게 항의한 것은 말할 것도 없지만, 우쭐해진 영국이 한 번의 항의 정도로 움츠러들 것이라고는 생각되지 않는다. 그 노회(老獪)하고 교만하기 짝이 없는 정수리에 예리한 일침을 가하여 정신이 번쩍 드는 아픔을 알게 하지 않으면 안 된다.

난폭한 영국이 인도와 지나(支那)를 비롯해 세계 도처에서 저지른 인도적·국제적 죄악은 해가 지지 않는다는 그 넓은 영토보다도 클 것이다. 이러한 가공할 만한 죄악은 난폭한 영국 자신의 피로써 속죄할 수밖에 없을 것이다. 과거 3년간 지나사변을 통해 영국이 우리 제국에 드러낸 적성(敵性)만으로도 충분히 응징의 철퇴를 내리치기에 족하다. 공공연히 우리의 적인 장제스(蔣介石) 정권을 원조하고 있는 영국을 어째서 건드리지 않고 있는 것인가. 지나 대륙에서 흘린 우리 충용(忠勇)의 피 1할이면 충분히 사나운 영국에 본때를 보여 줄 수 있었을 것이 아닌가.

지금 영국의 함대는 해적(海賊)으로 전락하여 있다. 독일과 싸운다면서 당당히 정면의 적(敵)에게 칼을 겨누는 게 아니라, 무장하지 않은 중립국 선박에 대해서만 폭위(暴威)를 휘두르고 있는 것이 해적 행위가 아니면 무엇이랴. 우리 데루쿠니마루(照國丸)도 필시 이런 해적과 같은 비겁 행위의 희생이 되었던 것이라고 생각된다.

아시아 근해에서 돌아다니는 영국 함대를 일소(一掃)하라. 그것이 상선(商船)인 경우는 장제스 정권에 물자를 수송하고, 그것이 군함(軍艦)이면 무장하지 않은 중립국 배를 엿보는 해적이다. 영국 국기 유니언 잭(Union Jack)이 일장기 앞에 모쪼록 잘못을 뉘우치고 장래를 맹세하지 않는 한, 배 한 척의 그림자도 싱가포르 동쪽 이하로는 머물지 않게 하라. 우리 해군력은 충분히 이를 감당할 여유가 있을 것이다.

영국의 보복 수단이 두려운가? 제국(帝國)의 사명은 영국과 미국을 지도 세력으로 하는 세계의 현상을 타파하는 데 있다. 이 점에서 독일과 이탈리아 양국은 우리와 맹우(盟友)인 것이다. 현상의 타파는 충돌에서 □□하는 것이지 한때의 편안함을 꾀하는 타협에서 오는 것이 아니다. 물론 평지에 파란을 일으키는 것은 우리 국시(國是)에 어그러지는 일이지만, 정의의 칼을 치켜들고 불의를 벌주는 것 역시 우리의 혼인 것이다. 데루쿠니마루(照國丸)와 아사마마루(淺間丸), 게다가 장제스 정권 원조 및 그 밖의 일을 생각한다면, 우리 칼은 바로 칼집을 떨쳐 버릴 때가 아닌가. 그는 바야흐로 무너지려 하는 늙은 □□이요, 우리는 바로 하늘에 떠오르려 하는 아침 해의 기세이다. 올바름이 우리에게 있고 기세가 또한 우리에게 있으니, 단호히 이에 임해야지 □하지 않고 건드리지 않는 것을 꿈꾸어서는 안 된다.

―「英國に抗議する」, 「국민신보」, 1940. 1. 28.

성심(誠心)의 기원절(紀元節)

올해 기원절(紀元節)은 황기(皇紀) 2600년 되는 기원절이다. 일억 국민이 마음과 목소리를 하나로 모아 황통(皇統)이 천지(天地)와 함께 무궁함을 경축드리는 기원절이다.

반도 2,400만 동포도 황화(皇化)를 입은 지 30년이라고 하지만, 옛날로 거슬러 올라가면 원래 내선일가(內鮮一家)였다. 30년이란, 잠시 떨어졌다가 다시 한집이 된 지 30년이라는 말이다. 즉 어떤 의미에서는 반도인은 새롭게 황국신민(皇國臣民)에 편입되었다고도 할 수 있지만, 참된 의미에서는 옛날로 돌아간 것이며, 이번 기원절을 기회로 이에 대한 인식을 확실히 가져야 할 것이다. 신부민(新附民)도 아니고, 의붓자식도 아니며, 적자(嫡子)라는 사실에 생각이 미쳐 이에 어울리는 자부심과 신념을 가져야 할 것이다.

이렇게 함으로써 반도 동포는 조선 반도라든가 조선 민족이라는 좀스러운 편견에서 벗어나 대일본제국이라는 넓디넓은 우리 집의 광영 있는 일원이 되는 것이다. 이것은 바깥에서 이루어 주는 것이 아니라 스스로 이루는 것이다. 나는 제국 신민이고 천황 폐하의 적자(赤子)라고 성심으로 인식하는 순간에 이루는 것이다.

그러나 지금도 여전히 어떤 편벽된 소견을 청산치 못한 자는, 그야말로 자기를 해치고 2,400만 반도 동포를 해치며 나아가 제국을 해치는 자라고 해야 할 것이며, 실로 세기(世紀)의 완명(頑冥)한 무리, 세기의 죄인이라고 하지 않을 수 없다.

뿐만 아니라, 나는 폐하의 적자이고 나는 떳떳한 황국신민이라는 외침이 의식 깊숙한 곳에서 일어나지 않으면 안 된다. 신사참배(神社參拜)·국기게양(國旗揭揚)·궁성요배(宮城遙拜)·만세호창(萬歲呼唱) 등 모든 것이 성심(誠心)에서 솟아 나오지 않으면 안 된다. 그것이 단지 겉치레나 흉내, 임시변통, 특정 장소에 국한된 행동이어서는 안 된다. 왜냐하면, 그것은 신(神)을 속이고 임금을 속이며 자기 혼(魂)을 속이는 일이기 때문이다.

그러므로 우리는 이번 기원절을 각자 성심의 기원절로 삼자. 성심으로 혼을 다하여 천황께 충성을 맹세하고 조국을 지키는 데 생명을 바칠 것을 맹세하자. 동시에 우리들의 일상생활에서도 불성실과 허위를 일소하여 천지에 부끄럽지 않고 신급돈어(信及豚魚)에 통할 정도의 참된 생활의 신기원을 기획하자. 그리고 황기 2600년 이후 일본에는, 일본인에게는 거짓은 없었다고 역사에 대서특필케 하자. 황기 2600년부터 반도 2,400만은 성심으로 갱생하고 완전히 황국(皇國)의 신민이 되어 버렸다고 역사에 대서특필케 하자.

반도 동포여!

―「誠心の紀元節」,「국민신보」, 1940. 2. 4.

건국제(建國祭)의 아침

2월 11일 기원절. 오늘은 황기(皇紀) 2600년을 맞는 건국제의 날이다. 오늘 아침 우리 일억 국민은 한결같이 감사와 참회와 기원의 마음가짐으로 지내야 할 것이다.

세상에는 불행한 국민도 많다. 일일이 헤아리지 않아도 우리는 지구상 도처에서 혹은 조국을 잃고, 혹은 전쟁에 패하여 불행히 흐느껴 우는 민족의 모습을 많이 본다. 그런데 우리는 얼마나 행복한가. 더욱 번창하는 훌륭한 나라의 백성으로서, 싸우면 이기는 나라의 백성으로서 광영을 누리고 있는 것이다. 이 아침, 신 앞에 경건하게 박수를 치고 궁성을 향해 다 같이 받들어 몸을 굽혀 성심 어린 감사를 바칠 일이다. 좋은 나라의 백성으로 태어난 것이 얼마나 고맙고 황공한가를 마음속 깊이 느끼자.

천도(天道)는 친근(親近)을 따지지 않는다. 오직 덕 있는 자에게 가담할 뿐이다. 일본이 조국(肇國) 이래 번영을 거듭하여 오늘날에 이른 것은 위로 한 분 되시는 어른[上御一人]은 여쭙기도 황공하거니와, 우리 선조들이 천도를 잘 지켰기 때문이다. 결코 하늘이 일본만을 친히 여겨서는 아닌 것이다. 그러므로 오늘날 일본의 광영을 기뻐하는 자는 항상 역대 천황의 위세와 선조들의 덕에 감사를 올려야 마땅하다.

천도는 지극히 공평하여 사사로움이 없다. 물이 아래로 흐르는 것과 같고 불이 위로 타오르는 것과 같다. 덕이 있는 편에 권위를 주어 세상을 다스리게 하신다. 그러나 일단 그 덕을 잃으면 하늘은 그 권위를 빼앗으시는 것이다. 오늘날 하늘은 우리 일본에 아시아를 다스릴 권위를 주셨다. 그것은 우리 임금님의 위세와 선조들의 덕분이다. 우리 국민은 이 사실에 생각이 미치지 않으면 안 된다. 감사와 기쁨 속에서도 황송한 마음을 잃어서는 안 된다.

천황은 현인신(現人神)이시다. 십선(十善)의 천자(天子)이시다. 일억 국민의 덕(德)의 이상(理想)이시다. 천황께는 사사로움이 있을 수 없다. 덕을 잃을 우려가 있는 것은 오직 우리들 아랫사람뿐이다. 우리가 국민으로서 덕을 잃으면 황운(皇運)을 부익(扶翼)해 드릴 수가 없다. 바야흐로 제국은 동아 신질서 건설이라는 성전(聖戰)·성업(聖業)에 전력을 다하고 있는데, 이 성전·성업이 속히 완성될지의 여부는 한마디로 말해 우리 국민의 덕, 멸사봉공(滅私奉公)의 지성에 있는 것이다. 일억 국민이 모두 단지 전쟁에만 한마음이 되는 데 그치지 않고, 지나(支那) 4억 민중을 사랑하고 공경함으로써 황도(皇道)의 참뜻을 철저케 하는 데도 한마음이 되지 않으면 안 된다. 일억 국민 전체가 마음의 청정함에서는 신관(神官)과 같고, 정치 방면에서는 수상(首相)과 같고, 군사 방면에서는 총사령관과 같고, 외교 방면에서는 대공사(大公使)와 같고, 방공방첩(防共防諜) 방면에서는 경찰관과 같은 마음가짐을 갖지 않으면 안 된다.

이번 건국제를 맞아 우리 국민은 참회를 기조(基調)로 하여 감사와 기원을 올리자.

― 「建國祭の朝」, 『국민신보』, 1940. 2. 11.

인애(仁愛)와 충후(忠厚)

 황기(皇紀) 2600년의 경사스러운 때를 맞아 우리 일억의 신민(臣民)은 황공하게도 고마운 조서(詔書)를 삼가 받았다. 실로 두려울 정도로 감격의 극치이다.

 진무천황(神武天皇) 창업의 큰 뜻과 어려움을 생각하고 오늘날의 비상시에 견주어 선조들의 충후(忠厚)의 미덕을 이어받아 성상(聖上)의 인애(仁愛)에 보답해 드릴 것을 교시하셨다고 삼가 배찰(拜察)한다.

 물고기가 물에 살면서 물의 은혜를 모르고, 창생(蒼生)이 군은(君恩)을 입으면서 임금의 은혜를 의식하지 못하니, 제왕의 힘이 내게 무엇이랴, 하는 동요(童謠)는 태평한 기상을 읊고 있지만, 그것이 문명 국민의 마음가짐은 아닐 것이다. 내가 존재하는 것도 대군(大君)의 은혜이고 사는 것도 즐기는 것도 모두 대군의 은혜이다. 사회의 질서·교육·산업·문화 등 내가 향유하는 모든 것 가운데 나라의 은혜 아닌 것이 무엇인가. 나라의 은혜란 대군의 은혜이고, 태어나서 죽기까지 자자손손, 매일 밤낮, 시시각각 나는 대군의 은혜 속에서 생활하며 향락하고 있는 것이다. 석가여래도 인생의 사중은(四重恩)의 하나로서 대군의 은혜를 가르쳐 주셨다. 충효로써 근본을 삼는 일본 정신은 대군의 은혜에 감사드리는 일에서 시작되는 것이다.

 대군은 인애로써 우리 신자(臣子)들을 기르고 다스리신다. 이런 하해와 같이 무거운 은혜에 대하여 우리 신자들은 충후(忠厚)로써 섬기고 보답해 드리는 것이다.

그런데 대군의 인애는 또한 우리 신자들이 배우지 않으면 안 되는 것이다. 충후란 단지 대군께 대해 드리는 정신에 그치지 않는다. 윗사람은 모두 인애로써 아랫사람을 대하고, 아랫사람은 충후로써 윗사람을 섬기는 것이 대어심(大御心)이 아닐까 삼가 배찰한다. 부자·부부·형제·자매·군(軍)·관(官)·사회 등 모두 상하 질서로 성립되어 있지만, 이들 질서를 인애와 충후의 정신으로 유지하는 것이 성의(聖意)에 보답해 드리는 것이라고 배찰하는 것이다.

이 고마운 조서는 황공하게도 우리 신민 각 개인에게 주신 것으로 알아야 한다. 따라서 나에게 인애의 마음이 있는가, 충후의 정신이 있는가, 진무천황 창업의 큰 뜻과 어려움을 삼가 생각하는가, 오늘날의 비상시를 타개하는 것은 나의 책무라고 여기는 기백(氣魄)이 있는가 등을 각자 반성하는 것이 조서를 받드는 신자(臣子)의 본분이라고 생각한다.

이렇게 반성하면 우리는 오싹한 사실에 놀랄 것이라고 생각한다. 인애충후(仁愛忠厚)의 정신이 사라지고 있는 것은 아닐까. 혹은 가정에서, 혹은 관청이나 학교, 회사에서 더욱더 인애충후의 정신을 진작시키지 않으면 안 된다고 생각한다. 요나이(米內) 수상, 미나미(南) 총독, 가와시마(川島) 총재 등은 각각 이번 조서에 관하여 유고(諭告)를 내어 충심 협력하여 성지(聖旨)를 받들 것을 맹세했다. 이는 곧 우리 국민을 대신한 것이지만, 각 애국반, 각 가정, 각 개인 또한 똑같이 맹세하여 성지(聖旨)를 받들 것을 기약해야 할 것이다.

―「仁愛と忠厚」, 『국민신보』, 1940. 2. 18.

황민화(皇民化)의 한길

　의회의 중의원(衆議院) 의원 나카지마 야단지(中島彌團次) 씨는 이번 지나사변(支那事變)에서 보인 조선인의 특수성과 관련해 뭔가 다른 정책이 필요한 것이 아닐까라는 질문을 했고, 이에 대해 고이소(小磯) 척상(拓相)과 오노(大野) 정무총감(政務總監)은 번갈아 황민화(皇民化)라는 말로써 대답했다. 즉 조선인은 이번 사변에서 황민적(皇民的) 애국심을 잘 드러냈으며, 또 정부에서도 조선인의 황민화로써 정책의 근간을 삼고 있다는 것이다. 또한 그것은 곧 미나미(南) 총독의 내선일체(內鮮一體)의 슬로건이자 금후 영원히 계속되어야 할 정책이다.

　오노 정무총감은 의회에서의 질문에 대해 금년도 지원병 모집 성적이 반도인(半島人)의 애국심의 정도를 보여 주었다고 대답했다. 즉 3천 명 정원에 9만 명 가까운 응모자가 있었다는 것이다. 이것은 무엇보다도 조선인의 국민적 의식을 웅변적으로 설명해 준다.

　이제 조선인의 유일한 진로는 황민화이며, 이에 대해서는 정부도 민중도 모두 일치하는 바이다. 그리고 다음은 그 실현 수단인데, 척상과 정무총감의 답변을 종합하면 지도적 교육이라는 한마디로 충분한 듯하고, 그 교육은 학교 교육의 보급과 정동연맹(精動聯盟)을 통한 교육에 있는 듯하다. 시오바라(鹽原) 학무국장은 1942년(昭和 17)경까지 학령(學齡) 아동의 6할을 수용할 만큼 초등교육을 확장하고 1950년(昭和 25)경까지는 의무교육의 실시를 볼 것이라는 확신을 재차 언명했다. 또한 정동연맹 쪽에서는 올해부터 각 군(郡)에 인원을 배치하여 460만의 애국반원을 적극적으로 훈련시키도록 되어 있다. 이로 보건대, 금후 10년을 기해 조선인의 황민화를 완성시키려는 계획이라고 미루어 판단할 수 있다.

한편 조선특별지원병(朝鮮特別志願兵) 모집이 첫해에 4백 명, 다음 해에 6백 명이던 것이 3년 차인 올해에는 일약 3천 명에 달했고, 가이다(海田) 훈련소장의 말에 의하면, 내년부터는 정원을 한층 더 늘려 향후 4, 5년 후에는 사실상 징병(徵兵)과 다르지 않을 정도로 확장한다고 한다.

의무교육이 이루어지고 징병령이 실시를 보게 되면 씨제도(氏制度)의 확립과 아울러 조선인은 완전히 황민화되는 것이며, 그 전망은 이미 명료해지고 있다고 해야 할 것이다. 남은 것은 조선인 측의 성의와 노력 여하이다. 바꿔 말해, 국가에서 조선인의 황민화를 위해 온갖 노력을 하고 있는 데 대하여 조선인 자신은 감격과 열성, 그리고 자발적 노력으로써 보답하지 않으면 안 된다.

여기에만 조선인의 행복과 광영이 있는 것이다.

―「皇民化の一路」, 『국민신보』, 1940. 2. 25.

지식층의 외딴섬

어떤 세상에도 지식층의 외딴섬은 있는 법이다. 현세(現世)에 불평불만을 품고 이른바 독선기신(獨善其身)·명철보신(明哲保身)을 목적 삼아 세상일에 관여하는 일을 업신여기는 일군(一群)의 사람들이다. 이들은 스스로 고고하게 머물며 차가운 눈초리로 세상을 경멸하고 있는 자들이다. 지나(支那)의 난세나 조선의 고려 말 같은 시기에 많이 보였다.

그런데 오늘날 조선에도 이런 지식층의 외딴섬이 형성되고 있다. 이들은 모두 지식계급으로 스스로를 현자(賢者)로 자임했고 실제로 문화운동의 각 방면에서 지도자적 활동을 했지만, 최근 시국의 격변을 만나 그들이 지도했던 일반 민중에게 버림받은 자들이다. 그들이 민중에 대한 지도권이 언제까지나 자기 손바닥에 있을 것이라고 깔보고 있는 동안에 민중은 새로운 조류(潮流)를 타고 옛 지도자군을 따돌리고 척척 머나먼 저편으로 나아가고 말았다. 그리고 이들 지도자군은 본래 자리에 우두커니 남겨진 것이다.

이들 지식군을 어떻게 하면 좋을까? 국가적 견지에서 보면 그들은 모두 많은 비용을 들여 양성한 인재이며 그대로 버려두는 것은 실로 아까운 일이다. 어떻게든 그들을 다시금 쓸모 있도록 하지 않으면 안 된다.

이들 폐물화되려고 하는 지식층에게 활기를 불어넣기 위해서는 우선 올바르게 시국(時局)을 인식시키는 일에서부터 시작하지 않으면 안 된다. 그러나 곤란한 것은 오랫동안 상층부의 대우를 받던 범부(凡夫)의 습관 탓에 이들의 마음에 증상만(增上慢)이 있고, 자기는 다른 사람에게 가르침을 받을 수 없다고 하여 굳게 마음의 문을 닫아 보통의 선전(宣傳)이나 타이르는 말로는 이들의 마음을 움직일 수 없으며, 또 이들은 신문 잡지 등을 자기 수준에 맞지 않는다고 여겨 잘 읽지 않고 설령 읽었다고 해도 그것에 감화되지 않는다는 점이다.

그러면 어떻게 해야 이 시대의 외딴섬 인사들을 다시금 현세로 복귀시킬 수 있을까? 그것은 구호대(救護隊)의 열성적인 활동에 의지하지 않으면 안 된다. 즉 개인적 접촉과 권설(勸說)로써만 이룰 수 있는 일이다. 이 구호의 임무에 적임자는 큰 인물이 아니면 안 된다. 이들이 경의를 표할 만한 인물이 아니고서는 목적은 이룰 수 없다.

이 시대적 외딴섬의 은둔자는 조선을 통틀어 어쩌면 수백 명을 넘지 않을지도 모른다. 혹은 그 대표자적인 자는 수십 명 정도일지도 모른다. 그러나 그들에게는 많건 적건 추종하는 소지식군(小知識群)이 따르고 있다. 그러므로 수가 적다고 해서 결코 내버려두라고 해서는 안 된다. 산응달의 얼음이 녹아야 봄은 무르익는 것이다.

— 「知識層の孤島」, 「국민신보」, 1940. 3. 3.

잘못된 구복술(求福術)

20세기, 혹은 과학의 세기라고 일컬어지는 오늘날 여전히 미신이 행해지고 있는 것은 한탄스러운 일이다. 더구나 그것이 무지몽매한 우부우부(愚夫愚婦)의 일이라면 몰라도 당당한 현대적 신사들 사이에서 행해지고 있는 것이다. 예컨대, 이름에 대한 미신으로 이번 창씨개명(創氏改名)의 기회를 엿보는 이런 어리석은 미신이 드디어 큰길을 횡행하기 시작했다. 마음이나 몸을 바꾸면 운명도 고쳐지겠지만, 이름의 획수나 발음의 변경으로 길흉이 변하는 일이 있다면 우주 인과(因果)의 법칙은 엉망으로 파괴되어 버릴 것이다. 태양의 양(陽) 자에 한 획을 더하거나 뺌으로써 태양의 열량(熱量)을 가감한다는 말과 똑같이 실로 어리석은 헛소리다.

왜 이런 어리석은 일이 일어나는 것일까? 탐욕 때문인 것은 물론이지만, 그보다도 무서운 죄가 이 미신의 원인을 이루고 있다. 그것은 바로 우치(愚痴)이다. 우치란 인과의 이법(理法)을 분별하지 못하는 일이다.

선인(善因)을 짓지 않고 선과(善果)를 바라고 악인(惡因)을 지으면서 악과(惡果)를 피하려는 일이다. 위생의 법칙을 지키지 않고 건강과 장수를 바라고, 근검저축하지 않고 부(富)를 바라며, 덕을 쌓지 않고 명예를 얻으려는 것이다.

이것이 우치인 것이고, 온갖 죄악은 이 우치에서 생기는 것이다. 인과의 이법을 분별하지 못하기 때문에 우연이나 요행을 기대한다. 요행으로

부와 명예를 탐하려 하기 때문에 사기꾼이 되는 것이다. 사기란 단지 법률상의 죄명을 가리키는 것만이 아니다. 선악(善惡)과 정사(正邪)의 행위에 의거하지 않고 어떤 욕망을 달성하려 하는 것은 모두 사기이다. 무릇 이름 따위를 고침으로써, 또 선조의 묏자리나 방향을 바꿈으로써 복운(福運)을 바라는 사람은 우선 자기가 사기에 걸려 있는 것은 물론이지만, 이런 사람은 또 다른 사람에게도 사기를 행할 가능성이 있는 자이다. 왜냐하면 선(善)과 정(正)의 행위에 의거하지 않고 복락(福樂)을 탐하기 때문이다.

오늘날의 시세(時勢)는 무한히 부와 향락에 대한 탐욕을 돋운다. 이 마음을 고치지 않으면 민심은 점점 타락의 일로를 밟을 것이다. 올바른 신불(神佛)에 대한 신앙과 올바른 과학의 지식을 병행해야 비로소 이러한 시대적 폐습을 바로잡을 수 있다고 생각한다. 어쨌든 인과의 신념을 사람들의 마음에 심어 주는 것은, 적게는 한 사람과 한 가족을 구하고, 크게는 국운(國運)을 수호하는 방법이다.

—「間違つた求福術」,「국민신보」, 1940. 3. 10.

조선의 불교

그 옛날 반도(半島)는 불법(佛法)이 융성했던 국토였다. 원효(元曉)·의상(義湘)·보각(普覺)·보조(普照)·서산(西山)·사명(泗溟) 등의 성승(聖僧)·걸승(傑僧)을 배출했고, 반도 중생의 혼(魂)에 깨달음의 밭을 이식(移植)하여 삼국시대와 고려조 대략 1천 년을 통해 찬란한 불교문화를 만들어 냈던 것이다.

긴메이천황(欽明天皇) 어대(御代)에 처음 일본에 불교를 소개한 것은 백제이고, 쇼토쿠태자(聖德太子)에게 『법화경(法華經)』을 외워 바친 것은 고구려의 승려 혜자(慧慈)이다.

그런데 오늘날 반도의 불교는 어떤 상태에 있는가? 세조(世祖)의 호법(護法)을 마지막으로 이조(李朝)의 불교 배척이 반도 불교를 쇠약게 한 외적 요인을 이룬 것은 아쉽기 그지없지만, 병합 이래 불교도는 예전의 자유와 보호를 부여받았는데도 불구하고 도리어 타락의 일로를 걷고 있는 듯이 보이는 것은 무슨 까닭일까? 승려가 제멋대로 육식(肉食)을 하고 아내를 두는 것은 그렇다 해도, 양복을 입고 구두를 신고 머리를 갈라 전혀 승려로서의 위의(威儀)를 돌아보지 않는다. 그리고 속인(俗人)조차도 빈축을 살 만한 세력과 이익 다툼이 불교계 내에서 끊이지 않을 뿐 아니라 공공연해지는 일조차 거의 매년 일어나는 모양새다. 무지한 염불승(念佛僧)이나 비구니들에게는 지금도 여전히 불자(佛子)의 전통을 알 만한 이가 있지만, 이른바 지식승(智識僧), 상층부의 승려에 이르러서는 거의 두타행(頭陀行)의 흔적조차 남아 있지 않다. 이 무슨 부끄러운 소행인가.

경성(京城)을 비롯해 먹고 마시고 음란한 마경(魔境)에 침윤(浸潤)되어 있던 대도시 근처의 사원(寺院)이 당국의 대탄압으로 청산된 것은 고맙고 다행한 일이지만, 승려들의 심행(心行)의 정화(淨化)는 승려 자신의 자각에서 비롯되지 않으면 안 된다. 다만 한 가지 당국에게 바라는 것은 승려의 위의(威儀)에 대한 엄격한 단속이다.

승려의 위의란 무엇인가? 첫째는 삭발이다. 머리를 기른다든지 바리캉으로 깎는 것을 금지하고 면도칼로 깎아야 한다. 둘째는 법의(法衣) 착용의 엄수이다. 양복이나 비단과 같은 속의(俗衣)를 금지하고 조선의 이른바 착가사장삼(着袈裟長衫)의 위의를 갖추고 염주(念珠)를 지녀야 한다. 원래 이러한 승려의 외관은 단지 승속(僧俗)의 구별을 위해 필요할 뿐만 아니라, 실로 일종의 몸으로써 하는 설법(說法)이다. 중생에게 승려의 모습을 보임으로써 염불(念佛)의 마음을 일으키게 하는 것이다. 그것은 또한 동시에 승려 자신의 지계섭심(持戒攝心)에 강력한 도움도 되는 것이다. 이러한 승려의 단속은 사찰 그 자체의 단속과 하등 다를 것이 없다. 속인의 복장을 한 승려는 곧장 승적(僧籍)에서 없애야 한다.

바야흐로 불교는 국가를 위해, 세도인심(世道人心)을 위해 큰일을 할 시세(時勢)를 맞았다. 특히 반도(半島)에서 그러하다. 계율도 지키지 않고 염불도 외지 않으며 좌선(坐禪)도 하지 않고 승려의 위의도 갖추지 않은 이런 승려는 불문(佛門)의 적(敵)이다. 이런 무리는 하루라도 빨리 승적(僧籍)에서 없애야 하고, 헛되이 불조(佛祖)의 이름을 팔아 사원(寺院)과 사회의 재산만 소모하는 게으른 기생충이 되게 해서는 안 된다.

조선 승려의 맹성(猛省)을 촉구하는 동시에 당국이 이제 한번 외호(外

護)의 칼을 뽑을 것을 바라 마지않는다.

―「朝鮮の佛敎」, 『국민신보』, 1940. 3. 17.

졸업생에게 주는 말

    대학이나 전문학교를 졸업한 이도 있을 것이다. 중등학교를 마치고 상급학교에 진학하지 않고 사회생활을 시작하는 이도 있을 것이다. 또는 소학교를 나왔을 뿐으로 인생의 거센 파도를 헤쳐 나가려는 용감한 이도 있을 것이다. 이들 청소년 남녀를 통틀어 졸업생이라고 부르고자 한다.

    졸업생 가운데는 자산가(資産家)의 자녀로 태어나 먹고 입는 데 드는 돈을 벌지 않아도 좋은 이도 있을 것이다. 그러나 대다수 졸업생의 관심은 우선 첫째로 취직에 있을 것이라고 생각한다. 취직을 하지 않으면 당장 먹고사는 데 곤란하다는 이유도 이유이지만, 인생의 야심(野心)을 달성할 길 또한 직업에 있기 때문이다. 생활에 필요한 돈벌이와 더불어 인생의 이상(理想)을 실현하려 하는 것이 취직의 목적인 것이다.

    비상시 경기(景氣)로 기술 방면의 졸업생은 물론 일반적으로 취직난(就職難)의 완화를 보이는 듯하지만, 그래도 역시 취직난은 취직난이다. 희망하던 직업이 나를 기다리고 있는 것과 같은 운이 좋은 경우는 좀처럼 바라기 어렵다. 이것이 학교를 마친 청년에게 가장 심각한 번민임은 동정할 만하다. 그러나 이 번민의 책임을 사회에 돌리는 것은 가장 잘못된 사고방식이며, 결국 그 책임은 자신에게 있다고 자각하는 것이 올바른 생각이다. 자기만 신뢰하기에 충분한 인물이라면, 아무리 취직난의 시대라 해도 결코, 결코 직업을 놓치지 않을 것이라고 생각한다.

    어떤 실업가(實業家)는 말했다. "훌륭한 사람의 소개장 같은 것을 가지고 직업을 찾으러 돌아다니는 사람 가운데 변변한 녀석이 없다."고. "나는 이런 사람입니다. 부디 시험해 주십시오." 하는 기백(氣魄)으로 와 주었으면 한다고. 이것은 실로 음미할 만한 말이라고 생각한다. 본인의 인격과 실력, 이것이 사람을 구하는 실업가가 바라는 것이며, 훌륭한 사람의 힘에 의지해 요행으로 직업을 얻으려는 패기 없는 자는 필요 없는 것이다. 학력의 간판이 도움이 되었던 것도 옛날 옛적의 일이고, 어디서든 인물 본위라는 것이 사업가의 채용 방침이라는 것을 명심해 주었으면 한다. 인격의 수양과 학술의 향상을 게을리하는 자는 설령 요행으로 직업을 얻게 되더라도 장래의 가능성은 없다. 결국은 어디까지나 실력의 세상인 것이다.

졸업생의 두 번째 번민은 결혼 문제일 것이다. 누구나 최상의 배우자를 바라는 것은 취직의 경우와 다르지 않지만, 최상의 인물이라야 최상 인물의 배우자가 될 수 있으니 결코 요행을 바라서는 안 된다. 우선 자기의 모습을 확실히 확인하고 배우자를 선택해야 할 것이다. 너만 좋은 사람이라면 네게 좋은 배우자가 있을 것이다.

요컨대 취직이든 결혼이든 또는 인생의 성공과 실패든 제비뽑기라고 생각해서는 안 된다. 그것은 제비뽑기가 아니라 거래(去來)인 것이다. 자기의 상품 가치야말로 자기의 운명을 결정하는 것인 셈이다.

―「卒業生への言葉」, 『국민신보』, 1940. 3. 24.

왕(汪) 정권의 성립

왕 정권의 성립이라는 말은 온당치 못하다. 새로운 지나(支那)의 탄생이라고 해도 적당치 않다. 갱생(更生) 중화민국의 난징(南京) 환도(還都)라고나 해야 할까. 혹은 이 셋을 합하여 생각하는 것이 가장 적절할지도 모른다. 어쨌든 실로 기쁜 일이자 경사스러운 일이다. 다만 지나 중화민국을 위해서 기쁜 것만이 아니고, 또한 3년 가까이 다수의 생명과 재력(財力)을 희생하여 싸운 제국(帝國)을 위해서 기쁜 것만이 아니며, 실로 아시아 전체를 위해, 더 나아가 세계 인류를 위해 기뻐할 만한 일이다.

만약 왕징웨이(汪精衛) 씨가 정권을 세우지 않았다면 동아(東亞)의 불행은 얼마나 컸을까. 동우구안(同憂具眼)의 지사(志士)를 호소한 고노에(近衛) 성명을 믿고 이에 응하여 왕징웨이 씨와 같은 유력한 지사가 감연히 일어났으니, 이제야말로 동아 신질서 기초의 정초식(定礎式)을 축하할 날이 온 것이다. 이번 기회에 왕 씨를 중심으로 한 중화민국의 동우구안의 지사에게 진심으로 감사드리는 동시에 아직 태양을 향해 활을 쏘는 미몽에서 깨지 못하고 창생(蒼生)을 도탄에 빠뜨리고 있는 장제스(蔣介石) 일파의 반성을 촉구하지 않을 수 없다.

동아인(東亞人)의 동아, 동아의 독특한 인의(仁義)의 정신으로 다스려지는 동아의 건설을 완료할 때까지 제국(帝國)이 뽑아 든 칼은 결코, 결코 칼자루로 돌아가지 않을 것이다. 이 싸움은 영미인(英米人)이 사사롭게 추측하는 것처럼 침략을 목적으로 한 것이 아니다. 이는 비병합(非

併合)·비배상(非賠償)이라는 고노에 성명과 아울러 그것이 실현된 왕징웨이 정권의 성립이 분명히 보여 준다. 이 전쟁은 이상(理想)을 위한 전쟁이다. 제국 건국의 대정신인 팔굉일우(八紘一宇)라는 국가 목적을 위한 전쟁이다. 이런 까닭에 제국 측에서는 타협이라는 것도 없거니와 양보라는 것도 없다. 영·미·불이 떼를 지어 와도 한 걸음도 후퇴하는 일은 없는 것이다. 오직 결연하게 온갖 방해를 일삼는 마력(魔力)을 깨뜨리는 길이 있을 뿐이다.

신생 국민정부의 난징 환도의 성대한 의식을 축하하는 이때를 맞아 국민은 한층 장기 전쟁, 장기 건설의 대결심을 확고히 하지 않으면 안 된다. 빛나는 조국의 영원한 대이상(大理想)에 감격하면서 자기를 내맡기고, 이 이상의 실현을 위해 믿고 협력하여 총친화(總親和)의 태세를 견고히 하여 온갖 어려움과 희생을 기쁘게 감내하는 정신을 단련하지 않으면 안 된다.

특히 우리 조선은 더욱더 병참기지(兵站基地)의 중요성이 가속화되고 있는 것이다. 다만 지리적·산업적으로 그러할 뿐만 아니고 머지않아 인적으로도 중대한 사명이 부여될 것이 예기된다. 조선인 된 자, 이 국가의 대(大)비상시를 맞아 분골쇄신(粉骨碎身)·진충보국(盡忠報國)의 정신을 잘 발휘하지 않으면 안 된다. 실로 이것은 천재일우의 호기(好機)이며, 조선 민중을 위해 가장 영예 있는 시기인 것을 자각하지 않으면 안 된다.

우방(友邦) 갱생 중화민국의 장래를 축복함과 동시에 우리 국민 자신의 반성과 분기를 부르짖자.

─「汪政權の成立」, 「국민신보」, 1940. 3. 31.

청년의 길
잘못된 허세와 외양을 배척하라

우선 일본인의 첫째 덕(德)은 공손함, 얌전함이다. 이는 윗사람 앞에 있을 때의 태도이지만, 우리는 어떤 경우에도 이 태도를 지키고 싶은 것이다. 만일 우리가 언제, 어떤 장소에서든 신(神) 앞에 있음을 잊지 않는다면 이 공손함과 얌전함을 잃지 않을 것이다. 그리고 장소를 가리지 않고 침을 뱉는다든지 단정치 못한 모습을 보이지 않을 것이다. 이렇게 '홀로 삼가는 것'이 몸에 배면 얼굴 모습에서, 언어 동작에서 일종의 거룩함을 발하게 되어 실로 은근하고 믿음직한 위의(威儀)를 갖추게 된다.

그런데 많은 청년들은 외양부터 칠칠치 못하고 오만하며 침착성이 없다. 또 안색도 태도도 말투도 야비하고 품위가 없다. 이대로 나이를 먹으면 결코 존경받을 만한 아버지나 윗사람이 되지 못할 것이다. 마치 영원한 술주정꾼 같고, 얼굴은 바보 얼굴 아니면 악당 얼굴이 될 것이다.

활발함은 결코 칠칠치 못함이 아니며, 건방지거나 난폭함도 아니다. 평소 실로 침착하고 공손하고 얌전한 사람이야말로 해야 할 일, 해야 할 경우라고 믿을 때는 불 속이든 물속이든 태연히 들어가고, 주저하거나 머뭇거리지 않고 벌벌 떨며 미적지근하게 굴지도 않는다. 실로 확실하고 단호하고 시원스레 질풍뇌우(疾風雷雨)처럼 해치우는 것인데, 이것이야말로 진짜 활발함이라는 것이다.

신불(神佛)을 믿으며 어떤 이상(理想)을 품고 하나의 길을 따라 매진하는 사람이야말로 이러한 공손함, 얌전함과 동시에 건강한 활발함을 보여 줄 수 있다. 공연히 외양을 뽐내고 허세를 부리며 사소한 일에도 당장 싸울 듯이 덤벼드는 뻔뻔한 자는 양철 인형 같아서 외양은 강한 듯해도 조금만 힘겨운 일을 만나면 결국 납작하게 찌부러지고 마는 것이다. 신앙과 이상과 수행이 있어야 비로소 참으로 강한 사람이 되는 것이다.

일본인의 특징은 신을 공경하는 것이다. 신을 공경하는 길은 밝고 맑은 마음을 갖는 것이다. 청명심(淸明心)은 거짓말을 허용하지 않고 불결을 허용하지 않으며, 방종을 허용하지 않고 허세를 부리거나 남을 깔보는 것을 허용하지 않는다. 그러나 악(惡)이나 부정(不正)에 대해서는 의연히, 분연히 일어나서 결코 한 걸음도 물러서지 않을 것을 명(命)하는 것이다. 지극한 정성과 지극한 충성은 이 청명심에서 발(發)하는 것인데, 이런 마음을 가진 사람의 특색은 실로 공손하고 얌전하다.

잘못된 허세나 외양에 물들어 있는 오늘날 청년의 반성을 바란다.

—「青年の道 — ま違った強がりと見榮を排せ」, 『국민신보』, 1940. 4. 7.

기본 예의
핏대를 올릴 필요 없다

예의가 바르다는 것은 참으로 아름다운 일이다. 예의는 그 사람을 빛나게 하고 향기롭게 하는 것이다. 특히 공중(公衆)에 대한 예의가 그러하다. 일본인은 예의를 중시하는 국민이지만, 모르는 사람 앞에서는 아직 예의에 민감하다고는 할 수 없다.

예의의 비결은 상대에게 사랑과 공경의 뜻을 표하는 것인데, 그 기본이 되는 것은 "고맙습니다.", "먼저 하십시오.", "죄송합니다." 이 세 마디면 충분하다. 그리고 이런 마음가짐을 말뿐 아니라 얼굴과 몸과 마음을 아울러 나타내는 것을 성(誠)이라고 하는 것이다. 이런 마음가짐으로만 다니면 어느 나라에 가더라도 예의 바른 사람이라고 존경받을 것이다.

다른 사람에게 무엇을 받으면 반드시 "고맙습니다."라는 말과 함께 인사를 한다. 물건만 아니라 사소한 일에도 감사하는 것을 잊어서는 안 된다. 신사(神社)나 불각(佛閣) 앞을 그냥 지나치는 것은 예의가 아니다. 반드시 걸맞은 예(禮)를 갖춰야 한다. 신사라면 손뼉을 치고 절해야 하고, 불각이라면 합장해야 한다. 사원(寺院) 같은 곳에서 웃옷을 벗고 담배 따위를 입에 문 채 불상(佛像)을 기웃거리는 것은 정말 꼴사나운 모습으로, 그 사람의 내력이 드러난다고 할 수 있으리라. 서양인은 장례식 행렬을 만나면 반드시 모자를 벗고 묵도(黙禱)하는데, 이는 따르고 싶은 예절이다. 공동묘지 같은 곳에서 가까운 사람의 묘에 참배하기 위해 다른 사람의 묘를 밟고 지나가는 사람이 있다. 무슨 마음인지 알 수 없지 않은

가. 전차 같은 곳에서 밀치락달치락 먼저 타려고 짐승처럼 다투는 모습은 정말 보기 싫다. 아무리 그런 추태를 연출해 보았자 5분쯤 시간이 절약되는 것도 아니다. 출구 가까이에 찰싹 달라붙어 있다든지 좋은 좌석을 차지하려고 혈안이 되어 있는 모습은 어처구니없고 한심스럽다. 좌석이 비어 있는데도 그 앞에 막아서서 양손으로 두 개의 손잡이에 매달려 있는 따위는 얼마나 품위 없는 행동인가. 옆 사람에게 폐가 되지 않도록 시종일관 마음을 쓰는 사람은 반드시 장래에 다른 사람에게서 존경받는 사람이 될 것이다.

오가며 침을 뱉는다든가 담배꽁초를 버리는 신사 차림의 인사가 종종 눈에 띈다. 도로가 자기 집 정원이라고 생각하는 것이 그토록 어려운 일일까. 길에서 마주치는 사람은 모두 내 친척이고 아는 사람이라고 생각할 수 없는 것일까. 공원이나 산의 나무와 꽃을 자기 집 정원의 것처럼 소중히 생각지 않는 마음의 소유자는 한심한 일본인이라고 하지 않으면 안 된다. 하물며 상당한 교육을 받고 상당한 차림을 한 자에게 있어서랴.

실수로 다른 사람의 발을 밟을 정도의 경솔함은 누구에게나 있는 것이다. 그렇게 딱딱거리며 고함칠 것까지는 없지 않을까. "죄송합니다.", "아니요, 괜찮습니다." 정도로 해결될 그런 일을 핏대를 올리며 으르렁거리다니, 어지간히 한가한 사람들이다.

정말 약간의 노력이면 된다. 서로 예의를 지키고 서로 유쾌하게 세상을 살아가지 않으려는가.

―「基本禮意 ― 靑筋を立てる必要なし」, 『국민신보』, 1940. 4. 14.

청년의 마음 하나

　유럽은 결국 대동란(大動亂)에 빠졌습니다. 네덜란드령(領) 제도(諸島)에 대한 영국과 프랑스 측의 태도 여하에 따라서는 우리 일본도 일어나지 않으면 안 될지도 모릅니다. 그것은 수입 자원의 보호를 위해서이고, 또 태평양의 평화를 위해서입니다. 그러므로 지나사변(支那事變)이 왕(汪) 정권의 확립으로 일단락되었다고는 해도 아직 우리 제국(帝國)에는 여러 가지 큰 문제가 남아 있는 것입니다. 그리고 이런 큰 문제를 해결하는 데는 커다란 국력이 필요하고, 커다란 국력을 발휘하는 데는 국민이 이기심을 버리고 일치단결하는 것이 근원이 되는 것입니다. 이 마음의 단결 외에 국가 당면의 큰 문제를 해결할 길은 없는 것입니다. 이 큰 문제가 잘 해결되면 우리 일본의 국운(國運)은 더욱더 융성해질 것이므로, 이것은 국난(國難)이 아니라 실로 천재일우의 호기(好機)인 것입니다.

　이런 시기를 맞아 특히 조선 청년에게 바라는 것이 있습니다. 그것은 뭔가 하면 '황국신민(皇國臣民)으로서 크게 분발하라.'는 것입니다. 반도(半島)의 국민으로서의 실력과 성가(聲價)를 더욱더 높이라는 것입니다.

　반도의 인구는 내지(內地) 인구의 3분의 1 남짓 됩니다. 따라서 적어도 국력(國力)의 3분의 1 남짓을 부담하라는 것입니다. 국방·산업, 기타 국가 사무의 모든 분야에서, 인적 자원이든 납세·생산·헌금, 그 밖의 물질적 자원이든 적어도 반도가 전국의 3분의 1 남짓을 부담할 기백(氣魄)으로 나아가자는 것입니다.

일시동인(一視同仁)·내선일체(內鮮一體)라는 폐하의 고마우신 뜻에 의해 반도인(半島人)은 국법상 내지인(內地人)과 평등한 신민(臣民)이 된 것입니다만, 실질적으로 평등하게 되느냐 되지 못하느냐는 전적으로 반도인 자신의 태도 여하에 달린 것입니다. 그 태도란 다른 것이 아닙니다. 실행으로써 신민(臣民)다운 성(誠)을 보이는 것입니다. 혹은 납세로써, 혹은 병역에 나아감으로써, 혹은 자녀 교육으로써, 혹은 산업에 힘쓰고 국책(國策)에 순응함으로써, 그리고 무엇보다도 우선 자기를 믿음직한 사람으로 만들어 냄으로써 황국신민으로서의 실(實)을 나타내는 것입니다.

그런데 조선에는 아직 의붓자식 근성(根性)을 버리지 못한 사람, 기회주의적 태도를 취하고 있는 사람, 옆 사람의 움직임을 엿보며 끌려가는 미적지근한 태도를 가진 사람이 상당한 듯합니다. 이것은 실로 패기 없고 꼴사납고 괘씸한 일이며, 이런 불길하고 발칙한 기분을 일소할 고귀한 역할이 실로 청년 여러분의 마음 하나에 달려 있는 것입니다.

청년 여러분, 식민지 토인(土人)의 저열한 근성(根性)을 벗어던지고, 대사일번(大死一番)하여 폐하의 적자(赤子)로서 다시 태어나도록 크게 분발해 주십시오.

―「青年の心一つ」, 『국민신보』, 1940. 4. 21.
『동포에게 보냄』, 박문서관, 1941. 1.

마음을 다스려라

　미나미(南) 총독 각하는 이번 도지사(道知事) 회의에서 일장 훈시를 하셨는데, 그 요지는 홍아유신(興亞維新)을 위해서는 병참기지(兵站基地)로서의 반도(半島)의 사명을 완성시키지 않으면 안 된다, 이를 위해서는 반도의 물적 자원도 그렇지만 인적 자원의 육성이 필요하며, 더욱이 그것은 국민 총동원 체제의 강화 차원에서 행해지지 않으면 안 된다는 것이었습니다. 이 말씀 가운데 무언가 얻으려면 먼저 마음을 다스리지 않으면 안 된다고 하신 구절이 있습니다.

　생산 증강이라든지 절미(節米)·저축(貯蓄)·자숙자계(自肅自戒) 등은 모두 나라를 사랑하는 마음에서 출발하는 것인데, 이 마음이 다스려지지 않아서 암거래라든가 유언비어, 비밀 누설 등 여러 가지 꺼림칙한 일이 일어나는 것입니다. 그뿐만 아니라 마음을 다스리지 못한 개인은 결코 가정의 구성원이나 사회인으로서는 물론 국민으로서도 믿음직하고 쓸모 있는 사람이 될 수 없으며, 또 당자의 일생도 비참할 것이 틀림없습니다.

　그러면 마음을 다스리기 위해서는 어떻게 하면 좋을까? 첫째, 나의 행주좌와(行住坐臥)를 신명(神明)께서 보고 계신다는 신념을 갖는 것입니다. 이는 단순한 신념이 아니고 엄연한 사실이며, 신명이 보고 계심을 믿고 또 느끼지 못하는 사람 가운데 선인(善人)은 없는 것입니다. 이런 신념을 가지고 밤낮으로 밝고 맑게 마음을 닦는 사람은 절로 신체와 언동에서 빛과 향기를 발하여 만인(萬人)의 신뢰와 애경(愛敬)을 얻고, 하는 일

모두가 번창하는 것입니다. 그렇지 않은 사람은 설사 한때는 잘나갈지라도 결코 오래 지속되지 못합니다.

둘째로는 천황께서 나를 촉망(囑望)하고 계시다는 신념을 갖는 것입니다. 크든 작든 우리는 천황께 무슨 일인가를 분부받고 있는 것입니다. 우리가 자기의 임무를 다하고 그러지 않고는 곧 국운(國運)의 소장(消長)에 영향을 주며, 그것이 이번에는 역으로 우리 자신과 자손의 행불행(幸不幸)이 되어 돌아오는 것입니다. 원래 올바르게 인식하면 우리 생명의 안전도 재산도 행복도 모두 대군(大君)께 받은 것입니다. 만약 이를 인식하지 못하고 그것이 모두 자기 것이라고 생각하는 사람이 있다면, 그것은 매우 잘못된 생각이며 우치(愚癡) 아니면 죄악(罪惡)입니다. 그러므로 순종(順從)하고 신실(信實)한 폐하의 신자(臣子)라는 신념을 한시라도 벗어나지 않는 것이 우리의 본분입니다. 이런 신념만 있다면 법률이나 국책(國策), 국토의 풀 한 포기, 나무 한 그루도 우리 대군(大君)의 것으로서, 또한 우리의 자녀와 우리 자신도 대군의 것으로서 소중히 여기고 더럽히지 않도록 할 것입니다.

청년 여러분! 여러분은 현세대의 희망이며, 다음 세대의 주인입니다. 이상에서 말한 두 가지 신념을 확실히 파악하여 죽어도 이것을 놓치지 않도록 마음을 다스리십시오. 그리고 흥아유신(興亞維新)의 대업(大業)을 보익(輔翼)하는 동시에 여러분 자신을 광영되게 하십시오.

―「心を治めよ」, 『국민신보』, 1940. 4. 28.

국민의 보건과 정신

지금은 국민 건강 주간(週間)입니다. 건강은 개인의 힘이자 동시에 나라의 힘이므로 연중 내내 건강에 주의하지 않으면 안 되는 것이지만, 특히 5월 2일부터 8일까지 한 주간을 정하여 건강의 유지, 증진에 대한 의식을 강화하려는 것입니다. 그러므로 국민은 이 주간을 제정한 취지에 맞도록 각자의 건강, 공중의 건강, 특히 일생 건강의 기초가 될 아이들의 건강을 위해 가능한 한 모든 주의를 기울여야 할 것입니다.

첫째로 건강을 위해 필요한 것은, 건강은 각자의 노력 여하에 따라 유지되고 증진될 수도 있다는 신념입니다. 그것은 각 국민의 평균 수명에 현저한 차이가 있는 것, 즉 독일은 평균 60세, 영국은 50세, 우리 일본은 40세 등으로 수명의 길이가 다른 것, 또 위생과 운동, 그 밖의 보건(保健)을 위한 시설이나 노력의 향상으로써 평균 수명이 늘어나는 것, 예컨대 덴마크에서는 이른바 덴마크 체조가 일반적으로 보급됨으로써 국민의 평균 수명이 8년이나 늘어난 것 등으로 보건대 분명한 사실입니다. 오늘날 조선 지방의 평균 수명은 내지보다도 훨씬 떨어져 30세라고 합니다. 그러나 국민이 각성하여 보건을 위해 노력만 하면 적어도 독일 국민의 평균 수명인 60세까지 수명을 늘릴 수 있을 것이 당연하고, 이는 오늘날 조선인 평균 수명의 두 배인 셈입니다.

그러면 어떻게 해야 이 목적이 달성될 수 있을까? 그것은 한마디로 말하자면 생활의 합리화에 있습니다. 합리화란 진리에 맞도록 하는 것이고, 좀 더 구체적으로 말하면 의식주(衣食住)나 질병의 치료를 과학적으로 검토하고 개조하는 것입니다. 그중에서도 조선의 현실에서는 주택이나 음식에 많은 개량이 필요하며, 병이 났을 때의 조처에도 아직 미신적이고 비과학적인 방법이 많이 사용되는 것은 참으로 유감이고 부끄러운 일이라고 하지 않을 수 없습니다. 특히 국민 보건의 기초가 되는 아동의 보건이 그렇습니다. 매년 수만 명의 어린아이가 부모의 무지함에 희생되어 죽어 가고, 또 죽지는 않더라도 병약한 몸이 되어 가는 것입니다.

둘째로 국민의 건강을 위해 필요한 것은 국민의 정신입니다. 정신과 건강. 우선 마음이 맑지 못한 사람은 병에 잘 걸리기 쉽고 질병의 원인이 되는 것은 누구나 경험하는 일일 것입니다. "청심과욕(淸心寡慾)이 장생술(長生術)"이라는 옛말이 있습니다만, 오늘날 의학의 견지에서 말해도 보건과 요양의 가장 중요한 방법인 안정은 정신의 안정을 위주로 하는 것입니다. 맑은 신앙을 가지고 있는 사람이 약한 몸으로도 능히 무병장수(無病長壽)하는 것은 이 때문입니다.

다음으로 공중보건은 실로 국민 각 개인의 도덕적 소양(素養), 즉 높은 정신에 의한 것이며, 따라서 길가에 침을 뱉는다든가 전염병을 숨긴다든가 공중(公衆)이 사용하는 기물(器物)을 더럽히는 그런 국민에게 공중보건의 열매는 거두어지지 않는 것입니다. 모든 사람은 내 형제이고 자녀이며 소중한 내 가족이라는 정신이 있고서야말로 국민보건은 완전히 달성되는 것입니다.

바라건대 올해는 작년보다, 내년은 올해보다 조선을 건강한 곳으로 끌어올립시다.

―「國民の保健と精神」,『국민신보』, 1940. 5. 5.

어린이와 청년

'어린이를 소중히 여깁시다.'라는 뜻에서 지난주는 특히 어린이 주간(週間)이라고 명명했던 것입니다. 어린이 주간은 이미 지나갔습니다만, 그러나 우리는 연중(年中) 모든 주간을 어린이 주간으로 생각하지 않으면 안 됩니다. 어린이는 국민의 꽃이고 기쁨이고 희망이며 후계자이기 때문입니다. 우리 어른들의 모든 걱정과 행동은 어떤 의미에서는 모두 어린이를 위한 것이라고 할 수 있을 것입니다. 우리가 훌륭한 국가와 사회를 만들고자 열심히 노력하고 있는 것도 결국 우리의 어린이들이 더욱 행복한 생활을 하도록 하려는 데 지나지 않습니다.

일찍이 유럽에서는 어린이의 세기(世紀)라는 말이 유행한 적이 있습니다. 그것은 어린이를 소중히 여기는 데 각성한 세기라는 말입니다. 그리고 이후 세계 각국은 어린이를 소중히 여기는 여러 운동을 일으켜 오늘에 이른 것입니다. 어린이의 보건, 어린이의 교육, 어린이의 읽을거리, 어린이의 음악, 어린이의 공원, 어린이의 오락 등등. 세계의 여러 문명국에서는 어린이를 건강하고 영리하며 즐겁게 자라도록 하기 위한 새로운 시설이 많이 생겼고, 또 어른들 각자가 어린이를 소중히 여기는 사상과 습관을 갖게 된 것입니다. 집을 지을 때도 어린이의 놀이와 공부를 위한 방을 만들고, 공원에도 어린이를 위한 특수한 공원을 만드는 식으로, 어린이라는 것이 오늘날 문명인의 상식이 된 것입니다.

그런데 우리 조선은 어떻습니까? 5백만의 어린이는 학대받고 있는 것입니다. 가정에서 어린이의 응석을 받아 주는 것은 지나칠 정도일지도 모르지만, 소중히 여기는 점에서 말하자면 전혀 아닌 것입니다. 첫째로 조선의 가정에는 어린이 방이라는 것이 없습니다. 어린이는 유랑민입니다. 이쪽으로 가면 어머니에게 내쫓기고, 저쪽으로 가면 아버지에게 내쫓기는 식으로 머물 곳이 없는 것입니다. 둘째로는 어린이를 위한 요리라는 것이 없습니다. 어른이 먹는 것을 조금 받아먹는 정도여서 어린이의 식욕이나 소화력, 영양은 고려되지 않고 있습니다. 그러면 사회적 시설은 어떤가 하면, 공원이나 극장, 식당도 모두 어른 자신을 위한 것이고 어린이들이 느긋하게 즐길 수 있는 곳이 적은 것입니다. 그뿐 아니라 도시 둥지에서는 전차나 버스 등 탈것에서도 완력 있는 어른에게 밀려나 쫓기는 형편이고, 또 어른들은 어린이에게 친절하게 군다든가 이끌어 주는 대신 놀리지 않으면 속이거나 위협하는 것이어서 어린이들의 입장에서 보면 세상은 실로 사면초가(四面楚歌), 가는 곳마다 가시밭길인 것입니다. 이래서는, 이렇게 학대받아서는 어린이가 순진하고 점잖고 튼튼하게 자랄 리가 없습니다.

청년 여러분, 여러분도 이렇게 학대받았던 과거를 갖고 있겠지요. 여러분이야말로 착한 형님 누님이 되어 귀여운 동생들의 믿음직한 우군(友軍)이 되어 주십시오.

― 「子供と靑年」, 『국민신보』, 1940. 5. 12.

여행의 아름다움과 추함

문을 나서면 그것이 여행입니다. 아니, 인생 그것이 여행입니다. 우리는 모든 도덕이 이 여행의 도덕이라고 할 수 있을 것입니다. 그런데 많은 사람들은 여행지에는 아는 사람이 없으니까 무슨 짓을 하든 괜찮다는 마음으로 여행을 하고 있습니다. 얼마나 비열하고 한심한 마음가짐입니까.

지금은 초여름 신록(新綠), 바로 여행 시즌입니다. 학생들의 소풍, 수학여행, 일요 축제일의 하이킹이나 가족 동반 피크닉, 또는 아침저녁의 산책 등 실로 여행의 행락이 끝없이 펼쳐지는 때입니다. 단, 농부를 제외하고 하는 말이지만…….

여행은 향락인 동시에 보건(保健)을 위한 것이기도 합니다. 그러나 여러분, 여행은 수행(修行)이라는 점도 잊어서는 안 됩니다. 자연과 인정의 아름다움을 맛보는 것이 향락이라면, 자연과 인간의 노력의 고마움과 관대함을 느끼는 곳에 수행이 있을 것입니다. 자연과 인생은 미(美)인 동시에 도덕입니다. 종교입니다. 우리는 경치 좋은 산이나 들로 걸어 들어갈 때 신궁(神宮)에 참배할 때의 황공하고 고마운 마음을 잊어서는 안 됩니다.

이러한 아름다움을 즐길 수 있는 것은 신(神)의 은혜임을 잊어서는 안 됩니다. 동시에 우리에게 질서와 평화를 주신 임금의 은혜를 잊어서는 안 됩니다. 그리고 신을 잘 공경하고 임금을 섬겨드리며 모든 인생의 길을 개척한 선조와 동포 중생의 은혜를 잊어서는 안 됩니다. 그것만은 일생 행주좌와(行住坐臥) 어느 순간에도 잊어서는 안 되는 것입니다. 일상생활이나 바쁜 노동으로 종종 잊어버리게 되는 것은 슬픈 일이지만, 또한 부득이한 일입니다. 그러나 여행 때는 이와 달리 모든 일상의 번거로움에서 벗어나 느긋하고 편안한 기분이 될 수 있으므로, 이런 때야말로 우리는 맑고 고요한 마음으로 차분하게 신과 임금님과 선조와 동포의 은혜를 느끼고 감사하는 순수한 생활을 할 수 있는 것입니다. 그리고 어린이들에게도 몸소 모범을 보여 이들 은혜에 대한 깊은 감사의 마음을 심어 줄 수 있는 것입니다.

야산(野山)의 풀 한 포기, 나무 한 그루라도 사랑합시다. 소중히 여깁시다. 산불이 나지 않도록 불을 조심합시다. 식사한 자리는 깨끗이 청소하여 나중에 올 사람들의 즐거움을 해치지 않도록 주의합시다. 추한 옷차림이나 언동으로 모처럼 나들이 나온 사람의 흥을 깨는 일이 있어서는 안 됩니다. 적극적으로 서로 즐거움을 나눌 수 있도록 마음을 씁시다. 길에서 마주치는 사람에게 친애(親愛)하는 말 한마디, 눈짓을 나눕시다. 생판 남, 길 가는 사람에게도 경애(敬愛)하는 표정을 보이는 것은 얼마나 고상한 일입니까.

교통수단이나 여관에서는 특히 질서와 정숙과 친절 그 자체가 되어야 하지 않겠습니까. 탈것을 이용할 때는 다른 승객을 우리 집에 초대한 중요한 손님으로 생각합시다. 그리고 승무원의 수고를 생각하고 감사와 친절한 마음으로 대합시다. 여관에서도 마찬가지로 동석한 손님에게 대해서는 물론 고용인들에게도 진심으로 감사하는 마음으로 대하고 수고를 위로합시다.

이런 마음가짐으로 여행을 끝낸다면, 우리의 기쁨은 참으로 크고 우리의 인격은 한층 높아질 것입니다.

—「旅の美しさ醜さ」,『국민신보』, 1940. 5. 19.;
『동포에게 보냄』, 박문서관, 1941. 1.

기개를 숭상하고 염치를 중히 여길 것

5월 22일은 황공하게도 청소년 학도에게 칙어(勅語)를 하사하신 기념일로, 경성(京城)을 비롯해 전 조선 각지에서 50만 청소년 학도는 봉독(奉讀)과 분열식(分列式), 행렬 행진 등으로써 고마운 칙어를 받들어 모시려는 맹세를 새로이 하고 동시에 결의와 늠름한 기백을 보였다.

"국가의 기초를 북돋고 국력(國力)을 기름으로써 국가 융창(隆昌)의 기운을 영세(永世)에 유지케 할 임무는 극히 중요하고, 그 길이 심히 멀다. 그 임무가 실로 너희 청소년 학도의 두 어깨에 놓여 있다. 너희는 기개(氣槪)를 숭상하고 염치(廉恥)를 중히 여기며, 고금(古今)의 역사를 헤아리고 나라 안팎의 사세(事勢)를 살피며, 그 사색(思索)을 정밀히 하고 그 식견(識見)을 키우며, 행하는 바 중용(中庸)을 잃지 말고 향하는 바 올바름을 그르치지 말며, 각각 그 본분을 조심히 지키고 문무(文武)를 익히고 닦아 질실강건(質實剛健)한 기풍(氣風)을 떨침으로써 맡은 바 대임(大任)을 온전케 할 것을 기약하라."고 말씀하셨다.

청소년 학도 된 자는 마땅히 이 고마운 칙어를 아침에 받들어 외우고 저녁에 받들어 외워 그 대어심(大御心)을 삼가 체득해야 할 것이다.

우선 암송(暗誦)하는 것이 중요하고, 반복하고 반복하여 암송하는 가운데 나타난 귀중한 정신을 받들어 감득(感得)하는 것이다.

말씀에 대해 이러쿵저러쿵 해석하는 것도 황송한 일이지만, 특히 "기개(氣槪)를 숭상하고 염치(廉恥)를 중히 여긴다."고 말씀하신 것에 대해 반도(半島) 청년 학도 여러분의 주의를 환기하고 싶다. 이 두 구절은 청소년 학도의 수양의 중심이고, 또 국민으로서 일생의 추축(樞軸)이 되는 말씀이라고 배찰(拜察)한다.

 기개를 숭상한다는 것은 무엇인가? 그것은 공적 생활에서는 충군애국(忠君愛國)을 위해 목숨도 재산도 바치는 것, 즉 충의(忠義)에 순(殉)하는 것이다. 그리고 사생활에서는 소극적으로는 부정(不正)과 불의(不義)에 유혹되거나 굽히지 않고, 적극적으로는 정의라고 믿는 바는 이해(利害)와 고락(苦樂), 생사(生死)를 돌보지 않고 용왕매진(勇往邁進)하는 것이라고 삼가 배찰한다. 따라서 이 기개야말로 인격의 추축(樞軸)이고 기조(基調)가 되지 않으면 안 된다.

 다음으로 염치를 중히 여긴다는 것은 무엇인가? 이는 이욕(利慾)·명예·지위·고락(苦樂) 등에 관한 욕망을 의(義)와 법(法)에 어긋나지 않도록 절제하는 것이라고 삼가 배찰한다. 굶어 죽는 일이 있어도 의롭지 않은 음식을 먹지 않는 정신이라고 배찰한다. 세상이 유물론(唯物論)에 지배되어 문자 그대로 황금만능주의에 빠진 오늘날 청소년 학도의 청순한 마음이 이러한 공리(功利)의 악습에 감염되는 것을 경계(警戒)해 주신 말씀이니, 참으로 황공하기 짝이 없다.

 바라건대 청소년 학도여, 기개를 숭상하고 염치를 중히 여기는 인격을 단련하여 국가 융창(隆昌)의 기운을 영세(永世)에 유지할 큰 임무를 온전히 하는 사람이 되자. 고마운 대어심(大御心)에 보답해 드려야 할 것이 아닌가.

―「尙氣節, 廉恥重」, 『국민신보』, 1940. 5. 26.

잘못된 사고

　내선일체(內鮮一體)에 대해 일부 조선인 식자(識者) 가운데는 잘못된 사고방식을 갖고 있는 사람이 있다. 첫째는 보수(報酬)를 생각하는 것이다. 내선일체가 됨으로써 우리가 무엇을 얻을 수 있는가를 따지는 것이다. 바꿔 말하면, 내선일체를 외치기 전과 오늘날 아무것도 변한 것이 없지 않은가, 하는 사고방식이다. 이 추론(推論)은 일견 일리가 있어 보이지만, 그 근저에는 치명적인 인식 착오가 내재해 있다.

　오늘날은 조선인 쪽에서 완전히 일본 신민으로 다시 태어나고자 하는, 확고부동한 한 사람 몫의 일본인이 되고자 하는 새로운 결심을 하고 그에 따라 열심히 노력하기 시작하는 시기일 뿐, 아직 그렇게 된 것은 아니다. 우리 조선인 각자가 마음속 깊은 곳에서부터 우리는 일본인이라고 느끼고, 또 우리는 일본인으로서 한 사람 몫의 봉공(奉公)을 할 수 있다고 확신하게 되었을 때 비로소 내선일체는 실현되는 것이다. 만일 국가로부터 조선인에게 어떤 종류의 보수(報酬)가 부여되는 일이 있다면, 그것은 즉 이날에 이르러서일 것이다. 그런데 지금 내선일체 운동을 시작하면서 벌써 어떤 종류의 보수를 염두에 두고, 그것이 즉시 주어지지 않는다고 하여 불평 따위를 생각하는 것은 실로 한심하기 그지없는 일로, 그런 사람은 일본인으로서의 성의(誠意)가 의심된다고 하지 않을 수 없다.

　우리는 이미 국가에서 분에 넘치는 은혜와 대우를 받고 있음을 고맙게 생각해야 하며, 마치 한 곡을 연주하고는 손을 내미는 것 같은 구걸 근성을 가져서는 안 된다.

'진인사대천명(盡人事待天命)'이라고 한다. 우리 조선인이 현 단계에서 열심히 노력해야 할 것은 자신의 지적·도덕적·기술적 향상과, 그리고 국민화이다. 올바르고 강하고 능력 있는 나를 완성하여 폐하께 바치고자 하는 일념 이외에 아무것도 있어서는 안 된다. 우리는 이 있는 그대로의 몸과 마음으로는 아직 나라에 쓸모 있는 한 사람 몫의 신민이 아니다. 성심성의껏 상당한 세월을 들여 두드려 고치고 갈고 닦아서야 비로소 폐하의 백성 자격을 갖춘 사람이 되는 것이라는 사실을 진지하게 염원하지 않을 수 없다. 이제 겨우 입학이다. 졸업까지는 아직 멀었다는 마음을 꿈에도 잊어서는 안 된다.

창씨개명(創氏改名)도 그렇다. 모처럼 국가가 우리 조선인을 위해 차별을 없애고 평등의 영예를 향수(享受)케 하려고 만든 제도이므로 자발적으로 기쁘게 이 부름에 응해야지, 이렇게 하면 개인적으로 어떤 이해(利害)가 있을까 따위의 비열한 마음을 일으켜서는 안 된다. 폐하의 적자(赤子)가 되겠다는 맹세, 또는 기념으로서, 새롭게 국민 생활을 시작하는 선언으로서 하루라도 빨리 참여해야 한다. 기회주의적이고 질질 끌려서 하는 태도는 참으로 타기(唾棄)해야 할 비겁한 행동이라고 하지 않을 수 없다.

보수를 생각하는 것은 충성도 아니고 도의도 아니다. 성심으로 우리가 해야 할 것을 하면 그것으로 좋은 것이다. 그리고 우리와 자손의 운명을 대어심(大御心)에 맡겨 드려야 하지 않겠는가.

―「間違つた考」, 『국민신보』, 1940. 6. 2.;
『동포에게 보냄』, 박문서관, 1941. 1.

마음과 얼굴과 복

맹자(孟子)는 "그 눈동자를 보고 그 언어를 들으면 사람이 어찌 숨기랴."고 했다. 눈의 표정과 말에 그 마음이 나타난다는 것이다. 이는 진리로, 사람의 얼굴은 그 사람의 과거 역사와 현재 마음가짐의 총목록(總目錄)이다. 그것은 사람만 아니고 동물도 그러하다. "외양은 보살(菩薩) 같고 내심은 야차(夜叉) 같다."는 말도 있지만, 가면 혹은 연극에서 말의 다리 역할을 맡은 사람과 같이 모든 것은 언젠가 정체를 드러내는 것이다.

사람의 얼굴 모습으로 우선 판단할 수 있는 것은 그 사람의 마음이 안정되어 있는가 들떠 있는가 하는 점이다. 안정되었다는 것은 신념을 가졌다는 것이다. 인생에 대해, 또는 어떤 특정한 경우에서 확실한 신념을 갖고 있는 사람의 용모에는 산과 같은 침착함과 범하기 어려운 위엄이 갖추어져 있는 것이다. 그러나 신념을 갖지 못한 자는 두리번두리번, 비틀비틀, 불안과 의혹에 찬 모습을 보이며, 설령 침착함과 위엄을 꾸미더라도 부자연스러운 것이 되어 오히려 약점을 드러내는 역효과를 낳는 것이다.

이는 바꿔 말하면 성(誠)과 위(僞)의 차이다. 성은 신념에서 나오는 것이어서 신념 없는 사람에게 성은 있을 수 없다. 어떤 나라, 어떤 시대 사람들의 얼굴을 보면 그 나라의 성쇠(盛衰)를 점칠 수 있다고 하는데, 이는 참으로 있을 법한 일이다. 우울·무기력·빈상(貧相)·경박함·교활(狡猾)과 같은 상판을 한 사람이 많이 눈에 띄면 그 지방, 그 나라의 운세는 비관적인 것이 당연하다. 한 가정이나 한 개인의 운명에 대해서도 똑같이 말할 수 있을 것이다. 이는 결코 미신도, 미신을 믿는 것도 아니다.

　조선인의 얼굴은 과거 30년간 몇 단계의 변화를 보내고 맞았다. 처음은 무기력이었다. 다음은 비분(悲憤)과 시의(猜疑)의 상(相)을 드러냈던 일이 있다. 또 일시적으로는 자포(自暴)와 유사한 부루퉁한 형상을 보인 적도 있었다. 마르크시즘의 전성기에는 흉악하고 살벌한 기운이 넘친 적도 있어서 그런 표정을 일부러 따라 하는 사람조차 있었다.

　그런데 현재는 매우 명랑하고 건강한 얼굴이 늘어나 사람들은 정상적인 감정을 갖게 된 듯하다. 즉 인생에 희망도 있고 낙(樂)도 있는 사람의 풍모를 갖추게 되었다고 생각한다. 이는 실로 사변(事變) 후에 시작된 현상으로, 상당히 중대한 의미를 갖는 것이라고 하지 않을 수 없다.

　그러나 '성(誠) 있는 얼굴'이라는 점에서는 아직 멀었다. 어딘가 눈치를 너무 많이 본다. 추종하는 웃음과 아첨하는 입이 너무 많다. 늠름한 점이 부족하다. 위엄을 갖춘 공손함과 친절함이 부족하다. 얼빠진 얼굴은 없어졌지만 잔꾀 부리는 얼굴이 많아진 것은 아닐까. 덤벼들 듯한 면상(面相)이 사라진 대신 핑계나 불평을 좋아하는 그런 입매가 늘어난 것은 아닐까. 서로 대하면 왠지 경애와 신뢰의 마음을 불러일으키는 품위 있고 견실하며 게다가 세련된 얼굴 표정, 눈의 표정이 길거리에 가득하면 얼마나 기쁠 것인가.

　얼굴은 마음을 드러낸다. 특히 젊은 남녀의 반성과 수양을 진심으로 바란다.

―「心と顔と福」, 『국민신보』, 1940. 6. 16.

지성의 서약

6월 19일 가시하라신궁(橿原神宮)을 비롯하여 전국 각 신궁(神宮)과 신사(神社)에서 일제히 국운(國運) 융창을 위한 대기원제(大祈願祭)를 집행하고, 이어서 각 단체의 총후보국(銃後報國)을 위한 대서약식이 거행되었다. 조선신궁에서도 이날 오노(大野) 정무총감을 비롯하여 관민(官民) 5천여 명이 모여 기원(紀元) 2600년의 조칙(詔勅)을 봉독(奉讀)하고 성의(聖意)에 받들어 응(應)할 것을 맹세했던 것이다. 조선의 각 지역에서도 동일한 서약이 있었다.

일억 민초(民草)의 이 대서약은 앞으로 날이 갈수록 열매를 맺을 것이다. 그 열매란 무엇인가? 그것은 팔굉일우(八紘一宇)의 대이상(大理想)의 실현이다. 그 첫걸음으로서 내선(內鮮)이 빈틈없이 일체(一體)가 되는 것이고, 일만지(日滿支)가 떼려야 뗄 수 없는 관계로 공존공영(共存共榮)의 지역으로 나아가는 것이며, 아시아 여러 민족이 구미(歐米)의 식민지적 질곡에서 벗어나 우리 일본을 맹주(盟主)로 하여 자유와 번영을 향락하는 것이다. 그리고 나아가서는 유리적(唯利的)·반수반마적(半獸半魔的) 인생관·정치관·사회관으로 인해 수라도(修羅道)에서 아귀도(餓鬼道)·축생도(畜生道)로 전락에 전락을 거듭하고 있는 인류가 도의(道義)의 세계로 구제되는 것이다. 이것이 우리 일억 신민(臣民)이 성의(聖意)에 응해 드리고자 맹세한 내용이다. 얼마나 위대하고 장엄한 서약인가.

그런데 불성(不誠)이면 무물(無物)이다. 지성으로 해야 능히 대원(大願)을 이룬다. 혹시라도 우리의 맹세가 거짓이 되지 않기 위해서는 우리가 지성의 사람이 되지 않으면 안 된다. 일억의 백성이 모두 한 점의 거짓 없이, 무책임한 일 없이, 성(誠) 그 자체가 되지 않으면 안 된다. 신(神) 앞에 지성으로 참회하고 기도하자. 정성이 없는 사람에게 신은 보이지 않는다. 눈이 없는 사람에게 빛이 보이지 않는 것과 마찬가지이다. 정성이 있는 사람의 기원은 반드시 신을 움직인다. 정성 없이 신을 참배하는 사람은 대군(大君)께도 세상에도 쓸모가 없다. 쓸모가 없을 뿐 아니라, 나라의 독이 될 것이다.

부(富)도 국가의 힘이다. 재지(才智)도 없어서는 안 된다. 학문·기술도 연마하지 않으면 안 된다. 그러나 그것도 성(誠)이 있고서의 일이다. 비상시일수록 성(誠) 있는 인간이 몹시 필요하다. 군국(君國)에 보답하는 기본적인 것은 지성이고, 억조일심(億兆一心) 단결을 공고히 하는 것도 지성이다. 인고단련(忍苦鍛鍊)·황도선양(皇道宣揚)의 동력(動力)이 이 지성이 아니고 무엇이랴. 성(誠) 없는 사람들끼리는 단결이 불가능하다. 믿어서야 비로소 사랑하고, 사랑해서야 비로소 단결한다. 그런데 믿음은 성에서만 오고 지성으로 서로 믿어서야 비로소 참된 내선일체도 오는 것이다.

우리는 신 앞에서 뜨거운 눈물을 흘리며 참회하지 않으면 안 된다. 그것은 거짓에 대한 참회이다. 이 순간까지의 불성실을 몹시 원통히 여기지 않으면 안 된다. 가슴을 도려낼 각오로 우리의 청명(淸明)해야 할 마음에 뿌리를 내린 거짓과 불성실의 악초(惡草)를 뿌리째 뽑지 않으면 안 된다. 그리고 두 번 다시 내 마음에 부정(不正)이 집을 짓고 내 입술에서 거짓의 말이 흘러나오지 않도록 맹세하지 않으면 안 된다. 그리고 내 몸도 마음도 성(誠) 그 자체가 되도록 수행하지 않으면 안 된다. 이것이야말로 총후국민(銃後國民)의 정당한 봉공(奉公)의 방식이 아닐까. 전선(前線)에서 생명을 바칠 각오로 우리 마음과 혀의 거짓에 최후의 일격을 가하자.

―「至誠の祈誓」, 『국민신보』, 1940. 6. 23.

공리주의의 몰락

공리주의(功利主義) 윤리설(倫理說)의 발상지는 영국으로, 벤담(Bentham)과 밀(Mill) 등이 그 창도자(唱導者)이다. 최대 다수의 최대 행복이 윤리와 정치의 목표라고 주장하는 것까지는 좋아도 그 행복이란 것이 각 개인의 생리적 쾌락에 있다고 규정한 스펜서(Spencer)에 이르러서는 공리주의가 그 극에 달했다고 할 수 있다. 유리주의(唯利主義)는 실제에서는 이른바 데모크라시를 신봉하는 세계 각 국민의 근본 사상이기도 한데, 정사(正邪)와 선악(善惡)의 표준을 '자기의 이해(利害)'에서 구하는 것이다. '이해'라는 말이 개인 간에도 국제간에도 최고의 도덕 표준이 되고 말았다.

이에 도덕(道德)과 의리(義理)는 마치 공상이나 폐물과 같이 비웃음의 표적이 되어 버린 것이다. 그런데 이 개인의 물질적 이해를 정치의 극단으로까지 끌어올린 것이 바로 공산주의(共產主義)이다.

데모크라시는 자본주의를 낳고, 자본주의는 공산주의를 낳았다. 공산주의를 끝까지 추구하다 보면 축생아귀주의(畜生餓鬼主義)로 나아가는 것은 필연이고, 이렇게 되면 인류는 무시(無始) 이래의 최고선(最高善)으로 향상한다는 웅장하고도 거룩한 전통과 이상을 파기하고 마는 것이다.

그래서 구주(歐洲)에서 가장 먼저 일어난 것이 이탈리아 무솔리니(Mussolini)의 파시즘이다. 그는 국가적·계급적·개인적 행위의 표준을

이(利)에서 의(義)로 되돌렸고, 개인은 국가의 이상, 나아가서는 세계의 이상 실현을 위해 살아야 하는 존재가 되었다. 이어서 일어난 것이 독일의 히틀러(Hitler)이다. 이 두 사람은 국민을 이상(理想)과 도의(道義)의 길로 이끌어 훈련한 것이다. 그리하여 이번에 일어난 것이 영국과 프랑스를 상대한 전쟁이다.

독일과 이탈리아가 영국과 프랑스에게 구하는 것이 똑같이 이(利)가 아니냐고 해서는 안 된다. 물론 독일과 이탈리아가 영국과 프랑스의 영토를 분배하리라는 것은 쉽게 상상되는 일이지만, 영국과 프랑스가 과거 수 세기 동안 의롭지 못한 방법으로 쌓아 올린 대제국을 붕괴시키는 것 그 자체에서 우리는 일종의 하늘 뜻을 알아차리지 않으면 안 된다. 만약 독일과 이탈리아가 영국과 프랑스에게 승리를 거둔 후에 종래의 이상주의(理想主義)·도의주의(道義主義)를 버리고 영국과 프랑스의 탐욕적인 유리주의(唯利主義)로 치닫는다면, 그들은 머지않아 또다시 영국과 프랑스의 전철을 밟게 될 것이다. 우리는 독일과 이탈리아가 어디까지나 도의에 대한 생각에서 벗어나지 않고 유종(有終)의 미(美)를 거두기를 기도하지 않을 수 없다.

그런데 우리 일본이 지금 진무천황(神武天皇)의 조국(肇國) 정신을 받들어 아시아의 재건을 위해 일어선 이상 아시아 재건을 정책의 근간으로 삼아야 할 것은 말할 것도 없지만, 국제 정책에서는 우리와 신념을 같이하는 방공(防共)과 도의(道義)의 맹우(盟友)인 독일과 이탈리아 편에 서야 하는 것이 자명한 이치다. 특히 제국(帝國)의 이번 성전(聖戰)에서 저 영국과 프랑스가 무슨 일을 저질렀는가? 그들은 철두철미 역도(逆徒) 장제스(蔣介石)를 도와 우리를 방해했다. 지금 홍콩(香港)에서, 프랑스령 인도차이나 국경에서 마침내 황군(皇軍)은 그들을 응징하기 위해 행동에 나선 것인데, 실로 몹시 분하여 이가 갈리고 팔이 부들부들 떨려 참기 어렵다. 패전(敗戰)의 오늘에 이르러 영국과 프랑스가 우리에게 아양부리는 태도를 취하고 있지만, 그것이 무슨 성의(誠意)인가. 도의를 분별하지 못하고 오직 이익만 따지는 무리에게는 오로지 실력으로써 고통을 맛보게 해야 한다. 하물며 영국과 프랑스의 무도한 압제와 착취 아래 괴로워하고 있는 아시아 여러 민족이 지금 우리 일본에게 구원의 손길을 청하고 있음에랴.

영국과 프랑스의 공리주의는 몰락했다. 도의를 지향하는 인류에게 빛은 동쪽에서 떠오를 것이다.

—「功利主義の沒落」, 『국민신보』, 1940. 7. 7.

한 병졸의 마음가짐

성전(聖戰) 제4주년 차, 일본은 드디어 아시아 맹주(盟主)의 지위를 확립했다. 얼마나 커다란 전과(戰果)인가. 그러나 아시아 재건설의 완성까지는 아직 요원하다. 역도(逆徒) 장제스(蔣介石)의 반항 및 장제스를 지원하는 적성국가(敵性國家)를 물리치고 태평양 서남부 지역을 진정시키기 위해서는 여전히 몇몇의 대규모 군사 행동도 필요하고, 요사스러운 기운을 일소한 후 팔굉일우(八紘一宇)의 신건설로 옮기고 나서부터가 정말 일억일심(一億一心)의 지구전(持久戰)이 될 것이다. 그러나 어쨌든 성전 3년간의 전과가 유례없는 것이라는 데는 변함이 없는 것이다.

그런데 성전(聖戰)의 업적을 돌아볼 때 무엇보다 우리 총후국민(銃後國民)의 가슴을 치는 것은 한 병졸의 마음가짐이다. 애초 전쟁의 승패는 장병 각자가 지닌 한 병졸의 마음가짐에 달린 것이다. 한 병졸의 마음가짐은 결코 병졸만의 마음가짐을 가리키는 것이 아니다. 위로는 총사령관에서 병졸에 이르기까지 그 지위에 수많은 차이는 있어도 한 병졸로서의 마음가짐은 하나인 것이다. 군인 정신이란 요컨대 한 병졸의 마음가짐과 다르지 않다고 생각한다.

그러면 한 병졸의 마음가짐이란 무엇인가? 그것은 명령받은 위치에서 목숨을 바치겠다는 마음가짐이다. 일단 어떤 책무를 명령받고 나서는 다음 명령이 있기까지 한 걸음도 내디디어서는 안 된다. 주춤해서는 안 된다. 다른 생각이 있어서는 안 된다. 이야말로 일의전심(一意專心)

으로 그 위치를 지키고 이를 위해 최선을 다하여 죽은 뒤에야 그만둔다는 정신인 것이다. 이 정신에 상하(上下)와 대소(大小)의 구별이 있을 리 없지 않은가. 이 정신이 강한 군대는 이기고 약한 군대는 지게 되어 있는 것이다.

그런데 이 정신은 군대에서만 기본이 되는 것은 아니다. 현대국가에서는 전쟁과 평상시를 불문하고 국민 한 사람 한 사람에게 이 병졸의 마음가짐이 기본이 되는 것이다. 특히 국방 체제 국가, 전쟁 중의 국가에서 그러하다.

우리는 이번 구주전쟁(歐洲戰爭)에서 맹방(盟邦) 독일 국민이 전투원이든 후방의 일원이든 모두가 얼마나 이 한 병졸의 마음가짐에 불타고 있는지 목격할 수 있었다. 그리고 이 한 병졸의 마음가짐이 그들의 조국에 얼마나 찬란한 승리를 가져왔는지 실증할 수 있었다. 독일 국민에게서 일본 정신과 비슷한 것을 발견한 셈이다.

돌이켜 우리 자신을 반성할 때 과연 부끄러운 점이 없는가. 과거 3년간 우리 장병은 실로 잘 싸워 주었다. 장병에 관한 한 한 병졸의 마음가짐에서 나무랄 데 없음을 보는 것이지만, 우리 총후국민(銃後國民)의 봉공(奉公)의 태도에는 아직 부족한 점이 있는 듯하다. 특히 반도인(半島人)이 그렇지 않을까. 한결같이 고쳐지지 않는 사치, 일상생활과 사교 생활의 칠칠치 못함, 암거래의 횡행, 절미(節米)와 저축의 불철저 등 우리는 한 병졸의 마음가짐이 부족함을 통절히 느끼는 것이다. 이는 방관자의 마음가짐, 무관심자의 마음가짐이어서 국가 비상시에 처하여 자기의 위치를 자각한 한 병졸의 마음가짐이라고 할 수 없다. 어떤 때라도 그러해야 하지만, 특히 전시체제의 경우에는 그것이 군사적이든 행정적이든 또는 자치적이든 우리 국민을 부르는 국가 기관의 명령 및 희망은 절대적인 것으로 간주되지 않으면 안 된다. 국민 각자는 한 병졸의 마음가짐으로 그에 응하지 않으면 안 된다. 일신(一身)과 일가(一家)의 이해(利害)를 염두에 두는 것은 허용되지 않는다. 즉시 명령받은 위치에 자리하여 명령받은 책무를 수행해야 한다. 그리고 이것은 죽은 후에야 그만둘 종류의 것이다.

성전 제4주년의 첫머리에서 국민이여, 한 병졸의 마음가짐을 다잡으라.

―「一兵卒の心構」, 『국민신보』, 1940. 7. 14. ;
『동포에게 보냄』, 박문서관, 1941. 1.

정변과 우리들

요나이(米內) 내각이 돌연 총사직했다. 이는 새로운 정치체제로 옮아가기 위한 일대 변화의 조짐이라고 생각된다. 표면적으로는 내각에 대한 육군의 태도가 동기가 되어 있지만, 그것은 구일본(舊日本)에서 신일본(新日本)으로 이행해 가는 역사적 과정의 한 계기에 지나지 않은 것이니, 던져진 돌이 어느 쪽으로 튀더라도 그것이 결국 역사의 명령인 데는 변함이 없다고 생각한다.

지나사변(支那事變) 발생 이래 제국(帝國)의 동아 신질서 건설의 내용과 외연이 전쟁 국면의 진전에 따라 확대된 것은 사실이다. 최초의 목표는 지나(支那) 북부의 평정, 다음은 양쯔강(揚子江) 이북, 그다음은 지나 전역, 그리고 마지막에는 프랑스령 인도차이나, 태국, 네덜란드령 인도네시아 등을 포함하는 팽대(膨大)한 지역을 포함하지 않을 수 없게 발전해 온 것이다. 장래에는 어쩌면 영국령 인도까지도 더하여 동아(東亞)에 국한되지 않고 아시아 신질서의 건설이라는 방침으로 진전할 수도 있다고 생각한다. 또 거기까지 가지 않아서는 시원치 않다.

지나사변의 진전에 따라 영국·미국·프랑스·소련〔이미 모모국(某某國) 등으로 은어(隱語)를 사용하는 것은 적합지 않다〕이 우리의 진짜 적성 국가라는 것이 분명해졌다. 게다가 역대 내각은 이른바 지나사변의 처리라는 명제에 자기 임무를 국한하여 이들 적성 국가에 대해 극히 원만한 대응을 해 왔던 것이다. 그런데 이른바 프랑스령 인도차이나 루트, 홍콩, 버마

루트 등의 진상이 폭로됨으로써 분명해졌듯이, 이들 적성 국가들은 일본이 조심하는 것을 좋은 기회로 여기고 마치 일본을 조소하듯 장제스(蔣介石) 지원의 악습을 청산하려 하지 않고 오히려 더욱더 악랄함과 음험성을 더해 갔다.

저 영국 등은 프랑스와 함께 우리의 맹방(盟邦)인 독일에 의해 엉망진창으로 박살 났음에도 불구하고 여전히 제국(帝國)에 대해 불손한 태도를 고치지 않는다. 이것은 애초에 무모한 미국의 선동에 의한 것으로, 미국이 그 가냘픈 함대(艦隊)를 하와이 근해에 집중시켜 남양(南洋) 방면을 엿보고 있는 것도 이 때문인 것이다. 요나이 내각에서는 영미(英米)와의 국교(國交) 조정을 제일 목적으로 삼아서 아리타(有田) 외상에게 그 임무를 맡긴 것이지만, 결국 무엇을 얻었는가.

그것은 버마 루트의 봉쇄에 대해 우기(雨期) 3개월 동안은 어차피 사실상의 폐쇄에 지나지 않으니까 운운하는, 사람을 바보 취급하는 지껄임에 지나지 않는 것이 아닐까.

일본은 자기 사명의 위대함과 동시에 자기 실력을 좀 더 자각하지 않으면 안 된다. 그리고 이 사명의 달성을 위해 정치를 좀 더 일원화하고 강력화하지 않으면 안 된다. 영미 추수(追隨)가 고질이 되어 있는 노인배 신사들은 한시라도 빨리 물러나게 하고, 이상(理想)에 불타는 투지 넘치는 젊은 사람에게 키〔舵〕를 쥐어 주지 않으면 안 된다. 그리고 좀 더 단호하고 이해하기 쉬운 목표를 분명하게 널리 밝히는 한편, 좀 더 정신적·경제적 통제를 강화하고, 여전히 아시아에 준동하면서 최후의 몸부림을 치고 있는 적성 국가들에 맹렬히 일격을 가하고 용왕매진하여 그들을 혼내 주지 않으면 안 된다. 그러기 위해서는 지금이야말로 천재일우의 호기(好機)로, 이 기회를 놓치면 천추(千秋)에 후회를 남길 것이다. 신정치(新政

治)는 모름지기 독일·이탈리아와 단단히 손을 잡고 당당히 적성 국가들에 대한 태도를 분명히 해야 한다.

그렇기는 해도 근본은 국민의 태도이다. 제국(帝國) 천년의 대계(大計)를 위해 신애협력(信愛協力), 일치단결, 자기를 버리고 각자 총을 들고 일어서 전선(前線)의 일원이 될 각오를 한층 철저히 해야 할 필요가 있다. 어떤 어려움도 견디고 어떤 희생도 바치겠다는 기백이 감돌 때라야 이 대업(大業)은 이루어지는 것이다.

반도의 동포여, 여러분의 책임은 더욱더 무거워지는 것이다. 이제 끌려다니는, 의붓자식 같은 마음가짐을 깨끗이 청산하고 일장기(日章旗)를 머리에 동여맬 때다. 이 전쟁에 승리하지 못하면 우리는 망하고, 이 전쟁에 승리하면 우리에게 영원한 안락과 광영이 있는 것이다. 내지(內地) 동포가 어떻게 생각할지 따위를 마음 쓰는 것이 아니다. 이쪽은 이쪽 나름대로 제국의 운명을 홀로 짊어진다는 마음으로 매진해야 하지 않을까.

장정(壯丁)도 바치자. 물자도 바치자. 온갖 것을 나라를 위해 바칠 때가 온 것이다.

확대된 신질서의 내용과 높아진 국가의 목표는 특히 반도 동포의 각오와 분기(奮起)를 촉구하고 있다. 우리 제국의 천재일우의 호기는 반도 동포에게는 이중의 천재일우의 호기인 것이다.

— 「政變と吾等」, 「국민신보」, 1940. 7. 21.

새로운 자랑

이제 거국적으로 사치를 금지하게 되었다. 사치품의 제조 및 판매는 결코 용납되지 않게 된 것이다. 그러나 각 개인의 사치품 사용을 규제하는 법도는 없다. 사치품 판매 유예 기간인 3개월간 사치품을 잔뜩 사재기 하여 과시하려는 분별없는 사람도 없다고는 할 수 없다.

사치품의 판매를 금지하는 것은 관청에서 하는 일이지만, 사치품을 사용하지 않는 것은 우리 국민 각자의 마음가짐에 달려 있다고 할 것이다. 이는 나라를 위해서이고, 자신을 위해서이자 자손을 위해서인 것이다. 재산이 많으니 쓰고 싶은 대로 써도 좋다고 생각하는 사람이 있다면, 국민의 본분을 인식하지 못하는 분별없는 자이다.

검소와 절약은 어떤 나라, 어떤 시대에도 미덕이다. 이런 미덕이 있는 나라는 흥하고, 이런 미덕이 없는 나라는 망한다. 사치·남용으로 망하지 않는 나라가 있을까.

사치를 자랑하는 시대는 지나갔다. 이제 소박함을 자랑하는 시대이다. 몸에 사치한 옷을 걸친 사람은 오늘날의 시세에서는 이미 웃음거리·비난의 대상이 되었다. 순모(純毛)나 비단을 걸치고는 첫째 남들 눈이 부끄러워 거리로 나갈 수 없는 것이 아닌가.

금제품(金製品)을 몸에 걸치고 활개 치고 다니는 사람은 이제 보이지 않게 되었듯, 양심 있는 사람이라면 화려한 옷이나 새 옷을 입고는 남들 앞에 나설 수 없는 날이 다가온 것이다. 돼지나 고래 가죽으로 만든 구두에 인조섬유(人造纖維)로 만든 옷, 그리고 보리밥, 이것이야말로 비상시 일본인의 자랑스러운 모습인 것이다. 만약 그 인조섬유로 만든 옷이 누더기가 되었다면 더욱 명예로운 일일 것이다.

그런데 여전히 순모가 어떠니, 비단이 어떠니 운운하며 그런 것을 몸에 걸치고 득의양양해하는 남녀가 있다면, 그런 사람은 바보이거나 철면피가 틀림없다. 이런 분별없는 사람은 친지와 이웃이 가르치고 이끌어야 한다. 그래서 비상시의 일본에서 이런 분별없는 사람이 자취를 감추도록 노력해야 하지 않을까.

낡은 옷은 아쉬운 대로 입자. 깨끗하게 세탁하고 더럽혀지지 않도록 신경을 쓰자. 찢어진 것은 꿰매고 덧대어 입자. 음식도 미식주의(美食主義)를 버리고 영양주의(營養主義)로 나아가자. 그렇게 물자를 절약함으로써, 한편으로는 전쟁 수행과 외화(外貨) 획득 쪽으로 돌리고, 다른 한편으로는 저축을 하자. 각 가정에서, 애국반에서, 학교와 회사, 모든 기관에서 이를 철저히 하자.

―「新しき自慢」, 『국민신보』, 1940. 8. 4.

정동연맹(町洞聯盟) 상회(常會)

조선에서 정동연맹(精動聯盟)의 실적은 참으로 눈부신 바 있는데, 그 가장 중요한 활동의 하나는 물론 매월 1일 흥아봉공일(興亞奉公日)의 정동연맹(町洞聯盟) 상회(常會)이다. 정동(町洞) 거주민이 이날 아침 일찍 한곳에 모여 국기게양(國旗揭揚)·궁성요배(宮城遙拜)·기원묵도(祈願默禱)·조서봉독(詔書奉讀)·회의 등을 진행하는 것은 실로 국민적 수련과 생활 개선, 시국(時局) 인식을 위한 더없이 좋은 행사이다.

그러나 이 계제에 한층 다잡지 않으면 안 될 일이 있다. 그것은 상회에 반드시 호주(戶主)가 출석하는 일이다. 가정에서 지도와 명령권을 가진 호주가 출석해야만 소기의 목적이 달성될 수 있을 것이다. 그런데도 실제 상황을 보면, 아이들·식모·하인 등에게 명찰을 주어 대리 출석게 하는 사람이 상당히 많고, 더욱이 이렇게 탐탁지 않은 마음가짐을 갖고 있는 계층은 지식과 재산을 갖춘 중류 이상인 경우가 많은 듯하다. 이런 일은 단지 그 자신에게 해가 될 뿐만 아니라, 일반에게도 적지 않은 악영향을 미친다. 참으로 지식계급이고 중류 이상이라면, 도리어 솔선하여 상회에 출석하고 다른 사람의 모범을 보여야 할 것이다. 그들이 어떤 연회(宴會)나 구경거리에 식모·하인·사환 등을 대신 보내지 않으면 안 되는 사정이 있다면 그것은 별문제이다.

다음으로 절약·저축·보건 등 생활개선을 위한 행사의 거의 대부분은 주부(主婦)의 손에 달려 있다. 어떻게든 주부의 상회를 한 달에 한 번 정도 열면 어떨까. 매월 1일이 호주를 위한 상회라면 매월 15일경을 주부의 상회로 지정하고, 주부는 아침 일찍 외출할 수 없는 사정이 있으니 저녁 식사 후의 시간을 골라 모여서 좀 더 평이한 회의나 취미 강연을 하나 정도 듣게 해도 좋을 것이고, 영화나 그림, 연극 등을 보게 하면 더욱 훌륭할 것이라고 생각한다. 정동(精動) 당국자가 한번 생각해 주기를 당부하는 바이다.

 이렇게 정동(町洞) 내의 호주와 주부가 한 달에 한 번 모인다면, 모이는 것만으로도 이미 커다란 효과가 있을 것이다. 호주여 나오라, 주부여 나오라. 반드시 힘써 행해지기를 바라는 바이다.

—「町洞聯盟常會」, 「국민신보」, 1940. 8. 11.;
「동포에게 보냄」, 박문서관, 1941. 1.

8월 10일의 기쁨

황기(皇紀) 2600년을 맞은 동시에 병합 30주년을 맞는다. 1940년(昭和 15) 2월 11일의 기원절(紀元節)부터 시작된 반도 동포의 창씨(創氏) 신고는 8월 10일 오후 12시에 끝났다. 실제 신고 숫자가 판명되기까지는 아직 상당한 시일이 필요하겠지만, 전체 호수(戶數)의 5할 이상인 것은 확실한 듯하다. 10할 전부 창씨에 참여하지 않은 것이 유감이라고도 할 수 있지만, 겨우 6개월 동안 1,200만 이상의 인구가 창씨한 것만으로도 우선 경이로운 일이라고 할 수 있으리라. 게다가 창씨의 문이 완전히 닫힌 것은 아니다. 이후에라도 재판소의 허가를 얻어 얼마든지 창씨할 수 있으니, 아마도 금후 1, 2년 내에는 반도인 전부가 일본인에 어울리는 씨명(氏名)을 갖게 될 것이라고 생각한다.

그런데 창씨제도는 실로 역사적인 것으로, 단지 각자 이름 적힌 부첩(符牒)을 갈아 치우는 것이 아니다. 이 기쁜 날을 맞아 다시 한번 창씨의 의의를 상기해 보자.

첫째, 우리는 창씨를 통해 과거 7백 년 동안 사상적으로 한족(漢族)에 굴종해 온 쇠사슬을 끊은 것이다. 지나화(支那化) 이전의 조선인의 모습은 고신도(古神道)로 보나 전설(傳說)로 보나 풍속과 관습으로 보나 불교로 보나 내지(內地)의 그것과 큰 차이가 없는 것이었다. 혈통적으로도, 또 문화적으로도 내선(內鮮)은 동일한 흐름을 이어받았기 때문이다. 그런데 지나사상(支那思想)에 심취하여 우리들 본연의 모습을 잊어버린 것이니, 실로 지나식 성명(姓名) 석 자에는 주술적 매력이 있었다고 할 수 있다. 이번의 창씨에 의해 이 주술로부터 해방된 것이다.

둘째, 우리들이 황국신민(皇國臣民)으로서 살고자 하는 굳은 결심과 감격을 창씨로써 선언한 것이다. 우리가 새로운 씨명(氏名)의 새 표찰(標札)을 내걸 때, 다시금 황국신민으로서의 맹세를 새롭게 하는 동시에 무한한 환희의 감격에 젖을 것이다.

셋째, 개인주의에서 국민주의로 옮아간 것이다. 새로운 씨(氏)를 선정한 것은 우리 자신이지만, 이를 허락한 것은 폐하의 재판소이다. 즉 우리는 폐하께 허락받은 씨를 갖게 된 것이다. 우리는 창씨로써 우리 자신을 폐하께 바친 것이다.

넷째, 가족제도의 강화이다. 씨(氏)는 가(家)의 칭호이지 성(姓)과 같은 개인의 칭호가 아니다. 명(名)이야말로 개인의 칭호이다. 어떤 혈통을 가졌든 어떤 씨를 가진 집안에 들어가면 그 집안의 씨를 가지며, 따라서 그 집안의 전통과 가풍을 따르는 것이다. 가(家)는 국가의 구성단위이다. 씨를 가진 가족과 과거의 가족은 그 정신면에서 동일하지 않다. 이번의 창씨에 의해 반도(半島)의 가(家)도 일본적인 가가 된 것이다.

창씨는 결코 단지 성명(姓名)을 변경하는 것이 아니다. 국민으로서, 가족으로서 새로운 출발을 하는 맹세이자 선언인 것이다.

—「八月十日の喜」, 「국민신보」, 1940. 8. 18.;
「동포에게 보냄」, 박문서관, 1941. 1.

여자 교육

바야흐로 일본은 거국적으로 일대 민족 개조 운동을 벌이고 있는 참이다. 남자든 여자든 국민 전체를 바로잡아 팔굉일우(八紘一宇)의 이념을 구현(具現)하는 투사로 양성하려는 것이다. 이기주의·개인주의·자유주의·파벌주의 등 모든 계급을 타파하여 천황 직속의 황국신민(皇國臣民)으로 만들려는 것이다. 한마디로 말하면, 대군(大君)을 위해 자기를 잊는 남녀를 만드는 일이다. 자기를 중심으로 하여 이해(利害)와 고락(苦樂)을 계산하는 것은 이미 금일 이후의 일본인에게는 통용되지 않는 것이다.

반도(半島) 동포라고 해서 이 대운동의 권외(圈外)에 있는 것은 아니다. 아니, 오히려 반도 동포는 내지(內地) 동포에 비해 배(倍) 이상의 각오와 노력이 필요하다. 그것은 문화 정도나 국민적 훈련이라는 점에서 볼 때 뒤떨어져 있는 자기를 책려(策勵)하여 뒤떨어진 그만큼을 따라잡고, 또 내지와 동일 선상에 도달하고자 하는 까닭이다.

그 노력의 중심이 되는 것은 애국심(愛國心)과 국법(國法) 및 국책(國策)에 충실하는 것인데, 애국심의 가장 단적인 발로가 병역(兵役)에 복무하는 것이라면 국법과 국책에 충실함의 가장 단적인 발로가 오늘날의 경우 물자 절약과 저축임은 말할 것도 없다. 그런데 이는 국민 전체의 마음가짐이 아니면 안 되는 것이지만, 특히 그 중축(中軸)이 되는 것은 부녀자이다. 그중에서도 가정부인이다. 절미(節米) 및 그 밖의 물자 절약과 사치 폐지가 주부 관할 내의 일일 뿐 아니라, 장정(壯丁)이 지원병이 되거나 사관학교(士官學校)에 들어가는 것은 대부분 어머니의 영향이라고 생각한다. 또 경시되어서는 안 되는 것이 누이나 그 밖의 젊은 여성의 영향이다.

"오빠, 왜 군대에 가지 않아?"

하는 누이의 한마디는 청년에게 심상치 않은 감동을 줄 것이다.

"저 남자, 몸이 튼튼한데도 군대에 가지 않는군요."

하고 젊은 여성에게 비웃음을 받으면 어떨까. 일본 군인이 강한 것은 일본 여성이 온순하기 때문이라고 한다. 그 온순한 여성이 강한 남성을 격려하기 때문이다. 반도의 여성도, 혹은 어머니로서, 혹은 아내로서 누이로서 연인으로서, 젊은 남성이 국민다운 국민이 되도록 격려하지 않으면 안 된다.

따라서 여자 교육이 필요하다. 성인인 부녀자나 취학이 어려운 젊은 여자의 교육이 필요하다. 긴요하다. 야학도 좋고 강연도 좋다. 하루라도 빨리 조선의 여성들에게 국민정신을 주입하지 않으면 안 된다. 전 조선 각 소학교에 부녀자 교육기관을 병설(倂設)하는 일은 청년훈련소에 못지않은 중요성이 있다고 생각한다.

—「女子敎育」, 『국민신보』, 1940. 8. 25.

내선(內鮮) 청년에게 보냄

청년 여러분, 여러분은 내선일체(內鮮一體)의 진의(眞義)를 충분히 인식하고 있는가? 내선일체가 우리 제국(帝國)에 얼마나 중대한 의의를 갖고 있는지 참으로 인식하고 있는가? 내지(內地)의 청년 여러분 중에는 무슨 조선 따위를, 하고 얕잡아 보는 사람은 없는가? 반도(半島) 청년 여러분 중에는 될 대로 되라고 소극적인 생각을 갖고 계신 분은 없는가? 만일 그런 마음가짐을 가진 사람이 있다면 그것이야말로 큰일이다. 왜냐하면 내선일체는 실로 아시아 신질서의 기점(基點)이기 때문이다. 내선일체의 열매를 거둠 없이 아시아 여러 민족의 융합을 바랄 수는 없다. 뿐만 아니라 앞으로 국방의 견지에서 보아 내선일체는 실로 생명선이라고도 할 수 있을 것이다. 내선(內鮮) 양 민족이 폐하의 군인으로서 국방선상에서 하나가 되어서야말로 제국의 국기(國基)는 태산반석(泰山盤石) 위에 놓이는 것이다. 내선 청년 여러분은 이 점에 대해 충분히 인식하고 있는가?

우선 조선 청년의 입장에서 보자. 여러분의 일생 — 가령 앞으로 약 30년 동안 — 은 내선일체 사업을 위해 바쳐지지 않으면 안 된다. 여러분의 일생에서 그 밖의 모든 개인을 위한, 가족을 위한 이익과 향락·권리·요구를 없애고, 오로지 내선일체에 대한 봉사로써 여러분의 일생을 채우지 않으면 안 된다. 지금부터 30년 후에 완전한 내선일체의 업(業)을 성취하기 위해 모든 노력, 모든 희생을 다 바칠 각오로 임하지 않으면 안 된다. 내선일체를 완수하여 반도 민중으로 하여금 대대로 황국신민으로서의 광영을 입도록 노력하는 데 여러분의 일생을 바치지 않으면 안 된다. 이것이야말로 청년 여러분의 신성한 의무이자 동시에 위로는 성명(聖明)에 응해 드리고 아래로는 자손을 위해 진력할 방법이라고 믿는다.

그런데 이 일은 결코 반도 청년에 의해서만 달성될 만한 성질의 것이 아니다. 내지 측의 청년과 빈틈없이 장단을 맞춤으로써 비로소 그 성과를 얻을 수 있으며, 이야말로 수레의 두 바퀴처럼, 악기와 연주자처럼, 그 가운데 하나라도 없으면 소용없는 것이다.

내선일체는 양 민족의 역사적 숙명이고, 메이지대제(明治大帝)의 유모(遺謨)이며, 금상(今上) 천황 폐하께서는 반드시 이 홍업(鴻業)을 완수하실 생각이라고 삼가 배찰(拜察)한다. 조선인의 교육 차별 철폐로 보아 그러하고, 특별지원병제도로 보아 그러하며, 씨제도(氏制度)의 마련으로 보아 그러하다. 이들은 실로 반도의 적자(赤子)를 완전히 황민화(皇民化)시키려는 고마우신 대어심(大御心)의 발로이며, 따라서 내지인과 반도인 모두에게 나아가고 노력해야 할 방향을 보여 주신 것이며, 성심성의껏 노력할 것을 명(命)하신 것이라고 배찰하는 것이 당연하다고 생각한다. 따라서 만약 내선 청년의 무자각과 태만으로 인해 이러한 존귀한 황유(皇猷)에 대한 익찬(翼贊)의 성의가 부족하여 내선일체의 성과를 한 세대 지연케 되는 일이라도 생기면, 그것이야말로 신자(臣子) 된 도리로서 황공하기 짝이 없다고 하지 않을 수 없다. 뿐만 아니라 국운(國運)의 진전과 양 민족의 행복이 그만큼 저해될 것이다.

청년 여러분, 그러면 여러분은 무엇을 해야 할 것인가? 총명한 여러분은 내선일체라는, 역사적으로 중차대한 황모(皇謨)를 인식함으로써 각자 수행해야 할 역할을 자각하는 것이라고 믿는다. 이 한 가지가 동시에 대군(大君)을 위하고 나라를 위하고 동포를 위하고 자손을 위하며, 그리고 또한 아시아를 위한 모든 의무의 기조(基調)가 되기 때문이다. 이렇게 여러분은 다른 사람이 제시해 주지 않아도 자기의 진로를 발견하겠지만, 시험 삼아 두세 가지 구체적인 순서를 언급하고자 한다.

  내지의 청년 여러분, 여러분은 우선 조선 및 조선인을 알라. 조선에 관한 서적을 읽고, 조선인과 친구가 되라. 많은 친구가 생기면 더할 나위 없겠지만 한 사람의 친구라도 괜찮다고 생각한다. 그 조선인 친구 한 사람의 마음을 알고, 동시에 여러분의 마음을 그 조선인 친구 한 사람에게 털어놓고 이야기하여 알려 주어라. 조선인 청년에 대해서도 똑같이 말할 수 있다. 여기에는 서로 다소의 노력과 희생이 필요하다. 오랫동안 다른 역사와 풍습 가운데 자란 사람끼리 처음에는 조금 어색한 점도 있고 오해하기 쉬운 점도 있으며, 종종 불유쾌한 감정이 따르는 점도 있을 것이다. 그러나 오랫동안 참을성 있게 교제하는 가운데 절로 서로 상대방에게서 자기를 발견할 것이다. "아아, 그랬던가. 알고 보니 같은 마음을 가진 형제였구나." 하고 환호성을 지를 것이 틀림없다. 이런 친구 관계가 한 쌍 생기면 내선일체의 강력한 밧줄이 한 가닥 생긴 셈이며, 이런 밧줄이 하나씩 늘어남으로써 이들 수천수만의 그물을 통해 신경과 혈액이 서로 통하여 마침내 내선(內鮮) 일억의 동포가 한마음 한뜻으로 뭉칠 것이다. 이 개인적 접촉과 결합이야말로 내선일체의 기초공사이며 동시에 주된 공사이고 또한 마무리 공사이기도 해서, 이것 없이는 수많은 선전이나 구호도 결국 공염불에 그칠 것이 틀림없는 것이다.

  다음으로 반도 측 청년으로서는 자기를 황민(皇民)으로 개조하기 위해 부지런히 힘써야 할 것이다. 일본 정신을 잘 연구하고 그것을 자기의 정신으로 삼게끔 일상적으로 노력하는 것이다. 이를 위해 우선 국어(國語)를 완전히 학습하여 진짜 모국어가 되도록 노력하고 신사참배(神社參拜)와 그 밖의 예의범절에 익숙해지도록 이를 습득하며, 몸도 마음도 완전히 순수한 일본인이 되도록 매일, 시시각각 수행하지 않으면 안 된다. 이렇게 자기 한 사람을 완전하고 모범적인 일본인으로 만드는 것은 자기 자신에 관한 일이므로 이것이 불가능할 리는 없을 것이다. 반도 청년 여러분, 여러분에게 이 일이야말로 생명보다 중요한 일인 것이다. 대군(大君)을 위한 최대의 의무이자 동시에 2,400만 조선 동포와 그 자손만대를 위한 신성한 의무인 것이다.

마지막으로 조선 청년 여러분, 여러분은 특별지원병에 나서라. 지원병에 나갈 수 없는 사정이란 하나밖에 없을 것이다. 병약함이 그것이다. 그 이외의 사정이란 결코 사정이 아닌 것이다. 따라서 병약자를 빼고는 전부 특별지원병에 지원하라. 조선의 장정이 전부 병역의 의무를 완수하는 날이야말로 조선에 황민화 완수의 영광이 오는 것이다. 그리고 불행히 지원병 의무 선발에서 누락된 경우 여러분은 혹은 방호단원(防護團員)으로서, 혹은 애국반원(愛國班員)으로서 어떤 직업이든 불문하고 그 직업을 통해 총을 들고 전선에 선 각오로 나라를 위해 진력하라. 이렇게 하는 것이 여러분 자신과 여러분의 가정과 여러분의 동포에게 행복과 광영을 가져오는 유일한 길임을 명심하라.

청년 여러분, 제국(帝國)의 전도는 광영(光榮)에 차 있는 것이다. 우리 일본은 바야흐로 세계의 지도자 되기라는 목표를 향해 당당히 매진하고 있는 것이다. 여러분의 땀과 피는 한 방울도 헛되지 아니하고 영원한 빛의 원천이 될 것이다. 이러한 영광 있는 나라, 이토록 희망에 빛나는 성대(聖代)에 때마침 태어난 것은 실로 드문 일일 것이다. 내선(內鮮)의 청년 여러분, 이 천재일우(千載一遇)라고나 할 생(生)의 봄날을 축하하지 않으려는가.

— 가야마 미쓰로, 「內鮮靑年に寄す」, 「총동원」, 1940. 9.

잇따른 기쁨

조선인에게 의무교육 제도를 실시해야 한다는 것이 정무총감(政務總監)의 담화로 발표되고, 이에 대해 시오바라(鹽原) 학무국장이 준비를 명받았다고 발표했다. 의무교육은 특별지원병·창씨와 함께 내선일체의 세 축이라고 할 만하다. 게다가 이들 대사업이 겨우 3년 동안 잇달아 열매를 맺게 된 것은 얼마나 놀라운 일인가. 얼마나 고마운 일인가.

의무교육이 결국 실시되기까지 재정적·인적 및 그 밖의 준비를 위해 상당한 시일이 필요할 것은 당연하지만, 당국의 의향이라고 전해 들은 바에 의하면 1950년(昭和 25)까지는 국민개학(國民皆學)의 실현을 보리라는 소식이다. 만약 그렇다고 하면 지금부터 10년 후에는 반도인(半島人)의 학령아동 남녀를 불문하고 전부 국민교육을 받게 될 것이며, 그때까지는 오늘날의 취학률인 4할 5푼에서 점차 증가하여 1942년(昭和 17)에는 6할에 이르고, 이렇게 매년 소학교의 학교와 학급 수가 증가하여 늦어도 1950년(昭和 25)까지는 의무교육의 완성을 보리라는 것이다.

말할 것도 없이 국민교육은 국민 생활의 기초를 이루는 것이고, 국민정신은 실로 국민교육을 통해 국민에게 전수(傳授)되고 훈육(訓育)되는 것이다. 교육은 결코 개인의 생활욕을 만족시킬 힘을 주기 위해서가 아니라, 국가 이상 실현에 필요한 국민을 만들기 위해 시행되는 것이다. 따라서 아동에게 국민교육을 주는 것은 그 아동을 국가 목적에 어울리는 국민으로 양성하기 위해서이다.

이는 단지 소학교 교육만 그런 것이 아니다. 중등교육은 물론이고 대학·전문교육도 마찬가지이다. 국가가 어떤 개인에게 어떤 종류의 교육을 시행하는 것은 그 개인에게 직역봉공(職域奉公)을 요구하는 까닭이고, 거꾸로 말하면 국가에 봉사함으로써 자신의 인간적 직책을 다하고, 이른바 태어난 보람 있는 삶을 온전케 하려는 것이다. 이 사상은 저 이른바 자유주의 시대에는 분명하지 않았다. 아니, 개인이 교육을 받는 것은 자기의 생활욕을 충족하기 위한 방편인 듯이 생각되던 시대도 있었다. 오늘날도 이런 잘못된 견해를 갖고 있는 사람이 없다고는 할 수 없지만, 이러한 견해는 일본 정신에 어그러지는 것이다. 의무교육을 이런 각도에서 보는 사람이 있다면 용납되기 어려운 착각이라고 하지 않을 수 없다.

의무교육이 문제 되는 이때에 중등학교 이상에 재학하는 남녀 학생은 모쪼록 배움의 의의를 재검토하여 개인적 욕망 중심의 사상을 청산하고 일본을 위한 나, 국가를 위해 직역봉공하기 위한 배움의 의의를 명료히 파악해야 할 것이다.

―「失繼早の喜び」, 『국민신보』, 1940. 9. 8.;
『동포에게 보냄』, 박문서관, 1941. 1.

개인의 신체제

우리 제국(帝國)은 든든하게 비상시국을 극복하고 만몽(滿蒙), 지나(支那), 프랑스령 인도차이나, 태국, 네덜란드령 인도네시아, 그 밖에 서남(西南) 태평양 제도(諸島)를 포함한 대동아공영권(大東亞共榮圈)을 완성하기 위해 신체제(新體制)를 만들고 있습니다. 신체제란 일억 국민(國民)이 일심일체(一心一體)가 되어 고도국방국가(高度國防國家)를 만드는 것이고, 고도국방국가란 일억의 국민이 각각 맡은 바 직역(職域)에서 병사(兵士)가 되는 것입니다. 신체제에서는 농부도 어부도 상인도 직공도 학자도 예술가도, 또는 가정의 부인까지도 지금까지의 자유인의 태도를 버리고 병사가 되는 것입니다.

병사란 단지 총을 들고 전선(戰線)에 선 용사(勇士)만 가리키는 것이 아닙니다. 고도국방국가에서는 모든 직장이 전선입니다. 상인도 농부도 병사처럼 국가의 명령에 절대 복종하는 태도를 취하고, 할당된 의복과 식료에 만족하며, 할당된 직무에 생명을 바치는 것입니다. 지금까지는 전선에 선 장병을 제외하고는 우리 국민은 임의로 후방에서 봉공(奉公)을 한다는 원칙이었지만, 이제부터는 우리 자신이 일선(一線)에 선 장병과 마찬가지로 명령 계통 아래 서는 것입니다. 이제 우리에게는 제멋대로 구는 일이 조금도 용납되지 않습니다. 불평도 변명도 통하지 않습니다. 단지 묵묵히 위에서 오는 명령에 복종하지 않으면 안 됩니다. 보리밥을 먹으라고 명령받으면 "예.", 사치를 해서는 안 된다고 명령받으면 "예.", 이런 것을 만들어서는 안 되고 사용해서도 안 된다고 명령받으면 "예.", 이런 장사는 그만두라고 명령받으면 "예.", 이렇게 모든 것을 "예, 예."로 가는 것이 신체제입니다. 비평적 태도도 용납되지 않는 것입니다.

그러나 우리는 이 복종을 기쁨으로 여기고 광영(光榮)으로 여기지 않으면 안 됩니다. 왜냐하면 이것은 모두 우리나라를 위해서이고 우리 자손의 영원한 행복을 위해서이기 때문입니다. 이런 고도국방국가적 신체제가 아니고서는 지금 제국(帝國)이 목적으로 삼아 나아가고 있는 동아 신질서의 성업(聖業)은 완수될 수 없기 때문입니다.

그러므로 우리는 각자 엄격한 반성을 통해 자기의 신체제를 만들지 않으면 안 됩니다. 우선 자기 한 개인의 생활부터 바로잡읍시다. 6시의 '기상' 사이렌이 울리면 반드시 일어납시다. 7시 궁성요배(宮城遙拜) 사이렌에는 반드시 궁성요배를 합시다. 정오의 묵도(默禱) 사이렌에 반드시 묵도합시다. 그 밖에 애국반장을 통해 오는 모든 명령에 기쁘게 복종합시다. 그리고 종래의 자기 직업을 일단 나라에 봉환(奉還)하고 새롭게 그 직분에 임명된 마음가짐으로 열심히 일합시다. 이제 그 일은 우리 자신을 위한 것이 아니라 나라를 돕기 위한 것입니다. 장사를 하는 것은 돈을 벌기 위해서가 아니라 나라를 돕기 위해서입니다. 한마디로 말하면, 우리는 이제 병사인 것입니다. 이윤경제(利潤經濟) 시대는 이미 일본에서는 자취를 감추었습니다. 이제부터는 직역봉공(職域奉公)의 시대입니다. 병사와 같이, 또는 가족의 일원처럼 이윤을 도외시하고 일하는 것입니다.

종래의 제멋대로의 생활, 이윤을 위한 생활에서 봉공의 생활, 복종의 생활로 들어가는 데는 각오와 노력이 필요한데, 그러나 이제 그것은 단지 도덕적이고 임의적인 것이 아니고 싫든 좋든 그렇게 하지 않을 수 없게 된 것입니다. 강제적으로 그렇게 되는 것입니다. 다만 이 경우 자각하여 자발적으로 임하는 사람은 자유의 기쁨과 국민으로서의 긍지를 맛보겠지만, 그렇지 못한 사람은 노예적인 고통과 함께 부끄러움을 느껴야 할 것입니다.

— 「個人の新體制」, 「국민신보」, 1940. 9. 15.

배움의 감격

음력 8월 15일 밤, 동쪽 하늘에 구름이 드리워 있어 때로 보름달의 모습을 가렸다. 용두정(龍頭町)이라면 청량리와 가까운 변두리인데, 가난한 집들에도 달은 비치고 있어 전등 빛 아래서 저녁을 마친 단란한 식구들의 그림자가 더러운 장지문에 비치고 있었다.

나는 이 동네에서 오늘 밤 있을 여자 야학(夜學)의 수료식(修了式)을 보기 위해 좁은 한데 길을 더듬어 지팡이를 끌었다.

낡고 초라한 교사지만 밝게 전등이 켜져 있고, 한가위와 경사스러운 졸업식이 함께 온 터라, 낮 동안 직장에서의 피로를 잊고 새 옷으로 꾸민 젊은 부인네와 여자아이들이 마당과 입구에 모여 있거나 창밖으로 얼굴을 내밀고 있어 몹시 활기차 보여 기뻤다.

"이제부터 식이 시작됩니다. 모두 착석해 주십시오."
하고 남자 교원과 여자 교원이 알리며 돌아다니자 졸업생들은 눈 깜짝할 사이에 식장(式場)으로 사라졌다.

식장이란 교실로, 칠판 쪽에 막을 드리워 대형 일장기(日章旗)를 꾸몄고 그 앞에 테이블이 한 개 놓여 있었다. 그 좌우는 내빈석(內賓席)과 직원석(職員席), 그리고 생도(生徒)들은 모두 흰 버선을 신고 차렷 자세로 가득 들어찼다고 해도 좋을 정도로, 그러나 정확한 간격으로 정렬하여 늘어서 있었는데, 모두의 얼굴은 기쁨으로 빛났다. 책상도 걸상도 모두 치워 버리고 마루는 새하얗게 닦여 있어 잘 정돈되어 있었다. 이것이 기역 자도 모르고 인사법도 몰랐던 교육받지 못한 부녀자들로, 3개월 150시간의 수업과 훈련을 받은 사람들인 것이다. 그 150시간이라는 것은 그들이 평생 받은 교육의 전부인 것이다.

"경례."

"궁성(宮城)을 향해 최경례(最敬禮). 바로."

까지는 크게 놀라지 않았지만,

"「기미가요」합창."

하는 대목에서 65명의 부녀자가 실로 훌륭하게 국가를 부른 데는 정말 감격하지 않을 수 없었다.

"둥근달처럼 빛나 달아."는 설립자 측의 훈사(訓辭)가 있고 나서 졸업생 대표에게 수료증 수여가 있었다. 대표라는 이는 조선식으로 머리를 묶은 24, 5세가량의 가정부인으로, 그 걸음걸이며 예절, 증서를 받는 예법 등 모두 훌륭한 것이었다.

"이제 조금 있으면 여러분의 동생들과 자제분이 모두 학교에 들어갑니다. 의무교육이 실시되는 것입니다. 그리고 여러분의 남동생과 아들들은 병약하지 않은 한 모두 나라를 위해 군인이 될 것입니다. 이른바 징병이라는 것입니다. 올바른 아내가 되고 어머니가 되어 폐하께서 맡기신 아드님을 훌륭하게 키워 주십시오. 좋은 일만 하면 신께서는 반드시 우리에게 좋은 것을 해 주시는 것입니다."

하는 의미의 내빈(內賓) 측의 축사가 있었고, 마지막에 나를 놀라게 한 것은 그들이 「기미가요」와 마찬가지로 훌륭하게 「우미유카바」를 부른 것이었다.

식을 끝내며 교원(敎員)은,

"위층에 졸업생들이 준비한 사은회(謝恩會)가 있습니다. 다과(茶菓)

가 마련되어 있습니다."

하고 말하며 우리를 이층으로 안내했다. 이층도 정말 깨끗하게 청소되어 있다. 책상 위에 하얀 양지(洋紙)를 가로세로 다섯 치 정도로 잘라 과자 접시와 찻잔 받침으로 삼았고, 그리고 같은 크기의 종잇조각으로 과자와 찻잔을 덮어 놓았다. 그 세세한 마음 씀씀이도 기뻤다.

잘 끓여진 보리차가 나오자 앞서의 졸업생 대표가 감사의 말을 했다. 종잇조각을 손에 들고 낭독하는 것이었지만 발음도 꽤 정확했다. 그것은 선생이 써 준 것인 듯 어려운 말도 있고, 두세 군데 막히는 곳도 있어서 저절로 미소가 나왔다. 설사 서투르더라도 자기의 말로 감사의 말을 해 주었으면 싶었다. 그러나 겨우 150시간의 교육이다. 그것으로 용케 이 정도의 지식과 훈련을 얻었구나 하고 감탄하지 않을 수 없었다.

"어떻습니까, 감상이?"

하고 설립자인 노무라 고엔(野村弘遠) 씨가 묻길래 나는,

"정말 경이롭고 감격스럽습니다. 모두 문화인의 풍격을 갖추지 않았습니까?"

하고 대답했다. 내 말은 결코 □□이 아니라고 생각한다.

이 생도들은 3개월의 훈련 만에 내지식(內地式)의 예의범절에도 친숙해졌고, 국어(國語)도 일상 회화가 가능하며, 라디오 체조도 외우고 산술(算術)도 곱셈까지는 배웠다고 한다.

"처음에는 싸움을 하는 사람도 있었지요. 반성하는 훈련을 한 덕분에 나중에는 싸움이 없어졌습니다."

이는 담임선생의 설명이었다.

이제부터 생도들끼리의 이별 다화회(茶話會)가 있다고 해서 우리는 자리에서 일어섰는데, 졸업생들이 현관과 문까지 나와 정중히 허리를 굽

히며,

"아리가토고자이마시타. 사요나라.(감사했습니다. 안녕히 가세요.)"
하고 국어로 이별 인사를 해 주었다. 얼마나 진심 담긴 '사요나라'인가. 바라건대 그들에게 행복 있으라.

덧붙여 말하면, 이는 노무라 고엔 씨를 회장으로 하는 국민훈련회가 작년부터 시작한 야학 운동의 하나로 현재 경성부(京城府) 내에는 16곳에서 행하고 있다고 한다. 소학교의 교사를 빌리고 교원에게 월 30원의 수당을 지급하는데, 한 학급 1기 3개월간의 총경비는 백 원으로, 그 경비 백 원은 노무라 회장이 부담한다고 들었다. 각지의 유지(有志)는 노무라 씨를 본받기를 바란다.

― 가야마 미쓰로, 「學びの感激」, 『경성일보』, 1940. 9. 19.

두세 가지 제안

　국어(國語)의 보급을 위해서는 야학(夜學)을 많이 만들지 않으면 안 된다. 전 조선의 소학교 교사(校舍)를 이용하여 한 학교에 한 학급, 또는 몇 학급의 야학을 만들어 3개월 동안 150시간을 가르치면 낫 놓고 기역 자도 모르는 부녀자도 일상 회화를 하고 가나(假名)로 편지를 쓸 수 있고, 3백 자 정도의 한자를 익힐 수 있으며, 그리고 내지식(內地式)의 예의범절과 국민도덕 요령(要領)을 훈련할 수 있다고 한다. 이는 현재 경성(京城)에서 수십 곳에 걸쳐 시도되고 있는 국민훈련후원회의 야학 경영 실적으로 보아 확실한 일이라고 한다. 게다가 그 경비는 한 학급당 1회 백 원이면 충분하다. 각 지방의 교육 당국 및 지방 유지(有志)에게 권하고 싶은 바이다.

　이것도 국어에 대한 것인데, 조선인 학교와 내지인만의 학교가 병존하는 곳에서는 이따금, 예컨대 한 달에 한 번 정도 양쪽 학교 학생들의 친목회(親睦會)를 열었으면 하는 것이다. 전교생의 만남은 인원이 너무 많을 우려가 있으니, 5학년이라면 5학년끼리 만나는 식으로 하면 좋을 것이다. 그리고 내지인 한 사람과 조선인 한 사람이 파트너가 되어 서로 이야기를 나눈다든지, 또는 함께 이야기를 경청하는 것이다. 이렇게 함으로써 제2세의 친목과 상호 이해를 도모하는 동시에, 조선인 측에서는 실제로 국어를 사용할 기회를 얻을 수 있다. 만나는 횟수를 거듭하는 가운데 파트너끼리는 친한 친구가 될 것이다.

7시의 궁성요배(宮城遙拜), 정오의 묵도(黙禱)는 길 위에서라도 힘써 행해 주었으면 하는 사항이다. 역시 전차도 자동차도 딱 멈추는 것이 좋다. 보행자는 물론이다. 이는 국민정신 앙양(昻揚)에 참으로 효과가 있을 것이라고 생각한다. 현재 각 학교의 학생들은 모두 실행하고 있는데, 길에서 어른들이 행하지 않는다는 것은 첫째로 교육에 좋지 않다. 이런 일은 경찰과 경방단(警防團), 학생을 총동원하여 교통정리하듯 일정 기간 중에 훈련하면 큰 효과가 있을 것이라고 생각한다.

　다음으로 큰 사치품, 큰 낭비이면서도 돌아보지 않는 것이 있다. 그것은 유한계급(有閑階級)의 고용인이 너무 많은 것이다. 조선의 유복한 가정에서는 식모(食母)니 찬모(饌母)니 침모(針母)니 상노(床奴)니, 실로 지나치게 많은 사람을 부리고 있다. 그것은 두세 사람의 나태와 사치를 위해 낭비되는 노동력인 것이다. 이런 고용인이 있기 때문에 주인 가족은 손가락 하나 까딱하지 않고 있다. 근로의 풍습을 위해서도 이런 고용인은 정리해야 하고, 그 노동력은 유익한 일에 돌려야 할 것이다.

　마지막으로 근래 변소치기가 한 달에 한 번 정도밖에 오지 않는 곳도 있고, 청소계(淸掃係)에 요청하면 "요즘 인부가 없다. 변소를 고치라."고 쌀쌀맞게 응대한다. 인부가 없으면 변소 차와 통만이라도 보내 주었으면 한다. 그러면 나 스스로 퍼낼 것이다. 한 달이나 그대로 두면 어떤 결과를 초래할지는 당국도 잘 알고 있을 것이라고 생각한다.

―「二三の提案」, 「국민신보」, 1940. 9. 22.

쓸모 있게 되자

　청년훈련소의 훈련생 한 부대가 현역 군인에게 인솔되어 남소문(南小門) 언덕을 오르는 것이 보였다. 청년들에게 군사훈련을 실시하기 시작한 것이다. 이는 전 조선에 걸쳐 실시될 예정이다. 모든 청년은 군사훈련을 받고, 언제 어느 때라도 나라에 쓸모 있게 되자는 것이다.
　나라에 쓸모 있다는 것은 단지 국방(國防)의 일원에게만 해당되는 것이 물론 아니다. 농장·공장·관청·회사, 그 밖의 모든 직장에서의 자기 역할을 완수하는 것은 모두 나라에 쓸모 있는 일이다. 그러나 장차 고도국방국가(高度國防國家)가 되려 하는 우리 일본에서는 국방의 일원으로서의 임무에 복종하는 것이야말로 가장 쓸모 있는 일이다. 현재 군적(軍籍)에 몸을 두지 않은 사람이라도, 언제 어느 때 부름을 받더라도 곧 부름에 응하여 쓸모 있을 만큼의 준비가 긴요하다. 이것은 청년의 사명이자 특권이기도 하다. 청년 된 자는 평소 체위(體位)의 향상을 꾀하고 간난신고(艱難辛苦)의 생활을 견디는 한편, 죽음으로써 황은(皇恩)에 보답하겠다는 각오를 다지고 수련에 전혀 손색이 없는 마음가짐으로 살지 않으면 안 된다.
　신체제(新體制)의 준비가 갖추어졌다. 머지않아 마침내 중앙 간부의 조직이 만들어지고, 이어서 지방 조직도 만들어져 일억일심(一億一心) 대정익찬(大政翼贊)의 유례없는 대운동의 수레바퀴가 지축(地軸)을 흔드는 큰 소리를 울리며 구르기 시작할 것이다. 그리고 그 수레바퀴가 구르는 곳마다 동아공영권(東亞共榮圈)의 정지(整地), 기초 다지기가 척척 진척될 것이다.

그런데 이 대운동의 생명은 어디에서 나올 것인가? 그것은 일억 국민이 팔굉일우(八紘一宇)의 대어심(大御心)을 받들어 체득하고 각각 그 직장에서 맡은 바 역할을 멋지게 완수함으로써이다. 이를 직분봉공(職分奉公)이라고 한다. 국민 각자는 노인이든 젊은이든 윗사람이든 아랫사람이든 이 대기관의 톱니바퀴이고 축(軸)이며, 벨트이고 못[釘]이다. 하나라도 없으면 안 된다는 점에서 똑같이 중요한 것이다.

그렇기는 해도 그 중심은 역시 청년에게 있다. 국방(國防)에서는 물론 산업을 비롯한 어떤 것에서도 그 활동 주체는 청년층이다. 청년에게 힘이 있고서야 비로소 나라에 힘이 있으니, 청년의 사명이야말로 크다.

모든 청년은 각자 나라에 쓸모 있게 되자. 동아공영권의 완성이라는 고마운 국가 목표를 위해 언제 어느 때, 어떤 방면의 직장에서 부름을 받아도 곧 쓸모 있도록 준비하자. 마음의 준비, 신체의 준비, 가정 사정의 준비도 해 두자. 국민은 누구나 그렇지만, 특히 청년은 자기가 가진 모든 것을, 몸도 마음도, 자녀도, 재산도 폐하께 되돌려 드리는 것에서 다시 시작하자. 이것이 새로운 일본인으로서의 재출발인 것이다. 모든 것은 폐하의 것이고, 우리는 폐하의 것이라는 신념에서 재출발하자. 그리하여 폐하의 부름에 응해 쓸모 있게 되어 드리는 것을 일생의 목표로 삼아야 할 것이다.

—「お役に立とう」,『국민신보』, 1940. 9. 29.

동포에게 보냄

1. 자네와 나

여보게, 나는 자네에게 모든 것을 털어놓겠네. 이제 때가 된 것이지. 인연은 자네의 마음과 나의 마음을 동시에 성숙시킨 것이라고 믿네. 그리고 내게 말하고 싶은 마음이 일어나면 자네에게는 듣고 싶은 마음이 준비되어 있을 것이고, 내가 호소하는 것은 즉각 자네의 가슴속에 통할 것이라고 생각하네. 그리고 내가 자네라고 부르는 것은 야마토(大和) 민족 전체를 가리키는 것이고, 나라고 자칭하는 것은 반도인(半島人) 전체를 일괄한 것이라고 생각해 주기 바라네.

여보게, 우리는 이제부터 정말로 하나가 되지 않으면 안 되네. 그리고 일본이라는 같은 배를 타고 영원의 바다를 건너지 않으면 안 되지. 이는 실로 예삿일이 아니라네. 일찍이 인류가 상상조차 하지 못했던 대사업인 것일세.

그래, 자네가 보기에 내가 하는 말은 그다지 새로운 것이 아닐지도 모르네. 뭐 조선이 일본과 하나가 된 것은 이미 30년 전부터의 일이 아닌가, 라고 말해 버릴지도 모르지. 음, 그건 지당한 이야기네. 일한병합(日韓倂合)이 이루어진 것은 1910년(明治 43), 1940년(昭和 15)인 지금으로부터 셈하면 딱 30주년이지. 그러니 내가 이제부터 우리들 — 자네와 나 말일세 — 이 정말로 하나가 되지 않으면 안 된다 따위를 외치는 것은 우습게 들리겠지.

　그러나 여보게, 신중히 생각해 주게. 병합 당시부터 오늘날까지 양 민족의 결속은 실은 불완전한 것이었다네. 그러니까 진심에서 이루어진 것이 아니었다는 말일세. 이는 매우 온당치 못한 말일지도 모르지만, 내가 보는 바로는 그것이 진실이라네. 적어도 내 마음은 과거 30년간 마지못해 끌려왔던 것이네. 참으로 나는 천황의 적자(赤子)이고 나는 대일본제국의 신민(臣民)이라는 자각에서가 아니었지. 그것은 부득이한 복종이라고 생각했던 것이라네. 과거에도 또한 나는 일장기를 달고 만세도 불렀지만, 그러나 그것은 진짜 감격에서 나온 것은 아니었던 것일세.

　자네 쪽에서도 나의 이런 마음은 알아채고 있었다고 생각하네. 그리고 괘씸하다고 분개도 했겠지.

　여보게, 자네의 분개도 당연하네. 일본 국민이 되어서도 국가에 충성을 맹세하지 않는다면 그것은 용납될 수 없는 죄악이겠지. 죽여 버려도 아깝지 않겠고. 하지만 말이네, 같은 일본 국민이면서 같은 일본 국민이 국가에 대해 느끼는 감격이 느껴지지 않았던 내 처지도 되어 보게. 그것은 그대의 마음보다 몇 배나 괴롭지 않았겠는가. 총명한 그대는 그간의 사정을 헤아릴 수 있을 테지.

　그러나 여보게, 그것은 이미 과거의 일이라네. 이미 덮어 버린 일이라네. 그러니 새삼 그런 신상 이야기 따위를 할 필요는 없는 것이지. 이제부터의 일을 말하려는 게 아닌가. 자네와 내가 하나로, 언제까지나 하나로, 강제로가 아니고 마지못해서도 아니고 한쪽이 다른 한쪽에 끌려가는 것도 아니고 참으로 서로 마음과 마음이 맞닿고, 참으로 서로 사랑하고 서로 격려하여 더 힘센, 더 문화 높은 일본을 만들어 갈 상담을 하자는 것이 아닌가.

2. 나의 참회

여보게, 자네는 곧잘 내게 마음이 비뚤어져 있다고 말했지. 외고집에다 매정하다고 말했지. 다른 사람이 하는 말이나 마음을 순순히 받아들이지 않는다고 말했지. 여보게, 자백하네. 자네가 하는 말은 모두 맞다네. 한마디로 말하면, 그것은 모두 양아들 근성이었던 것이지. 위정자들이 반도인(半島人)에게 행하는 정책은 모두 나의 의사(意思)나 이해(利害)를 안중에 두지 않은 것이라고 의심하고 있었던 것일세.

그러나 의심에서 눈을 뜬 오늘날의 눈으로 보면 과거 30년간 나를 위해 행해진 모든 일은 모두 나를 생각하시는 대어심(大御心)의 표출이었다는 것이 확실해지네. 교통이 열리고 교육이 보급되고, 위생 시설이 완비되고 치안이 확보되고 산업이 진흥된 오늘날, 우리는 30년 전에 비해 매우 높은 문화를 향수(享受)하고 있지. 이것이 모두 일시동인(一視同仁)의 대어심의 표출이 아니고 무엇이겠나.

그런데 여보게, 나는 왜 지금까지 이런 사실조차 나를 위한 것은 아니라고 곡해하지 않으면 안 될 정도로 마음이 비뚤어졌던 것일까? 그렇지. 이런 사실을 얼마간 나도 몰랐을 리는 없네. 알긴 분명히 알았지만, 단지 그것은 나를 위한 것이 아니라고 굳게 굳게 스스로 타이르기까지 한 것이지. 조선의 산업이 발달하면 발달할수록, 문화가 높아지면 높아질수록 나는 이들 영역에서 발생하는 나쁜 점을 속속들이 분명하게 밝혀 수집했네. 그리고 이런 이유로 이런 점은 나의 이익이 되지 않고, 아니, 반대로 나의 행복과 생명을 해치는 것이라는 결론으로 이끌었던 것이네.

여보게, 내가 하는 말은 과장도 뭣도 아니라네. 문자 그대로 진실이지. 이상하게 생각되면 반도인 아무나 붙들고 탁 털어놓고 물어보시게. 누구라도 나와 마찬가지로 자네에게 이야기할 것이 틀림없네.

자네처럼 순진하게 자란 사람은 나의 이런 비뚤어진 마음을 이해하기 어려울지도 모르지. 그러나 지금 와서 생각해 보니, 이렇게나 오랫동안 이렇게나 철저하게 나의 눈을 미혹한 원인이 있었다네.

그 원인이란 첫째, 구주(歐洲) 열강의 식민지 정책이네. 나는 인도와 베트남의 운명을 눈앞에서 보았고, 도쿄의 대학에서 식민정책(植民政策)에 대한 강의를 들었네. 그래서 나는 조선도 인도나 베트남과 운명을 같이할 것이라고 생각했고, 피착취와 노예화, 이것이 내게 부여된 운명이라고 생각했던 것일세.

여보게, 과거 30년간 위정자나 민간의 의인(義人)들이 내지와 조선의 관계는 결코 모국과 식민지의 관계가 아니다, 일시동인(一視同仁)의 대어심(大御心)을 명심해 받들어 통치되는 것이다, 이렇게 매우 친절하게 내게 말해 주기도 했네. 그러나 내게는 순순히 그것을 받아들일 마음의 준비가 되어 있지 않았지. 그리고 어쩌면 그것은 나를 무마하기 위한 허황된 위안의 말이라고 생각하거나, 그렇지 않으면 그 의인 자신도 위정자의 진짜 의도를 모르는 인도주의자일 것이라는 정도로밖에 생각하지 않았던 것일세.

어째서? 어째서 나는 이렇게까지 위정자와 민간 의인들의 친절한 의견조차 악의(惡意)로만 해석했던 것일까? 여기에 두 번째 원인이 있다네.

그것은 얼마간 구체적인 어떤 약속도 없었다는 점일세. 나는 지금으로부터 14, 5년 전까지는 어째서 나에게 병역(兵役)의 의무를 주지 않는가, 그러니까 일시동인(一視同仁)이 아니라고 결론지었던 것인데, 그 후 좀 더 실제적이 되어서 나는 이런 식으로 추리하게 되었네. 즉 만약 반도인(半島人)을 참으로 일본 신민(臣民)으로서 평등하게 취급한다면 우선 의무교육을 시행해야 할 것이고, 그 후 조선에 징병령(徵兵令)을 시행해야 할 것이라고. 그렇게 되면 나도 일시동인의 대어심(大御心)을 받들어 조선이 통치되고 있다고 비로소 믿을 수 있을 것이라고.

그렇지 않은가, 여보게. 나의 추리도 그다지 무리는 아니지 않은가.

3. 거짓 없는 참회

참정권(參政權)은 왜 말하지 않는가 하면, 그것은 말할 필요가 없는 것이 아닐까. 의무교육이 실시되고 징병령이 실시되어 조선인 아이들이 전부 국민교육을 받고, 그리고 그 장정이 ― 나의 아들이지 ― 군인이 되어 총을 들고 전선(戰線)으로 간다.

여보게, 이렇게 되면 나는 완전히 일본 신민이 되어 버린 것이 아닐까. 그것은 형식적인 제도만은 아닌 것일세. 내 아이가 폐하의 군대에 들어가면 나는 마음으로부터 일본 신민이 되지 않을 수 없는 것이 아닌가.

자네는 내 말이 본말 전도라고 할 것인가? 내가 완전히 신민이 되고 난 다음이 아니면 아이는 군인이 될 수 없다고 할 것인가? 아니, 아니, 자네야말로 원인과 결과를 뒤바꾸는 오류에 빠져 있는 것일세.

여보게, 나는 자네에게 중대한 사실을 이야기할 작정이네. 그것은 다름 아니라 조선의 민중은 사실 조국(祖國)에 주려 있다는 사실이네. 설령 내가 마음이 꼬인 모습을 보인다 해도 그것은 내 자신 공공연히 일본 신민이 될 수 없기 때문이고, 또 될 수 있을 것 같지도 않으며, 될 수 있을 리도 없다는 자포(自暴)에서 나온 것이라네.

여보게, 나는 몇 번이고 몇 번이고 "너에게는 국가에 대한 충성이 없다."고 질책받아 왔네. 그것은 바로 그대로이네. 나에게는 충성이 하나도 없었던 것일세. 충성은커녕, 기회만 있으면, 하는 반역(反逆)의 마음조차 전혀 없었다고는 할 수 없네.

그러나 여보게, 나는 이렇게 말하고 싶었던 것이라네. 내게 충성을 보일 기회를 달라고. 내게 식민지의 토인(土人)으로서가 아니라 폐하의 적자(赤子)로서, 평등한 국민의 일원으로서 일본을 사랑하고 일본을 조국으로 삼고, 그리고 그것을 지키기 위해 목숨을 바치도록 해 달라고. 기회를 달라고.

그러나 나는 일찍이 이런 말을 입에 올린 적이 없네. 왜냐하면 그것은 통하지 않을 것이라고 체념하고 있었기 때문이지.

여보게, 실제로 내가 자네에게 호소하는 것은 이것이 처음이라네. 나는 다른 것은 어떨지 모르지만, 조선을 어떻게 해 달라, 이렇게 해 달라는 이야기는 이때까지 한마디도 한 일이 없고, 글 한 줄 쓴 일도 없네. 그것은 그런 것을 말해 봤자 아무런 소용이 없다고 굳게 체념하고 있었기 때문이지.

여보게, 인도인에게 영국을 사랑하라고 해 보았자 그것은 한갓 취흥(醉興)일 뿐이지. 베트남인에게 프랑스를 위해 목숨을 던지라고 해 보았자 억지로 내몰면 모를까 마음으로부터 충성을 바칠 마음이 될 리가 없지 않은가. 그래서 나는 나의 비뚤어진 마음을 관철해 온 것이라네.

그러나 오늘만큼은 나는 친밀함과 기쁨으로 자네에게 호소하고 싶었다네. 나의 마음을 30년 동안이나 가뒀던 엄청난 얼음이 녹은 것이지. 나는 마음으로부터 자네를 동포라고 부르게 된 것일세. 나는 기쁘네. 무척 기쁘다네. 이 편지를 쓰고 있자니 마치 연인에게 편지를 쓸 때처럼 가슴이 두근거리는군. 자네도 이 편지를 읽을 때는 이 변변치 않은 글에서 내

심장의 거센 고동을 느낄 것이라고 생각하네. 그리고 내가 지금 기뻐하고 있는 것처럼 자네도 기뻐해 줄 것을 믿네.

내가 어째서 이렇게 변했느냐고? 그래, 그걸 말하지. 그것이야말로 내가 가장 말하고 싶은 것이고, 자네 쪽에서도 가장 듣고 싶은 것이겠지.

나는 천황의 대어심(大御心)을 느낀 것이라네. 한마디로 말하면 바로 그것일세.

완고한 내 마음의 문을 열어 준 것은 지나사변(支那事變)과 미나미(南) 총독이었네. 지나사변은 아시아 장래의 운명과 일본의 국가적 공헌 및 정신을 보여 주었고, 미나미 총독은 "동아 신질서의 건설은 내선일체(內鮮一體)를 기초로 한다."고 언명하여 교육 차별의 철폐, 지원병제도 등을 실행했네. 그리고 최근에는 씨제도(氏制度)를 실시했지. 조선총독부 당국자의 언명에 의하면, 1950년(昭和 25)까지는 의무교육의 준비가 완성될 것이고, 또 가까운 시일 내에는 사실상의 징병(徵兵), 즉 지원병의 증가를 통해 국민교육을 받은 자 전부 징병검사를 실시하게 될 것이라고 하며, 또 미나미 총독 자신도 될 수 있는 한 빨리 조선에 징병령(徵兵令)을 실시하도록 하고 싶다고 말했네. 더욱이 이들 정책은 결코 사람이 바뀐다고 바뀌는 종류의 것이 아니고, 천황께 아뢰어 국책화(國策化)된 것이라고 삼가 들었지.

그래서 아무리 비뚤어진 나도 마침내 조선에 대한 국가의 진의를 이해하고 신뢰하게 된 것이네.

"천하를 다스리시는 신, 그리고 자네와 나란히 야마토(大和)도 고려(高麗)도 하나가 되어지이다."

하고 노래 부르게 된 것이지. 이는 나의 거짓 없는 참회라네.

4. 내선일체의 가능성

　자네는 앞서 언급한 나의 참회를 듣고 과연 다행이라고 생각하겠지. 반도인(半島人)이 그런 식으로 생각해 주는 것은 국가를 위해 축하할 일이라고 생각하겠고. 그러나 자네의 마음속을 들여다보면 여전히 석연치 않은 점이 한두 가지 남아 있을지도 모르네. 그것은 첫째, 반도인을 얼마큼 신용할 수 있을까 하는 것이겠고, 둘째로는 꽤 오랫동안 역사를 달리했던 양 민족이 그렇게 쉽게 혼연일체가 될 수 있을까 하는 의문이라고 생각하네.
　여보게, 나는 우선 두 번째 의문부터 문제 삼고 싶네. 그것은 두 번째 의문이 해결되면 첫 번째 의문은 저절로 풀리는 성질의 것이기 때문일세.
　역사가 다른 양 민족이, 라는 문제는 자네만의 염려는 아닐 것이네. 반도인 자신 또한 이 문제에 대해서는 확신을 갖지 못한 사람이 많다고 생각하네.
　만약 영국과 인도인이 혼연일체가 된다고 하면 아마도 천하의 누구 하나 이를 믿을 사람은 없을 걸세. 그것은 혈통도 문화도 매우 동떨어져 있고, 게다가 지리적으로도 결코 순치보거(脣齒輔車)의 관계는 아니기 때문이지. 마하트마 간디(Mahatma Gandhi)나 라빈드라나트 타고르(Rabindranath Tagore)가 아무리 영국의 언어에 뛰어나고 영국의 풍속과 관습에 완전히 동화했다고 해 보았자 그 누구의 눈에도 그는 영국인이라고는 비치지 않을 것이네. 더욱이 그리스도교 문명과 인도교 문명은 결코 조화할 수 있는 성질의 것이 아니지. 그러나 영국민과 아메리카 합중국민이 하나가 된다고 하면, 그것은 수긍할 수 있지 않은가. 이 양국이 만약 지리적으로 서로 접근해 있었다면 처음부터 분리하지도 않앉을 것이고, 또 일단 분리했더라도 벌써 다시 하나가 되었을 것이라고 생각하네.

여보게, 일본과 조선과의 관계는 영국과 인도의 관계에 비교할 수 있는 것이 아닐세. 물론 과거 수천 년간 다른 지역으로 나뉘어 다른 국민 생활을 해 온 것은 사실이지만, 상고시대(上古時代)의 동조동근(同祖同根)은 별도로 생각하더라도 다른 국민 생활을 해 온 동안에도 피와 문화는 끊임없이 교류했던 것이지. 오늘날의 일본인 가운데 조선 반도계의 혈통을 직접 이어받았다고 추단할 수 있는 사람만 해도 그 수가 1,800만 이하는 아니라고 하네. 그것은 헤이안조(平安朝) 시대의 『신찬성씨록(新撰姓氏錄)』및 기타 기록에 남아 있는 자료로부터 추산한 것인데, 성씨록에도 오르지 않은 이주민이 그보다 많았을지도 모르네. 이렇게 보면 일본 민족과 조선 민족의 관계가 영국과 아메리카 합중국인의 관계에 혈통적으로 견줄 수 있다는 내 말은 결코 사리에 어긋한 것이라고는 할 수 없을 테지.

첫째, 얼굴이 닮지 않았는가. 언어와 의복을 제외하면 어느 쪽이 어느 쪽인지 구별되지 않지 않는가. 자네와 내가 어딘가에서 우연히 마주친다면 서로 이야기해 보지 않고는 일본인인지 조선인인지 알 수 없을 것이 아닌가.

다음으로 문화를 생각해 보세. 첫째, 신도(神道)에서부터 양토(兩土)가 공통이네. 조선에서 고신도(古神道)의 색채를 없애기 시작한 것은 이조(李朝) 성종·중종 무렵부터로 4백 년 남짓 전의 일이지. 그것은 유교가 왕성해져 지나숭배(支那崇拜) 사상에 중독된 탓이었네. 하지만 지금도 조선 민중의 종교 감정은 고신도와 불교가 혼합된 것으로, 이것은 내지(內地)와 다르지 않지.

오늘날 내지에서 숭배되고 있는 신(神)으로 조선에서 옮겨 간 내력이 명료한 것만 해도 교토(京都) 히라노신사(平野神社)의 신령(神靈)을 비롯하여 수많은 하쿠산신사(白山神社) 등 수를 헤아릴 겨를이 없을 정도라네.

　다음으로 불교에서 양토(兩土)의 관계는 너무나 잘 알려진 사실로 새삼 늘어놓을 필요도 없다고 생각하네. 일본에 불교가 전래된 것이 백제로부터였고, 쇼토쿠태자(聖德太子)에게『법화경(法華經)』을 강의해 올린 것이 고구려의 승려 혜자(慧慈)이며, 어디어디의 불상(佛像)과 사원(寺院)이 어떻다고, 새삼스레 죽 늘어놓을 필요도 없다고 생각하네. 유교도 그렇지. 미술·공예도 그렇고.

5. 병참기지(兵站基地)로서

　신도(神道)·유교·불교·미술·공예, 그리고 언어, 이것들을 합한 것이 문화가 아닌가. 이 문화로부터 생긴 것이 사상이고, 인정과 풍속, 국민정신이지. 언어의 경우도 일본어에 흡수되어 있는 조선어를 어원(語源)으로 하는 말은 영어에 흡수되어 있는 라틴어의 수보다 적지 않다고 생각하네.

　그러니 여보게, 자네와 나는 혈통으로 보나 문화로 보나 종형제(從兄弟) 동지란 말일세. 그럴 수밖에 없지. 따라서 나는 혈통과 문화 면으로 보아 자네와 내가 같은 신의 자손[氏子]이 되고, 같은 천황의 신민이 되는 데 아무런 무리도, 사리(事理)에 어긋남도 없다고 생각하네.

　그러나 혈통과 문화만으로 내선일체(內鮮一體)가 완수되는 것도 아니겠지. 그것은 영국과 아메리카 합중국이 하나가 되지 않는 것을 보아도 알 수 있네. 양 민족이 하나의 국민으로 결합하려면 이상(理想)과 이해(利害)의 일치가 필요한 것일세. 그러면 자네와 나는 이상과 이해가 일치하고 있는 것일까? 이 점이 확실해지면 우리의 이론은 이제 끝이 나는 셈이지.

여보게, 조선은 일본 대륙 경영의 병참기지라고 불리고 있네. 그것은 당연한 일이지. 그러나 단지 병참기지라고만 말해 버리면 마치 그 땅만을 가리키는 것처럼 받아들여지기도 한다네. 조선 반도의 땅이 지리적 관계 면에서 병참기지의 역할을 하는 것처럼 들리지. 그러나 나는 그렇게만 생각하지 않네. 조선 반도의 주민도 병참기지의 임무를 띤 것이 아닐까 생각하네. 즉 조선인의 마음이 일본 대륙 경영의 병참기지가 되지 않으면 안 된다는 것이지.

자네는 내 말을 갑자기 수긍할 수는 없겠지. 무리도 아닐세.

첫째, 조선이 제국의 병참기지가 되려면 조선인의 충성이 첫 번째 요건이라는 의미라네. 가정하는 것조차 매우 불길한 일이지만, 그 어떤 시기에 2,300만이나 되는 조선인이 나쁜 마음을 일으켰다고 가정해 보게. 그리고 그것이 어떤 비상시라고 상상해 보게. 그러면 병참기지는 어떻게 될까? 논할 것까지도 없는 것이 아닌가.

조선인이 일본은 우리의 조국이다, 일본이 번영하는 데서야말로 조선의 생존도 번영도 있는 것이다, 이렇게 확신하는 것을 전제로 해서야말로 병참기지는 안전성을 확보하는 것이지.

조선 반도가 병참기지가 된다는 것에는 중공업의 그것도 포함될 것이네. 바야흐로 압록강·한강 하류는 대공업지대가 되려 하고 있네. 풍부한 물과 노동력, 부지, 그리고 대륙 시장과의 거리 관계로 지나사변도 원만히 수습되면 조선은 급속도로 공업지대화될 것이라고 생각하네. 그런데 군사적·정치적 병참기지에 못지않게 이 산업적 병참기지를 지키는 것도 조선인의 애국심을 기대하지 않으면 안 되지.

그리고 여보게, 더욱더 중요한 것으로, 국가가 조선인의 충성을 기대하는 영역이 있네. 그것은 인적 자원일세. 다른 방면은 잠시 제쳐 두고 국방(國防)에서 인적 자원을 조선인에게서 구하지 않을 수 있을까. 국경은 사변 전의 열몇 배나 늘지 않았나. 만주국(滿洲國)뿐 아니라 신생 지나(支那)까지 방호(防護)할 임무를 맡고 있지 않은가. 그런데 적국(敵國)이 될 개연성이 있는 상대국의 수는 늘고, 위기는 하루하루 심각해지고 있는 것이 아닌가. 그렇다면 일본은 앞으로 더욱더 병력을 필요로 하겠지. 더욱이 이번 사변(事變) 관계로 지금부터 20년 후 장정의 숫자는 감소될 테고. 장황하게 말할 필요도 없네. 조선인은 일본 국방력의 3분의 1을 담당할 필요가 있는 것이지.

6. 백일몽(白日夢)일 것인가

여보게, 나는 이것을 기뻐하고 있네. 즉 내가 참으로 제국(帝國)의 운명에 중요한 역할을 맡고 있음을 기뻐하는 것일세. 이런 무거운 책임을 느끼는 것이야말로 내선일체의 요점이기도 하고, 보람도 있다고 하겠지.

여보게, 지금까지 위정자(爲政者)는 조선인에게 이런 책임의 중대함을 이야기해 준 적이 없네. 혹시 이런 이야기를 들려주면 조선인이 우쭐할 것이라고 생각한 것일 테지. 우리는 이만큼 국가에 대해 중요한 임무를 지고 있다고 거만하게 굴며 기어올라 무리한 난제(難題)라도 꺼낼 것을 우려한 것일 테지. 실제로 조선인은 기어오른다는 이야기를 일부 인사(人士)들이 입버릇처럼 입에 올리고 있는 듯한데, 그것은 어른답지 못한 사고방식이네. 이런 점에서라면 크게 기어오르게 해도 좋지 않은가. 크게 기어오르게 해서 크게 애국심을 분기(奮起)케 하면 그보다 더 좋은 일은 없지 않은가. 굳이 국방의 필요상 조선인이 나와 주지 않아도 좋은데, 같은 부자연스러운 말을 할 필요는 없다고 생각하네. 물론 조선인 지원병을 뽑게 된 것은, 사변(事變) 이래 조선인이 보여 준 애국심을 기뻐하신 자비심 깊으신 천황께서 조선인에게도 신성한 국방에 참여할 기회를 하사하셨기 때문이며, 당장 3천이나 1만의 병력을 보충할 필요에 몰려서가 아니라는 것 정도는 우둔한 나 같은 사람이라 해도 잘 알고 있고 감사하고 있네. 그러나 장래에 너희들은 제국(帝國)의 국운(國運)을 양 어깨에 짊어질 것이다, 라고 말해 준다면 조선인들은 얼마나 기쁘고 얼마나 감격하겠는가.

반대로 이를 조선인 자신의 입장에서 보면, 지금 조선인에게 남아 있는 유일한 희망은 평등하고 동등한 일본 국민이 되는 것이네. 이것 말고는 아무것도 없는 것이지. 그들은 이미 일본에서 분리하려는 따위의 공상은 포기해 버렸네. 자자손손 평등하고 동등한 일본 국민으로서의 광영을 누릴 수 있다면 무엇 때문에 대일본제국이라는 넓디넓은 일터를 버리고 좁은 소국가(小國家)를 세우려는 따위의 나쁜 마음을 일으키랴. 오직 그들이 두려워했던 것은 서자(庶子) 국민의 운명에 언제까지나 묶여 있는 것은 아닐까라는 불투명한 전망이었네. 그것은 실제로 견디기 힘든 고통인 것이 틀림없지.

그런데 우리는 이미 특별지원병 자격이긴 하지만 반도인(半島人) 장정이 훌륭히 국군에 편입되는 것을 보았고, 가까운 장래에는 국민개병

(國民皆兵)으로서 국방의 의무를 짊어질 것을 약속받았네. 반도인이 이 의무만 훌륭히 완수한다면 더 이상 문제 될 것이 없지 않은가. 폐하의 육해군(陸海軍) 가운데 조선인 병사(兵士)와 사관(士官)이 4분의 1, 또는 3분의 1이나 참여해 있다고 상상해 보게. 이것으로 내선일체는 완성된 것이 아닐까.

정치 참여의 문제도 조만간 해결되리라는 것은 말할 필요도 없네. 요점은 내가 자네와 같은 수준에 오르고 같은 감정으로 맥박 치는 것이지. 일시동인(一視同仁)의 취지는 나를 반드시 완전한 무차별의 수준으로 끌어올리시리라고 믿네.

그것이 어떤 형식을 취하게 될지 그것은 내가 알 도리가 없지만, 가령 내지와 마찬가지의 선거권(選擧權)이 조선에도 부여된다면 국회의원 전체의 약 4분 또는 3분의 1은 조선인이 될 것이 아닌가. 그리고 그러는 동안 조만간 조선인 출신의 대신(大臣)과 대장(大將)을 보게 될 날도 있겠지.

이렇게 되면 이제 내선일체라는 말도 단지 역사적 존재로서만 남게 될 걸세. 그때에는 자네의 아이도 내 아이도 서로 원적지(原籍地)를 찾아보고서야, 아아, 자네는 조선인이었나, 이런 이야기를 나눌 테고. 나는 그런 때가 반드시 온다고, 그리고 그것은 머지않았다고 믿고 있네.

자네는 내 말을 백일몽(白日夢)이라고 생각하는가? 만약 그렇다면 분명히 말해 주게. 아니, 결코 자네는 그렇게 생각하지 않을 것이라고 믿네. 불행히 자네가 내 말을 백일몽이라고 생각한다면 모든 것은 엉망진창이 되네.

7. 자네와 나의 노력

그런데 실제로는 내지인 중에도 또 조선인 중에도 아직 어떨까, 하고 의구심을 품고 있는 사람이 없지는 않다네. 그래서 자네와 나의 노력이 필요한 것이지.

첫째, 내지 측 사람의 입장에서는 조선인은 문화의 정도가 낮을 뿐만 아니라 언어와 풍속, 사상이 달라서 그렇게 쉽게 내지인 수준을 따라잡기 어렵다고 보고 있을지도 모르네. 그러나 그것은 기우일세. 자네와 나의 노력 여하에 따라서는 지금부터 사반세기(四半世紀)가 지나면 대부분 함께 해 나갈 수 있을 만큼의 동일한 수준에 도달할 것이라고 믿네. 내 입으로 이런 말을 꺼내는 것이 어떨까 싶지만, 자네도 나도 인종(人種)이 다르다든가 두뇌에 우열(優劣)이 있는 정도는 아니라고 생각하네. 또 문화의 차이도 그리 크지 않지 않은가. 조선인은 고대에도 고도(高度)의 문화를 소화하고 또 창출했지만, 현재에도 또 장래에도 그런 능력을 갖고 있다고 믿네. 자네도 꼭 이를 믿어 주게. 단지 과거 수백 년간 유례없는 비합리적인 정치 때문에 민심이 도덕적으로 타락하고 기력적(氣力的)으로 위축되었을 뿐이지. 이제부터 새로운 국민적 감격 속에서 노력한다면 반드시 훌륭히 내지인과 발맞춰 갈 만한 능력을 회복하고 발휘할 것이라고 믿네.

여보게, 나는 자기도취에 빠져 있는 것이 아닐세. 나는 충분히 자기반성의 공(功)을 쌓았네. 나는 내 자신의 추한 결점을 똑똑히 응시하고 있는 동시에 자네의 여러 가지 우수한 점도 잘 이해하고 존경할 만큼의 분별은 갖추고 있다고 생각하네. 이를테면, 내가 자네보다 정신력이 부족하다든가, 자네는 순진한데 나는 비뚤어져 있다든가, 자네는 책임감이 강한데 내게는 그것이 부족하다든가, 자네에게는 신불(神佛)에 대한 믿음이 깊은데 내게는 그것이 매우 박약하다든가, 또 자네에게는 각고면려(刻苦勉勵)하는 기풍이 있는데 나는 나태하고 고식적이라든가, 또 내 쪽은 자네 쪽보다 불결하고 불친절하다든가, 이런 점은 부끄럽지만 깨끗하게 인정한다네. 하지만 우리는 열심히 우리 쪽에 있는 이러한 결점들을 고쳐 가려는 것이 아닌가. 아니, 지금도 비상한 노력으로 계속 고치고 있지 않은가. 나는 이렇게 내 자신의 결점에 대해 스스로 매질을 가하고 있네만, 또 내 쪽에도 장점은 있다고 생각하네. 내 입으로 말하는 것은 그만두지. 만약 필요하다면 자네 쪽에서 찾아내어 격려든 칭찬이든 해 주시게.

그러니까 여보게, 조선의 옛 문화를 전부 바로잡을 필요는 없는 것일세. 내선일체(內鮮一體)는 마음의 문제, 즉 이상(理想)과 국민적 감정의 문제이지 모든 것을 일색(一色)으로 칠하는 것을 의미하지는 않네. 하물며 앞에서도 언급했듯이, 조선 문화는 일본 문화와 동원(同原)이고 동질(同質)임에랴.

그렇다면 자네와 나는 어떤 선상에서 노력하지 않으면 안 될까? 그것은 서로 사랑하고 서로 이해하며 서로 존경하는 일이라고 생각하네. 나는 자네를 형뻘로서 존경하려네. 하지만 자네는 나를 함부로 동생 취급하지는 말게. 여보게, 오해는 말게나. 내 제의를 잘 음미해 주게.

이렇게 우리는 서로를 연구하세. 친애하는 형제의 애정을 가지고 서로를 알아 가세. 그렇게 하려면 우선 접촉이 제일이네. 개인과 개인, 가정과 가정의 이해관계를 떠난 단순한 우정의 접촉이야말로 상호 간의 이해와 결속의 불이법문(不二法門)인 것이지. 약 만 명쯤 양쪽이 접촉하여 얻을 내선일체 촉진의 효과는 그야말로 산술적 비유로는 헤아리기 어렵고,

그 공덕(功德)은 무량 무한할 것일세. 여보게, 자네가 만약 도쿄에 살고 있다면 도쿄에 있는 조선 학생들을 자네의 가정에 맞아 주지 않겠나. 따뜻하고 깨끗한 자네의 가정에서 보낸 하루는 능히 그들의 마음의 결빙(結氷)을 녹일 것이네.

8. 궁극적으로 도달할 곳

그런데 조선에서조차 내지인과 조선인 간의 개인적·가정적 접촉은 매우 적은 편이네. 관공서나 회사 등에서는 서로 친구인 듯해도 서로를 가정(家庭)에 맞아들이는 일은 주저하고 있는 모양새이지. 이래서는 진정한 접촉은 불가능하다네.

여보게, 내 집에 와 주게. 누추하고 넉넉하지 않은 가정이긴 하네. 차 한 잔 대접하지 못하는 일이 많을 것이네. 음식이라 해도 자네의 입에는 맞지 않을지도 모르지. 그러나 여보게, 내 가족과 함께 저녁밥을 먹도록 하세. 그리고 때 묻은 내 이불을 덮고 내 좁은 온돌방에서 나와 베개를 나란히 베고 누워서 조용히 서로 이야기를 나누지 않으려는가. 그리고 나도 자네 집의 아름다운 안방에 불러 주시게. 그리고 서툰 내 예의범절을 친절하게 고쳐 주게. 자네 집의 순수하고 온화하며 친절하고 부드러운 분위기에 나를 적셔 주게.

그것뿐일세. 결국 그것뿐이지. 자네와 내가 이제부터 사반세기 동안 성심성의껏 노력해야 할 것은 필경 그것뿐이라네.

이제 붓을 놓겠네. 자네는 어색한 내 말을 잘도 참고 들어 주었군. 고맙네.

"천하를 다스리시는 신, 그리고 자네와 나란히 야마토도 고려도 하나가 되어지이다."

추신[再伸]

이 글은 올해 3월 말쯤 쓴 것으로, 나는 이 생각이 옳은지 옳지 않은지를 그 후 5개월가량이나 음미해 왔다. 최근 『경성일보(京城日報)』의 미타라이(御手洗) 사장에게 보였더니 이것으로 괜찮다고 했지만, 4월 이래 내외(內外)의 정세는 꽤 변했다. 그 하나는 창씨(創氏)가 전체 인구의 7할 9푼 3리에 달한 것이고, 또 하나는 의무교육 실시가 드디어 정식으로 발표된 것이다. 게다가 현재 그 준비가 서둘러 진행되고 있어서 1945년(昭和 20) 이내에 실시될 것이라고 한다.

또 4월 이래 변한 것은 구주(歐洲)의 정세다. 역사도 문화도 오랜 몇 나라가 픽픽 쓰러지고, 저 프랑스마저 무조건 항복을 했다. 그리고 이제는 지난 3백 년간 세계를 제 것인 양했던 영국이라는 노(老)대제국의 운명도 다분히 위험하게 되었다. 구질서는 일소되고 세계적으로 신질서가 탄생될 모양이다. 이 사실은 일본의 사명(使命)을 좀 더 확실하게 해 주었다고 생각한다.

아리타(有田) 전 외상의 성명(聲名)에 의해 남양(南洋)까지도 일괄한 대동아공영권(大東亞共榮圈)의 확립이 목표가 되었고 보면, 제국(帝國)이 이제부터 해야 할 사업은 동아 신질서 시대보다도 배가되었다고 할 수 있을 것이다. 따라서 인적으로나 물적으로도 더욱 많은 자원이 필요할 것이고, 국민의 자각과 결속도 좀 더 긴밀하게 다잡지 않으면 안될 것이다.

고노에(近衛)의 신체제도 이 글을 쓴 후의 일이지만, 이로 인해 조선과 조선인의 사명이 한층 확실해지고, 또 그 책임도 한층 무거워진 것이 아닐까.

— 가야마 미쓰로, 「同胞に寄す」, 『경성일보』, 1940. 10. 1.~9.

가두(街頭)의 훈련

　아침 7시의 궁성요배(宮城遙拜), 정오의 묵도(黙禱)를 길거리에서도 힘써 행하기 바라는 바이다. 각 관청·회사·학교에서만 행하면 되는 것이 아니라, 국민 된 자 어떤 장소에 있더라도 반드시 이를 준수해야 할 것이다. 그런데 길거리에서 이것이 행해지지 않는 것은 실로 변명의 여지가 없는 일이라고 하지 않을 수 없다. '재소(在所)에서'란 어떤 곳에 있어도, 라는 말이다.

　아침 7시의 사이렌이 울리기 시작하면 가정에서는 말할 것도 없고 거리에서도, 혹은 걷고 혹은 차를 운전하고 있던 사람도 일제히 딱 멈추자. 그리고 궁성(宮城)을 향해 대어능위(大御稜威)가 더욱 번창하기를 삼가 염원하고, 천황 폐하의 존안(御尊容)을 눈앞에 그리며 가장 정중하게 경례하자. 사이렌이 멈추고 나서 행동을 계속하자. 기차와 기선은 멈출 수도 없겠지만, 전차와 자동차 등은 일제히 멈춰야 할 것이다. 도쿄(東京)나 오사카(大阪) 등지에서는 이미 이것이 실행되고 있다고 한다. 조선에서 실행되지 않을 이유가 어디 있는가. 일반 국민 및 연맹 당국의 일고(一考)를 촉구한다. 구호(口號)와 문서(文書)만 요란할 뿐 실행이 따르지 않으면 아무것도 안 될 뿐만 아니라, 오히려 민중에게 신용을 잃게 된다. 그러므로 뭔가 한 가지 시작했다면 철저하게 힘써 행해야 한다. 7시와 정오에 길거리에서의 일제 정지 등을 바로 그 표본(標本)으로 삼아야 할 것이다.

특히 이제 곧 조선박람회 때문에 지방에서 다수의 민중이 경성에 몰려들 텐데, 이 시기야말로 이런 훈련의 모범을 보일 절호의 기회라고 생각한다. 그 실행 방법으로는 경성역과 그 밖의 각 역의 대합실, 조선은행 앞, 부청(府廳) 앞, 종로 네거리, 안국정(安國町) 광장, 광화문 십자로, 동대문, 박람회장, 남대문시장 및 그 밖의 시장 등 사람이 모여드는 여러 장소에 7시와 정오 두 번 인원을 배치하여 깃발을 흔들며 메가폰으로,

"7시의 사이렌입니다. 모두 궁성을 향해 정중히 경례!"

라든가,

"정오의 사이렌입니다. 모두 황군장병(皇軍將兵)의 무운 장구와 전몰영령(戰歿英靈)을 위해 감사의 묵도(黙禱)."

하고 외치게 하면 좋을 것이다. 이는 참으로 엄숙하고도 아름다우며, 눈물겨운 감격의 순간일 것이다.

1분간은 지나치게 길다는 사람도 있지만, 그렇지 않다. 겨우 하루에 2분이다. 아침 1분간 성상(聖上) 폐하를 사모해 드리고 정오 1분간 황군장병을 위해 기도하는 일은 지나치게 짧을지언정 지나치게 길다고 할 수는 없다.

—「街頭の訓練」,「국민신보」, 1940. 10. 13.;
『동포에게 보냄』, 박문서관, 1941. 1.

젊은이의 감격

10월 9일, 경성(京城) 시가에는 전선연합청년단(全鮮聯合靑年團)의 대행진이 있었다. 국민복에 목총을 메고 4천여 명의 건아(健兒)가 찬란한 단기(團旗)도 높이 치켜들고 진군나팔에 맞춰 당당한 발걸음으로 행진하는 모습은 실로 감격 그 자체였다. 저들에게 총을 쥐어 주면 무적 황군(皇軍)이 될 것이다. 어떤 적도 일장기(日章旗)가 나부끼는 영역 내에는 한 걸음도 들여놓지 못하게 할 것이라고, 강력한 인상을 받지 않은 사람은 없었을 것이다. 사실 저 정도라고는 생각하지 못했다고 경탄한 사람도 있을 것이다.

연합청년단대회에서 미나미(南) 총독은,

"청년 조선의 추진력은 국민 총훈련과 정신총동원 운동의 일대 요소가 된 바이다. 따라서 조선 반도의 사명은 흥아유신(興亞維新)과 세계 신질서 건설에 중요성을 가지므로 모름지기 조선 청년은 이 사명을 위해 질실강건(質實剛健)한 기품(氣品)과 기백(氣魄)을 가지고 국가 활동력의 원천으로서 부단히 활동하라."

고 훈시했고, 조선연합청년단대회 선언에서는,

"우리 청년단원은 황국(皇國)의 성대(聖代)에 삶을 누리는 행운에 감격하고 황국의 더욱더 번창함을 기원하는 동시에, 바야흐로 부과된 중임(重任)을 자각하고 서로 이끌어 황국신민(皇國臣民)으로서의 충성보국(忠誠報國)의 맹세를 다져 더욱더 협심육력(協心戮力)함으로써 황운익찬(皇運翼贊)에 참여하여 성지(聖旨)에 삼가 따를 것을 기약한다."
고 했다.

　미나미 총독의 촉망과 청년단의 포부는 실로 완전히 일치하여 조금의 차이도 개입할 여지가 없다. 한마음의, 한목소리라고 해야 할 것이다.

　조선 청년 된 자는 모름지기 이 마음을 깊이 명심해야 한다. 즉 황국신민 된 자의 감사와 긍지로써 떨쳐 일어나 "팔굉일우(八紘一宇)의 황모(皇謨)에 따라 흥아성업(興亞聖業)의 완수에 일익(一翼)을 담당하여 동아공영권의 확립에 기여할 것을 기약"하고 "국방국가 신체제의 완성을 기약"하며, "생활의 전시화(戰時化)에 힘쓰고 직장을 봉공(奉公)의 전장(戰場)으로 삼아 맹세코 직분보국(職分報國)에 몸을 던질 것을 기약"해야 한다. 그 밖의 길은 모두 용납되지 않을 사도(邪道)이고, 반국가적·비국민적이라는 것을 깊이, 분명히 인식해야 할 것이다.

　불행히 아직 조선 청년 중에는 자기의 진로를 헤매고 있는 사람이 있다는 이야기가 들린다. 선각자(先覺者)는 모쪼록 성심성의껏 그들을 계몽하고 손을 잡아 국민 대진군(大進軍)에 참여하도록 해야 한다. 한 사람의 청년이라도 내버려두지 않고 낭비되지 않도록 노력하는 것은 첫째 선각자의 책임이라고 하지 않을 수 없다.

—「若人の感激」, 『국민신보』, 1940. 10. 20.

지원병 훈련소의 하루

10월 12일 조선문인협회원 일행 38명은 아침 8시 반 성동역(城東驛) 앞에 집합하여 묵동(墨洞)의 육군지원자훈련소로 향했다.

이날 날씨는 쾌청, 여기저기 벼 베기가 한창이다.

평소 칩거벽(蟄居癖)이 있는 문인들에게는 오랜 교분을 덥힐 좋은 기회이기도 하여 차 안에서도 떠들썩했고, 조선군의 가바(蒲) 소좌(少佐)도 오늘 하루는 문사(文士)가 된 기분으로 그 까다로운 얼굴이 시종 펴져 있었다. 쌀 세 홉을 지참한 보자기와 종이 봉지를 가지고 일행은 11시에 훈련소에 도착했다. 훈련생도 일대(一隊)가 정문 바깥에 정렬하여 일행을 맞아 주었고, 다른 일대는 넓은 운동장에서 가이다(海田) 소장(所長)에게서 뭔가 훈시를 듣고 있었다.

일행은 위층의 훈화실(訓話室)로 안내되어 소장 가이다 대좌(大佐)에게서 자세하게 훈련소에 관한 설명을 들었다. 현재 수용된 생도는 1천명, 조선 각 군(郡)에서 빠짐없이 몇 명씩 나와 있어 제주도 4명, 울릉도 2명이라고 지도에 기록되어 있는 것이 눈에 띄었다.

필자는 작년에도 참관하여 오늘과 똑같이 가이다 소장에게서 설명을 들었는데, 언제나 변함없는 대좌의 열성에는 몇 번이고 눈물을 글썽이지 않을 수 없었다. 이인석(李仁錫)·이형수(李亨洙) 두 사람이 전사(戰死)한 일, 박종화(朴宗華) 군의 무훈(武勳) 등에 대해 이야기할 때는 그 눈이 빛나고 목소리는 몇 번이나 잠겼다. 오늘도 정동암(鄭銅岩, 改名 松

山) 상등병이 정근장(精勤章) 네 개를 받은 것을 이야기하는 데 이르러서는 눈이 빛나고 목소리는 잠겼다. 내 자식을 생각하는 부모 마음이다.

사범학교를 졸업하고 교직에 있던 세 사람이 군대 생활의 체험 없이는 장래에 장병 될 소국민(小國民)을 훈육하는 데 열성을 쏟을 수 없다는 이유로 지원병이 될 것을 결심하고 이제 학생뻘인 다른 생도와 어깨를 나란히 하여 진지하게 열심히 훈련받는 모습을 보니 감격스럽다고, 대좌는 반복하여 말하는 것이었다. 이 세 사람은 혹은 급장(級長), 혹은 반장(班長)으로서 부지런히 다른 사람을 돌봐 주고 있다고 한다.

그다음은 교실 방문으로, 가이다 대좌는 시종 앞장서서 안내와 설명에 힘썼다. 복도 마루도 3년 가까이 수천 명이 밟았던 것이라고는 생각되지 않는다. 겨우 1주일 전에 판자를 바꿔 간 것처럼 깨끗하고 원래의 흰빛이 그대로 보존되어 있는 데다 반짝반짝 빛을 내고 있다.

"청결은 일본 정신이다, 일본인은 신을 경배하므로 몸도 거처도 언제나 청결히 한다, 라고 생도들에게 청결 훈련을 하고 있습니다."
하고, 지난가을 가이다 소장은 복도와 변소를 보여 주면서 우리에게 설명했었다.

교실에는 생도들이 마루 위에 반가부좌(半跏趺坐) 비슷한 자세로 앉아 있다가 소장이 들어가자 교관의 "차렷!" 하는 호령에 단좌(端坐)했고, 소장과 일행이 교실에서 나오자 "쉬어!" 하는 호령에 원래의 책상다리 자세로 돌아갔다. 그러나 상체는 똑바로 하고 눈은 한 치의 흐트러짐도 없이 교관을 주목하고 있어 이제 곧 뭔가 덤벼들 듯한 긴장과 날램을 보이고 있었다.

교관이 무엇을 물으면 생도들은 손을 드는 것이었는데, 주먹을 꽉 쥐고 하늘을 찌를 듯한 기합과 함께였고, "예."라든가 "그렇습니다."라는 대답도 힘차서 깜짝 놀랄 정도로 씩씩했다.

　교실을 한 바퀴 돈 후 우리는 침실을 견학했다. 의회에서 예산 통과가 늦어진 관계로 아직 건물이 없는데, 천여 명을 수용하고 있는 까닭에 침실을 전부 없애 버리고 마루 위에 매트리스를 깔고 8인용 방에 23명씩이나 합숙하고 있다는 것이다.

　생도들의 식기 주머니와 사물함 등도 열어 보여 주었는데, 이번 기수 생도는 8월에 입소하여 두 달 정도밖에 지나지 않아서 모포(毛布)를 개는 법과 쌓는 법, 서적과 소지품 정리에 허술한 점이 있다지만 우리 눈에는 무척 깔끔히 정돈되어 있는 것 같았다.

　"앞으로 두 달 후 졸업, 12월에는 경사스러운 입영(入營)인데, 그때가 되면 생도들은 몸도 마음도 훌륭한 군인답게 되어 있을 것입니다."
하고 가이다 대좌는 자기 일처럼 기뻐했다.

　"이 변소의 게다(下駄) 말입니다만, 나중 사람을 위해 이것을 가지런히 놓아두는 게 아직 철저하지 못합니다. 이것도 한 달 전부터서야 겨우 하게 되었습니다."

　이것도 작년에 가이다 대좌가 말한 것이었다.

　"모든 것을 질서 바르게 정리한다, 이는 실로 중요한 훈련입니다. 만약 밤중에 적의 습격이 있을 경우 불을 전부 끄고 새까만 어둠 속에서 소리 없이 무장하지 않으면 안 되고, 따라서 자기 물건은 어디 어디에 무엇이 있는지 손으로 더듬어 정확히 알 수 있도록 해 두지 않으면 안 되는 것입니다."

　이것도 가이다 대좌의 설명이었는데, 듣고 있자니 내 자신이 부끄러워져 쓴웃음을 짓지 않을 수 없었다.

　언제 적에게 습격당해도 당황하지 않도록, 실수하지 않도록 평소 주의

하는 것은 단지 군인에게만 해당하는 정신이 아니다. 우리도 언제 죽더라도 허둥대지 않도록, 후회하지 않도록 해야 할 것이라고 생각했다.

일행은 일단 조금 전의 본거지로 돌아와 점심을 먹기로 했다. 보리가 반 섞인 밥이 한 공기, 토란과 작은 도미조림 한 접시, 단무지, 야채절임의 식단이다.

"맛있어. 정말 맛있는걸."

하는 감탄의 연발이다. 정말 맛있었다.

"밥을 많이 지으니 맛있는 것입니다."

하고 가이다 대좌는 우리가 덥석덥석 먹어 치우는 것을 만족스러운 듯이 보면서 말했다.

"이게 바로 생도들의 식사입니다. 군대도 이렇지요. 이것으로 영양은 충분합니다."

이는 가바 소좌의 말이다.

"생도들은 대부분 입소(入所)할 무렵에는 위가 늘어나 있습니다. 평소 너무 많이 먹기 때문입니다. 그래서 처음 한 달은 공복을 느끼는 듯하지만, 두 달째부터는 위 확장 증세가 고쳐져 눈에 띄게 살찌게 되는 것입니다. 또 대개 기생충이 있었는데, 그것을 완전히 구제한 이유도 있겠지요. 6개월에 두 관(貫)이나 체중이 느는 사람도 있고, 평균적으로 한 관 이상은 늡니다."

이는 조선 가정 전체가 참고할 만한 말이라고 생각했다.

"잘 씹는 것이 중요합니다."

라고 가이다 대좌는 말하기도 했다. 불충분하게 씹어 세 공기의 밥을 먹는 것보다 충분히 씹어 두 공기의 밥을 먹는 쪽이 영양이 많다고 한다. 따라서 훈련소에서는 식사 시간이 한 시간이나 된다고 하는데, 각 학교 생도의 점심시간도 다시 고려해야 할 필요가 있지 않을까.

우리는 곡선으로 표시된 훈련소 생도의 평균 체중의 증가에 관한 이야기를 들으며 '과식(過食)'의 폐해를 절실히 느꼈다. 그리고 우리의 가정 경제는 식사의 합리화로써 보건적 효과를 증진하면서 금전적으로도 절약할 수 있는 여지가 있다고 생각했다. 전국적으로 보면 그것은 아마도 매년 몇 억이라는 막대한 액수에 달할 것이다. 주방의 신체제(新體制)는 더욱더 소홀히 할 수 없는 문제다.

"여러분, 이제부터 생도들의 식사 상황을 보시죠."

가이다 대좌는 식사는 하셨을까. 아마도 우리 문인들에게 훈련소의 진상과 실상을 이해시키기 위해 열심인 나머지 식사도 잊으신 것 아닐까.

각 방의 식사 당번은 취사장에서 밥과 야채가 든 커다란 양동이 같은 것을 가지고 왔다. 생도들은 마루 위에 단좌(端坐)하고 각각 식기 주머니에서 크고 작은 네 벌의 알루미늄 식기를 꺼내 규정대로 자기 앞에 늘어놓는다. 그리고 차례로 밥과 반찬과 물을 받는다. 그것이 끝나면 손을 무릎에 얹고 단좌한 자세로 교관의 호령(號令)을 기다린다. 조용하다. 반장은 방 입구에서 차려 자세로 교관의 지시를 기다린다. 이윽고,

"서일구(西一區) 부대, 식사해도 좋다."

하는 호령이 떨어진다. 그러면 전원이 일제히 있는 힘껏 소리를 높여,

"잘 먹겠습니다."

하고 외친다. 엄청나게 큰 소리이다.

일행은 복도를 따라 동쪽으로 안내되었는데, 그곳에는 이미 식사가 끝나 교관의 지시를 기다리고 있다. 식사를 시작할 때와 똑같다. 식기에는 밥 알갱이 하나 남아 있지 않다. 반찬 그릇도 마찬가지로 부신 듯 다 비었다.

"밥 알갱이 하나가 우리 입에 들어오기까지의 노고(勞苦)를 생각하라고, 언제나 이야기하고 있습니다. 물건을 소중히 여기라. 물 한 방울도 헛되이 쓰지 마라. 쌀 한 톨, 물 한 방울이 말미암은 바를 생각하라. 신(神)의 은혜와 동포의 노고를 잊지 마라. 이 정신으로 식사하고, 이 정신으로 물건을 사용하는 것입니다."

과연 교관의 호령이 떨어지자 생도들은 세척장에서 식기를 씻었는데, 우선 밥그릇 하나에 찻잔 하나 분량의 물을 떠서 그 그릇을 씻으면 그다음에는 그 물을 다음 그릇에 옮겨 그것을 씻고, 또 그것을 다른 그릇에 옮기는 식이다. 물 한 방울도 헛되이 쓰지 않는 정신의 발로이다.

이렇게 씻은 식기는 수건으로 깨끗이 닦아 각각의 식기 주머니에 넣는다. 이것으로 식사가 끝나는 것이다.

이는 승당(僧堂)에서도 병영(兵營)에서도 마찬가지로, 감사와 질서와 청결과 절약의 정신이다. 가정에서도 이래야 한다고 생각한다.

식사 견학이 끝나자 일행은 훈련 상황을 보기 위해 운동장으로 나갔다. 소춘(小春)의 푸른 하늘에는 구름 한 점 없고, 햇빛은 반나체의 건아(健兒)들의 구릿빛 얼굴과 몸통 위에 눈부시게 쏟아져 내리고 있다.

"일광욕을 시켜 피부를 건강하게 만들고 겨울의 추위에 대비하는 것입니다. 두 달 만에 저런 구릿빛이 되었습니다."

가이다 대좌는 이렇게 말했다.

한 무리는 반나체로 목검(木劒) 체조를 하고 있었다.

"저 생도들의 가슴을 보세요. 상당히 불룩해졌지요. 입소 당시에는 저렇지 않았습니다. 저것이 알통이지요. 두 달 후 입영할 때가 되면 저 알통이 상당하게 되겠지요. 저게 없으면 안 됩니다. 넉 달 만에 저걸 만들려니 힘이 듭니다. 맹훈련이지요. 좀 불쌍하다고도 생각되지만, 뭐 나라를 위해서고 본인들을 위해서니까 하고 있는 것입니다. 낮 동안 아홉 시간의 학과와 훈련으로 피곤하니까 밤에는 모두 정말 잘 잡니다."

"그런데 그것을 모두 기뻐하고 있는 것이지요. 나중에 누구 한 사람 붙들고 물어보세요. 옆에서 보고 있으면 갑갑한 듯도 하고 고통스러운 듯도 하지만, 군대 생활이란 익숙해지면 유쾌한 것이지요. 뭔가 말로 표현할 수 없는 맛이 있지요."

이것은 가바 소좌의 체험담이었다. 모든 수행 생활은 그럴 것이다. 쓸데없는 것, 제멋대로인 것을 없애 버리기까지는 갑갑한 생각이 들어도 그 나쁜 습관들을 극복하여 거기서 벗어날 때는 해방의 기쁨, 자유의 기쁨을 느끼는 것이다. 군대 생활은 결국 인생 도량(道場)인 것이다.

마지막으로 교직(敎職)을 쉬고 군대를 지원한 세 사람을 만나 두세 가지 문답을 나눈 뒤 가이다 소장을 비롯한 여러 교관들에게 정중히 인사를 올리고 훈련소를 나온 것은 오후 2시가 지나서였다.

이날 훈련소에서는 가이다 소장을 비롯하여 실로 전원 모두가 우리 문인(文人) 부대를 접대해 주었다. 이는 민중과 사상적 접촉이 많은 우리 문인에게 촉망하는 바가 크기 때문일 것이다. 실로 황송하기 짝이 없다.

이날 일행에 참가한 문인은 거의 전부 35, 6세 이상 50세까지로 어차피 병역(兵役)에는 도움이 되지 않는 사람이다. 나 역시 여차하면 후방 경비(警備)의 역할 정도나 생각하고 있지만, 후방 경비라고 손쉬운 일은 물론 아닐 것이다. 있는 힘껏 서투른 문장을 써서 총후(銃後)의 국민에게 위안과 고취를 주는 정도가 고작이다.

그러나 온갖 직역(職域)은 모두 국방(國防)을 위해 기여하지 않으면 안 된다. 붓의 직역도 그러할 것이다. 문인 된 자, 부름에 응할 각오로 문장보국(文章報國)에 힘써야 한다고 생각한다.

일행은 만감에 젖어 묵동역까지 왔지만, 왠지 그대로 헤어지고 싶지 않은 기분이어서 모두 과수원에 들어가 배를 먹으며 훈련소며 지원병, 문장보국에 관한 이야기 등을 서로 나눴다. 특히 가바 소좌가 문인을 위해 일장 연설을 늘어놓았다. 250여 명의 조선 문인은 틀림없이 직역봉공·문장보국을 위해 분기(奮起)할 것이리라.

— 가야마 미쓰로, 「志願兵訓練所の一日」, 『국민총력(國民總力)』, 1940. 11.

신체제(新體制)의 윤리

일본은 신체제가 되었다. 신체제란 무엇인가? 그것은 개인주의(個人主義)와 유물주의(唯物主義), 따라서 국제적으로는 침략주의의 구세계를 개조하여 팔굉일우(八紘一宇)의 도의세계(道義世界)를 건설하기 위해 일본을 고도국방국가(高度國防國家)로 만드는 일이다.

그러면 신체제에서는 국민이 어떤 윤리(倫理)에 따라야 하는가? 그것은 개인주의를 버리고 자기를 완전히 국가에 바치고, 유물주의와 이익주의를 버리고 국가를 위한 직분(職分)에 목숨을 바치는 것이다.

'내가'라든가 '나의'라는 생각에 '우리나라가', '우리나라의'를 대입시키지 않으면 안 된다.

이는 결코 수사(修辭)도 과장(誇張)도 아니다. 문자 그대로 그러한 것이다. 예컨대 장사를 해도 자기의 이익을 위해 해서는 안 된다.

장사는 생활필수품 배급을 위한 하나의 기능이며, 따라서 그것은 국민생활을 위한 것이고 국방을 위한 것이 되지 않으면 안 된다.

농부도 그러하다. 농업은 농사짓는 자신의 이익을 위해서라고 생각해서는 안 된다. 그것은 신체제의 윤리에 맞지 않는다. 농업은 병사(兵士) 및 후방 국민의 식량을 위한 것이다. 공업, 의사, 어떤 직업도 그러하다.

고도국방국가란 국력(國力)을 전쟁에 집중하는 것이므로 사람은 여자든 남자든 모두 병사이고, 물자는 개인의 소유일지라도 전부 군수품(軍需品)이다. 우리들의 재산은 국가가 우리에게 잠시 맡긴 것이어서, 언제, 어느 때라도 국가가 필요하다면 바치지 않으면 안 된다.

물자만이 아니다. 우리의 자식도 그러하다. 우리의 자식은 우리의 자식이 아니다. 폐하께서 맡기신 황국(皇國)의 병사이다. 전선(戰線)의 병사이고 맡은 바 직역(職域)의 직원이다. 내 자식을 내 것이라고 생각하는 것은 주제넘은 것이고 부도덕한 것이다. 내 자식을 장부(丈夫)답게 훌륭히 길러 폐하께 바친다, 이것이 부모가 따라야 할 신체제의 정도(正道)이다. 머지않아 의무교육이 실시될 텐데, 내 자식의 교육은 내 자유라고 해서는 안 된다. 또 징병령(徵兵令)이 조선에 실시된 그날, 우리 자식이 신체나 그 밖의 조건으로 불합격된다면 그것이야말로 폐하께 죄송한 일이다.

마지막으로 우리 몸에 관한 일인데, 우리 자신도 우리 것은 아니다. 언제 부름이 내리든 무슨 일을 분부받든 감격과 기쁨으로 이에 응해 드리지 않으면 안 된다. 변명은 전혀 쓸모없는 것이며 부도덕한 것이다.

신체제하 우리 국민은 이러한 각오를 갖지 않으면 안 된다. 이로써 우리는 천양무궁(天壤無窮)한 황운(皇運)을 부익(扶翼)해 드리는 것이다.

—「新體制の倫理」,「국민신보」, 1940. 11. 13.

얼굴이 변한다

오늘은 10월 1일, 일한병합(日韓倂合) 30주년 기념일이다.

조선에서는 집집마다 기쁨의 일장기(日章旗)가 나부끼고 있다.

요전 날 친구 하나와 거리를 걷고 있자니 맞은편에서 젊은 남녀 몇 명이 다가왔다. 거리에서 사람 만나는 것은 하등 신기할 게 없겠지만, 이때만은 묘한 기분이 되어 같이 가던 친구에게,

"여보게, 맞은편에서 오는 이들은 내지인(內地人)일까, 반도인(半島人)일까?"

하고 물었던 것이다. 그 친구는 이 뜻밖의 질문에 놀란 듯했는데,

"모르겠네. 자네는 어떻게 생각하나?"

하고 내게 되묻는 것이었다. 실제로 나도 몰랐다. 내지인 같기도 하고, 또 반도인 같기도 했다.

실제는 양쪽이 섞여 있었을지도 모른다. 혹은 어느 한쪽만이었는지도 모르고.

도쿄에서 온 어느 영화 관계자가 조선적 풍모(風貌)의 소유자를 찾는데 고심했다는 말을 들은 일도 있다. 지난번 기쿠치 간(菊池寬) 씨가 조선에 왔을 때 부산에서 야마자와(山澤) 경남지사와 첫 대면 인사를 하며,

"당신도 창씨개명(創氏改名)하셨습니까?"

하고 물은 것에 대해 야마자와 씨는 민망한 듯이,

"아니요, 저는 예전부터 야마자와입니다."

하고 대답했다고 신문에 썩어 있었다. 기쿠치 상도 풍모만으로는 내지인과 반도인을 구별할 수 없었던 듯하다.

지금 와서 생각해 보면 과거 30년래 반도인의 얼굴은 확실히 변했다. 변한 것은 얼굴만이 아닐 것이다. 옷맵시도 걸음걸이도 예의범절도, 그리고 생각도 변했을 것이다. 그런 것들이 하나가 되어 얼굴이 변한 결과를 낳았을 것이다. 나이가 어리면 어릴수록 구별되지 않게 되었다. 여자 쪽이 더욱 알아채기 어렵다.

게다가 말 역시 요즘 중학생과 소학생, 특히 여학생의 경우 조선적인 발음에서 완전히 벗어난 사람이 많고, 모표(帽標)라도 보지 않고는 내지인인지 반도인인지 알기 어려운 경우가 많다.

지금 경성(京城)에는 대박람회(大博覽會)가 열려 시골에서 소학생 단체가 계속 올라온다.

그들은 미아(迷兒) 되는 것을 예방이라도 하듯 가슴에 씨명(氏名)을 적은 하얀 쪽지나 명찰을 달고 있는데, 거의 전부 야마무라 요시오(山村義雄), 가네다 도미지로(金田富次郎)라는 식으로 일본식 씨명이어서 그야말로 어느 쪽이 어느 쪽인지 알 수 없다. 이따금 여학생들은 조선옷을 입은 채 가슴에 요시다 기미에(吉田君江) 같은 씨명의 명찰을 단 경우도 있다.

경성에서 교육과 교화 사업에 열심인 쓰다 세쓰코(津田節子) 상이라는 부인이 있다. 그녀는 순수 에도(江戶) 토박이로 창씨개명한 패는 아니지만, 주로 조선옷을 입고 있어서 자주 반도인으로 잘못 알아본다고 한다.

쓰다 부인의 말로는 본정통(本町通)을 걸어 다니는 조선옷 차림의 여자 중에는 내지(內地) 부인도 상당하다고 한다.

내 친구로 지금은 만주국의 고관(高官)을 거쳐 어느 큰 회사의 중역(重

役)으로 유명한 하타 마나부(秦學)라는 사람이 있다. 그는 반도인이지만 그의 부인은 에도 토박이다. 부인은 만주에서는 어떤 복장을 하고 있는지 모르지만, 경성에 있었을 때는 꼭 조선옷을 입었다. 게다가 조선어와 조선식 예의범절도 몸에 배어 누구도 부인을 내지인이라고 생각한 사람은 없을 것이다. 덧붙여 말하면, 조선 내에서 내선결혼(內鮮結婚)으로 정식으로 신고를 마친 사람이 5백여 쌍 있다고 한다.

나는 1919년(大正 8)까지 도쿄에 있었고, 그 후 14년이나 지난 1933년(昭和 8) 처음 다시 도쿄를 방문했는데, 긴자(銀座)를 걸으며 놀란 것은 청년 남녀의 얼굴과 자세, 걸음걸이가 바뀐 것이었다.

몹시 느긋한 데다 얼굴은 길고 코는 높아 저 사람들이 일본인일까 의심될 만큼 달라져 있었다. 자세만 보면 서양인 같기도 하고, 얼굴까지 보면 지나인(支那人) 같기도 했다.

그 후 내가 보지 못한 수년 동안 상당히 변하지 않았을까 생각한다.

바로 4, 5일 전인데, 경성역의 식당에 들어가니 국방복(國防服)을 입은 한 무리가 진을 치고 있었다. 예의 시골에서 경방단(警防團)인가 뭔가 하는 사람들이 박람회 견학을 온 것인가 보다 생각했는데, 자세히 보니 야마구치현(山口縣) 사람이라는 완장(腕章)을 두르고 있었다. 어쩐지 말이 능숙하다고 생각했다.

반도인 특별지원병이 조선 내의 각 부대(部隊)에 들어가 있는데, 군(軍) 관계자에게 물어보았더니 이름을 보지 않으면 구분되지 않는다고 한다. 이야기해 보아도 알 수 없는 사람도 있다는 것이다.

그런데 이제는 이름도 내지식(內地式)이 되었으니 더더욱 알 수 없게 되었을 것이다.

하긴 마쓰모토 잇페이(松本一平) 같은 문패를 걸고 있으면서도 아이우

에오(アイウエオ)조차 모르는 사람도 있기는 있다.

그러나 같은 교육을 받고 같은 신사참배를 하고, 같은 말을 하고 같은 생각을 하고, 친구가 되고 부부가 되고, 이리하는 가운데 반도인의 얼굴은 완전히 달라져 호적 조사라도 하지 않는 한 내지인인지 반도인인지 알 수 없게 될 것이다. 호적의 이동까지 허용되게끔 되면 호적을 조사해도 알 수 없게 되지 않을까. 이를 가리켜 내선일체(內鮮一體)라고 하는 것이겠지만, 얼굴도 말도 완전히 구분되지 않게 되는 날에는 내선일체라는 말조차 역사에나 나오는 용어가 될 것이다.

내선 양 민족이 이렇게 구분되지 않게 되는 것 그 자체가 양 민족이 같은 피라는 사실의 산 증거라고 생각한다. 영국인과 인도인은 몇만 년이 지나도 같은 얼굴이 되는 일은 없을 것이다.

여기에 하나의 커다란 시사점이 있다. 그것은 대동아공영권(大東亞共榮圈)이라는 것에 혈액적 기초가 있다는 사실이다.

혈통이 가깝기로 말하면 내선(內鮮) 양 민족보다 더 가까운 경우는 없겠지만, 만주인·몽골인·지나인·베트남인·말레이시아인 등은 같은 얼굴이 될 수 있는 민족인 듯하다. 내가 긴자(銀座)를 걷고 있는 청년을 보고 지나인이 아닐까 착각한 것은 실로 많은 시사를 담은 착각이 아니었을까.

조선이라는 시험관에서 이루어진 내선일체의 실험은 잘 진척되었다.

일만지일체(日滿支一體)라는 것도 다만 정치적·경제적·군사적인 것에 한정되지 않을지도 모른다.

이들 6억 민중이 일본의 지도 아래 일대민족(一大民族)을 이룰 수 있다는 것은 과연 공상일까.

더 나아가 베트남·말레이시아·남양제도(南洋諸島)의 사람들도 똑같은 얼굴이 될 날이 머지않은 듯한 기분이 든다.

　이렇게 되어서야말로 실로 동아공영권이라 할 것이다.

— 이광수, 「顏が變る」, 『분게이슌주(文藝春秋)』, 1940. 11.

중대한 결심
조선의 지식인에게 고함

1

필연적이고도 당연한 길

반도인(半島人)은 중대한 결심을 하지 않으면 안 된다. 그것은 반도인 전체로서의 중대 결심일 뿐만 아니라, 실로 각 개인, 각 가정의 중대한 결심이 아니면 안 된다. 이 결심 여하에 따라 한 개인, 한 가정 및 반도인 전체의 운명이 갈리는 것이다.

그 중대한 결심이란 무엇인가? 나는 천황께 귀일(歸一)해 드린다는 결심이 그것이다. 번연(翻然)하고 철저하게 완전한 천황의 신민(臣民)이 되는 것이며, 더욱이 이는 피할 도리 없는 일이어서 이래도 좋고 저래도 좋으며 하지 않아도 좋은 그런 성질의 것이 아니다. 반드시 그렇게 될 수밖에 없는 성질의, 필연적이고도 당연한 귀결이다.

그런데 일부에서는 아직 이러한 결심은커녕 이러한 인식조차 결여되어 있는 사람이 있는 듯한데, 이 때문에야말로 커다란 불행이 생기는 것이다.

무지(無知)와 오해(誤解)

조선인들이 이러한 필연적이고도 당연한 길을 인식하지 못하는 것은 일본에 대한 무지 또는 오해에 의한 것이다. 일본의 성격, 일본의 의도,

일본의 힘을 올바르게 이해하지 못하고 있기 때문이다. 실제로 반도인은 일본을 모르고 있다. 종래에 그들은 어리석게도 일본을 알고자 하는 노력을 하지 않았다. 50년래 도쿄(東京)의 각 학교에서 수만 명이 교육을 받으면서도 일본의 역사라든가 문학, 일본의 풍속이나 습관 등 이런 것을 배운 사람은 거의 없다고 해도 좋을 정도였다. 오늘날조차 그들은 진지하게 일본을 알고, 그 도(道)를 배우려고 하지 않는 것이다. 이는 실로 어리석은 일이며 미친 짓이다.

조선의 학생들은 영미(英米)나 러시아에 대해 알고 있는 것을 자랑으로 여기고 있지만, 일본에 대해서는 모르는 것을 자랑으로 여기고 있는 것 같다. 게다가 자기가 일본을 모른다고는 생각하지도 않는다. 일본에 대해서는 무엇이든 안다고 생각하고 있다. 모르면서 안다고 생각하는 것만큼 위험한 것은 없다. 자기가 무지하고 오해를 일삼으면서도 그 잘못된 인식을 주위 사람에게 전파하기 때문에 큰일인 것이다. 사실대로 말하면, 오늘날의 반도인은 전부라고 해도 좋을 정도로 조국 일본에 관하여 무지하다. 무지할 뿐이면 그래도 괜찮은데, 오해하고 있다. 조국 일본의 성격도 의도도 힘도 오해하고 있거니와, 이러한 가공할 만한 결과를 초래한 죄는 실로 조선의 지식계급에게 있는 것이다.

2

주된 오해

반도인(半島人)이 조국 일본에 대해 오해하게 되는 원인의 하나는 국가의 의사표시를 순순히 받아들이지 못하는 것이다. 내선일체라는 것조차도 그대로 순순히 받아들이지 않고, 뭔가 이용하고자 하는 것이 있는 일종의 정책인 것처럼 곡해하고는 스스로 영리하다고 생각하는 것이다.

이는 대어심(大御心)이 일본의 국가 의사(意思)임을 모르기 때문에 생긴 오해임은 말할 것도 없다. 무한한 인자함과 끝없는 성은(聖恩)을 삼가 느끼지 못하는 완고한 마음의 착각인 것은 물론이다. 반도인은 모름지기 순순히 위정자(爲政者)의 말을 받아들여야 한다. 순순하지 않다는 것은 그 자체가 이미 악도덕(惡道德)이다. 다른 사람이 말하는 것을 순순히 받아들이지 않고 그 배후를 짐작하는 것은 결코 현명한 일이 아니다. 그는 이렇게 함으로써 결국 자기를 속이고 자기를 해치는 것이다.

일시동인(一視同仁)은 글자 그대로 말씀 그대로이고, 내선일체도 그러하다. 이 말은 혹 그릇된 추측을 하는 자들이 해석하는 것처럼 일시적인 정책도 아니며, 더구나 미나미(南) 총독만의 표어도 아니다. 이는 실로 제국의 국책(國策)의 근저로부터 나온 것으로, 만약 이것이 거짓이 되는 일이 있다면 세상에 신용할 만한 것은 아무것도 없을 것이다.

반도인들이 이렇게 의심해서는 안 되는 것에 의심을 하는 데는 약자(弱者) 특유의 시의심(猜疑心) 외에도 이유가 있다. 그것은 영국과 미국, 프랑스 등이 자국 내에서는 매우 높은 도의성(道義性)을 가지면서도 이민족(異民族)을 대할 때는 기만을 일삼는다는 데 있다. 요컨대 현대 국가가 외국 또는 이민족에 대해 취하는 정책 등은 일단 의심하고 믿지 않는 게 현명한 일이며, 이를 완전히 믿어 버리는 것은 유치하고 어리석고 경계해야 할 것이라고 보는 것이다. 이는 영국이 인도인에 대하여, 또는 미국이 필리핀인에 대하여 취한 종래의 몇몇 예에서는 실로 진실이었다. 그러나 이를 일본이 반도인을 대하는 경우에 적용하고자 할 때는 두 가지 커다란 오류를 범하는 것이다. 즉, 하나는 일본의 국체(國體)는 여러 외국과 달리 그 정치가 모두 대어심(大御心)의 발현(發顯)이며 결코 그들처럼 유리적(唯利的) 권모술수를 부리는 데 있지 않다는 점을 인식하지 못한 것이고, 다른 하나는 반도인은 이제 외국인도 이민족도 아닌 천황의 적자(赤子)라는 사실을 무시한 것이다.

일본은 안으로 인민에 대해서나 밖으로 타국에 대해서도 거짓말을 하지 않으며 기만의 술책(術策)을 부리지 않는다. 그것은 일본의 자기 부정이며, 일본 국체(國體)의 존엄상 있을 수 없는 일이기 때문이다. 반도인은 구한국시대 이래 이 점을 인식할 안목을 가지지 못하여 성(誠)에 대하여 거짓이라고 간주하는 의심암귀(疑心暗鬼) 탓에, 성을 거짓으로 대한 탓에 수많은 슬픈 오해를 범했다. 오늘날에는 장제스(蔣介石) 역도(逆徒) 일파가 바로 그 전철을 밟고 있다. 그들이 일본의 진의(眞意), 즉 국체로부터 필연적으로 연역(演繹)되는 진실성을 인식했다면, 일본과 지나 간의 오늘날의 불행은 면했을 것이다.

그런데도 반도인 가운데 아직도 의심해서는 안 되는 것을 의심하고, 믿어야 할 것을 믿지 못하여 그들의 어리석은 선배의 과오를 반복하고자 하는 사람이 있으니, 어찌 걱정되지 않으랴.

나는 조선의 동포에게 강력히 절규하고 싶다. 조국 일본에 대한 모든 의심의 마음을 버리고 갓난아이가 어미에게 의지하듯이 순순히 그 나라의 품에 자기를 던지라고. 이렇게 함으로써만 반도인은 구제될 것이다. 조국의 진의에 의문을 품는다든가 하는 것은 그 자체가 불충(不忠)인 것은 말할 것도 없지만, 그 결과는 커다란 불행의 형태로 반도인 전체 위에 떨어져 내릴 것이 틀림없다.

3

최후의 결심

반도인(半島人)은 조국에 대한 일구이언(一口二言)이나 이심(二心)을 버리지 않으면 안 된다. '충성으로써 군국(君國)에 보답한다.'는 입장에서 나아가지 않으면 안 된다. 국기를 게양할 때, 폐하의 만세(萬歲)를 받들어 외칠 때, 신사(神社)에 참배할 때, 애국반(愛國班) 반상회에 출석할 때, 모두 가슴 깊이에서 솟아오르는 충성으로써 해야 한다. 조금이라도 국가의 진의(眞意)에 대해 의심을 품는 것 같은 언동이 있어서는 안 된다. 그런 생각마저 뿌리째 태워 버리는 것이야말로 반도인 전체를 사랑하고 그 복리(福利)를 증진하는 방도이며, 이에 어긋나는 것은 국가와 조선 동포를 해치는 것이다.

이는 2,400만 반도인 전체에게 하는 말이지만, 특히 지식인의 반성을 촉구하는 것이 매우 긴요한 일이며 시급한 일이다. 수만의 반도인 지식계급의 임무는 실로 중대하다. 그들이 오늘날 올바른 인식과 마음가짐으로써 궐기한다면 내선일체(內鮮一體)의 촉진과 반도인의 지위 향상에 훌륭한 결과를 가져올 것이다. 국어 보급, 일본 정신 보급, 문화력과 생산력 향상을 위한 귀중한 사도(使徒)가 될 것이다. 그리고 조선 민중으로 하여금 위대한 정신력·생산력을 발휘케 함으로써 국무(國務)와 산업에서 국가에 공헌하는 바 매우 클 것이다. 국민적 신참자(新參者)인 반도인으로서는 국가를 위해 보람을 다하고 충(忠)을 발(發)하는 데 오늘날의 비상시가 실로 천재일우(千載一遇)의 더할 나위 없이 좋은 기회이다. 지식인들의 어리석음, 불성실 탓에 뻔히 눈뜨고 보면서 이런 절호의 기회를 놓치는 것은 조국 일본의 불행인 것은 말할 것도 없지만, 반도인 자신을 위해서는 두고두고 회한(悔恨)을 남기게 될 것이 틀림없다.

　더구나 지식인이 변함없이 회색(灰色)의 방관적이고 기회주의적인 태도를 고집함으로써 조선 민중이 이 기회에 발휘하지 않으면 안 될 힘을 발휘할 수 없다면, 그들 지식인은 자기들이 사랑한다는 조선 동포를 돌이킬 수 없는 큰 불행에 끌어들이는 무서운 책임을 지지 않으면 안 된다. 그들이 머지않아 그들이 태어난 날을 저주하고, 어머니가 자기들을 잉태한 날을 원망하게 될 것은 필연의 결과라고 하지 않을 수 없다.

　따라서 오늘날 조선의 지식인으로서 취해야 할 길은 하나이다. 그리고 그것은 오직 하나밖에 없는 것이다. 즉 대사일번(大死一番)의 대결심으로써 충의(忠義) 있는 일본인으로 갱생(更生)하여 조선 민중의 황민화(皇民化)와 문화력, 생산력의 향상을 위해 한 병졸(兵卒)의 마음가짐으로 진력하는 일이다.

　우선 망국민(亡國民) 근성, 의붓자식 근성의 근원인 허위와 잘못 추측하는 마음을 홱 벗어던지고 순수한 마음이 되는 것이다. 총독이 하는 말을 순순히 받아들이도록 하는 일이다. 일본의 역사를 순순히 받아들이고 국책(國策)을 순순히 받아들이고 애국반장과 정동(町洞) 대표가 하는 말을 순순히 받아들여서 마침내 모든 것을 순순히 받아들이는 마음이 되지 않으면 안 된다.

　이 순수한 마음으로 조국 일본의 도(道)를 배우자. 역사를 배우고 문학을 배우고, 풍속과 습관, 특히 예의범절을 배우고 또 익히자. 순수한 마음은 겸허의 마음이고, 감사의 마음이며 사랑의 마음이다. 일본에 관한 모든 것을 내 것으로 삼아 이를 사랑하고 소중히 여기는 마음이다. 그리고 식민지니 신부민(新附民)이니 민족이니, 그런 것은 일체 물에 흘려버리고 일장기(日章旗) 휘날리는 모든 곳을 우리 국토로 생각하며, 그 국토에 살고 있는 폐하의 적자(赤子) 모두를 동포로 여겨 거기에 우리의 애정을 쏟자. 요컨대 일본의 것이라면 무엇이든 사랑하고 무엇이든 내 것으로 삼자.

이런 경지에 달할 때 우리는 모든 어색함과 불안에서 벗어나 긍지(矜持)와 희열(喜悅)과 희망(希望)으로 빛나게 될 것이다. 우선 자기 자신을 이렇게 완전한 한 사람의 일본 국민으로 완성해 내고, 다음으로 동포를 가르치고 이끄는 것이 지식인의 광영(光榮) 있고 일할 보람 있는 직역(職域)이어야 한다.

4

위기(危機)를 보라

앞서 나는 결심 여하에 따라 한 개인, 한 가정 및 반도인 전체의 운명이 갈린다고 말했다. 이것은 무엇을 의미하는가?

나는 감히 이것을 반도인의 위기라고 부르고 싶다. 그것은 정말 위기인 까닭이다.

사변(事變)이 일어난 지 이미 제4주년에 접어들었다. 일본은 유사(有史) 이래 미증유의 국난(國難)을 헤쳐 가고 있다. 이 국난이야말로 위대한 것을 낳기 위한 국난이지만, 그렇다 해도 국난은 국난이어서 이 미증유의 국난을 극복하여 아시아를 일본 정신으로 개조하는 일을 완성하기 위해서는 실로 문자 그대로 일억일심(一億一心)으로 낼 수 있는 최대의 힘을 내지 않으면 안 된다. 이른바 고양이 손이라도 빌리고 싶은 시기인 것이다. 이러한 시기에 만약 일부의 국민 가운데 냉담한 눈으로 국책(國

策)에 대하여 방관적·기회주의적 태도를 취하는 사람이 있다면 그것은 바로 반역적 사보타주라고 해야 할 것이다. 이러한 국민에게 내려져야 할 형벌이 어떤 것일지는 문제 삼을 필요도 없을 것이다. 그것은 최악의 것이 아니면 안 된다.

그런데 오늘날 조선에는 확실히 이런 일부가 존재한다. 그들은 지식인(知識人)·유산계급(有産階級)에 속하는 사람들이며, 아직도 내선일체(內鮮一體)라는 근본 국책(國策)에 대하여 그 항구성과 진실성을 의심하고, 심지어는 냉담한 비평으로 민심(民心)의 귀추를 갈팡질팡케 하고 있다. 더욱이 그들은 종래 일반 민중과 청년층에게 존경받았던 계급인 만큼, 그들의 언동(言動)이 미치는 영향은 이만저만한 게 아니다.

그러면 어째서 그들은 아직도 해묵은 미몽(迷夢)에서 깨지 못하는 것일까? 나는 감히 단언한다. 그것은 그들에게 일본이 올바르게 인식되지 못한 탓이라고. 일본의 국체(國體)가, 일본의 사명(使命)이, 일본의 힘이. 따라서 어떤 방법으로든 그들이 조국 일본의 진정한 모습을 인식하게 되면 그들은 반드시 국가를 위해 몸도 재산도 바치는 그런 인물이 될 것이라고 확신한다.

따라서 나는 당국에 대해서는 이들 완미(頑迷)한 반도인에게 납득이 가도록 일본의 진정한 모습을 보여 주기를 바란다. 그리고 조선의 지식인에게는 지금 당장 다시 시작하는 기분으로 조국 일본의 진정한 모습을 파악하기 위해 학습을 시작하기를 바란다. 나는 지식인 여러분에게 이 한 가지는 단언할 수 있다. 그것은 나 자신이 그랬던 것처럼 여러분은 일본을 모른다고, 혹은 오해하고 있다고. 여러분은 일본의 역사를 알고 있는가? 일본 정신이 무엇인지 진지하게 연구한 적이 있는가? 만주사변(滿洲事變)과 지나사변(支那事變)이 어떻게, 왜 일어났는지, 일본은 무엇을 위해 싸우고 있는지, 일본은 조선을 어떻게 할 작정인지, 일본의 국가 목표는 무엇인지, 일본의 진심, 일본의 진정한 힘은 무엇인지, 이들 질문을 받았을 때 그대는 과연 자신 있게 설명할 수 있다고 생각하는가?

조선의 지식인 여러분은 무엇보다도 우선 일본을 공부하지 않으면 안 된다. 종래의 의혹과 그릇된 추측을 버리고, 일본에 대한 모든 선입관을 버리고, 겸허하고 순수한 마음으로 일본을 인식하지 않으면 안 된다. 황도학회(皇道學會)는 실로 이 목적을 위해 창립된 것이다.

여러분은 양심적인 인물이므로 조국 일본의 진의를 알고 반도인의 역할을 깨닫게 되면 반드시 신바람이 나서 조국을 위해 생명을 바칠 것이라고 믿는다. 여러분은 하루라도 빨리 여러분이 사랑하는 반도 민중을 올바른 길로 이끌 강력하고도 믿음직한 지도자가 되지 않으면 안 된다.

더욱이 일본을 배우는 이 일은 시급하다. 하루라도 빨리 일본을 알고 황도(皇道)를 배워 현재 진행 중인 성업(聖業)을 위해 우리도 응분의 봉공(奉公)을 하지 않으면 안 된다. 우선 우리가 조국 일본을 잘 알고 그 도(道)를 배운 신민(臣民)이 되어 2,300만의 다른 동포를 가르치고 이끌어 일억일심(一億一心)에 보탬이 되지 않으면 안 된다. 만약 여러분의 각성이 늦어 이후 3년도 오늘날과 같은 뜨뜻미지근한 상태가 계속된다면 국가는 '괘씸하다, 반도인은 믿을 수 없다.'고 판단하게 될지도 모른다.

― 가야마 미쓰로, 「重大なる決心 ― 朝鮮の知識人に告ぐ」, 「경성일보」, 1941. 1. 21.~24.

내선일체(內鮮一體) 수상록

내선일체란 조선인의 황민화(皇民化)를 말하는 것이지 쌍방이 서로 다가서는 것을 의미하는 것이 아니다. 조선인 쪽에서 어떤 일이 있어도 천황의 신민(臣民)이 되겠다, 일본인이 되겠다고 밀어붙이는 기백(氣魄)에 의해서야말로 내선일체는 이루어지는 것이다. 따라서 내선일체의 열쇠는 조선인 자신이 쥐고 있는 셈이다.

조선인 식자(識者) 계급에서 "정말 내선일체를 해 줄까?"하고 아무래도 불안한 듯이 두런거리는 소리를 자주 듣는다.

진짜 내선일체가 되면 내지인(內地人)의 조선인에 대한 특권이 사라지므로 내지인은 조선인이 정말로 일본인이 되는 것을 싫어할 것이라는 마음이다. 이것은 얼핏 바보 같은 기우 같지만, 실제로는 상당히 뿌리 깊은 기우이다. 또 의외로 내지인 가운데서 그런 말을 하는 사람도 있다.

그러나 내선일체가 되는 것을 허용하고 허용하지 않고는 천황의 대어심(大御心)이지 내지인이라고 해서 이러쿵저러쿵할 성질의 것은 아니다. 더욱이 내선일체, 즉 조선인은 일시동인(一視同仁)으로 내지인과 다름없이 폐하의 적자(赤子)임은 황공하게도 메이지대제(明治大帝)의 조칙(詔勅)에 의해 명백하고 확고하게 움직일 수 없는 황모(皇謨)가 되어 있는 것이다. 다만 송구하게도 꽤 오랫동안 조선인은 이를 삼가 인식하고 느끼지 못했을 따름인 것이다.

따라서 조선인 측에서 말하자면, 오로지 자기를 황민화해 가면 된다.

내선일체를 해 준다든가 해 주지 않는다든가 그런 걱정은 일절 쓸데없다. 문제는 조선인 자신의 마음가짐과 노력에 있다. 만약 조선인이 분발하여 국어(國語)를 배우고 일본 정신을 배우고 일본의 예의범절을 배우고, 그리고 내지인과 마찬가지로 신민(臣民)의 길을 실천하는 날이 10년 이내에 온다고 하면, 내선일체는 10년 이내에 완성될 것이다.

　그러나 만약 또 조선인이 분발하지 않고 일본 정신의 실천자가 되기를 꺼리거나 게을리한다면, 백년 천년이 지나도 진정한 내선일체는 오지 않을지도 모른다. 만약 그런 일이 있다고 가정한다면, 일본을 위해서나 조선인 자신을 위해서나 이만큼 커다란 불행은 없을 것이다. 어쩌면 이 경우 조선인의 자손은 국가에서 버림받고 응징되어 자멸(自滅)의 운명을 겪게 될지도 모른다.

　그러나 물론 그런 일은 없을 것이다. 내선일체는 반드시 된다. 요점(要點)은 하루라도 빨리 그날이 오도록 하는 일이다. 하루 늦어지면 하루 손해다.

　그렇다면 어떻게 해야 좋을까? 모든 조선인이여, 오늘부터 국어를 배우자. 그리고 내지인과 나란히 국어를 읽고 쓰고 말하도록 하자. 뜻이 통하면 충분하다는 정도가 아니라, 문법도 발음도 억양도 완전하게 되도록 배우자. 황민화의 제일 요건은 국어를 아는 것이기 때문이다.

　그리고 아내와 자식에게, 이웃에게 국어를 가르치자. 2,300만이 전부 내지인과 마찬가지로 국어를 읽고 쓰고 말할 수 있도록 열심히 대대적인 운동을 일으키자. 조선인이 전부 국어를 알게 되면 첫째로는 일본이 강해지고, 둘째로는 조선인의 국민으로서의 지위가 향상되며, 셋째로는 조선인의 지식과 문화가 향상되고, 넷째로는 각 개인의 생활이 나아진다. 이렇게 좋은 국어를 무슨 까닭으로 배우지 않는 것인가. 왜 좀 더 가르치는 운동을 일으키지 않는 것인가.

  3개월, 일요일을 제외하고 수업 일수 75일, 하루 두 시간으로 150시간. 120시간의 국어, 30시간의 산술(算術) 교육으로 '아이우에오(アイウエオ)'도 몰랐던 사람들이 일상 회화도 가능하고, 「기미가요」나 「우미유카바」를 부르고, 가나(假名)로 편지도 쓸 수 있게 되었다. 이는 경성(京城)의 노무라 고엔(野村弘遠)을 회장으로 하는 국민훈련후원회가 과거 1년 동안 2천여 성인(成人)을 가르친 실적을 통해 시험을 마친 바이다.

  또 이 후원회에서는 방학 중의 중등 학생으로 하여금 각자의 고장에서 미취학 아동 및 성인에게 국어를 보급하는 계획을 세워, 이번 겨울방학에는 8백 명의 남녀 학생이 총독부가 발행하는 교과서를 한 사람당 다섯 권씩 가지고 현재 국어 보급을 위해 봉공(奉公)하고 있다. 오는 여름방학에는 학무(學務) 당국의 후원을 얻어 2만 명가량의 남녀 학생을 동원하려 하고 있다.

  앞으로 10년간 5백만 명의 조선인에게 국어를 가르치지 않으면 안 된다. 5백만 명이라 함은 30세 이하의 남녀에 해당한다. 이들은 고도국방국가(高度國防國家) 건설을 위해 즉각 봉공할 수 있는 전사(戰士)이다. 산업 전선에서뿐만 아니라, 직접 병사(兵士)로서 일선(一線)에 서야 할 황군(皇軍) 용사이기도 하다.

  국어의 다음에, 아니 그것과 동시에 오는 것이 일본 정신의 학습이다.

  일본인이란 일본 정신을 가지고 있고 또 이를 실천하는 사람을 가리킨다. 우리 제국(帝國)은 과거에도 그랬지만 이후 더욱더 혈통국가(血統國家)여서는 안 된다. 마침 내지와 조선은 혈통에서도 적어도 전체 인구의 3분의 1이 혼혈(混血)이라고 하니 일체가 되어 하나의 국민을 만드는 데 실로 안성맞춤인 것은 말할 것도 없지만, 대동아공영권(大東亞共榮圈) 건설을 위해서는 오히려 혈통이 방해가 되는 경우조차 있을 수 있다. 하물며 팔굉일우(八紘一宇)의 대이상(大理想)으로써 전 인류를 포용하고자 함에 있어서랴.

그러면 어떤 사람이 황민(皇民)이고 일본인일까? 그것은 천황을 우러러 받들고 일본의 조국(肇國) 이상(理想)인 팔굉일우(八紘一宇)를 이상으로 하는 인민이어야 할 것이다.

따라서 조선인이 황민이 되려면 황도(皇道)를 배우지 않으면 안 된다. 황도를 배우지 않고 황민이 될 수 없다. 바꿔 말하면, 조선인은 본래부터 일본인이었던 내지인과 똑같은 마음가짐으로 천황을 우러러 받들고, 똑같은 마음가짐으로 신사(神社)에 참배하며, 똑같은 마음가짐으로 총을 들지 않으면 안 된다. 그 사이에 아주 작은 간극이 있어도 일체는 아니기 때문이다.

조선인이 이 황도정신(皇道精神), 즉 일본 정신을 자기 것으로 삼기 위해서는 국사(國史)를 배우지 않으면 안 된다. 국문학(國文學)도 배우지 않으면 안 된다. 신도(神道)와 무사도(武士道)도 배우지 않으면 안 된다. 예의범절도 배우지 않으면 안 된다. 무엇보다도 군대에 가지 않으면 안 된다. 열심히 이를 배운다면 그 개인도 훌륭하게 되고 조선인 전체가 훌륭하게 될 것이며, 그리고 일본이 오늘날의 국민보다 3분의 1만큼 더 강해질 것이다. 조선의 인구가 2천 3백만, 내지인의 약 3분의 1이기 때문이다.

조선에서는 황도를 배우기 위해 황도학회(皇道學會)라는 것이 생겼다. 이것은 동지(同志)를 모아 황도를 학습하자는 것이다. 제1회 강습회가 1월 18일부터 2월 15일까지 일요일과 수요일을 제외하고는 매일 열리게 되었는데, 청강(聽講) 회원은 약 60명. 경성제대의 마쓰모토 시게히코(松本重彥) 교수의 국사〔國史,『니혼쇼키(日本書紀)』·『고지키(古事記)』〕와 축사(祝詞), 같은 경성제대의 오다카 도모오(尾高朝雄) 교수의 국가론(세계와 일본), 조선군(朝鮮軍) 가와고에(河越) 참모대좌(參謀大佐)의 군인칙유(軍人勅諭), 같은 조선군 야마노우치(山之內) 참모중좌(參謀中佐)의 고도국방국가론(高度國防國家論), 해군 구로키(黑木) 참모대좌의 해군 강의가 있고, 그 밖에 만요(萬葉)·다도(茶道)·예절 등의 강의가 있을 예정이다.

이 황도학회의 강습회는 연속적으로 조선 각지에서 개최될 예정이며, 역시 10년간 5백만 명의 학습을 목표로 진행될 것이라고 한다. 이 학회는 경성 야마토주쿠(大和塾)에 본부를 두고 있고, 회장은 가라시마 준(辛島純)이라는 조선인이다.

이러한 국어 및 황도 학습 운동은 조선 내에서만 행해지면 그만인 것은 아니다. 내지에서든 만주국에서든, 북부 지나, 중부 지나에서든 대체로 조선인이 살고 있는 곳이라면 어디서든 행해져야 하고, 그것도 급속히 행해져야 한다. 이는 비상시 일본의 힘을 증대시키는 운동이기 때문이다.

특히 내지에 살고 있는 조선인은 국어와 황도를 배우기에 절호의 지위에 있다. 현재 내지 거주 조선인은 백만을 넘고 도쿄(東京)에 유학(遊學)하고 있는 학생만 해도 2만 명을 헤아린다고 하는데, 이 정도의 인원을 전부 황민화(皇民化)하는 것은 매우 중요한 일이라고 하지 않을 수 없다. 그중에서 조선의 학생들에게 착실히 일본 정신을 학습시키는 것은 급한 중에도 급하다고 할 수 있으리라.

중앙협화회(中央協和會)에서 이를 위해 진력하는 것은 마음 든든한 일이다. 또 노구치 시타가우(野口遵) 씨가 도쿄 유학생을 위해 조선총독부에 5백만 원을 기부하여 학무국(學務局)에서는 이를 기본금으로 삼아 연간 25만 원의 수입으로 도쿄의 조선 학생을 도와 이끌 것이라고 한다. 크게 기대할 만하다.

내지에 거주하는 조선 동포의 황민화에 대해서는 내지인이 크게 책임을 져야 한다고 생각한다.

백만의 내지 여러분이 의용병(義勇兵)이 되어 주지 않겠는가. 내지인 한 사람이 조선인 한 사람에게 국어와 일본 정신을 가르쳐 주지 않겠는가. 내가 바라는 것은 가르치는 것보다도 내지인 한 사람이 조선인 한 사람을 형제처럼 자매처럼 사랑해 달라는 것이다. 그것으로 충분하다.

그대가 조선인 한 사람을 — 학생이라도 좋고 노동자라도 좋으며, 또는 여행자라도 좋다 — 형제처럼 자매처럼 사랑해 준다면, 사랑받는 그는 그대를 통해 국어와 일본 정신을 배우고, 그대를 통해 일본을 사랑하고 모든 일본적인 것을 사랑하여 점차 자기의 것으로 삼을 것이다. 그리고 나라를 위해 생명을 바칠 것이다. 그대는 폐하를 위해 한 사람의 전사(戰士)를 얻은 셈이 된다. 아니, 한 사람의 전사가 아니라, 그의 가족과 형제, 자손까지도 획득한 셈이 된다. 동시에 그에게 최상의 행복을 준 셈이 된다. 정말 보람 있는 일이 아닐까.

그대가 만일 한 사람의 우수한 학생을 사랑으로써 획득했다고 한다면 그것은 단지 한 사람의 전사(戰士)일 뿐만 아니라, 폐하를 위한 한 사람의 장군(將軍)을 얻은 셈이 된다.

마음을 누그러뜨리는 것은 인정(人情)이다. 백 가지 법령(法令)이나 설법(說法)보다도 한 방울의 눈물이다. 눈물은 흉악한 사람의 마음조차도 누그러뜨리는 힘을 지닌다. 조선의 민심을 위세(威勢)로써 억누르는 시기는 이미 지났다. 이제는 조국 일본에서 분리되려는 따위를 몽상(夢想)하고 있는 사람은 아무도 없을 것이다. 다만 우리가 정말로 일본인이 될 수 있을까, 정말로 우리를 똑같은 보통의 일본인으로 대해 줄 생각일까, 하고 불안해하고 있을 뿐이다.

이런 불안을 일소하려면 어쩌면 정치적·입법적 수단도 필요할지도 모른다. 그러나 요점(要點)은 '그대와 나'가 눈물로 서로 얼싸안느냐, 아니냐에 달려 있다고 생각한다. 눈물이다, 눈물인 것이다.

필자는 전후 11년간 도쿄에서 생활했다. 대부분은 학생 생활이었는데, 그때 일을 돌아보며 나는 두 가지 유감(遺憾)을 느낀다. 하나는 나 자신이 일본을 배우려고 노력하지 않았던 일로, 참으로 어리석기 짝이 없는 일이었다고 후회하고 있다. 이는 특별히 나 한 사람에게 국한된 일은 아니다. 당시 유학생의 거의 전부가 나와 마찬가지로 어리석은 자였다. 오늘날의 유학생들도 아직 일본을 배우는 데 그다지 열심이 아니라는 얘기가 들린다. 만약 그것이 정말이라면 그들은 나와 내 동시대 사람들보다도 훨씬 더 어리석은 자라고 하지 않을 수 없다.

도쿄에 있는 조선의 학생 여러분! 여러분은 무엇을 배우러 도쿄에 가 있는 것인가. 각종 과학과 기술인가? 그것은 참으로 훌륭한 일이다. 그러나 여러분은 깊이 반성하지 않으면 안 된다. 여러분은 학자가 되기 전에, 기술자가 되기 전에, 시인이나 예술가, 교육가가 되기 전에 먼저 되지 않으면 안 되는 것이 있다. 그것은 천황 폐하의 신민(臣民)이 되는 것이다. 황도(皇道)를 배우는 것이다. 일본을 알고 일본 정신을 여러분의 정신으로 삼는 것이다. 이것이 없고는 여러분의 우수한 두뇌도, 학문도 기술도, 아깝게도 쓸모없는 것이 되고 만다.

여러분은 입버릇처럼 여러분의 전도(前途)에 희망이 적다는 것을 한탄한다. 여러분의 선배가 훌륭하게 공부하고 있으면서도 직업 없이 죽치고 있다든가 관(官)이나 그 밖의 직업을 갖게 되어도 만년(萬年) 남의 밑에서 끝나는 것을 여러분의 음울(陰鬱)한 전도를 보여 주는 사실적 표시인 것처럼 생각하고 있다. "조선인은 써 주지 않는다."고 불평하고 있다.

그런데 여러분, 여러분이 눈을 씻고 분명히 인식하지 않으면 안 되는 것이 실로 이 점이다. 잠시 내 말에 귀를 기울여 주었으면 한다.

과연 비상시 일본은 많은 인재(人材)를 요망하고 있다. 실은 현재 인적 자원이 부족한 것이다. 그러나 일본이 아무리 인재를 요망한다 해도 일본인이 아닌 자를 쓸 수는 없다. 아무리 인재가 부족하더라도 영국인을 관리로 맞아들이고, 미국인을 기술자로 공장에 고용할 수는 없다. 하물며 독일인이나 이탈리아인이라 해도 일본의 군대에 이들을 채용할 리는 없지 않은가. 일본이 요망하는 것은 일본 정신을 지닌 일본인이다.

도쿄에서 공부하고 있는 조선의 학생이여, 자네에게 묻는다. 솔직하게 대답해 주시게. 자네가 다니는 학교의 내지인 학생이 그런 것처럼 자네는 폐하를 위해 생명을 바칠 충성을 가지고 있는가? 자네는 모든 일본적인 것을 자네의 보물로 삼아 자네의 피로써 그것을 지킬 만한 애국심을 갖고 있는가? 그럼에도 불구하고 자네가 만약 국가로부터 천덕꾸러기 취급을 받는다면 자네의 불평에는 이유가 선다. 만약 도쿄에 있는 2만의 조선인 학생이 전부 자네처럼 대군(大君)에 대한 충성과 일본의 국토와 문화, 국가 이상(理想)에 대한 애국심을 품게 되었다면, 직업을 얻을 수 없다든가 차별을 받는다든가 그런 걱정은 결코, 결코 하지 않아도 좋은 것이다. 여러분의 선배는 아직 완전히 일본인이 되지 못했기 때문에 국가의 여러 기관에서 신뢰받지 못하고 있는 것이다. 신뢰받지 못하므로 쓰이지 못하는 것이다. 그것을 차별 때문이라고 생각하는 것은 우리들의 의심 이외에 아무것도 아닌 것이다.

따라서 유학생 여러분! 어리석은 선배의 전철을 밟지 마시게. 여러분이 혹은 4, 5년, 혹은 좀 더 오래, 혹은 그보다 짧게 도쿄에서 학업을 마치기까지 열심히 일본을 공부하시게. 국사(國史)와 국문학(國文學)을 배우고, 국어(國語)에 정통하고, 일본의 풍속과 습관, 예의범절에 자유자재가 되고, 일본의 가정과 마을, 일반 사회를 잘 관찰하고, 전문가가 될 것까지는 없어도 평범한 한 사람의 일본인으로서 정신에서나 실천에서도 눈총을 받지 않을 만큼의 수행을 하시게. 그렇게 하면 여러분의 전도에는 광명이 있고, 나아가 조선인 전체의 국민적 지위가 내선일체(內鮮一體)의 수준으로 끌어올려지게 될 것이다.

오직 이 길이 있을 뿐, 이 외에는 길이 없는 것이다.

다음으로 필자가 11년간의 도쿄 생활에서 유감으로 생각하는 것은 내지인과의 사귐이 적었던 일이다. 그 책임은 나에게 있다. 내가 원래 비사교적이고 편협한 민족 감정을 품었기 때문이라고 생각한다. 그래도 몇 사람의 친구는 있었다. 여러 가지로 신세도 졌다.

그러나 여기서 약간 나쁘게 생각하는 것을 용서해 주기 바란다. 내지의 동창들도 나를 그다지 소중하게 여겨 주었다고는 할 수 없다. 그들이 좀 더 나를 소중하게 여겨 주었다면, 좀 더 집에도 불러 주고 내 하숙에도 찾아와 주었다면, 나는 좀 더 일찍 일본 정신을 체득하고 내선일체에 눈 떴을지도 모른다. 저 겨우 몇 사람의 내지인 친구의 온정(溫情)조차 나로 하여금 일본을 정겹게 생각게 하는 강한 동기가 되었던 것을 생각하면, 좀 더 많은 친구가 있었더라면, 하고 생각하지 않을 수 없다.

나는 단 한 번 내지(內地) 친구의 가정에서 묵은 적이 있는데, 그 따뜻하고 아름다운 일본 가정의 인상이 내 혼(魂)에 깊이깊이 각인되어 지금도 잊을 수 없다. 지금 도쿄에 있는 2만의 학생에게 이 체험을 갖게 하고 싶다.

보통 조선인이 내지인과 접촉한다고 하면 학생으로서 선생에게, 인민으로서 경찰관이나 그 밖의 관리(官吏), 그리고 상인(商人)에게 국한되어 있지만, 그것은 모두 정겨운 인상을 남기는 종류의 것은 아니다. 오히려 그 반대의 경우가 많다. 적어도 과거에는 그러했다.

가정의 도코노마 앞에서야말로 일본인은 그 본연의 친절과 아름다운 인정미(人情味)를 보이는 것이다. 협화사업(協和事業)은 선생이나 경찰관, 관리, 그 밖의 사람들이 딱딱한 상하 관계를 벗고 도코노마의 인정미로써 임하려는 것이리라. 나는 간절히 그랬으면 좋겠다고 희망하지 않을 수 없다.

두서도 없는 수상(隨想)에 결론 따위를 붙일 필요는 없다. 요구된 지면도 다했으므로 붓을 놓자. 한마디만 하자면, 조선인은 국어를, 일본 정신을 배우자. 그리고 내지인은 조선인을 모현(某縣)의 사람과 마찬가지의 일본 동포로 보고, 느끼고, 사랑하기를 배우자. 그것만 실천한다면 일본은 반드시 강대해질 것이다. 우리의 자손은 무한의 광영을 함께 향수할 것이다.

1941년(昭和 16) 1월 16일 경성에서

— 가야마 미쓰로, 「內鮮一體隨想錄」, 『협화사업(協和事業)』 3-2, 1941. 2.

반도의 제매(弟妹)에게 보냄

1

머리말

젊은이들 중에는 내 집에 찾아와서 자기가 장래에 어떻게 하면 좋을지 등에 대해 상담을 청하는 사람이 있다. 또 먼 곳에서 편지로 똑같은 고민을 문의해 오는 사람도 있다. 남자도 있고 여자도 있다. 그들은 모두 진지하고 길을 찾는 열의를 가지고 있으면서도 헤매고 있는 사람들이다. 그들의 얼굴과 눈에는 의혹과 번민의 빛이 보인다.

나는 이 젊은이들에게 충분히 납득이 가도록 지도해 줄 힘이 없는 것이 슬프다. 그러나 나이로 보아 하루라도 더 살았고 세상 풍파에 부대껴 온 경험을 얼마쯤 가진 나로서는 그들의 질문에 대해 뭔가 대답을 하지 않을 수 없다. 실제로 나는 여러 가지로 그들에게 충고를 건넸다. 나는 이 불충분한 충고가 그들의 번민을 해결하는 데 과연 얼마나 도움이 되었는지는 알지 못하지만, 한 사람의 형님 된 입장에서 성심성의를 다했던 셈이다.

그래서 나는 나를 찾아오거나 내게 편지를 보내서 번민을 호소했던 젊은이들과 같은 처지에 있는 동생들이 많을 것이라고 가정하고, 그들 귀여운 동생들에게 이 편지를 보내는 것이다.

K 훈도(訓導)의 이야기

어느 날 모 국민학교의 훈도(訓導) K 씨가 나를 찾아왔다. 그는 나와 안면이 있는 정도로, 원래 친교가 있는 사이는 아니었다. 그는 호소하기를, 자기는 훈도직을 지낸 지 5년이지만 현재 상태로는 장래성이 없으니 전문학교에 들어가 공부하고 싶은데 어떻겠느냐는 것이다.

그는 모친과 처자까지 다섯 식구로, 아내가 임신 중이라 아이가 늘면 초등학교 훈도의 봉급으로는 생활할 수 없다는 말을 덧붙였다.

그는 사범학교에 들어갈 정도니까 머리가 좋은 쪽일 것이다. 또 말하는 태도로 보아 인생에 대한 야심도 있는 듯했다. 국민학교 훈도로는 평생 일해도 먹고 입을 것이 궁하고 야심도 달성될 수 없다는 것이다. 아마도 K 씨와 같은 번민을 가지고 있는 국민학교 훈도가 다수 있을 것이다. 이는 매우 위험한 일이다.

나는 K 씨에게 물었다. 전문학교를 마치면 반드시 인생의 야망을 달성하고 생활도 윤택해지느냐고. K 씨는 쓴웃음을 지었다.

나는 또 말했다. 대학을 나온 사람으로 직업을 얻지 못해 먹는 것조차 곤란한 사람도 있지 않느냐고. K 씨는 한 번 더 쓴웃음을 지었다.

그래서 나는 톨스토이(Tolstoy)의 말을 인용했다. 모스크바의 큰길을 오가는 그 많은 군중은 모두 부와 야망을 좇아온 이들이다. 그러나 그 백발(白髮)의 패거리 중에 과연 몇 사람이나 그것을 얻었는가. 부든 야망이든 모든 행복은 욕심으로 얻을 수 있는 것이 아니다. 그 백발의 거지가 만약 평생 하루하루 주어진 일에 힘쓰며 올바른 길을 걸어왔다면 먹고 입을 것에 궁할 일도 없고, 이웃에게서는 감격과 존경을 받는 신분이 되었을 것이다. 이 이야기를 듣자 K 씨의 얼굴에는 심상치 않은 빛이 떠오르는 듯했다.

세계 초등교육의 아버지인 페스탈로치(Pestalozzi) 선생은 시골의 일개 소학교 교원이 아니었는가. 당시 유럽의 총리대신들과 부호들은 이미 훨씬 전에 잊혔지만, 이 가난한 교원은 역사가 진전함에 따라 더욱더 빛을 발하지 않는가. 이토(伊藤) 공이나 야마가타(山縣) 공도 위대한 것은 틀림없지만, 미래에 길이 받들어 모셔지는 것은 아마도 요시다 쇼인(吉田松陰) 선생일 것이다.

우주를 지배하는 것은 인과(因果)의 법칙이지 결코 우연이 아니다. 인사(人事) 현상도 인과의 법칙에 의해 섭리(攝理)되고 있는 것이다. 강한 나무는 동량(棟梁)이 되고 쓸모없는 나무는 땔감밖에 안 된다. 힘 있는 인물은 중요하게 쓰인다. "도리불언 하자성혜(桃李不言 下自成蹊)"(복숭아와 자두는 말하지 않아도 아름다운 꽃과 열매가 있어 나무 아래 절로 길이 생긴다 — 역자)라고, 주머니 속의 송곳은 반드시 돌출하여 드러날 날이 있는 것이다. 용은 연못 속에 살지 않는다. 직업에 높고 낮음은 없는 것이다. 석존(釋尊)은 거지였고, 공자(孔子)는 부랑자였다. 스피노자(Spinoza)는 렌즈 갈기를 업으로 삼았고, 니노미야 손토쿠(二宮尊德)는 머슴이었다. 제갈량(諸葛亮)은 남양(南陽)의 일개 촌 학자였다.

빛나는 성공은 그 직업이 무엇인지에 달려 있는 것이 아니라, 그 직업에 어떻게 임했는가에 달려 있는 것이다. 백정(白丁)도 성불(成佛)한다.

불성(不誠)이면 무물(無物)이다. 성(誠)은 하늘의 도(道)이다. 지성(至誠)이면 감천(感天)이다. 어떤 직업이라도 주어진 직책에 성을 다하면 먹고 입을 것은 물론 명예도 절로 오는 것이다. 여름은 엄청 덥고 겨울은 엄청 춥다. 이것이 성이다.

K군이여, 자네의 현재 직업이 성직(聖職)이다. 자녀들을 이끄는 성직이다. 그 직업에 성을 다하게. 정혼(精魂)을 쏟아붓게. 일생을 바치게.

그리고 과연 자네의 처자가 굶는지 어떤지 시험해 보게. 신은 자네보다 훨씬 총명하게, 훨씬 전지적(全知的)으로 자네의 생애를 감시하고 자네의 장래를 위해 준비하고 계신다.

K 군은 돌아갔다. 그리고 일 년간 교직에 있었으나 올봄에 모 전문학교에 들어가고 말았다. 나는 K 씨의 성공을 빌지만, K 씨가 종전의 직업에 일생을 바칠 만한 큰 인물이 아니었던 것을 유감으로 여기지 않을 수 없다.

P 시인의 이야기

어느 날 P 시인이 내 집에 명함을 들였다. 맞아 보니 이제 막 유치장에서 내동댕이쳐진 듯한 차림새다.

"어찌 된 일입니까?"

나는 놀라서 물었다.

"직업은 없고, 하숙비가 밀려 하숙집에서 쫓겨나 어젯밤은 역 의자에서 밤을 새웠습니다. 어제 아침부터 아무것도 먹지 못했습니다."

"왜 취직하지 않았습니까?"

"아무리 구해도 자리가 없는걸요."

"없는 게 아닙니다. 당신이 좋은 일자리를 구하기 때문이겠지요."

"아니요, 어떤 일이라도 좋습니다."

"그렇다면 위생인부(衛生人夫)가 되세요."

"위생인부라니요?"

"변소를 치는 인부 말입니다. 지금 경성부는 인부가 모자라 동네마다 변소가 넘치고 있습니다."

P 시인은 묘한 얼굴을 하고 잠자코 있었다. 아마 모욕을 느꼈을 것이다.

"위생인부란 얼마나 아름다운 직업입니까. 사람들이 싫어하는 일을 하여 그들을 기쁘게 하는 일이지요. 친구에게 걸식하며 돌아다니지 말고 위생인부가 되세요."
하며 나는 시인에게 약간의 돈을 주어 돌려보냈다.

2주일쯤 지나 P 시인은 또 메신저를 보내 내게 염치없이 돈을 요구했다. P 시인도 위생인부가 될 정도의 큰 인물은 아닌 듯하다. 도무지 조선에는 큰 인물이 나지 않아 유감이다.

문학과 조선문(朝鮮文)

도쿄의 모 대학 문학부에 적을 둔 미지의 한 학생에게서 편지를 받았다. 『동아일보』와 『조선일보』가 폐간된 당시의 일이다. 자기는 문학으로 세상에 나설 예정이었는데, 조선문의 발표 기관이 없어지기만 하는 것이 불안하다, 문학을 그만둘까 어쩔까 하는 상담이었다.

"문학을 하려면 일본문(日本文)으로 써서 도쿄에 출판하라. 조선의 문사가 되기보다 일본 전체의 문사가 되라."

나는 이렇게 답장을 보냈으나 그 후로 소식이 없었다.

문학에 대해서는 같은 번민을 호소해 오는 이가 많았다. 조선문으로 쓰면 출세가 빠를지도 모른다. 그러나 작은 출세가 아닐까. 지금 중등학교 이하에 있는 조선인으로 조선문 문학을 읽을 수 있는 조선어문 능력을 가진 사람은 드물 것이다. 조선인으로서 조선어에 일종의 애착을 느끼는 것은 당연하지만, 우리는 천황께서 쓰시는 말을 우리 국어(國語)로 삼지 않으면 안 된다. 조선어를 일본의 국어로 삼을 수는 없지 않은가. 또 두 개의 국어를 병용할 수도 없지 않은가. 사실을 똑바로 보아야지, 편협한 기분에 구애되어서는 안 된다. 일본어는 우수한 일본 정신을 담고 있고,

일본문은 지금 세계 문화를 전부 포섭하고 있다. 따라서 일본어를 배우는 것은 일본 정신을 배우는 동시에 세계 문화의 곳간 열쇠를 쥐는 셈이다. 더구나 일본어는 지금 일약 아시아 여러 민족의 공통된 국어가 되어 가고 있다. 따라서 조선인은 모름지기 국어에 정통해야 한다. 하물며 문학에 야심이 있는 이는 척척 일본문으로 써야 한다.

2

대사일번(大死一番)**의 선탈**(蟬脫)

하루는 올봄 모 의전(醫專)을 졸업한 한 청년이 지방의 모 병원에 부임하는 길에 내 집에 들렀다. 모르는 이로, 내 저서의 독자라고 한다.

나의 내선일체 이론에는 수긍할 수 있지만, 그러면 조선적인 전통이 송두리째 끊어지고 마는 것은 아닌가, 그것을 어떻게 할 것인가, 그 감정을 어떻게 할 것인가, 묻는 것이었다.

그러나 그것은 단순한 하나의 기분에 지나지 않는다. 게다가 그것은 이 세대와 함께 소멸해 갈 것이고, 현세대의 자손은 보통의 일본인으로서 당연하게 살아갈 것이다. 요점은 오늘날의 우리 세대가 현세대의 자녀를 위해 방해가 되지 않게끔 명심하여, 조금이라도 그들의 체면을 세우는 봉공(奉公)을 하는 데 있다.

어떻게 하면 다음 세대의 자녀에게 방해가 되지 않을까? 우리가 종래의 작은 마음을 버리지 않고 우리 조선, 우리들 조선인 따위를 말한다면 반드시 다음 세대의 자녀에게 방해가 될 것이다. 우리가 옛 조선인으로서 대사일번(大死一番)하여 황국신민(皇國臣民)으로 다시 태어나야 한다. 핑계도 불평도 용납될 여지는 없는 것이다. 그러면 참으로 후련하게 될 것이다. 또한 조선, 조선이라고 생각하고 있었던 것을 일본, 일본이라고 생각하게 되면 가슴이 탁 트일 것이다. 내지인이, 조선인이, 이런 식으로 생각해서는 안 된다. 스즈키(鈴木)가, 가네모토(金本)가, 이런 식으로 생각해야 한다. 스즈키가 나쁘면 스즈키 한 개인이 나쁜 것이고, 가네모토가 나쁘면 가네모토 한 개인이 나쁜 것이다. 누구도 스즈키로 하여금 내지인을 대표케 할 일이 없고, 가네모토 역시 그렇다. 이렇게 생각하게 되면 불평도 우울도 날아가 버릴 것이다.

 제매(弟妹)여, 만약 여러분이 위대한 사람이 되고 싶다면 조선에서 제일가는 따위의 옹졸한 생각을 말고 일본에서 제일가는 사람이 되게. 큰 지도자가 되고 싶다면 조선인의 지도자 따위 옹졸한 생각을 말고 일억 일본인의 지도자가 되게. 대신(大臣)이 되고 싶으면 대신이, 장군이 되고 싶으면 장군도 되게. 폐하를 섬겨 드리는 일이라면, 황국신민 된 자 누구에게라도 허용되어 있는 것이다. 일본은 이미 우리나라가 아닌가. 그 누구도 일본을 우리에게서 빼앗을 수 없다. 그것을 위해 우리는 피로써 싸울 것이다. 자자손손(子子孫孫) 혼으로써 우리 조국 일본을 꾸미고, 피로써 우리 조국 일본을 지킬 것이다. "내가 후세에 전하는 마음은 천대(千代)에 일본국을 받들어 모시고 또 지켜 모신다."는 노래가 절로 흘러 나오지 않는가.

수행(修行)과 봉사(奉仕)

 나는 많은 청년과 만나 이야기하는데, 그때마다 통감하는 것이 조선 청년에게는 수행과 봉사의 관념이 지극히 부족하다는 점이다. 수행은 조선어로는 수도(修道)라고 하는데, 수도란 극소수의 승려나 유별난 사람이 하는 것처럼 생각한다.

　누구나 노래를 부르는 능력은 갖고 있지만, 그렇다고 해서 누구나 성악가는 아니다. 노래의 수행을 쌓아야 비로소 성악가가 될 수 있는 것이다. 어떤 기술이라도 수행만 하면 각각의 것은 누구나 할 수 있는 것이다.

　그런데 많은 청년들은 학교만 졸업하면 인생 수행은 끝났다는 듯이 생각하고 있다. 그것은 큰 잘못이다. 수행은 자기가 하는 것으로, 다른 사람에게 배울 수 있는 성질의 것이 아니다.

　데모스테네스(Demosthenes)가 폭포나 해변에서 연설 수행을 한 것은 유명한 이야기인데, 어떤 방면에서 무릇 대가(大家)라고 불리는 사람치고 피나는 오랜 수행을 거치지 않은 사람은 없다. 같은 문하(門下)의 제자, 즉 동창이면서도 어떤 사람은 크게 이루고 어떤 사람은 무명인 채 사라지는 것은 수명이나 그 밖의 다른 이유도 있지만, 대개는 수행을 계속하는지 그렇지 않은지에 달린 것이다.

　수행은 단지 기술을 연마하는 것이 아니다. 아니, 기술은 오히려 말단이고 수행의 근본은 정신이다. 유도(柔道)나 검도(劍道)만 해도 근본은 그 정신에 있는 것이며, 이른바 각오가 되어 있지 않으면 아무리 기술을 연마해도 크게 이룰 수 없는 것이다. 글씨와 그림도 그렇고, 장사도 가르치는 일도 그렇다. 세상에서 재자(才子)라 불리면서도 영락(零落)하는 자가 많은 것은 정신의 수련을 결여한 까닭이다.

　정신의 수행이 있는 사람과 없는 사람은 안목이 있는 사람에게는 한눈에 구분된다. 눈빛만으로, 한마디만으로 이미 그 사람의 수행의 정도가 보이는 것이다. 따라서 취직을 하는 데서도 윗사람에게 그 녀석은 틀렸다고 보인다면 그것으로 끝으로, 이것도 마음의 연마 여하에 달린 것이다.

노기(乃木) 대장은 무예(武藝) 외에 한자(漢字)와 선(禪) 수행을 했다. 구스노키(楠) 공도 선 수행을 했다. 조선의 화성(畵聖)으로 불리는 추사(秋史) 김정희(金正喜)도 선으로 정신을 단련한 사람이다. 조용히 죽음을 맞는 그런 인물은 반드시 수행을 한 사람이다.

수행의 안목은 무엇인가? 그것은 정성된 사람이 되는 것이다. 말 한 마디, 일거수일투족이 모두 성(誠)에서 나오도록 하는 것이다. 확호(確乎)한 신념을 파악하여 생사고락(生死苦樂)을 아랑곳하지 않고 자기의 소신을 향해 매진하는 것이다. 신도(神道)에서 말하는 청명심(淸明心) 또는 정명진심(淨明眞心)이란 곧 이 성이며, 불교의 불(佛)도 이 성을 가리킨다.

성이 없는 사람은 어떠한 모습을 보이는가? 거짓과 의심, 변심이 그것이다. 기세등등하고 엉터리, 기회주의이며, 요행과 우연을 믿는다.

각오가 되어 있다 함은 신념을 갖고 생사고락을 초월하여 유유자적하게 길을 나아가는 것이다. 이런 사람을 인간이 되었다고 하며, 그렇지 않은 사람을 일러 인간이 되지 못했다고 한다. 인간이 되면 결코 굶는 일은 없다. 국가는 인간이 된 사람을 요구하고 있는 것이다. 어느 때 세상이든 그렇지만, 특히 비상시에 그러하다.

진지함이라든가 성실함 같은 말은 누구나 입에 올리고 있지만, 그 진리에 투철한 사람은 적은 듯하다. 진지함을 일본어로 신켄(眞劍)이라고 하는데, 이는 진짜 칼이라는 말이다. 죽도(竹刀)나 나무로 만든 칼이 아니고 연습용도 아니며, 진짜 칼로 서로 죽일 때는 아무리 불성실한 사람도 진지해지지 않을 수 없다. 성실해지지 않을 수 없다. 그런 경우의 마음가짐을 신켄, 곧 진지함이라고 하는 것이다. 그런데 제매 여러분, 여러분은 언제나 이런 진지한 마음가짐인가? 교실에서, 운동장에서 여러분은 죽음을 마주한 것과 같은 진지함을 갖고 생활하는가? 만약 그렇다면 여러분은 훌륭한 인물이다. 반드시 유용한 재목(材木)이 될 것이다.

자기의 직업에 임(臨)하기를 전장(戰場)에서의 일대일 승부에 놓인 것처럼 해서 성공하지 못할 사람은 없을 것이다. 그런데 조선인은 진지함이 부족하다는 이야기를 듣는다. 불성실하다는 이야기를 듣는다. 또 실제로 그런 듯하다. 여러분은 그렇지 않은가? 국가는 진지하지 않은 병사에게 신뢰를 줄 리가 없다. 산업이든 교육이든, 오늘날 국가의 모든 일은 전쟁이다. 한 사람이라도 불성실한 자가 섞여 있는 것을 용납하지 않는다.

선(禪) 수행을 하라, 미소기(禊)를 하라, 고 외치고 있는 것은 더욱더 진지한 국민을 만들기 위한 것이다. 이 진지함, 즉 성(誠)은 수행으로써, 사념(邪念)을 버림으로써, 신심(身心)을 단련함으로써 얻을 수 있는 것이다. 검도도 유도도 결국은 이 진지함의 수행이다. 그 기술 따위는 둘째 가는 것이다. 이 성, 이 진지함, 이 충의 인격이 있고서야 비로소 학문도 기술도 쓸모 있는 것이며, 이러한 인격이 없는 사람의 학문과 기술은 국가의 해가 될 뿐 보탬이 되지 않는다. 제매 여러분, 반성하라. 종래의 마음가짐과 생활을 검토하라. 그리고 피나는 수행으로써 진지한, 성(誠) 있는 인격을 정비하여 이것을 폐하께 바쳐라. 이것이야말로 여러분의 절대 의무이자 광영인 것이다.

임금께 바칠 것

부자가 되고 싶은 것, 안락하게 지내고 싶은 것, 몸이 건강하고 싶은 것, 이는 모든 사람의 욕망일 것이다. 그러나 국가의 힘 없이는 이런 것들을 얻을 수 없다는 것은 턱턱 쓰러지는 유럽의 여러 약소국의 국민을 보아 자명할 것이다. 강대한 조국이 있기에 우리 몸의 행복을 기약할 수 있는 것이다. 따라서 자기를 사랑하고 자손을 사랑하는 사람은 나라를 사랑하지 않을 수 없다.

그러나 이것은 천박한 애국심이다. 더러운 마음이다. 전부야인(田夫野人)의 마음에 지나지 않는다.

일본 정신은 그것과는 다르다. 천황은 국민의 어버이이시고 지도자이시다. 천황은 그 적자(赤子)인 국민을 훈육(訓育)하여 더욱 높은 국민으로 만들고 이 국민을 통해, 또 이 국민의 익찬(翼贊)에 의해 인류 문화 완성의 성업(聖業)을 영위하시는 것이다. 이를 역으로 국민 쪽에서 보면, 국민은 황운(皇運)을 부익(扶翼)해 드림으로써 각자 개인으로서의, 가정으로서의, 국민으로서의, 인류의 일원으로서의 사명을 달성하는 것이다. 일본의 국체(國體)는 바로 천황을 받든 한 가족이기 때문이다. 즉 팔굉일우(八紘一宇)의 이상(理想)과 그것의 실현을 몸소 사명으로 삼으신 천황을 중심으로 하여 국민이 정신적으로 일체가 되는 것이 일본 정신이다.

그러므로 가정도 나라를 위해서, 자기도 나라를 위해서 존재하는 것이고, 따라서 국민 각자의 일생은 직업봉공(職業奉公)을 위해서만 바쳐지는 것이다. 이를 신도실천(臣道實踐)이라고 하는데, 이것은 구미(歐米)의 개인주의와는 실로 대척적(對蹠的)인 것이다.

이 일본 정신은 결코 사변(事變) 이래 시작된 것이 아니다. 하물며 독일을 모방한 것일 리 없다. 이것은 일본의 역사와 문화 전반을 통해 일관하여 흘러온 것이고, 일본 문화의 특색은 실로 이 한 점에 있는 것이다. 이를 충효일본(忠孝一本)의 정신이라고 하는데, 이는 교육칙어(教育勅語)의 정신이기도 하다. 이 정신이 구미(歐米) 사상에 미혹되어 민간에서 일시적으로 희박해진 것은 사실이지만, 사변 이래 그 진면목이 드러나게 된 것이다.

만세일계(萬世一系)의 성천자(聖天子)를 우러르는 억조일심(億兆一心)·충효일본(忠孝一本)의 정신으로 하나가 되어 일본을 더욱더 크고 강하고 빛나게 하여 팔굉일우의 이상을 실현하기 위해 살고 죽는다는 신념은 얼마나 즐거운 것인가. 얼마나 산 보람 있는 것인가. 우리 일본을 가장 참되고, 가장 선하며, 가장 아름다운 나라로 만든다는, 그 이상 보람 있는 일은 없지 않을까.

제매 여러분, 나는 이로써 일단 붓을 놓겠네. 나는 총명한 여러분이 이 빛나는 이상과 감정에 반드시 공명하고 분기할 것을 믿는다. 그리고 피나는 수행을 시작할 것을 믿는다. 그리고 반도 2,600만을 한 사람도 남기지 않고 힘센 황국신민으로 만들어 폐하께 바치기 위해 지성(至誠)을 다할 것을 믿는다. 이렇게 하는 것이야말로 우리의 선조를 보람 있게 하고, 자손을 영예롭게 할 유일무이한 길인 것이다.

— 가야마 미쓰로, 「半島の弟妹に寄す」, 『신시대』, 1941. 10.~11.

가훈(家訓)

1. 부모

우리 몸이 여기 있는 것은 부모가 낳아서 키워 준 은혜 덕분이다. 아침에 눈뜨면 우선 부모를 생각하라. 그리고 부모의 마음을 편안하게 해 드리도록 항상 명심해야 할 것이다. 이를 효(孝)라고 한다. 부모는 자녀를 위해 애쓰다가 늙는다. 자녀 된 이는 부모의 은혜를 갚아 드리는 것으로써 인생의 첫째 의무를 삼아야 한다.

효행하는 자는 선신(善神)이 수호한다. 모든 죄 가운데 불효하는 죄가 가장 크다.

2. 형제

형제로 태어나는 것은 9백천 겁(劫)의 인연이라고 세존(世尊)은 가르치셨다. 같은 부모를 부모로 하여 태어나 같은 집에서 자란다. 이른바 같은 배를 빌려 태어나고 같은 이불을 덮으며 한솥밥을 먹고 길러진다. 세상에 이보다 친한 사람은 없을 것이다. 형제는 우애(友愛)를 근본으로 한다. 우애란 사이좋은 것이다. 형제가 사이좋은 것은 부모가 가장 기뻐하시는 일이며, 또한 천지신명(天地神明)께서 가장 가상히 여기시는 바이다. 이러한 형제에게 복이 많다.

이와 반대로 사이가 나쁜 형제는 가장 추(醜)한 것이다. 부모가 걱정하시고 신명께서 미워하신다. 이웃이 반드시 천대할 것이다.

형제는 서로 도와야 한다. 그러나 서로 의뢰해서는 안 된다. 자기가 형제를 위해 죽는 것은 좋다. 그러나 자기를 위해 형제에게 폐를 끼쳐서는 안 된다.

아우는 형에게 순종해야 한다. 그러나 형은 아우를 뜻대로 하지 마라. 형제가 서로 부모의 모습으로 대하여 공경해야 한다.

맏형은 대를 잇고 가명(家名)을 잇고 제사를 지내야 할 사람이므로, 뭇 아우들은 특히 그를 공경해야 한다. 형제를 동지의 일단(一團)이라고 하면 맏형은 그 지도자이다.

3. 부부

부부의 도(道)는 사랑과 공경이 전부다. 부부간 애정이 없으면 가정의 화목이 깨지고, 공경함이 없으면 예(禮)가 어지러워진다. 화(和)와 예(禮), 이것이 가정의 생명이다.

아내는 남편의 집안에 시집온 것이지 남편 개인에게 시집온 것이 아니다. 즉 남편에 대해서는 아내로서, 시부모에 대해서는 며느리로서, 또한 남편의 형제자매에 대해서는 자매로서 시집온 것임을 잊어서는 안 된다. 이것이 일본 가정의 정신이다.

따라서 부모를 섬기지 않고 형제자매에 대한 의무를 이행하지 않는 부부는 이미 도리에 벗어난 것이다. 조심해야 할 것이다.

4. 자녀

　자녀는 부모의 전유물이 아니라 가정에 속한다. 그리고 또한 가정의 전유물도 아니며, 실로 천황의 보배〔御寶〕이다. 그러므로 자녀를 가장 소중히 여겨야 할 것이다.

　자녀의 양육에서 가장 신경 써야 할 것은 정신의 훈도(薰陶)이다. 세 살 버릇 여든까지 간다고 한다. 철이 들기 시작할 무렵부터 신(神)의 길 그대로의 국풍(國風)을 가르쳐야 한다. 일본의 말, 일본의 예의, 일본의 사고방식이 그것이다. 사고방식이란 다른 것이 아니다. 일본국은 천황께서 세우시고 다스리시는 나라이고, 아마테라스 오카미(天照大神)는 천황의 선조이시며, 우리의 몸도 마음도 천황께 바쳐야 할 것임을 믿는 것이다.

　천황께 쓸모 있도록 훈육(訓育)받은 자녀는 몸소 집안을 일으키고 빛낼 자녀가 될 것이다.

5. 제사

　신불(神佛)께 배례(拜禮)하고 선조에게 제사 지내는 것을 게을리해서는 안 된다. 이는 사람 본연의 길이자 일본 정신의 신수(神髓)이다. 그러나 이는 보은(報恩)과 추원(追遠)의 정성이지 구복(求福)을 위해서가 아니다. 신불께 자기의 복을 기원해서는 안 된다. 자기를 위해 복을 비는 것은 바르지 못하다. 타기해야 할 것이다. 국운융창(國運隆昌)·가내안전(家內安全)을 기원해야 한다.

청명심(淸明心)이야말로 신불께서 가장 기뻐하시는 공물(供物)이며, 화(和) 있는 집안의 정성 있는 배례야말로 선조에 대한 최상의 헌찬(獻饌)이다. 헛되이 물자를 소비하여 화려함을 다투는 것은 빈축을 살 만한 짓이다.

6. 스승

옛사람은 군사부일체(君師父一體)라고 가르쳤다. 내게 한 글자, 한 가지 재주라도 가르친 사람은 모두 스승이다. 진심으로 공경해야 할 것이다. 하물며 인생의 바른길로 나를 이끄는 스승에 있어서랴. 스승의 그림자는 밟지 않으며, 스승이 돌아가시면 마음으로 삼년상(三年喪)을 지내야 할 것이다.

현재의 스승뿐 아니라 과거의 스승도 있다. 석존은 삼계(三界)의 큰 스승이며, 공자·예수 모두 존귀한 큰 스승이시다. 인류 문화는 이들 큰 스승에게서 발원(發源)했다. 공경하지 않을 수 있으랴.

모든 스승을 공경해야 하지만, 특히 한 사람의 스승을 택하여 평생 배워야 한다. 이를 사사(師事)라고 하고, 사숙(私淑)이라고 한다. 스승과 벗을 택하는 것은 수도(修道)의 기초로 알아야 할 것이다.

7. 벗

벗을 고르는 것을 약을 고르듯이 하라. 나쁜 약은 목숨을 훼손할 것이다.

친구는 많으면 많을수록 좋지만, 한 사람이라도 선한 친구와 사귀라. 청정한 물은 달고 짠맛이 없고 오직 담담하다. 선한 친구 또한 그러하다.

붉은색과 사귀면 붉어지고, 향과 함께 있으면 내 몸에 절로 향기가 난다.

친구에게 구하는 바가 있어서는 안 된다. 의뢰해서는 안 된다. 오직 사랑하고 공경하며, 그리고 도우라. 이것이 친구 사귐의 정도(正道)이다.

8. 손님 접대

우리 집을 방문하는 사람은 모두 귀한 손님이다. 연꽃처럼 환한 얼굴과 정성으로써 환대해야 한다. 손님의 빈부귀천에 따라 우리가 대접하는 정성에 차별이 있어서는 안 된다. 세도인심(世道人心)을 지도하는 현인(賢人), 또는 우리 집에 은의(恩誼) 있는 사람은 절로 구별된다.

귀한 손님을 대접하는 법은 귀한 손님으로 하여금 마음을 편케 하는 데 있다. 사치는 변변치 않음과 같고 예(禮)가 아니다. 과유불급(過猶不及)이다. 중도(中道)를 지켜야 한다.

귀한 손님을 대접함에 은밀히 보답을 바라는 마음이 있어서는 안 된다. 이는 사념(邪念)이다. 구함이 없는 대접, 이것이 최상의 대접이다.

9. 검소

사치는 만악(萬惡)의 근본이다. 사치하면서 탐욕(貪慾) 없는 사람은 없다. 음란(淫亂) 또한 사치에서 온다.

의식주(衣食住)는 모두 최저한을 지켜야 한다. 밥 한 톨을 먹을 때도 그것을 만들기 위해 애쓴 중생의 노고(勞苦)와 자기 공력(功力)의 많고 적음을 헤아리라는 가르침이 있다. 한 사람이 지나치게 먹으면 한 사람은 부족하게 먹어야 함을 알아야 한다.

10. 근로

남녀노소를 불문하고 놀고먹는 사람이 있어서는 안 된다. 각자 하나의 직역(職域)을 가져야 할 것이다. 부지런한 사람에게 이루지 못할 일은 없다. 한 집안 전원이 근면하면 결코 빈궁할 일이 없다.

일하는 것이 곧 인생이다. 참으로 천황의 은혜, 부모의 은혜, 스승의 은혜, 중생의 은혜를 느낀다면 한시도 일하지 않고 지낼 수 없을 것이다. 하루 일하지 않으면 하루 동포의 땀을 도둑질하는 것이다.

직분에 높고 낮음이 없다. 직분을 가진 사람의 마음에 높고 낮음이 있을 뿐. 가정을 위하고, 다른 사람을 위하고, 나라를 위한 것이라면 내가 땀을 흘리는 것으로 족하다. 중생이 좋아하지 않는 일이 있어서 내가 그것을 한다, 실로 인생의 통쾌한 일이다.

좀 더 쉽고, 좀 더 유리한 직업을 구하여 옮겨 다니는 사람치고 성공한 예가 없다. 일하는 것은 나라를 위하고 가정을 위해서이지, 자기를 위해서가 아니기 때문이다.

  한 가지 일에 혼신의 힘을 다해 정진(精進)하는 것을 수행(修行)이라고 한다. 성인현사(聖人賢士)는 이 가운데서 나온다.

  천지(天地)가 쉼 없는 것처럼 나의 근로도 멈춤이 없다. 이를 직역봉공(職域奉公)이라고 하고, 여기에 인생 유열(愉悅)의 묘미가 있고 성도(成道)의 문이 있음을 알라.

11. 향락

  향락은 근로하는 사람에게 주어지는 신(神)의 보답이다. 근로하는 사람은 일가 단란의 낙(樂)을 얻고 숙면과 건강으로써 포상(褒賞)받는다.

  가정에는 부모의 낙이 있고, 어린 자녀들의 낙이 있으며, 젊은 부부의 낙이 있다. 가을 수확의 낙이 있고, 겨울 안식(安息)의 낙이 있다. 신사(神社)와 불각(佛閣) 참배의 낙이 있고, 귀한 손님의 낙이 있으며, 새로운 자녀 출생의 낙이 있고, 각기 명절의 낙이 있다. 때로는 혼례·졸업·임관(任官)·성공 등의 커다란 낙이 있다.

  화(和)가 있고 예(禮)가 있으며 보은(報恩)과 감사의 근로가 있는 가정에는 실로 이러한 낙이 끊이지 않는다.

  도(道)가 아닌 낙은 반드시 후환이 따른다.

12. 화기(和氣)·이성(怡聲)·유색(愉色)

화합은 불도(佛徒)의 최고 도덕이다. 승(僧)이란 화합의 의미이다. 한 집안도 한 마을도, 혹은 한 나라도 천하(天下)도 화(和)가 있으면 이것이 극락이고 천국이다. 지옥이란 무행처(無幸處)라고 하는데, 무행이란 화(和)가 없는 것이다. 쇼토쿠태자(聖德太子)가 17개조의 헌법에서 '이화위귀(以和爲貴)'라고 말씀하신 것도 이 뜻 이외의 것이 아니다.

『중용(中庸)』에는 "화야자 천하지달도야(和也者 天下之達道也)" [화(和)란 천하(天下)가 도(道)에 도달한 것 — 역자]라고 적혀 있다. 화(和)의 길은 수신제가(修身齊家) 치국평천하(治國平天下)의 요체(要諦)이다.

그런데 이 화란 것은 각 개인의 마음의 화, 즉 화기(和氣)에서 생기는 것이다. 따라서 각 사람은 아침에 눈뜨면 우선 이 화기를 발해야 한다.

악마는 불평과 불만, 원망과 탄식, 사리사욕(私利私慾)의 불씨를 품고 네 베개맡에 서서 네가 눈뜨기를 기다리고 있는 것이다. 그리고 네 마음에 이 무서운 불을 던지는 것이다. 네게 이것을 물리칠 만한 마음의 준비가 없다면 너는 하루 종일 이 불에 탈 것이다. 그리고 네가 불탐으로써, 네 가족, 이웃, 네가 접촉하는 모든 사람을 태워 지옥의 고통을 받게 할 것이다. 얼마나 무서운 일이고 죄스러운 일인가.

그러므로 우선 기운을 온화하게 하라. 가족 일동이 화기애애하다면 만사가 순조롭게 성취될 것이다.

이성(怡聲)이란 부드럽고 명랑한 음성이다. 화난 음성, 원망하는 음성, 근심하는 듯한 음성이 아닌 음성이다. 그렇다고 해서 과도하게 시끄러운 음성이 아닌 음성이다. 한마디로 말하면, 온화한 기운에서 발하는 음성이다. 마음에 화(和)가 있으면 음성에 이(怡)가 있다.

이성은 우는 아이가 들으면 울음을 그치고, 성난 짐승이 들으면 잠잠해진다. 부처님의 한마디 음성에 지옥의 타는 듯한 더위가 청량해지는 것이다.

유색(愉色)이란 안에 있는 온화한 기운이 색(色), 즉 용모에 나타난 것을 가리킨다. 기분이 안 좋은 얼굴이 아닌 얼굴, 거북하지 않은 얼굴, 푹 자고 있는 갓난아이의 얼굴 같은 용모이다. 그렇다고 해서 부자연스러운 생글거리는 얼굴을 말하는 것은 아니다. 봄날 아침과 같은 자연스러운 용모가 유색이다.

기운이 온화한 사람은 절로 소리가 명랑하고 안색이 밝을 것이다. 오랫동안 화기(和氣)의 도(道)를 닦은 사람의 얼굴과 형색은 어딘지 유색이 드러난다. 불보살(佛菩薩)의 머리에 후광(後光)이 드리운 것과 같은 것이다.

화기(和氣)·이성(怡聲)·유색(愉色)을 지닌 사람은 평생 행복일 것이다. 이런 사람을 가진 가족은 행복하다. 그는 평생 접촉하는 사람들에게 기쁨을 주고 위안을 줄 것이다. 이것이야말로 최상의 봉공(奉公)이고 공헌(貢獻)인 것이다.

그리고 이것은 수행으로써 얻을 수 있는 것이다.

13. 청정(淸淨)의 도(道)

석존(釋尊)은 청정의 도를 말씀하셨다. 청정이란 때 묻지 않은 상태이고 닦인 상태인 것이다.

첫째는 몸의 청정이다. 몸을 청정히 하는 것이다. 목욕은 청정행(淸淨

行)이고 세탁도 청정행이다. 청소는 청정행이고 향을 피우는 것도 청정행이다. 왜냐하면, 몸이란 오체(五體)만을 가리키는 것이 아니라 의복·주거·국토를 포함한 것이며, 궁극에는 삼계(三界)가 모두 내 몸이기 때문이다.

따라서 내 몸을 깨끗이 하고, 가정을 깨끗이 하고, 집을 깨끗이 하고, 세계를 깨끗이 하는 것이 모두 청정행이지만, 일상생활에서 우리가 해야 할 청정행은 몸과 가정과 마을을 씻고, 털고, 쓸고, 닦는 것이다. 티끌은 끝없이 달라붙는 것이므로 나의 청정행에도 끝이 없는 것은 당연하다. 매일 아침마다 깨끗이 하고서 새로운 출발을 하는 것이다. 매일 저녁마다 깨끗이 하고서 하루의 더러움을 털어 버리는 것이다.

둘째는 입의 청정인데, 우리 죄의 4할은 입이 짓는다고 석존은 가르치셨다. 망어(妄語)·양설(兩舌)·악구(惡口)·기어(綺語)가 그것이다.

망어란 거짓말, 성(誠)이 아닌 말, 필요 없는 말을 지껄이는 것이다. 이는 실로 만악(萬惡)의 어머니라고 할 것이다. 혀를 자르는 한이 있어도 거짓말을 하지 마라. 이것이 내가 가장 사랑하는 아이에게 훈계하는 말이다.

양설이란 한 입으로 두말하는 것이다. 이간(離間)·중상(中傷) 등은 양설이 일으키는 업(業)이다. 혀가 한 개이듯이, 언제나, 누구에게든 동일한 성(誠)으로써 말하지 않으면 안 된다.

악구란 다른 사람을 해치는 말이다. 무슨 말을 해야 할 때는 다른 사람에게 기쁨과 위안을 주어야 함을 명심하지 않으면 안 된다. 내가 하는 말이 남을 다치게 해서는 안 된다. 날붙이나 막대기보다도 악구가 다른 사람의 마음에 낫기 어려운 상처를 주는 것이다. 악구의 반대말은 선어(善語)·애어(愛語)이다.

기어란 말을 꾸미는 것이다. 꾸민다 함은 반드시 아름답게 하는 것을 말하는 것은 아니다. 예컨대 갑(甲)이 말한 것을 을(乙)에게 전하는데, 짧은 문구를 한마디 덧붙임으로써 그것이 갑의 의사와는 비슷하되 같지 않게 되는 경우가 있다. 이는 간사한 무리가 가장 잘 이용하는 수법으로, 실로 무서운 죄악이다.

입은 진어(眞語)·실어(實語)·선어(善語)·애어(愛語)·성어(誠語)를 말하지 않으면 안 된다. 이렇게 하면 그 입은 향기를 발하고 빛을 발한다. 입술이 아름답고 치아가 고르며, 숨이 향기롭고 그 음성이 가릉빈가(迦陵頻伽)의 것과 같이 중생에게 사랑받고 공경받는 것이다.

셋째는 뜻의 청정행이다. 마음으로부터 탐진치(貪瞋癡) 삼독(三毒)을 제거하는 것이다. 탐욕에서 도둑질과 음란한 행동이 온다. 성냄에서 죽임이 오는 것이다. 자기의 노력에 상응하지 않는 재물과 지위와 명예를 탐내는 것이 탐욕이고, 자기의 아내가 아닌 여자에게 눈길을 주는 것이 탐욕이다. 성냄이란 두려워하고 미워하는 것이다. 같은 부모의 자식이고, 같은 신(神)의 씨족이며, 다 같이 연약한 인간이다. 서로 자비를 베풀고 불쌍히 여길망정 서로 성낼 이유는 없는 것이다.

마음에 탐진치가 없는 사람은 용모가 절로 빛을 발하고 음성은 중생의 분노와 슬픔을 가라앉히며, 행주좌와(行住坐臥)에 높은 향기를 발한다. 전생에 어떤 악업(惡業)이 있더라도 마음에 탐진치를 끊은 사람에게는 악과보(惡果報)가 내리지 못한다.

매일 아침저녁으로 이렇게 수행하는 것을 청정(淸淨)의 도(道)라고 한다. 부부와 부모 자식, 한집안 모두 이 도에 정진하는 것만큼 행복한 것은 없는 것이다.

14. 동(動)과 정(靜)

근로는 동(動)이다. 천지는 쉼 없이 근로한다. 지구는 끊임없이 자전(自轉)과 공전(公轉)을 하고, 우리 몸의 각 기관도 끊임없이 일하며, 영원한 목적 달성을 위한 임무에 종사하고 있다. 농부는 산과 들에서, 어부는 바다와 강에서, 직공은 공장에서, 관리는 관공서에서 각자의 임무를 위해 움직이며 국가 생활을 영위하고 있다. 움직임은 우주의 실상이고 인생의 본도(本道)이다.

그런데 동의 반면에는 정(靜)이 있다. 특히 생명이 있는 것에서 그러하다. 우리는 낮에 일하고 밤에 쉰다. 이것이 일동일정(一動一靜)이다. 무거운 것을 끌 때는 일장일이(一長一弛), 힘껏 힘을 주었다가는 쉬고, 또 힘껏 힘을 주었다가 쉰다.

그러나 정은 움직이기 위한 정지이다. 정지함으로써 피로를 풀고, 힘을 축적해서는 다음의 움직임으로 넘어가는 것이다. 따라서 정은 동과 표리(表裏) 관계이고 서로 기대는 관계이며, 따라서 둘이 아니다.

몸도 정신도 동과 정이 서로 조화하여 끝없이 일하고 끝없이 향상하는 것이다. 이런 까닭에 우리는 좋은 근로의 습관을 들이는 동시에 좋은 안정의 방법도 배우지 않으면 안 된다. 밤과 낮이 분명한 것처럼 동과 정도 분명히 하기를 바라는 것이다. 질질 끄는 움직임으로는 능률이 오르지 않는다. 움직일 때는 불꽃이 튀어야 한다. 진지하지 않은 정(靜)에도 긴장감이 없다. 정지할 때는 딱, 하고 모든 움직임을 멈춰야 한다. 움직일 때는 불꽃이 튀고 쉴 때는 조용하기가 허공과 같아야 한다. 이를 동정(動靜)의 도(道)라고 하는 것이다.

인간은 일생에 한 번쯤은 큰 움직임이 있어야 마땅하다. 인간의 클라

이맥스다. 구불구불 수백 리에 달하는 큰 산맥에 하늘을 찌르는 최고봉을 드러냄과 같은 것이다. 예부터 위인(偉人)의 일생은 반드시 이 절정이라는 것이 있어 그때까지의 큰 기복(起伏)은 이 절정을 드러내기 위한 준비와 같다. 높이뛰기나 멀리뛰기에 앞선 완만한 달리기와 같은 것으로, 이것 없이는 저 높이, 너비의 기록은 나오지 않는 것이다.

그런데 클라이맥스의 큰 움직임과 대활약은 평소 축적한 힘이 어느 기회를 얻어 이루어지는 것인데, 이 힘의 축적은 수행과 안정을 통해 얻어지는 것이다. 곧 수행과 배움과 익힘인데, 배움이란 우주 인생의 근본인 대진리(大眞理)를 체득하는 것을 위주로 하고, 이른바 학술 기예를 종(從)으로 삼는 것이다. 익힘이란 배우고 습득한 진리에 의거한 행(行)을 반복하는 것이다.

그런데 정(靜)은 진리를 체득하는 데 중요한 문이다. 정을 통해서 깨닫고, 그리고 동(動)을 통해서 행하는 것이다.

아침저녁 다만 10분간이라도 좋다. 조용한 곳을 택하여 모든 염려를 떨치고 그저 날숨과 들숨에만 집중하라. 이른바 무념무상(無念無想)의 경지이다. 이론(理論)을 버리고 분별(分別)에서 떠나 잘 닦인 거울과 같은 상태가 되는 것이다. 명경지수(明鏡止水)라는 것이다. 이러한 마음에야말로 진리가 비추는 것이다.

— 가야마 미쓰로, 「家訓」, 『신시대』, 1941. 12.~1942. 1.[미정고(未定稿)]

항구(恒久) 원대한 구상

전쟁에 타협 없다. 전쟁 전 일체의 국제 관계는 파산되었다. 즉 전쟁 전의 일미(日米) 교섭 중에 표명되었던 평화 처리안으로서의 기초 조약 일체는 이제 소멸했고, 제국(帝國)은 오늘날에 이르러서는 대동아(大東亞)에 한정된 지역의 질서관(秩序觀)에 붙들려 구애될 필요가 없다.

일본은 미국과 싸우고 영국과 싸우고 네덜란드와 싸우고, 그리스·이집트·멕시코·파나마·호주·뉴질랜드와 싸우게 된 것이다. 이들 나라는 전 국토를 제국의 무력 자유 행사에 내맡긴 것이다. 누가 또 종래의 대동아적 소질서관에 집착하겠는가. 일본 관민(官民)은 거국적으로 싸워 나가고, 거국적으로 지구의 중심 대일본제국을 핵심으로 하는 새로운 세계 질서관을 구상하여 제시하지 않으면 안 된다.

생각건대, 공존공영권(共存共榮圈)은 이 지역의 경제적 자급자족, 그리고 항구적 안정감을 확립하고, 나아가 인류 공존의 공정하고 또 공명한 정의(正義)와 인자(仁慈)의 황도적(皇道的) 요건을 함축함으로써만 그 영원한 정치적 생명을 얻을 수 있을 것이다. 개전(開戰)한 지 얼마 안 되는 오늘날 갑작스레 이것을 역설함은 약간 경솔한 듯하지만, 대국적인 관점에서 세계를 통찰하고 그 견해로써 지켜야 할 곳, 공격해야 할 곳, 빼앗아야 할 곳, 그만두어야 할 곳을 분명히 하지 않으면 그 행동은 방침 없이 산만하게 끝날 것이다.

우리 충용무쌍(忠勇無雙)한 육해군은 개전에 앞서 이미 이날을 대비하여 평상적 방비에 힘써 완벽한 진영(陣營)을 상비(常備)해 왔다. 그리고 전쟁이 돌연 개시되자 전광일섬(電光一閃)의 찰나에 완강함을 과시하는 적(敵)의 아성(牙城)에 달려들어 습격했다. 모두 적이 전진하는 근거지로, 싱가포르·필리핀·괌·하와이 등 어느 것이든 적이 그것을 잃으면 그들의 아시아 침략책은 그 근거를 잃게 되는 것이다. 그것들을 사수해야만 비로소 그 모략을 일본에 끼칠 수 있다. 그러나 그들은 개전 하루 만에 이미 전투력을 거의 잃고 망연자실, 전의혼도(戰意昏倒) 상태를 드러냈다. 우리의 신주귀책(神籌鬼策)과 전장에서의 종횡자존(縱橫自存)의 활약은 이미 적의 담력을 빼앗기에 족하여 퇴세(頹勢)의 만회는 극히 어렵다.

무릇 미영(米英)의 침략 본거지는 하와이와 싱가포르이다. 거슬러 올라가 이 본거지를 지휘, 지배하는 요충지는 미 태평양 연안과 파나마, 알래스카와 이집트, 아덴(Aden)과 호주이다. 태평양의 화근, 아시아 대륙의 불안의 근원은 그곳에 있는 것이다. 이들 지역은 미영 점령지와 보호령을 불문하고 제국을 향해 선전포고했다. 이 화근을 뿌리 뽑지 않으면 아무래도 동아(東亞)의 안정은 기약할 수 없는 것이다. 그런데 안정을 위한 국제 관계의 파산(破算)이라는 새로운 질서관 구상의 기회는 이제 그들 자신의 손에 의해 제공되었던 것이다. 이 얼마나 천부천여(天賦天與)의 기회인가. 하늘의 도움이란 곧 이것을 이름이다. 평화 처리에 의해서는 절대 가능하지 않을 영원 평화 건설의 계기가, 그들의 호전적이고 도전적인 진공(進攻)을 포위한 일본군의 진격에 의해 주어진 것이다.

이 천혜적(天惠的) 기회를 맞아 정의(正義)·인도(人道)에 입각한 신질서를 이들 침략 거점에 둘러싸인 지역에 수립하기 위해 완벽한 구상을 마련하지 않으면 황도(皇道) 일본의 면목은 과연 어디에 있으랴. 황군의 거칠 것 없는 전과(戰果)도 끝내 진흙에 묻히지 않을 수 없을 것이다. 제국의 관민(官民) 된 자 사기(士氣) 왕성하게 전쟁에 임하고, 이 구상에서도 크게 사기를 돋우고 예기(銳氣)를 새롭게 하여 불기자재(不羈自在)한 질서 건설의 연구가 긴요하다. 전투는 반드시 그 선상에 따라 진전되어야 하고, 구상은 전선(戰線)에 따라 펼쳐 가야 한다.

— 고주(孤舟), 「恒久遠大の構想」, 『조선공론(朝鮮公論)』, 1942. 1.

지금이야말로 봉공(奉公)의 기회

바야흐로 대동아전쟁이 시작된 지 이미 수개월, 폭려(暴戾)한 미영(米英) 격멸의 성업(聖業)이 착착 진행 중인 지금, 우리들 반도 민중은 대군(大君)을 위해, 나라를 위해 크게 봉공(奉公)하지 않으면 안 된다고 생각합니다. 일한병합 이후 세간(世間)의 일부 사람들 중에는 언제나 당국을 향해 '주지 않는다.'고 해서 불만을 가져 온 것입니다. 그러나 이런 관념은 서양식 국가 관념입니다. 즉 세금을 얼마 냈으니 그만큼 국가로부터 뭔가 받지 않으면 안 된다는 것이 서양식 국가 관념인데, 우리 일본의 국가 관념은 그와는 반대로 기쁘게 자진하여 모든 것을 국가에 바치고자 하는 것입니다. 즉 아무런 대가도 바라지 않고, 다만 기쁘게 바치는 것이 일본의 국가 정신입니다.

나 같은 사람도 이 일본의 국가 관념을 파악하게 된 것을 기쁘게 생각합니다만, 우리가 지금까지 나라에 바친 것이 너무 적은 것이 부끄럽습니다.

이번 지나사변(支那事變)에 전장에서 산화(散華)한 전몰장병(戰歿將兵)이 10만 6천 명에 달한다고 군(軍)에서 발표했는데, 내선인(內鮮人)의 비율로 보면 내지인이 10만 6천 명 전몰(戰歿)할 때 그 가운데 조선인이 3만 명은 포함되는 것이 정상이고 또 공평한 일이라고 생각합니다.

그런데 그중에서 조선인 몇 사람이 피 흘려 죽었는고 하면, 중위(中尉) 1명과 병졸 2명, 합해서 3명이니, 정말 부끄러울 따름입니다.

그러나 몸을 나라에 바쳐 피 흘릴 수 있는 병역(兵役)에는 그런 빈약한 숫자를 보였다 칩시다. 그러나 우리는 얼마든지 바칠 수 있는 채권(債券) 구입에서도 4, 5년간 조선인이 소화한 국채가 8푼 6리 3모라니, 이 또한 빈약하기 짝이 없는 상황이라고 하지 않을 수 없습니다.

첫째로 우리는 몸을 적게 바쳤고,
둘째로 우리는 물질을 적게 바쳤으며,
셋째로 우리는 마음을 적게 바쳤다.

고 생각합니다. 대군(大君)과 나라에 마음을 바치는 것은 첫째가는 일이라고 생각하는데, 이것 역시 적으니 우리는 정말 죄송하게 생각합니다.

지금은 미영(米英) 격멸이 한창이니, 이때야말로 우리는 있는 힘을 모두 내지 않으면 안 될 시기라고 생각합니다. 마음과 물질과 몸을 바쳐 국민 전체가 결전(決戰) 체제를 취하지 않으면 안 될 때라고 생각합니다.

특히 이 기회를 맞아 우리 반도인의 사명이 참으로 크다고 생각되는 것은 노역(勞役) 부문입니다. 1942년(昭和 17)에 몇 백만의 노동력이 필요할지 그 숫자는 아직 모르고, 또 사용처도 전문가가 아닌 저로서는 알 수 없지만, 여하튼 생산 기관이 전보다 부쩍 늘었고, 또 출정(出征)으로 인한 인원 부족을 느끼는 이때, 사람이 부족한 곳에 반도인(半島人)이 노동력을 충당하지 않으면 안 된다고 생각합니다. 그 밖에 국채를 사고 저축을 하고 군수품 헌납 등 우리 보국단원(報國團員)이 솔선하여 전폭적인 힘과 성의를 다할 것을 간절히 바랍니다.

— 가야마 미쓰로, 「この秋こそ奉公の機會」, 「대동아」, 1942. 5.

병역과 국어와 조선인

교육과 국민

병역은 어떤 시대에나 국민의 최대 의무이다. 병비(兵備) 없이 국가는 유지되지 못한다. 전쟁 없는 세상은 인류의 영원한 이상이겠지만, 현실에서는 전쟁 없는 세상이란 일찍이 없었다.

군비·정치·산업·문화는 국가의 네 기둥이다. 이 네 가지는 넷이자 하나이다. 그런 까닭에 국민은 모두 군인이고 정치인이며 산업인이고 문화인이다.

오늘날 일본인은 전쟁을 하고 있다. 세계 최대의 적을 맞아 유례없는 대전쟁을 하고 있는 것이다. 국민 각자가 최대의 긴장 아래 생명을 건 분투를 하고 있는 것이다. 만약 국민 가운데 누가 나는 군인이 아니라고 하는 사람이 있다면, 그야말로 최대의 죄를 범한 자라고 하지 않을 수 없다.

나는 태어나서 어른이 되기까지 국가의 교육기관에서 교육받는다. 이는 국가를 위한 것이며, 모든 국민으로 하여금 군인으로서, 정치인으로서, 산업인으로서, 문화인으로서의 자격, 즉 정신력과 지식력과 훈련을 받게 하기 위해서이다. 교육이 국민교육이라 일컬어지는 이유가 여기에 있으니, 이는 반드시 이른바 국민교육, 즉 초등교육만을 가리키는 것이 아니다. 중등·고등의 교육도 국민교육이 아닌 것은 아니다. 다만 초등교육을 특히 국민교육이라고 하는 이유는 이 단계의 교육만큼은 국민 된 자 남녀와 우열(優劣)을 불문하고 누구나 받을 의무가 있다는 점에 있을 뿐이다.

남자와 병역

그런데 초등교육의 의무를 마치면 16세가 될 것이다(의무교육 8년의 경우). 이때부터 4, 5년이 지나면 성년에 이르는 것인데, 성년이란 병역(兵役)에 나아갈 수 있는 연령이라는 의미이다. 단, 이는 남자에게 국한된 것으로 여자에게는 병역의 의무가 없다.

매년 성년이 된 남자, 즉 장정은 모두 징병검사를 받고 갑을병정의 등급이 정해지며, 갑 및 을의 일부는 군인이 된다. 육군이라면 보병(步兵)이 가장 많고, 그 밖에 포병(砲兵)·공병(工兵)·기병(騎兵)·항공병(航空兵) 등 다수의 병과(兵科)가 있어 각각에 적합한 자가 각각에 충당되는 것이다. 그리고 1년, 2년, 3년 등 각각 규정된 기간 동안 병역에 복무하는 것인데, 복역 기간 중 전쟁이 없으면 단지 훈련만 받고 제대하여 예비역에 편입될 것이다. 그러나 전쟁이 있으면 출정(出征)하는 것이다.

출정한다고 해도 대부분의 군인은 살아 돌아올 테지만, 그러나 일단 군인으로서 입영하면 이미 살아서 집에 돌아오지 않을 각오를 갖지 않으면 안 된다. 응소(應召)란 대군(大君)의 부르심에 응하여 드리는 것이고, 군대는 대군의 것이다. 군인으로서 부름받을 때 국민은 집도 부모도 처자도, 직업도 재산도 모두 버리고 부르심에 응하는 것이다. '대군(大君)의 뜻을 황송히 받들어' 어군(御軍)을 위해 나아가는 것이다. 이는 예부터 남아의 본회(本懷)로 삼던 바이다. 그리고 만약 전쟁이 일어나면 용감히 출정하고 힘껏 싸워 전사(戰死)하는 것을 남아의 가장 영광스러운 죽음이라고 생각하는 것이다. 그것은 생명으로써 대군의 은혜에 보답해 드린 것이므로, 또한 나라를 위해 최고의 공헌을 한 것이므로. 생명을 바치는 것 이상의 보은(報恩)도 공헌(貢獻)도 없으므로. 국운(國運)은 이렇게 바쳐진 소중한 생명에 의해 지켜지고 펼쳐지는 것이므로.

따라서 남자로서 신체 또는 정신의 결함 때문에 병역에 복무하지 못하는 것은 최대의 불행이며 치욕이다. 국민개병(國民皆兵)의 국가에서는 병역에 복무하지 않는 자는 완전한 국민이라고 할 수 없다. 심신이 건전하지 않아서 군인이 될 수 없는 것은 정말 어쩔 수 없는 일이지만, 이런 사람은 다른 부문, 즉 정치·산업·문화 부문에서 그만큼의 갚음을 할 의무가 있다. 군인이 된 셈으로 사리사욕(私利私慾)을 잊고 직역봉공(職域奉公)하지 않으면 안 된다. 왜냐하면 군인은 모든 사리사욕을 떠나 군국(君國)을 위해서만 순수한 충의(忠義)의 자기희생을 하기 때문이다. 실제로 인간은 병역을 통해 욕심을 떠나는 수행을 하는 것이다. 헌신의 덕(德)을 행하는 것이다. 곤고결핍(困苦缺乏)을 견디고 생사(生死)를 초월한 담담한 심경에 오를 수 있는 것이다.

아름다운 여성은 이런 건강한 남성의 아내가 되기 위해 태어난 것이다. 국민의 최고 영예와 감사가 이런 용사에게 주어지는 것은 당연한 일로, 전사자를 신(神)으로 모시는 대어심(大御心)을 헤아릴 수 있을 것이다.

조선인과 병역

조선인은 1939년(昭和 14) 이래 특별지원병으로서 일부의 장정이 병역(兵役)에 복무하는 영예를 떠안게 되었다. 군인으로서 부름을 받는다는 것은 완전한 황국신민(皇國臣民)으로서 신뢰받았음을 의미한다. 달리 말하면, 아직까지 조선인이 군인으로서 부름을 받지 못한 것은 아직 조선인이 그만큼 신뢰받을 시기에 이르지 않았기 때문인 것이다. 그러나 아직껏 조선인 장정이 전부 병역에 복무하지 못하는 것은 아직 조선인에게는 무언가 자격에 부족함이 있기 때문이다. 그 부족한 자격이야말로 조선인 자신이 극복하고 보충하지 않으면 안 되는 것이다.

그런데 군인의 자격이란 어떤 것인가? 그것은,

1. 일본 국민일 것
2. 성년 남자일 것
3. 심신이 건전할 것
4. 국민교육을 받았을 것
5. 범죄자가 아닐 것

등은 말할 것도 없지만, 조선인의 경우 황국신민적 충의(忠義)의 정신이라는 것이 문제가 되는 것이다. 즉 조선인이 국가로부터 신뢰받는가, 그렇지 못한가는 이 점에 대한 판단에 달려 있는 것이다.

그렇다면 황국신민적 충의의 정신이란 무엇인가? 그것은 '나는 천황의 신민이고, 일본은 나의 조국이다. 나는 생명으로써 이 조국을 지킬 것이다.' 하는 신념이다. 열정이다. 이 신념, 이 열정 없는 자가 국가의 간성(干城)으로 신뢰받을 수는 없는 것이다.

아니, 병역만 그런 것이 아니다. 어떤 직업이든 그렇다. 관공리직은 본래 일본인의 혼이 결여되어 있다고 판단되는 자를 등용할 수는 없다. 공업 기술자도 그래서 전시(戰時)의 공장은 군함과 다름없다. 의심스러운 자, 믿을 수 없는 자를 그 안에 들일 수는 없다. 아무리 인적 자원이 부족하다고 해도 적(敵)의 기술자를 쓸 수는 없다. 교육 방면도 그러하다.

현재 조선인이 전문 교육을 받았는데도, 오늘날 인재 부족을 겪고 있음에도 불구하고 취직할 수 없는 데 불평을 가진 자가 없지도 않지만, 그것은 실로 위와 같은 사정에 원인이 있다고 생각한다. 과연 본인 자신은 훌륭한 황국신민으로서 부끄럽지 않은 충성을 품고 있기도 할 것이다. 그러나 조선인 전체가 국가로부터 신뢰받지 못하는 한, 어느 특정 개인만이 신뢰받기란 지극히 어렵다. 이 점을 깊이 유의해야 한다.

만약 이를 인식했다면 선각자를 자임하는 이는 불평을 품는 대신 우선 조선 동포를 황민화하는 데 전력을 다해야 한다. 2,400만을 앞질러 자기만 완전한 황민의 영예를 향수(享受)할 수는 없는 것이다.

국가의 입장에서 보면 한시라도 빨리 안심하고 조선인을 쓰고 싶을 것이다. 전선(前線)에서도 총후(銃後)에서도 인적 자원은 필요하며, 고양이 손이라도 빌리고 싶은 오늘날이 아닌가. 그럼에도 불구하고 대학과 전문학교를 나온 조선인이 빈둥빈둥 우글거리고 있을 뿐 직장을 갖지 못하는 것은 본인의 고뇌도 그렇겠지만 국가 쪽에서는 더더욱 통탄할 일이라고 여길 것이다. 이 점에 대해 조선인 자신의 재고와 반성이 필요하다고 믿는다.

조선인이 군인이 되어도 좋다고 신뢰받게 되면 모든 직업은 조선인을 위해 열릴 것이다. 결국은 조선인인 우리 자신의 마음가짐과 노력 여하에 있다고 믿는다.

비평되고 있는 결점

　이번 기회에 우리 자신에 대해 엄격히 반성해 보자. 듣기 싫은 것, 말하기 싫은 것이 있어도 가차 없이 우리의 결점을 척결해 보자.
　첫째로 조선인이 지적받는 것은 거짓말을 한다는 점이다. 그것은 실로 누누이 듣는 비평이다. 있지도 않은 일을 말하는 것만이 거짓말은 아니다. 혹은 한마디를 덧붙이고, 혹은 한마디를, 그저 한마디를 굳이 뺌으로써 훌륭한 거짓말이 되는 것이다. 아니, 말한 그대로를 전하더라도 전하는 사람의 억양·표정에 따라 여러 가지로 왜곡되는 일도 생기는 것이다. 이른바 기어(綺語)라는 것인데, 아무래도 상대에 따라 다른 말 하는 사람이 많다고 간주되는 것은 더할 나위 없는 치욕이다. 정직한 사람이 칭찬받는 것부터가 이미 부끄러운 일이다. 정직한 사람이 눈에 띄는 것은 부정직한 사람이 많다는 증거인 것이다. 이따금 정직한 사람이 있는 식이어서는 나라가 망한다. 이따금 부정직한 사람이 있는 것조차 불유쾌한 일이며, 사회를 해치는 일인 것이다.
　거짓말쟁이, 부정직한 사람으로 간주되어서 신용을 얻지 못한다. 신용이 없기 때문에 취직도 할 수 없고, 장사를 해도 번창하지 못한다.
　내지(內地)에서도 만주에서도 지나(支那)에서도 많은 조선인이 신용을 잃고 있다. 이는 치명적인 결함이다.
　거짓[噓]이란 입으로만 하는 것이 아니다. 몸짓이나 표정으로 남을 속이는 것도 거짓이다. 속임[僞]도 마찬가지다. 신분에 맞지 않는 옷차림,

빌붙는 웃음이 모두 허위이다. 하물며 아첨, 아부에 있어서랴.

사람이 거짓말을 하는 것은 욕심 탓이다. 당장의 이익과 편의를 얻기 위해 거짓말을 한다. 혹은 당장의 책임을 피하기 위해 거짓말을 한다. 따라서 거짓말은 일종의 도둑질이다. 자기 것이 아닌 것을 얻으려 하기 때문이다. 그러나 그 이익이란 잘해 봐야 그때뿐이며, 거짓말쟁이는 다음부터는 진실을 말해도 신용을 얻지 못한다. 그리고 '믿을 수 없는 사람', '신용할 수 없는 사람'이라는 낙인이 찍히고 마는 것이다.

"조선인은 거짓말을 잘한다."고 이야기되는 것만큼 불명예스러운 일은 없다. 불명예일 뿐 아니라 어떤 직업에서도 배제될 것이다. 또 무서운 것은 거짓말이나 도둑질은 일종의 전통성·전염성을 갖고 있다고 간주되어 한 사람이 거짓말쟁이가 되면, 친형제, 그 마을, 그 지방, 그 종족 전체가 거짓말쟁이로 간주되는 것이다.

거짓말은 하나의 습관이지만, 또한 신불(神佛)에 대한 무신앙, 인과응보의 법칙에 대한 무지(無知)에서 오는 악이다. 바르게 살아가겠다는 확고한 신념을 가진 사람은 거짓말을 부모의 원수처럼 여길 것이다.

둘째로 조선인의 결점으로 지적되는 것은 책임 관념이 박약하다는 점이다. 책임이란 공적이든 사적이든, 크든 작든, 일단 어떤 일을 자기가 떠맡은 이상 이해고락(利害苦樂)을 돌아보지 않고 그것을 완수하는 것이다. 생명을 걸고 끝까지 해내기 전에는 그만두지 않는 것이다. 이를 책임감이라고 하며, 책임감이 강한 사람을 믿음직한 사람이라고 하고, 신뢰할 만한 사람이라고 한다. 군대에서는 일단 명령이 떨어진 자리는 죽음으로써 지키지 않으면 안 되는데, 관공리나 산업 분야의 직업도 책임감 없이 감당해 낼 수는 없는 것이다.

책임감이 박약한 사람은 아무리 능력이 있어도 쓸모없다. 국가든 개인이든 책임감 없는 사람에게 업무를 맡기는 사람은 없을 것이다.

책임감이 부족한 사람은 곧잘 책임을 전가(轉嫁)한다. 혹은 타인에게, 혹은 환경에 자기 과실의 책임을 덮어씌우는 것이다. 그리고 이런 사람은 쓸데없이 말이 많고 변명을 잘한다. 말 많고 변명하는 것이 조선인의 특색처럼 언급되고 있는데, 정말 부끄러운 일이다. 어떤 일이 있어도 자기가 맡은 역할을 다하는 사람은 쓸데없는 말이나 변명을 늘어놓지 않을 것이다. 과실을 범하고 나서 자기변명을 하는 것만큼 추한 것은 없다.

셋째로 조선인의 결함으로 거론되는 것은 이기적이라는 점이다. 자기 본위, 자기만 좋으면 그만이고 남에게 폐를 끼치는 따위는 아무래도 좋다는 것이다. 도로에 가래침을 뱉는 것도, 대중교통을 이용할 때 서로 밀치고 당기는 것도 이 결점이 드러난 것이다. 남에게 폐를 끼치지 않는 것은 문명인의 최소한도의 도덕이다. 남에게 물건을 얻지 않고 남에게 의지하지 않으며, 남에게 손해를 끼치지 않고 나중에 오는 사람에게 장애가 되지 않도록 하는 것쯤은 참으로 최소한도의 배려가 아닐 수 없다.

여기서 한 걸음 나아가 어느 때, 어떤 곳에서든 자기를 생각하지 않고 남의 이익을 고려할 정도가 되어서야 비로소 칭찬받을 만하다고 할 것이다. 길가의 나뭇가지를 꺾는 사람과 길가에 나무를 심는 사람의 차이는 어떠한가.

넷째로 조선인의 결점으로 간주되는 것은 임시방편을 좋아하며 원대한 생각이 없다는 점이다. 산에 있는 나무를 꺾는 사람은 많지만 나무를 심는 사람은 적다. 자라기 쉬운 포플러나 아카시아를 심는 사람은 있어도 백 년이 지나야 비로소 목재(木材)가 되고 그늘을 드리우는 그런 나무를 심는 사람은 적다. 집을 짓는 데도 가게를 내는 데도 어쩐지 일시적인 듯이 자손 대대로 전하고자 하는 기백(氣魄)이 결여되어 있는 것이다.

다섯째로 이것은 무척 귀가 아플 지경인데, 조선인은 불친절하고 의리가 없으며 은혜를 잊는다. 즉 감사의 마음이 희박하다는 점이다. 이는 엄청난 비난이며, 크게 반성해야 할 것이다.

애초 이기적인 사람은 당장 득이 되지 않는 것에는 흥미가 없다. 따라서 자기의 이익이 될 듯한 사람에게는 과도하게 친절하지만, 이해관계가 없다고 생각되는 사람에게는 무뚝뚝하다. 이는 참으로 비열하고 천박한 마음이며 타기해야 할 태도이다. 누구에게나 친절하고 모든 것에 감격하며 이해득실을 초월하여 의리를 지키는 그런 사람이야말로 바람직하고 고상한 인격을 가진 사람이다.

특히 은혜에 감사하는 것은 인정의 가장 아름다운 면모로, 불교에서도 '위로 사중은(四重恩)에 보답할 것'을 가르치고 있다. 사중은이란 임금의 은혜, 부모의 은혜, 중생의 은혜, 스승의 은혜를 가리킨다. 쌀 한 톨, 물 한 모금에도 은혜는 담겨 있는 것이다. '고맙다.'고 느끼는 마음만큼 귀한 마음은 없고 진실한 마음은 없다. 은혜에 감사하는 마음에서야말로 청명심(淸明心)은 생기는 것이다. 밥 한 그릇의 은혜조차 평생 갚아도 다 갚을 수 없는 것이다.

은혜에 감사하는 마음이 건전한 사람은 반드시 친절할 터이고 의리가 굳셀 터이다.

그런데 잘못된 마음가짐을 가지고 있는 사람은 은혜에 감사하는 마음 대신 불평하는 마음이 크다. 제게 이로운 것은 모두 자기 힘으로 한 것이며, 제게 불리한 일이 있으면 그 책임을 자기 이외의 누군가에게 덮어씌운다. 그리고 자기의 불운은 모두 다른 사람 탓이라고 생각하는 것이다. 지금 자기가 누리고 있는 행운이 나라와 타인의 은혜 덕분이라고는 꿈에도 생각지 않는 것이다.

나는 이상에서 몇 가지 우리의 결점을 열거했다. 나는 동시에 우리의 장점도 알고 있다. 예컨대 머리가 우수한 점, 관인대도(寬仁大度)하여 사소한 일에 얽매이지 않고 원망을 기억하지 않는 점 등 여러 가지 자랑도 알고 있다. 그러나 지금 우리에게 가장 중요한 것은 황국신민(皇國臣民)으로서, 대동아(大東亞)의 지도자로서 부족한 점을 보충하는 것이다. 가장 겸허한 태도로 자기를 비판하는 것이다. 그리고 하루라도 빨리 세상에서 신뢰를 얻고 존경받는 황민(皇民)이 되는 것이다.

순순히 받들어 귀의함

우리는 매우 순순히, 다소곳하게 어능위(御稜威)와 대어심(大御心)에 귀의하자. 천황은 우리의 어버이이시다. 우리는 폐하의 한없는 복덕(福德, 어능위)과 인자하신 마음에 안겨 있는 것이다. 매우 순순히, 매우 다소곳하게 폐하께 의지하는 2,400만 조선인은 반드시 영원의 번영으로써 보답을 받을 것이다. 자자손손 더욱 번창하는 황운(皇運)의 광휘를 입을 것이다. 매우 순순히, 매우 다소곳하게 이 신념을 품을 때, 우리에게는 오직 감격이 있을 뿐이다.

우리에게 남은 것은 자기를 연마하는 것이다. 완전한 황민이 되는 것이다. 한마디로 말하면, 구스노키 마사시게(楠正成)에게 뒤지지 않는 충성스러운 백성이 되는 것이다.

아마도 가까운 장래에 조선인 장정 전체가 군인으로서 부름을 받는 광영의 날이 올 것이다. 우리는 그날을 위한 준비를 서두르지 않으면 안 된다. 조선의 장정은 한 사람도 남김없이 몸도 혼도 깨끗하고 늠름한 천황의 방패가 될 수 있도록 자기 수련을 쌓지 않으면 안 된다. 그리고 부름받는 날에는 기쁘고 씩씩하게 어군(御軍)에 참여할 마음의 준비를 하지 않으면 안 된다.

군인만 그런 게 아니다. 노무원(勞務員)도 마찬가지이다. 총을 잡는 것도, 해머나 가래, 호미를 잡는 것도 똑같이 나라를 위해서다. '전장에서든 서지 않든' 충의에서는 변함이 없다. 장교로서든 병사로서든 '대군(大君)의 뜻을 황송히 받들어' 출정하는 것에는 변함이 없듯이, 군인으로서 부름을 받는 것이나 노무원으로 부름을 받는 것도 가치에는 차이가 없는 것이다.

조선의 부모들이여, 당신들의 아들은 폐하의 병사이며, 딸은 병사의 아내인 것이다. 그럴 작정으로 키우지 않으면 안 된다. 그리고 조선인 전체가 훌륭하게, 완전히 황운(皇運)을 익찬(翼贊)해 드리는 날이 하루라도 빨리 도래하여 영원히 번영하도록 전심력을 기울이지 않으면 안 된다.

— 가야마 미쓰로, 「兵役と國語と朝鮮人」, 『신시대』, 1942. 5.

천황의 방패가 되려는 날

 드디어 그날이 왔다. 1942년(昭和 17) 5월 9일, 1944년(昭和 19)부터 조선에 병역법(兵役法)이 실시될 것이 발표되다. 때마침 산호해(珊瑚海) 대해전(大海戰) 다음 날이다. 올 것이 왔다 해도 이렇게까지 일찍 오리라고는 생각지 못했다. 뜻밖이어서 기쁨이 더욱 컸다. 이것은 오직 반도의 적자(赤子)를 하루라도 빨리 완전한 황민(皇民)으로 끌어올리시려는 대어심(大御心)으로, 성려(聖慮)가 지극하기 짝이 없다고 말하는 것조차 황송하다.

 우리 아이들에게도 부르심의 음성이 닿게 되었네.
 늙은 부모의 정성이 닿은 것이로다.

이것이 나의 실감이다. 다른 부모 또한 동감일 것이다.
 이날 조선 2천 4백만(조선 이외 지역에 있는 이를 합하면 2천 7백만이라고 한다)에게는 갑자기 큰 사명과 광영이 주어진 것을 느낀다.

 천황의 사랑하는 백성이자 어대(御代)를
 수호하는 방패로다, 바로 오늘부터는.

 내선(內鮮) 양 민족이 원래 한 큰 어버이의 자식이 됨은, 용모와 골격을 보고, 언어와 신앙을 보고, 역사를 보고, 특히 언어를 보아 분명하다.

 구시후로 성스러운 산에 모여
 선조들이 기도하는 소리가 들리네

'야시로(ヤシロ)'라는 말이나 '오로가무(オロガム)'라는 말이나 '미케(ミケ)'라는 말은 근원이 같다.
 조선인이 과연 강한 병사가 될 소질이 있는가 등을 의심하는 사람도 있다고 한다. 몹시 유감이다.

 서쪽 바다를 지켰다는 변방 지킴이는
 무사시(武藏)에 거주하는 고려의 자손이었네

분별없는 사람들은 내지인과 조선인이 다른 일족처럼 생각하는 모양이지만, 이 또한 유감이다.

 야마토(大和)에서 갈라져 살았으나 원래는 동족이라네
 말도 풍습도 같은 것을

이제부터는 영원불변토록 한 덩어리가 되어 구석구석 다스리시는 어대(御代)를 받들고 지켜 드리는 신민이 되고 방패가 될 것이므로, 내지인도 조선인도 마땅히 조금도 차별이 없을 것이다. 아아, 경사스럽다. 반갑다. 통쾌하다.

— 가야마 미쓰로, 「御盾とならん日」, 『경성일보』, 1942. 5. 21.

대동아전쟁(大東亞戰爭) 1주년을 맞는 나의 결의

　대동아전쟁(大東亞戰爭) 2년째라고 해도 작년과 별로 달라진 것을 말씀드릴 것은 없습니다만, 작년 12월 8일 나는 무슨 일이든 좋다, 부름을 받는다면 무엇이든 내 힘이 미치는 한 의무를 다하겠노라고 결심했던 것입니다. 강연에 가라고 하면 갔고, 쓰라고 하면 썼습니다. 올해도 더욱더 그런 일에 노력하여 봉공(奉公)해 드리자는 생각입니다. 12월 8일이 되면 또 다른 생각이 떠오를지도 모르지만, 지금은 다만 작년의 결의를 새롭게 다질 것을 생각합니다. 단 멋진, 황군(皇軍)의 전과(戰果)나 싱가포르 함락과 같은, 멋진 작품을 쓰고 싶습니다만, 그게 잘 안 돼서……, 그런 작품을 쓸 수 있다면 가장 좋은 봉공이라고 생각합니다만…….

　　　　― 가야마 미쓰로,「大東亞戰爭一週年を迎える私の決意」,「국민문학」, 1942. 12.

일어서는 농촌

1

평양은 찬바람 부는 섣달을 연상케 하는 추위로, 방공 수조(水槽)에는 얼음이 두껍게 덮였습니다. 매일처럼 저녁마다 바람 또 바람, 완전히 정나미가 떨어지고 말았습니다만, 오늘은 조금 따뜻해졌습니다. 황금빛 개나리가 창밖으로 내다보입니다.

강서(江西)와 용강(龍崗)으로 강연에 불려 갔더니, 쌀밥을 주고 진짜 메밀국수도 있었습니다. 닭과 계란도 대접받았습니다. 강서라는 곳은 평양에서 서쪽으로 80리(里)가량 떨어진 작은 동네로 군청 소재지입니다. 내가 갔을 때는 군(郡)의 농업보국대회(農業報國大會) 이틀째 날이었습니다만, 군(郡) 내 14개 면(面)의 면장, 주재소의 소장, 그 밖의 농민 지도자급 사람들이 참가했다고 하는데, 모두들 똘똘한 사람들이었습니다. 용강도 마찬가지였지만, 지방의 문화가 향상된 데는 놀랐습니다. 나는 경성에만 틀어박혀 있어 농촌의 사정에 어두운 것입니다만, 이번 강서와 용강을 일별(一瞥)하고 많이 계몽된 셈입니다.

국어(國語)가 상당히 보급되어 있어서 용강에서는 4백 명의 청중 가운데 국어를 모르는 사람은 손을 들어 보라 했더니 약 이십몇 명이 손을 들었고, 국어를 아는 사람은 손을 들어 보라 했더니 9할 이상 손을 들었습니다.

그리고 공출·배급·증산 등에 대해 각 면에서 한 사람씩 구역장이 의견을 말했다는데, 모두 유창한 국어로 경청할 만한 의견을 당당히 주장했다고 합니다. 내 강연 때 청중의 자세도 훌륭한 것으로, 훈련되어 있었습니다. 이따금 노인도 눈에 띄었지만 대개는 다이쇼(大正) 연간에 태어난 이들이었습니다.

나는 지방 사람들과 만나며 두 가지 점을 강조하지 않으면 안 된다는 것을 깨달았습니다. 즉 순순히 당국의 지도를 신뢰하고 복종할 것과, 농업은 이제부터 더욱더 국가에서 중요시되고, 따라서 농민의 복지는 더욱 더 보호되고 증진되는 국책(國策)이 마련될 것이라는 점입니다. 그래서 나는 강서에서도 용강에서도 우리 국체의 신성함과 우리 정치의 도의적인 점을 설명하며 '순순히 따르라.'고 권했습니다. 그리고 재화의 획득이라는 종래의 미영적(米英的)·개인주의적 경제는 두 번 다시 돌아오지 않으며, 사농공상(士農工商)이 일체가 되어 직역봉공(職域奉公)함으로써 즐거운 신도(臣道)를 실천하고 팔굉위우(八紘爲宇)의 성업을 익찬(翼贊)해 드리는 것을 인생의 목표로 삼는 세상이 올 것이라고 이야기했습니다.

2

군수들도 매우 열심이었습니다. 내가 만난 것은 다카야마(高山) 강서 군수와 다이헤이(大平) 용강군수 두 사람뿐입니다만, 둘 다 힘이 넘치고 마치 필사적인 사람들인 것 같았습니다. 여하튼 공출만 해도 대단한데 거기에 배급 문제가 있지요. 군수님이 각반을 차고 군농회(郡農會)의 트력으로 한 달의 반은 돌아다니고 있다고 합니다. 다른 직원도 마찬가지로 바쁘겠지만, 군수가 이렇게 바쁘고 책임이 무거운 지위라는 것을 나는 지금까지 몰랐습니다.

나는 군수가 하는 말을 삼가 들었습니다만, 고이소(小磯) 총독의 마음가짐이 적어도 군수에게까지는 철저하게 미치고 있는 듯했습니다. 면 직원과 지방의 주요 인사들에게까지 그 정도의 이해와 기백이 골고루 미친다면 조선은 확실히 면목을 일신할 것이라고 느꼈습니다.

다만 양지가 있으면 음지도 있는 법이어서, 좋은 점만 있는 것은 아닙니다. 민간에서는 아직 제거하지 않으면 안 되는 것도 있고, 좀 더 알리고 좀 더 단련케 하지 않으면 안 되는 것도 있었습니다. 성전(聖戰)의 목적과 필승의 신념, 공출과 배급의 취지, 농민의 전도(前途)에 대한 희망, 반도인(半島人)에 대한 정부의 생각 등 아직 일반에게 철저하지 않은 면도 있는 것 같았습니다. 이에 대해서는 손길이 미치지 않는다든가 하는 경우는 아니므로, 당국과 연맹의 고려와 노력이 좀 더 필요하다고 생각합니다.

그러나 봄입니다. 봄추위는 언젠가 물러가는 것입니다. 반드시 좋은 조선이 될 것을 믿습니다.

― 가야마 미쓰로, 「起ち上る農村」, 『경성일보』, 1943. 4. 17.~18.

대동아전쟁(大東亞戰爭)의 교훈

머리말

　대동아전쟁은 바야흐로 결전(決戰) 단계에 들어갔다고 한다. 그러나 미영(米英)이 갑자기 과거의 잘못을 뉘우치고 또는 힘이 다하여 우리 진영에 항복하기까지는 얼마쯤 시간이 걸릴지 오직 신(神)만이 안다.
　설령 백 년이 걸리더라도 소기의 목적을 달성하기까지 우리는 싸우지 않으면 안 된다. 따라서 결전 단계라고는 해도 우리는 바로 지금이 전쟁의 한복판, 아니 본격적인 전쟁의 시작이라는 마음가짐이 필요하다.
　전쟁의 시작이라고 해서 지금까지의 전쟁에서 얻은 교훈을 반성하는 것도 쓸데없는 일은 아니라고 생각한다. 아니, 오히려 지금까지의 교훈을 일단 정리하는 것이 내일의 준비도 될 것이다.
　나는 일개 서민(庶民)이다. 대동아전쟁에 관한 지식은 신문과 라디오를 통해 얻은 것이고, 그것조차도 역사가의 입장에서 수집, 정리한 것도 아니다. 그저 들은 이야기, 읽은 이야기의 기억에 지나지 않는다. 이것이 이른바 서민적 인식이라는 것이리라. 나는 이 서민적 인식에 기초하여 나 자신이 얻은, 또는 발견한 대동아전쟁의 교훈을 적어 보고자 한다.

국체(國體) 인식

 대동아전쟁을 통해 얻은 교훈 중에 가장 대표적인 것은 서민계급에게 국체 인식이 보급, 심화된 점이라고 생각한다. 일본은 신국(神國)이고 일본은 천황의 후계자가 다스리시는 나라라는 신념은 일본인 된 자 누구나 가지고 있겠지만, 자기라는 개인이 완전히 황국(皇國)의 것이며, 개인 생활과 가정생활, 사회적인 모든 직업과 활동이 실은 국가를 위해서이고 국가의 일이자 국가의 것이라는 절실한 체험은 대다수에게 대동아전쟁의 진행과 함께 점차 축적되고 승화될 수 있었다고 생각한다. 이는 이른바 개인주의·자유주의의 일소라는 것일 텐데, 원래 미영적(米英的) 사상에 감염되지 않았던 사람도 군민일체(君民一體)·국아일체(國我一體)를 절실히 느끼고 이를 자손만대에 전해야 할 소중하고도 아름다운 인생관으로 확신하기에 이른 것은 대동아전쟁 덕분이 아닐까.
 이는 전쟁 수행을 위해 국가의 여러 기관과 여러 선배들이 가르친 사상과 요구된 수많은 실천을 통해 형성되었다고 볼 수 없는 것도 아니지만, 나는 그렇게만 생각하고 싶지 않다. 오히려 평화시대의 향락적이고 제멋대로였던 마음의 때가 씻기고 벗겨짐으로써 일본인의 참된 마음가짐이 드러난 것이라고 보고 싶다. 서민계급으로서는 처음부터 이 전쟁의 목적과 중대성을 간파한 것은 아니었다. 따라서 국가에서 요구하는 여러 가지 통제와 희생에 대해 범부(凡夫)와 같은, 서민적인 불평불만을 품은 사람도 없지는 않았다. 말하자면, 처음엔 마지못해서 억지로 끌려간 무리도 있었던 것이다. 그러나 대동아전쟁이 시작되고 나서 1년 반, 서민은 국가와 자기의 관계를 확실히 인식하게 되었다. 처음에는 전쟁 수행을 위해 일시적으로 행해지는 것이라고 생각했던 여러 가지 통제에 대해서도, 점차 이야말로 국민 생활의 올바른 방식이라고 깨닫게 된 것이다.

식량은 국가가 관리한다. 종래의 경제조직에서는 식량은 영리(營利)를 위한 상품이었다. 그래서 어떤 영리업자가 식량을 매점(買占)하여 값을 끌어올리거나, 투기 거래의 대상으로 삼거나, 또 술을 만들든 태워 버리든, 창고 속에서 썩히든 자기 마음대로였던 것이다. 이것이 원시적인 형태가 아니라, 미영적 자유주의의 방식인 것은 말할 것도 없다.

일본에서 만들어진 식량은 일본 전체의 식량이 아니면 안 된다. 일본은 천황을 받든 한 가족이지 영리를 목적으로 하는 자유로운 개인의 잡다한 집단이 아니다. 이야말로 일본의 국체가 세계에서 으뜸인 이유이며, 미영(米英)의 그것과는 실로 대척적(對蹠的)인 바이다. 결전(決戰)을 앞두고 개인의 급료(給料)를 위해 동맹파업을 일으키고 대통령과 상하 양원(兩院)이 진흙탕 싸움을 벌이는 나라와는 단연코 다른 것이다.

일본 국민은 똑같이 대군(大君)의 적자(赤子)이고 동포의 형제자매이므로 어떤 지방에서 누가 만든 식량이든 전부 천황께 바치고 나눠 받는 방침으로 가야 한다는 것은, 지금 알고 보니 실로 지극히 당연한 일이다. 어째서 이 알기 쉬운 도리(道理)가 지금까지 덮여 있었을까? 이는 불가사의가 아닐 수 없다. 그것은 탐욕으로 인해 우리의 마음의 눈이 어두워졌기 때문이다. 대동아전쟁의 오하라에(大祓) 덕분에 마음의 거울은 그 본연의 빛을 회복한 것이다.

어떤 이는 말할 것이다. 이는 필요에 쫓긴 경제정책의 발로이지 결코 네가 말하는 것과 같은 신내림 현상은 아니라고. 과연 종래의 정치, 경제학적 관점에서는 그렇기도 할 것이다. 그러나 그것은 그 이면에, 그 속에 내재한 좀 더 높은 진리의 움직임을 모르는 사람이 하는 말로서, 바로 영미식(英米式) 관점이다. 영미의 식량 통제는 아마도 필요에 쫓긴 정책적 통제, 그 이상의 아무것도 아닐 것이다. 그러나 일본은 다르다고 생각한다. 다르지 않으면 안 된다고 생각한다. 왜냐하면 일본이라는 국가를 움직이는 것은 경제가 아니라 황도(皇道)이기 때문이다. 미영(米英)은 이 대전쟁의 목적이 이익인 데 비해 우리 일본의 목적은 황도(皇道)의 현현(顯現)인 것처럼, 같은 식량의 통제도 영미의 그것과 일본의 그것은 같을 수 없다.

학도(學徒) 동원 체제도 마찬가지다. 다른 나라에서 하는 것은 단지 전쟁이라는 일시적인 필요 때문에 하는 것이고, 일본의 학도 동원은 전쟁 완수를 위한 것인 동시에 황도의 현현을 위한 것으로 한 걸음 더 나아간 것이다. 일본이 하는 일은, 크든 작든, 정치적인 것이든 경제적인 것이든, 그 외관이 어떠하든 그 근저를 흐르는 것은 황도의 현현이라는 국사(國史)의 커다란 발걸음이 아니면 안 된다.

청년 학도가 대동아전쟁을 계기로 국방과 산업을 더 많이 담당하게 된 것이 이번 전시 동원 체제인데, 이는 국사(國史)가 내딛는 방향에서 보면 당연히 있어야 할 것이 시기가 도래하여 이루어진 데 지나지 않는다.

황도의 현현과 대동아전쟁의 완수를 위해서는 아직 통제되어야 할 것이 많이 있을 것이다. 통제라는 말은 그 작용면에서 본 것인데, 그 정신면에서 보면 귀정(歸正)이라고 해야 할 것이다. 마땅히 있어야 할 곳으로 돌아가는 것이므로. 군인칙유(軍人勅諭)에 보이는 국민개병(國民皆兵)이 복고귀정(復古歸正)이었던 것과 다르지 않다.

대동아전쟁 내내 이러한 귀정적(歸正的) 통제가 더욱 확대될 것은 충분히 예상되는 일인데, 이는 임시방편이 아니라 귀정(歸正)이므로 10년이나 20년 지나 이전으로 돌아가는 일은 없을 것이다. 만약 이러한 통제가 계속되어야 하는 기한을 굳이 말하라면, 팔굉위우(八紘爲宇)가 완성되는 날까지라고 대답하는 것 외의 다른 대답은 없다고 생각한다.

도의적(道義的) 세계관

우리는 천성적으로 도의(道義)를 믿고 세상은 도의로 움직여야 한다고 생각하고 있지만, 실제로는 힘과 물질, 좀 더 분명히 말하면 무력과 경제력이 행세하는 세계를 보아 왔다. 그리고 학문에서도 생존경쟁이라는 가설을 기초로 한 생물학은 말할 것도 없고, 정치학이든 경제학이든 사회학이든 모두 인간 세계를 힘의 싸움으로, 물질을 얻기 위한 투쟁으로 설명해 온 터라, 우리는 천성적인 신념과 선조로부터 전래된 충효(忠孝) 및 그 밖의 도의적 세계관을 불가피하게 수정해야 했던 것이다.

예지(叡智)란 도의(道義)를 분별하는 마음의 힘인데, 우리는 이런 것이 이른바 도학(道學) 선생들이 애완하는 골동품이며, 권모술수야말로 진짜 인간에게 필요한 예지라고 가르쳤다. 문명인이 되기 위해서는 가능한 한 완전히 인의(仁義)니 자비(慈悲)니 하는 양심의 활동을 송두리째 제거하지 않으면 안 되었다. 그런데 이 도리(道理)를 이론으로써, 실천으로써 우리에게 강요한 것은 영미인(英米人)이었던 것이다. 영미는 지구의 주인이고 선생이었다. 다른 여러 민족은 영미를 배우고 그들을 모방하는 것을 문명개화라고 여겨 왔고, 이것이 19세기에서 20세기 초에 걸친 인류 세계의 상태였다.

이때를 맞아 제국(帝國)은 도의의 당당한 깃발을 들고 일어섰던 것이다. 만방(萬邦)이 그 있어야 할 자리를 얻고 조민(兆民)이 그 거처에서 편안히 살 수 있는, 공존공영(共存共榮)의 세계 건설을 선언하며 싸우고 있는 것이 이번의 대동아전쟁이다.

　그런데 우리만 해도 과연 모두가 전쟁 처음부터 도의세계(道義世界)의 출현을 믿었던가? 그것은 좋은 이상(理想)이지만, 단순한 이상은 아닐까 의심한 사람도 없지 않았다. 영미적인 세계관이 그만큼 깊이 우리의 뇌수(腦髓)를 잠식했던 것이다.

　그러나 대동아전쟁의 진전에 따라 우리는 도의적 세계의 건설이야말로 우리 일본의 사명이고, 인류 역사의 당연하고 필연적인 방향이라는 것을 깨달은 것이다. 잇달아 중화(中華)의 식견 있는 자는 물론, 타이도 버마도 필리핀도 우리와 같은 이상을 갖기에 이르렀다. 조만간 인도 4억의 민중도 우리와 동생공사(同生共死)의 교분을 맺을 날이 올 것이다.

　우리는 미영(米英)이 어떤 의미에서 일본의 적이고, 아시아 여러 민족의 적이며, 세계 인도(人道)의 적인가 하는 것을 실로 분명히 알게 된 것이다. 결코 두 번 다시 잊는다든가 미혹되는 일 없게끔 분명히 안 것이다.

　영미인 및 영미의 사상은 실로 오랫동안 인류의 양심과 올바른 진로를 덮어 가리고 있던 요운(妖雲)이었다. 그들의 정치철학·경제학·생물학·역사는 실로 우리의 심안(心眼)을 흐리는 사술(詐術)이었던 것이다. 이 무서운 저주는 대동아전쟁에 의해 멋지게 깨어졌다. 우리는 이제 아시아인 본연의 자세, 일본인의 마음으로 돌아갈 수 있다. 그리하여 어능위(御稜威)에 의지하여 이 악의 근원을 베어 버리기 위해 씩씩하게도 일어난 것이다. 야마모토(山本) 원수(元帥)나 애투(Attu)에서 옥쇄(玉碎)한 용사들은 실로 이 도의적 세계 건설의 초석이 된 것이다.

　천지(天地)가 도의에 기반하듯 인류 세계도 도의에 기반한다. 자비(慈悲)·인의(仁義)야말로 인간이 의지해야 할 영원한 도리이다. 바야흐로 우리 제국은 잃어버린 자비, 인의의 세계를 되찾기 위해 싸우고 있는 것이다. 이를 위해 미영(米英)은 철저하게 분쇄하지 않으면 안 된다. 그 사이에 일체의 타협은 허용될 여지가 없는 것이다. 우선 동아(東亞)에 도의의 세계를 건설하지 않으면 안 된다. 그 사이에 어떤 대안적 설계도 허용될 수 없다.

신령이 우리 위에 있고 인류의 양심이 우리와 함께 있다. 우리에겐 승리가 있고 지는 일은 있을 수 없다. 오랫동안 무리(無理)가 세상에 통용되고 있는 것처럼 보인 것은 도리(道理)의 힘이 현현(顯現)되기 위해서였다. 와야 할 세계는 도리의 세계다. 도리란 황도(皇道)를 가리키는 것이다.

이러한 세계관을 분명히 파악한 우리에게는 이제 미혹(迷惑)은 없다. 우리에게는 오직 안심입명(安心立命)이 있을 뿐이다. 우리는 재산의 축적을 위해 마음을 쓸 필요도 없고, 내 몸, 내 자손의 장래를 위해 근심할 이유도 없다. 교육칙어(敎育勅語) 및 그 밖의 조서(詔書)에 분명히 제시되어 있는 길에 의지하여 자기의 직분을 지켜 직역(職域)에 종사하면 되는 것이다. 이제 개인주의와 공리주의의 세상은 결단코 돌아오지 않을 것이므로. 군민일체(君民一體)의 가족국가가 결국 완성될 것이므로. 그리고 또한 아시아가, 이어서 전 세계가 이러한 도의세계가 될 것이므로.

종래에도 직업에 귀천(貴賤)이 없다든가 노동은 신성하다는 이상(理想)이 거론되었지만, 그것이 현실화된 것은 대동아전쟁 이래의 일이라고 생각한다. 본디 우리 일본은 일군(一君) 아래 사민평등(四民平等)이어서 그 사이에 차별이 있으려야 있을 수 없는 국체이다. 장유(長幼)의 서열이나 존비(尊卑)의 구별, 군대와 관공서처럼 질서를 위한 계급은 물론 엄수해야 하지만, 이를 제외하고는 똑같이 대군(大君)의 적자(赤子)

이다. 사농공상(士農工商)이 하는 일은 달라도 거기에 귀천은 없다. 모두 국력(國力)과 전력(戰力)을 위한 귀한 봉공(奉公)이다. 대장(大將)이 군신(軍神)이 되면 일개 병졸도 군신으로 숭앙받는 것이다. 논밭의 풀을 뽑는 농부도, 산에서 숯을 굽고 광석을 캐는 사람도, 책상 앞에서 사무를 보는 사람도, 모두 나라를 위한 봉공이라는 것이 대동아전쟁 이래 일상생활에서 매우 절실히 느껴진다. 이만큼 놀라운 감격이 또 있을까. 실로 우리 신민(臣民)의 산 보람이다.

자기를 버리는 것은 불교뿐 아니라 모든 깨끗한 가르침의 주된 목표이다. 일거일동(一擧一動)이 자기 일개인을 위해서가 아니고 대군(大君)의 은혜를 위해서이며, 그것이 곧 팔굉일우(八紘一宇)라는 인류 최후의 이상을 현현(顯現)하기 위함이 된다는 것은 얼마나 감격스러운 일인가.

가치의 귀정(歸正)

영미(英米) 사상은 개인주의, 공리적 자유주의라는 말로 설명되는 것이 관례이지만, 하나 더 덧붙여 화폐주의 또는 황금주의라고 해야 할 것이다. 종래에도 매머니즘(mammonism)이라든가 배금주의(拜金主義)라는 말이 종종 사용되어 왔지만, 누구든 자기도 황금을 숭배하는 마음을 가지고 있던 시대여서 그것이 그다지 나쁜 것처럼 들리지는 않았다.

고려(高麗)의 어떤 현자(賢者)가 "인민이 좁쌀보다 은을 중시하면 도(道)가 폐(廢)한다."는 의미의 말을 왕께 아뢰어 인민이 화폐 가치를 중시하게 된 세태를 경계한 일이 있다. 우리 선인들은 금전을 위해 일하는 것을 더없는 수치로 여겼다. 그런데 어찌된 일인가. 대동아전쟁 직전까지 사람들은 금전을 위해 일하지 않았는가. 관리와 교직에 있는 사람들조차 월급 수입을 위해 일한다고 생각하는 사람이 많지 않았는가. 봉급에 관한 일이면 동맹파업조차 주저하지 않겠다던 사람은 여러 노동자 계급만은 아니었다. 게다가 그것이 정당한 일이라고 믿고 있었던 것이다. 이것이야말로 영미주의의 진수(眞髓)이자 유대주의(Judaism)의 마력(魔力)이었던 것이다.

'황금만능'이란 말 그대로 돈만 있으면 무엇이든 할 수 있었다. 무엇이든 살 수 있었다. 인간의 양심까지도 살 수 있었다. 생명까지도 살 수 있었다. 따라서 황금을 획득하는 것이 인간 최상의 목표로, 충(忠)도 효(孝)도 생각할 여유가 없었다. 이런 세계야말로 지금 우리가 격멸하기 위해 싸우고 있는 구세계인 것이다.

고맙게도 우리는 이 황금주의의 금박(金縛)으로부터 풀려났다. 우리는 인간의 소중함, 물질의 소중함을 알게 되었다. 물가와 노임(勞賃)의 암거래는 한심스러운 일이 틀림없지만, 돈보다도 인간과 물질을 존중하게 된 것은 기뻐할 만하다고 생각한다.

바야흐로 농업도 공업도 그 본연의 자세로 돌아갔다. 농업은 국민의 식량을 만드는 일이고, 공업은 국민의 필수품과 전쟁 물품을 만드는 것이라는 원칙으로 돌아간 것이다. 이는 실로 놀랄 만한 전회(轉回)로, 종래에는 농업도 공업도 그 기업가의 금전적 이윤이 목적이었던 것이다. 나라를 위한 것인지 아닌지는 기업가의 고려 밖의 일이었다. 따라서 나라에 유해한 것조차 무조건 만들어 내고, 국민에게 해독을 끼치면서 돈을 모아서는 유대적 귀족으로 출세했던 것이다. 얼마나 불합리한 일이었는가. 이번 의회에서 결정된 기업 정비의 실시를 통해서 산업은 더욱더 황도적(皇道的) 본궤도에 오를 것이라고 생각한다. 생산도 배급도 모두 국가 목적에 의해 통제되는 것이다. 낭비는 없다. 유유 넣은 목욕물을 데운다든지, 쌀값을 올리기 위해 쌀을 태워 버린다든지 하는 무서운 죄악은 더 이상 저질러지지 않을 것이다. 쌀은 식량이 되고 우유는 유아(幼兒)와 병약자의 영양이 되는, 본연의 모습으로 돌아갈 것이다.

인간도 마찬가지다. 아무런 쓸모도 없는 어리석은 자의 사치를 위해, 직접적으로는 고용인으로서, 간접적으로는 사치품과 낭비 물자의 생산자로서 아깝게도 그 귀한 노동력을 희생하는 것 같은 불합리는 없어질 것이다. 인간과 우마(牛馬)와 기계의 노동력은 모두 국가 목적을 위해 사용되지 않으면 안 된다. 그러나 과거에는 개인의 이욕(利慾)을 위해 이를 태연히 사용했다. 한 사람의 향락자를 위해 몇 사람 내지 수십 수백 사람의 노동력을 돈의 힘으로 어떻게든 할 수 있었던 것이다. 얼마나 아까운 일인가.

육지도 바다도 산도 강도 그 안의 생물과 무생물, 모두가 대군의 것이다. 더구나 인간은 어른이든 아이든 모두 천황의 백성[大御寶]이다. 이 인식이 확실히 있다면 종래와 같은 어리석은 낭비는 할 수 없겠지만, 불가능했을 것이 가능했던 데 이번과 같은 대전쟁의 원인이 있었던 것이다. 즉 영미적(英米的) 이기적 개인주의, 자유주의의 죄악이다.

화폐는 일종의 기호이지 그 자신이 가치 있는 것은 아니다. 생명의 양식이 되는 것은 일이지 돈이 아니다. 일을 하는 것은 인간이지 돈이 아니다. 그저 국가가 인간의 노동력과 물질의 가치를 편의상 화폐로 채산(採算)하는 제도를 만든 것이다. 그런데 금융적 마술로 인해 종(從)이어야 할 화폐가 도리어 주(主)가 되어야 할 인간을 대신하여 인간을 지배하기 시작한 것이다. 이런 불가사의한 제도의 원조가 유대인이고, 그 제도를 통해 폭리(暴利)를 얻고 세계를 자기 것으로 만든 것이 앵글로색슨인 것이다. 지금 독립을 위해 사투(死鬪)를 계속하고 있는 인도도 이 마술로 영국의 손에 들어갔고, 위태로운 고비에서 황군(皇軍)의 손에 의해 멸망에서 구제된 4억의 지나(支那)가 영미의 손에 들어간 것도 이 마술의 손에 의해서였다. 미국이 지금 필사적이 되어 있는 진짜 동기는 자신이 세계 총량의 대부분을 갖고 있는 황금의 힘을 잃을 것이 두려워서이다. 미국은 최후의 발버둥질로서 그 황금으로 스탈린(Stalin)과 장제스(蔣介石)를 잡아당기고 있는 것이다. 그리고 또한 황금이 있으니 힘이 있다는 미몽에서 언제 깨어날지 알 수 없다.

돈을 가진 적에 대해 우리 일본은 도의(道義)의 힘으로 싸우고 있다. 만주·지나·타이·버마·필리핀·인도네시아·인도 민족을 우리 진영으로 끌어들인 것은 돈의 힘이 아니다. 그것은 순수하게 도의의 힘이다. 아시아 십억 민중은 우리 황군(皇軍)의 지충무구(至忠無垢)한 자세에서 우리 일본의 지순무잡(至純無雜)한 도의성(道義性)을 간파하고 두 손 들어 믿고 의지해 온 것이다. 앵글로색슨은 지나인에게 돈을 주었다. 그리고 그 대가로서 지나인에게 노예가 될 것을 요구했다. 일본은 지나인을 위해 피를 주었다. 그리고 그 대가로서 요구하고 있는 것은 영토도 배상도 아니고 다만 '함께 대동아(大東亞)를 건설하자.'는 것이다. 이것이야말로 가장 큰 가치의 귀정(歸正)이다. 영토나 배상보다도 도덕에 가치를 둔 것이다. 돈과 권력은 인간의 복종을 살 수 있을 것이다. 그러나 돈과 권력으로 살 수 있는 복종은 강요된 복종이며, 돈이 떨어지면 관계도 끝이 난다. 이번 전쟁에서 말레이시아의 여러 민족이 영국에 대해 보여 준 것은 실로 그 적절한 예이다.

이에 반해 도의로 맺어진 신의(信義)는 변하지 않는다. 어려움에 처하면 처할수록 더욱더 그 힘을 발휘한다. 일본과 동아 여러 민족과의 결연이 바로 그것이다. 일본은 도의로써 동아 여러 민족의 양심을 떠맡은 것이다.

아직 우리 동포 중에는 유대적·앵글로적 개인주의와 배금사상에서 완전히 벗어나지 못한 사람이 있을지도 모른다. 그러나 그것은 마치 가을이 되어 부채를 사는 것과 같은 것이다. 시원한 가을바람이 부는데 부채를 들고 걸으면 공연히 보는 사람의 비웃음을 살 것이다. 동아(東亞)의 천지에 다시 한번 개인주의와 자유주의, 배금주의의 날이 돌아올 것이라고 망상하고 있는 사람이 있다면 그는 구제할 수 없는 중생이다.

— 가야마 미쓰로, 「大東亞戰爭の敎訓」, 『록기(綠旗)』, 1943. 8.

사상(思想)의 간소화

노자(老子)는 '박(樸)'이란 것을 칭찬했다. 허식(虛飾)이 없는 소박(素朴)은 예나 지금이나 덕(德)으로 간주되지만, 구미(歐米) 사상이 들어오고 나서 번쇄(煩瑣)가 환영받았다. 단순한 사람이라고 하면 저능아(低能兒)를 의미하게까지 되었다.

시험 삼아 청년 학생을 붙들고 그 인생관을 물어보라. 그들은 복잡하게 얽힌 개념을 언제까지고 늘어놓을 것이다. 이른바 교양이 높으면 높을수록 서양철학사 전체를 떠벌릴 것이다. 그럼에도 불구하고 그는 자기가 어디에 있는지, 무엇을 하고 있는지 모르는 것이다. 그의 머리는 백과사전처럼 복잡하지만, 백과사전처럼 통일의 원리를 결여하고 있는 것이다. 모두 알고 있는 듯한데 실은 하나도 모르고, 탈레스(Thales)에서 마르크스(Marx)까지의 세계관·인생관을 외고 있지만 중요한 자기의 인생관을 소유하고 있지 않다.

공자는 "오도일이관지(吾道一以貫之)"(나의 도는 하나로 관철되어 있다 ― 역자)라고 말씀하셨다. 하나로써 꿰뚫어서야말로 모든 지식도 생명을 갖는다. 현대의 우리들에게 가장 결여된 것이 이 '하나'이다. 그 하나가 없는 것을 미혹(迷惑)이라고 한다. 모두가 헤매고 있는 것이다. 말 한마디, 행동 하나 확실하지 않고, 척척 해내지 못한다. 그 '하나'란 신앙이고 신념이다. 도(道)이다.

모든 성인의 가르침은 이 도에 도달하는 방편이다. '자기를 알라.' 함은 앎의 근본이고 목표이다. 나는 무엇이고, 무엇을 해야 하며, 어떻게 죽을 것인가를 아는 사람은 좌고우면(左顧右眄)하지 않는다. 그는 용왕매진(勇往邁進)한다. 그런 사람의 생활에는 힘이 있고 광휘가 있으며 아름다움이 있다. 예를 들면 애투(Attu)섬에서 옥쇄(玉碎)한 부대장의 행동이 그렇다. 그의 유서를 읽으면 실로 간소하여 한 점의 꾸밈도 망설임도 없다. 하나의 신념에 따라 용왕매진하는 모습이 역력히 드러나 있다.

야마자키(山崎) 중장(中將)이 부인 앞으로 보낸 글을 보자.

1. 부대장으로서 멀리 불모지에 들어가 뼈를 북해(北海)의 전쟁터에 묻으오. 진정한 본회(本懷). 하물며 호국(護國)의 신령(神靈)으로서 유구한 대의(大義)에 살 터. 유쾌하지 않겠소.
2. 조금도 미련 없소. 결혼한 지 30년, 능히 효정(孝貞)의 도리를 다하고 내조(內助)한 공에 깊이 감사하오. 아이들에게는 현모(賢母), 내게는 양처(良妻), 그리고 시종 변함없는 애인이었소. 진심으로 만족하오.
3. 건강에 유의하고 노후를 보살피며, 자식들은 물론 손자들까지 돌보아 주기를. 야스오(保代)

라고 적혀 있다.

얼마나 간소하고 단순한 사고방식이며, 얼마나 확고한 신념인가.

그리고 사랑하는 자식에게 보낸 글에는,

1. 어떤 길을 가도 좋다. 훌륭한 사람이 되어 다오.
2. 형제자매 서로 협력하여 활기차게 활동하거라.

3. 어머니께 효로써 받들어 섬기는 것은 아비의 혼령에 대한 최상의 공양(供養)이다. 아비로부터.

이 간단한 몇 행의 유서(遺書)를 통해 우리는 야마자키 중장의 인생관을 엿볼 수 있다. 즉 '충효(忠孝)'이다. 임금을 위해, 황국(皇國)을 위해 분투하고 죽는 것이 본회(本懷), "진정한 본회"이고, 부부가 서로 화목했으니 "진심으로 만족"이며, "부모에게 효도하고" "형제간에 우애 있게 지내며" 훌륭한 사람이 되어 활기차게 활동하라는 것이 자식에 대한 유일한 유언인 것이다.

여기에 개인주의적 잔재는 하나도 섞여 있지 않다. 실로 영롱하고 투철한 것이다.

인간 본래의 면목이라든가 본지(本地)의 풍광(風光)이라는 것은 사욕(私慾)에 의해 물들지 않은 심경을 가리키는 것이다. 일단 사욕에서 벗어날 때 우리는 성인(聖人)이 되고 신(神)이 되는 것이며, 거기에야말로 참된 행복이 있는 것이다. 야마자키 부대장의 심경이 그것이었다고 생각한다. 그가 적진에 뛰어들어 있는 힘껏 싸우다 죽을 때, 그 행복은 절정에 달했으리라. 진정한 본회였으리라. 구구한 일신일가(一身一家)에 집착하고 이욕의 진흙탕 속에서 방황하는 자는 이러한 맑은 경지를 꿈에도 생각할 수 없을 것이다.

야마모토(山本) 원수(元帥)는 '말이 필요 없다.'는 도고(東鄕) 전통을 잇는 분으로, 아무것도 남긴 말이 없으나 야마자키 부대장의 유서로써 원수의 심경도 미루어 살필 수 있다고 생각한다.

대동아전쟁이 선언되자 야마모토 원수는 지체 없이 미국의 태평양 함대를 분쇄했으며, 그 후 많은 대전과(大戰果)를 거두고 마침내 공중(空

中) 지휘 중 산화(散華)했던 것인데, 지난 1년 반 동안 원수의 심경은 물론 생활도 실로 단순하고 간소한 것이었다고 생각한다. 즉 "미영(米英)을 격멸(擊滅)하라."는 천황의 말씀을 받들어 자기를 잊고, 집안을 잊고, 모든 것을 잊고, 적의 격멸에만 몰두했다. 이것이 전부다.

아침에 일어나고, 얼굴을 씻고, 궁성요배하고, 신께 예배드린다. 아침을 먹고, 보고를 받고, 명령을 내리고, 점심을 먹고, 전투 경과를 보고받고, 새로운 명령을 내린다. 목욕하고, 저녁을 먹고, 작전을 구상하고, 취침한다. 이것 외에 아무것도 없다. 죽음도 삶도 없고 괴로움도 즐거움도 없다. 그런 것은 모두 개인적인 것이다.

오늘은 스스로 비행기로 적의 상공을 시찰할 필요가 있다고 생각하여 나갔다. 그리고 적탄(敵彈)에 맞았다. 기지로 돌아와 죽었다. 이리하여 야마모토 원수는 "국궁진췌 사이후이(鞠躬盡瘁 死而後已)"(온몸이 부서질 때까지 노력하고 죽은 후에야 그만둘 따름 — 역자)의 생애를 마친 것이다. 실로 단순하고 간소하고 명료한 생활 태도이다. 부귀와 공명, 안일 등 한 점의 그림자도 그의 심경을 흐릴 수 없었다. 복잡기괴한 철학도 인생 이론도 원수에게는 없었다. 이런 것은 모두 미혹(迷惑)된 자의 헛소리이기 때문이다.

대체로 '강하다'고 함은, 한 점에 집중된 힘을 가리킨다. 렌즈로 햇빛을 모으면 엄청난 열이 생긴다. 빛이 모인 곳에 닿는 것은 타 버린다. 우리의 정신력도 마찬가지로, 평소에는 여러 갈래로 흩어져 있어서 열도 빛도 나지 않지만, 그것을 한 점에 모으면 금석(金石)도 태울 만한 열이 되고 천지(天地)를 비추는 데 충분한 빛이 되는 것이다. 야마모토 원수 같은 사람은 마음을 한 점에 집중한 사람이다. 그 한 점이란 충(忠)이다.

한 개인이 최대한 힘을 발휘하는 길은 그 마음을 한 점에 집중하는 데 있는 것이다. 그런데 마음을 집중할 방도는 어디에 있는가? 그것은 위에서도 언급한 것처럼 사욕(私慾)에서 벗어나는 데 있다. 그러면 사욕에서 벗어나는 길은 어디에 있는가? 이에 대해 생각해 보자.

인간이 구구한 사욕에서 벗어나는 길은 두 가지로 나뉜다. 하나는 뿌리를 뽑는 것이고, 다른 하나는 지엽(枝葉)을 베어 내는 것이다.

뿌리를 뽑는 것은 내성(內省)으로써 자기의 마음을 낱낱이 살펴 사욕의 추함을 관찰하고 그것이 실은 나의 본성이 아니라 적(賊)임을 간파하여 그 안에 자기의 참된 본성이 감춰져 있음을 발견하고 다시 미혹되지 않는 것인데, 이를 열반(涅槃)이라고도 하고, '직지인심 견성성불(直指人心 見性成佛)'이라고도 하는 것이다. 또 깨달음이라고도 한다. 이 경지를 본지(本地)의 풍광(風光)이라고도 한다. 실은 이것이야말로 자기의 본성이라는 의미이다. 이에 대하여 가장 해독(害毒)이 되는 것은 인간의 모든 악을 본능으로 돌리는 서양류의 심리설(心理說)이다. 서양류의 심리학에서 말하는 본능이란 더러워지고 난 후의 마음의 심리이지 본원적인 마음의 심리가 아니다. 본래의 마음, 즉 마음 그 자체는 청정(淸淨)한 것이고 오탁(汚濁)은 후천적인 것이다. 이 더러움은 씻어 버릴 수 있는 때이지 본질적인 것은 아니다. 이 때를 씻어 버리면 청명한 마음의 본체(本體)가 나타난다는 것인데, 이는 우리 일본인 내지 동양인의 사고방식이다. 서양류의 심리설은 마음의 분석이 아니라 마음의 때에 대한 분석이다. 우리가 선(禪)을 하고 미소기(禊)를 하는 것은 실로 마음의 때를 벗기는 방편인 것이다.

그런데 때가 벗겨진 마음의 풍광이 어떤 것인가 하면, 그것은 설명이 불가능한, 오직 아는 사람만이 아는 것이다. 예컨대, 비행기를 타고 수천 미터 상공을 날고 있는 자의 심경과 같은 것으로, 자기가 거기까지 가 보지 않으면 남의 말을 듣는다고 해서 알 수 있는 것이 아니다. 여기에 신앙의 요체(要諦)가 있는 것이다. 오직 믿고 가르침을 받은 대로 수행해 보는 것이다. 비행사의 기능이 비행 시간에 비례하여 능숙해지듯이 청명심(淸明心)은 수행 시간에 비례하여 빛과 힘을 발한다고 해도 좋을 것이다. 아무리 책을 읽어도, 남의 이야기를 들어도, 또는 스스로 이치를 따져도 모두 허사다.

야마모토 원수와 야마자키 부대장의 심경도 마찬가지로, 스스로 충(忠)의 생활을 해 보지 않으면 알 수 없는 것이다.

미소기하는 기분도 스스로 해 보아야 비로소 알 수 있다. 선(禪)도 염불(念佛)도 마찬가지다. 스스로 해 보지도 않고 이러쿵저러쿵 비평하는 것은 남자가 출산의 진통을 논하는 것과 같이 전혀 의미가 없다.

다음으로 사욕(私慾)에서 벗어나는 두 번째 길인데, 그것은 실천을 통해 들어가는 것이다. 하나씩 사욕에 물든 것을 제거해 나가는 것으로, 예를 들면 끊임없이 지엽(枝葉)을 베어 냄으로써 초목(草木)이 번성하는 것을 제한하는 것이다. 이것도 열심히 하면 결국에는 사욕의 뿌리를 말려 버리는 큰 결과에 도달하는 것이다. 이 길이야말로 일반 서민의 길이며, 일상생활에서부터 점차 사욕적인 것, 개인주의적인 방자함을 정리하고 제거해 가는 방법이다. 오늘날 국민 생활의 재건은 바로 이 선상에서 이루어지고 있는 것이다. 이른바 최소한도의 사욕, 최소한도의 개인 이득을 지향하는 노력이다.

구체적으로 말하면, 식사량은 건강을 유지할 만큼으로 줄인다. 식사는 식욕의 만족, 즉 향락이라는 생각에서 생명과 노동력의 유지라는 기준으로 전환한다. 배불리 먹는다든지 맛있는 것을 찾는 것 같은 이기적인 짓을 멈춘다. 그리고 내 쌀, 내 식량이라는 관념을 차츰 없애 간다.

국가의 쌀, 국민 전체의 식량이라는 사고방식으로 옮겨 간다. 부족한 듯하고 맛없는 음식에 참고 견디고 만족하며 감사한다. 여기까지 왔다면 대단한 사람으로, 짐승의 영역에서 만물의 영장의 지위로 끌어올려지게 될 것이다.

의복도 마찬가지이다. 국민복·몸빼 등 국가의 물질 절약과 증산, 그 밖의 전력 증강에 기여하는 의복으로 만족한다. 방자한 사치를 그만둔다. 옷차림을 꾸밈으로써 자기의 가치를 올리겠다는 어리석은 생각에서 벗어나, 다른 사람이 입는 것과 같은 것을 입고, 다른 사람 이상으로 일한다는 정신을 기른다. 다른 사람보다 값비싸고 화려한 것을 탐내는 유치한 허영심에서 벗어난다. 오늘날은 이미 옷차림을 꾸미는 것이 부끄럽게 되었다. 아직껏 화려한 차림을 하고 큰길을 활보하고 있는 무리는 저능아이다. 불쌍히 여겨야 할 어리석은 사람이다.

다음은 가옥이다. 한때 호화 주택을 짓는 것이 유행했다. 오늘날에 와서 보면 얼마나 어리석은 일인가. 지금은 한창 전쟁 중이다. 있는 대로 변통하는 것이 당연하며, 이때 자기 일개인의 저택을 경영하는 자가 있다면 때려눕혀도 아깝지 않을 것이다.

이렇게 일상생활에서부터 개인주의적·영리주의적·향락주의적인 것을 없애 가는 것은 본성인 청명심(淸明心)으로 되돌아가는 커다란 방편이 되는 것이다. 대동아전쟁 이래 매일 강화되는 통제 생활이야말로 일억 국민의 미소기(禊)이며 선(禪)인 것이다. 이를 단지 경제적 대책에 지나지 않는 것처럼 생각하는 것은 옳지 않다. 실은 커다란 정신 수련 운동인 것이다.

본디 경제생활은 어떤 의미에서 국민 생활의 기초이다. 먹지 않고는 살 수 없기 때문이다. 그러나 그렇다고 해서 경제생활이 국민 생활의 목표는 아니다. 우리는 가축이 아니기 때문이다. 먹기 위해, 살찌기 위해 우리가 사는 것은 아니다. 황도선양(皇道宣揚)이라는 대이상(大理想) 실현의 성업(聖業)을 익찬(翼贊)하는 것이야말로 우리의 생활 목표이다. 그런데 구미(歐米) 사상은 경제생활이 인간 생활의 중심이고 목표인 것처럼 가르쳐 왔다. 이야말로 인간의 극단적 타락이며, 인간을 몰아세워 짐승의 영역으로 떨어뜨리고자 한 것이다.

농업도 상공업도 개인 이윤을 위한 기업인 듯 생각하는 사회조직은 만악(萬惡)의 근본이다. 이는 개인 안에 국가를 잃은 사상으로, 국가 안에 개인을 바치는 우리 전통 정신과는 바로 대척적인 것이다. 이 해악의 잔재가 오늘날까지 완전히 불식되지 못하고, 이른바 암거래라는 죄악의 근원을 이루고 있는 것이다.

우리는 완전히 사욕을 버리고 대군(大君)을 위해 생명을 바친 많은 군신(軍神)들을 눈앞에 보고 있다. 얼마나 존귀한 모범인가. 이와사(岩佐) 중좌(中佐)들은 20대의 젊은이이고, 야마모토 원수는 노인이다. 야마자키 부대장은 중년이다. 여기서 우리는 멸사봉공(滅私奉公)은 결코 청년만의 것도 아니고, 중년만의 것도 아니며, 노인만의 것도 아님을 깨닫는다. 그것은 평생에 걸친 올바른 길이고, 유일한 길이다.

또한 멸사봉공은 단지 군인에게만 국한된 것도 아니다. 관공리·교육가, 그 밖의 지도자층은 말할 것도 없지만, 우리 서민층에게도 멸사봉공의 길은 있는 것이다. 아니, 국민의 한 사람인 이상 누구에게나 야마모토의 길과 야마자키의 길은 있는 것이다. 마당에 떨어진 쌀 한 톨을 줍는 것이 곧 야마모토 정신이며, 찢어진 옷을 기워서 변통하는 것이 곧 야마자키 정신이다. 학생은 교실과 운동장에서 '항상 전장에 있는' 것이며, 노무자(勞務者)는 공장과 광산에서, 교원은 칠판 앞에서 '항상 전장에 있는' 것이다. 나는 지금 이 원고를 쓰면서 항상 전장에 있는 것과 같지 않아서는 안 된다. 나의 이 원고가 사욕을 위해 씌어지지 않을 때 나는 야마모토 정신에 사는 것이고, 내가 일본을 위한 것이 되기를 바라는 정성을 가지고 원고를 쓰다가 죽어 간다면 그것이 야마자키 정신이라고 믿는 것이다.

그렇게 하기 위해 나는 나로부터 벗어나지 않으면 안 된다. 즉 맛있는 음식을 먹자, 좋은 옷을 입자, 훌륭한 저택에 살고 안일한 생활을 탐내자, 그리고 오래 살자, 많은 재산을 자식들에게 물려주자, 세간에서 존경받고 후세에 명성을 남기자, 등등의 소소한 욕심을 버리지 않으면 안 된다.

이런 식으로 나로부터 벗어났을 때, 인간은 깜짝 놀랄 정도로 크고 밝고 기쁜 세계에 들어가는 것이다. 천하(天下)의 근심이 바로 나의 근심이고, 천하의 기쁨이 바로 나의 기쁨이다. 근심은 반드시 고통이라고는 할 수 없다. 나를 위한 근심은 그대로 고통이지만, 다른 사람을 위한 근심, 또는 천하를 위한 근심은 고통인 동시에 그 근심하는 마음에 신께서 풍성한 은혜를 내려 주시는 것이다. 그것은 고통이면서도 욕심의 고통이 아니라 사랑의 고통이기 때문이다.

사욕에서 벗어난 상태를 해탈(解脫)이라고 하고, 자유라고 한다. 이러한 마음에는 두려움이 없다. 두려움은 사욕의 분비물이다. 어떤 간난신고(艱難辛苦)도, 죽음 그것조차도 이 마음을 굴복시킬 수 없다. 하늘도 땅도 그의 뜻을 어찌할 수 없다. 그는 그의 뜻대로 우주의 대도(大道)를 활보하는 것이다. 간난신고라는 것도, 살고 죽는다는 것도 결국 사적인 것이다. 이러한 고난을 통과하여 저 사욕의 노예들을 두렵게 만들라.

이런 인간이 많아지는 것은 야마모토와 야마자키가 많아지는 것이며,

국가의 힘을 증진하는 것이다. 일본 국민이 이욕정념(離慾正念)의 영역에 도달했을 때 팔굉일우(八紘一宇)는 실현되는 것이므로, 나 일개인이 성실하게 노력하여 그런 인간이 되는 것은, 바꿔 말하면 황운익찬(皇運翼贊)이고 전력 증강인 셈이다.

한편 가정생활의 경우를 생각해 보자. 남편도 아내도, 형제도 자매도 사욕에서 벗어났다고 가정하자. 그 가정은 실로 평화로울 것이다. 모든 갈등과 반목은 하루살이와 같은 나의 욕심에서 오기 때문이다.

그러면 결론으로 들어가자. 나는 인생관을 간소화하자. 나의 복잡 번쇄한 철학과 이기적인 여러 가지 소망을 버리자. 몸에 달라붙은 독사(毒蛇)를 떨구어 내듯이, 머리카락에 타오르는 불을 비벼 끄듯이, 큰 용맹심으로써 이들 사상적 속박에서 벗어나자. 그리고 단순하고 간소하며 질박한 충효(忠孝)의 도(道)에 의거하자. 그리고 나의 생활을 최소한도의 욕망 위에 재건하여 오직 대군(大君)을 위해 살자. 또 죽자.

이렇게 파악하게 되면 우리는 실로 행운유수(行雲流水)·광풍제월(光風霽月)의 심경이 현전(現前)하는 것을 볼 것이다.

— 가야마 미쓰로, 「思想の簡素化」, 『신시대』, 1943. 10.

딸에게 주는 글

　너는 아직 젊다. 아직 세상일은 그다지 알지 못한다. 아비는 너보다는 세상을 많이 보아 왔다. 성인들의 가르침도 너보다는 많이 받았다. 그래서 아비는 네가 장래에 잘못된 생각을 가지고 나쁜 길을 걸어 불행한 사람이 되지 않기를 바라며 이 편지를 쓰는 것이다.
　우선 첫째로 네게 말하고 싶은 것은, 네가 아비의 자식이기 전에 대군(大君)의 백성이라는 점이다. 불행하게도 네 어미에게는 이 생각이 부족하다. 네가 충군(忠君) 사상이 부족한 어미의 자식으로 태어난 것은 정말 불행한 일이지만, 그러나 아비는 네가 반드시 충군의 자식이 되어 어미까지도 충군의 어미가 되도록 감동시킬 것을 믿어 의심치 않는다.
　딸아, 너는 이미 여학교에 다니고 있으니 이런 말은 아비에게 듣지 않아도 알고 있을 것이다. 그러나 복습하는 셈 치고 들으렴. 너는 네가 다니는 학교가 누구의 학교라고 생각하느냐? 바로 대군의 학교이다. 임금님께서 너와 같은 딸들을 가르쳐 훌륭하고 충의(忠義) 있는 여자로, 아내로, 어머니로 만들기 위해 세우시게 된 학교이다. 관립(官立)도 공립(公立)도 사립(私立)도 이 점에서 차이가 없다. 그것은 모두 대군의 학교이다. 그리고 또 거기서 배우는 것은 무엇이라고 생각하느냐? 학과목은 여러 가지이지만, 결국 대군을 섬기는 길이다. 어학(語學)도 수리(數理)도 음악도 모두 대군의 것인 이 나라, 곧 이 일본국을 지키고, 강하고 아름답게 만들기 위한 학과가 아닌 것이 없다.

일본국은 대군의 것이다. 산도 강도, 들도 바다도, 그리고 그 위나 그 안에 살아 있는 모든 것은 말할 것도 없고, 그 안에 묻혀 있는 황금도, 구리와 철도 모두가 대군의 것이다. 너도 아비도 대군의 국토에 살고 대군의 국토에서 나는 것을 입고 먹으며 매일 대군을 섬기고 있는 것이다. 뿐만 아니라 너와 아비의 목숨도 대군의 것이다. 너는 아비와 어미, 너희들로 만들어진 이 집이 무엇을 위해 존재한다고 생각하느냐? 바로 대군을 섬기기 위해서이다. 이 집에 살면서 아비는 가장으로서 나라에서 내린 일에 힘쓰고 대군을 섬기며, 네 어미는 주부로서 아비를 돌보고 너희를 낳고 기르고 가르쳐서 대군께 바치는 것이다. 이를 위해 우리에게 집의 부지(敷地)와 재목(材木)이 주어지고 매일같이 식량과 의복이 배급되며, 또 법률로써 지켜지고 있는 것이다.

네 오빠는 곧 군대에 가겠지만, 너는 여자여서 군대에는 갈 수 없다. 그 대신 너는 군인의 아내가 되고 군인의 어머니가 되는 것이다. 남자로 태어나면 군대에 가는 것이 가장 큰 의무이고 또 긍지이지만, 군인의 아내가 되고 어미가 되는 여자의 의무도 결코 남자의 봉공(奉公)보다 못한 것은 아니다. 남자와 여자는 수레의 두 바퀴와 같아서 어느 한쪽이 없어도 수레는 움직이지 않는다. 그처럼 대군을 섬기는 것도 남자와 여자가 역할을 나누고 협력하는 것이다. 따라서 충의는 남자의 일이라는 식으로 생각해서는 안 된다.

아내가 나쁘면 남편은 출세할 수 없다. 예부터 큰일을 한 사람에게는 내조(內助)의 공(功)이라는 게 있었다. 또 좋은 자식은 좋은 어미에게서 태어나지. 병약한 어미에게서 강건한 자식을 바랄 수 없듯이, 도덕적으로 병약한 어미에게서 도덕적으로 강건한 자식이 태어나기도 지극히 어려운 법. 구스노키 마사시게(楠正成) 공(公)의 부인은 좋은 아내로서,

좋은 어머니로서 일본 여성의 귀감인데, 이런 좋은 아내, 좋은 어머니가 많은 나라는 강한 나라가 되고, 이런 좋은 아내, 좋은 어머니가 없는 민족이 쇠퇴할 것은 말할 것도 없다.

좋은 아내가 좋은 어미가 되지, 나쁜 아내가 좋은 어미가 되는 법은 없다.

너는 좋은 아내란 어떤 아내를 말한다고 생각하느냐?

좋은 아내란 얼굴이 예쁜 아내가 아니라는 것은 너도 잘 알고 있을 것이다. 얼굴이 예쁘고 마음도 예쁜 여자라면 그야말로 가장 좋은 아내이겠지만, 그러나 얼굴이 예쁜 여자는 마음에 교만과 허영이 있어서 제멋대로, 즉 이기주의자인 경우가 많다. 제멋대로란 남녀를 불문하고 그 집안을 파괴하고 몸을 망치는 마력(魔力)이지만, 특히 여자에게는 나병(癩病)보다도 무서운 병이다. 그래서 아비는 네 얼굴이 말쑥한 것을 매우 걱정하고 있다. 네가 올바른 여자의 일생을 보내려면, 얼굴을 가꾸는 게 아니라 마음을 청정하게 닦지 않으면 안 된다. 마음을 청정하게 닦는다는 것은 무엇일까? 제멋대로의 때를 벗기는 것이다. 아내든 어미든 헌신적이어야 한다. 내 몸을 상대에게 바쳐 버리고 나라는 것을 전혀 갖지 않게 되어야 비로소 좋은 아내, 좋은 어미가 되는 것이다. 이 정신은 충(忠)에서 온다. 우리는 대군의 신민인 까닭에 대군께 제멋대로 구는 일은 털끝만큼도 없다. 오직 전부를 바치는 것이다. 게다가 고맙고 기쁘게 바치는 것이다. 아까울 것도 없고, 하물며 보답을 바라는 일 따위는 꿈에도, 먼지만큼도 없다. 이것이 일본 정신이라는 것이다. 이것은 천황의 신민만이 갖고 있는 정신이니까.

제멋대로가 없고, 바라는 것이 없으며, 바치면서 더더욱 기쁘고 최후에 생명까지도 바쳐서 최고의 행복을 느끼는 이 정신이야말로 인류 최고의 정신이다. 이 정신이 대군께 향할 때 충(忠)이 되고, 부모를 대할 때 효(孝)가 되며, 남편을 대할 때 정(貞)이 되고, 자식을 대할 때 자비(慈悲)가 되며, 벗을 대할 때 우정(友情)이 되고, 일을 대할 때 책임감(責任感)이 된다. 이른바 정혼(精魂)으로 몰입하는 것이다. 너는 이 정신이 없는 사람에게 어떤 정신이 있을 것 같으냐? 이 정신이 없는 사람에게는 제멋대로 구는 근성이 있는 것이다. 자기의 사정(事情), 자기의 이해(利害)만 생각하는 제멋대로의 근성 말이다. 이런 사람은 남자든 여자든 모두에게서 미움을 받고 배척받게 마련이다. 미움을 받는 사람이 되어 행복해질 세상으로 옮겨 가지 않는 한, 몹시 괴로운 일을 당하며 죽어 갈 것은 정한 이치이다.

내 딸아, 너는 결코 그런 제멋대로인 사람이 되어서는 안 된다. 너는 일본의 여자답게 자기를 희생하는 정신으로 살지 않으면 안 된다. 너는 집에서는 부모에게 순종하고 형제를 위해 애쓰며, 학교에서는 스승에게 순종하고 동창인 학우를 위해 모든 안락을 양보하고 모든 수고를 도맡는 아이가 되지 않으면 안 된다. 하나의 물건을 두 사람이 갖고 싶어 할 경우, 우리 딸아, 네가 상대에게 양보하는 것이다. 두 가지 일이 있는데, 한쪽은 싫은 일이고 다른 한쪽은 편한 일이라면, 딸아, 너는 싫은 쪽을 취하는 것이다. 형제간, 학우 간에만 그런 것이 아니라, 어느 때 어떤 경우에도 그런 여자가 되어 주렴. 이것이야말로 대군을 기쁘게 해 드리는 바이며, 이것에 어그러지는 것은 대군의 마음을 아프게 해 드리는 것이다.

이 정신만 연마하면 너는 훌륭한 아이다. 너는 부모에게 효행할 뿐 아니라 세상에서 사랑받고 존경받으며, 그리고 좋은 아내, 좋은 어미가 될 것이다. 재산을 모으기보다, 지식을 얻기보다, 미인이기보다, 이것이야말로 너를 행복하게 하고 가치 있는 사람으로 만들 자산인 것이다.

바치는 마음은 주는 마음이다. 무한히 주는 마음을 일러서 대자대비(大慈大悲)라고 한다. 이것이 곧 신의 마음이며 대어심(大御心)인 것이다. 네가 본받아야 할 것은 바로 이 마음이다. 무한히 준다, 아낌없이 준다, 게다가 털끝만큼도 바라는 것 없이 준다. 아아, 얼마나 훌륭한 마음이냐. 네 마음은 이 마음이 되어야 하는 것이다. 저 태양과 같이 만물에게 빛과 열과 생명을 주는 마음인 것이다. 그 거룩한 마음을, 내 딸아, 결코 제멋대로의 때로 흐리게 해서는 안 된다. 변천하여 믿을 수 없는 작은 이기욕(利己慾)으로 질식시켜서는 안 된다. 너는 언제나 네 마음을 충분히 빛나게 해 주렴.

자기를 위함을 생각하는 마음은 자기를 구획 지어 작고 가난하게 만든다. 언제나 남이 무언가 주기를 바라고 해 주기를 바라는 것은 거지 근성이다. 어쩌다 대수롭지 않은 좋은 일을 하고는 곧 보답을 바라는 따위는 쩨쩨한 짓이다. 하물며 바로 보답이 오지 않는다고 해서 남을 원망하고 하늘을 원망하는 일 같은 건 부끄러운 일 아닐까. 내 딸아, 너는 그런 여자가 되어서는 안 된다.

너는 혹은 형제에게, 혹은 급우에게 어떤 좋은 일을 한 경우 그것을 기억해서는 안 된다. 좋은 일을 했다는 둥 기뻐해서도 안 된다. 평소 나쁜 일만 하다가 어쩌다 좋은 일을 하는 그런 사람은 자기가 잘한 것을 자랑한다. 그러나 언제나 좋은 일만 하는 사람에게는 자기가 한 좋은 일이 당연하니까 지극히 태연할 것이다. 그것을 하나도 기억하지 못할 것이다. 너는 불쌍한 거지를 본 일이 있겠지? 그 거지는 언제나 남에게 물건을 얻을 뿐이어서 누구에게 무엇을 얻었는지 기억하지 못한다. 너는 남에게 줄 뿐이어서 언제 누구에게 무엇을 주었는지, 또는 무엇을 해 주었는지 따위를 기억할 수 없을 것이다. 너는 남에게 준 것보다 남에게 받은 것을 훨씬 잘 기억할 것이다. 받은 것은 잊고, 준 것을 기억하는 그런 사람이라니, 한심한 얘기다. 그런 여자가 좋은 아내와 좋은 어미가 될 리 없다.

아내가 자기 남편에게, 어미가 자기 자식에게 애쓴 갖가지 일을 일일이 기억하여 자랑한다고 하면 어떨까? 그러나 그런 사람도 없지는 않지.

내 딸아, 너는 반드시 좋은 아내, 좋은 어미가 되어야 한다. 이것이야 말로 황은(皇恩)에 보답해 드리는 가장 큰일이고, 또 아비와 어미에게 가장 큰 효행이다. 그리고 네가 네 자식들을 그런 정신으로 길러 낸다면, 이 일본은 강하고 좋은 일본이 될 것이다.

내 딸아, 아비는 네가 학자나 기술자가 되는 것을 바라지 않는다. 네가 시인이나 예술가가 되는 것도 바라지 않는다. 그런 사람이 되어 나쁠 것은 없지만, 아비가 네게 바라는 것은 일본의 좋은 아내, 좋은 어미가 되는 것이다.

— 가야마 미쓰로, 「娘に與ふるの書」, 『일본부인(日本婦人)』(조선판), 1944. 6.

청년에게 고함

청년 여러분, 구세계는 바야흐로 가려 하고 있다. 구세계란 사리사욕의 세계다. 맨체스터(Manchester) 경제학의 세계다. 이른바 제국주의의 세계이고 개인자본주의의 세계였다. 유물론·쾌락론의 세계였다. 취인소(取引所)와 카페를 합쳐 놓은 듯한 세계였다. 취인소는 이욕(利慾)의 아귀도(餓鬼道)이고, 카페는 개인의 물적 향락의 축생도(畜生道)였다. 이 세계가 전 인류를 유혹하고 타락시키며 금수의 영역에 거꾸러뜨리려 하는 때, 우리 황국(皇國)이 일어섰던 것이다. 도의로써 이욕을 대체하고, 충효로써 향락을 대체하며, 신의 도량(道場)으로써 취인소와 카페를 대체하기 위해, 그리고 탐람(貪婪), 인류가 서로를 잡아먹는 미영(米英)의 지배에서 인류를 해방하고, 만방(萬邦)이 각각 처할 곳을 얻고 조민(兆民)이 각각 편히 머물도록 하는 황도(皇道) 세계를 현현(顯現)하기 위해 우리 일본은 일어났던 것이니, 이것이 실로 일본 대사명이고, 아시아 정신의 부활이며, 인류 구제의 대성업(大聖業)이다. 천명(天命)이 실로 우리에게 있는 것이다.

하늘은 이 대업을 이루게 하기 위해 일본 열도의 7천만과 조선 반도의 3천만을 결합시켜 일억의 신일본 국민의 강력한 진영을 형성시켰으니, 한국병합이 저 미영류의 이른바 제국주의의 발로가 아님은 오늘에 와서 더욱 분명히 그 모습을 드러내고 있다. 메이지천황은 조선의 민중은 "직접 짐(朕)이 편안히 어루만져 그 행복을 증진시켜 마땅하다."고 말씀하셨고, 다이쇼천황은 이를 좀 더 명료하게 부연하여 조선의 민중은 "일시동인(一視同仁), 곧 짐의 신민으로서 조금도 차별이 없다."고 선언하셨다. 하라(原) 수상은 이 황공한 대어심(大御心)을 받들어 "조선은 속국이 아니고, 식민지가 아니며, 내지(內地)의 연장(延長)"이라고 갈파했던 것이다. 따라서 고이소(小磯) 총독이 말씀하신 것처럼 조선인의 지위는 이들 조칙으로써 확고부동, 영세 불변이다.

[이하 여섯 줄 삭제] 오늘날 조선이란 단순한 지리적 명칭이며, 내지인·조선인이란 그 향리를 가리키는 데 그치고, 정치적·민족적 차별을 의미하지 않는다. 일본국에는 오직 천황과 신민이 있을 뿐이고, 신민은 일체 평등한 것이 일본의 국병(國柄)이다. 차별인 채의 평등이라는 등의 궤변을 농(弄)하는 자는 실로 국민의 실상을 왜곡하는 자이며, 국민의 화(和)를 깨뜨리는 자이다. 군(軍)에 나가면 평등하게 황군(皇軍) 장병이고, 전몰(戰歿)하면 평등하게 호국의 영령(英靈)이 아닌가. 도대체 어디에 차별이 있다는 것인가. 이야말로 참된 황민(皇民) 평등의 모습이다. 문제는 우리들 조선인 자신의 주관에 있는 것이다. "우리는 황국신민(皇國臣民)"이라는 신념을 가지는가의 여부에 있다. 그리고 황국신민으로서 대군을 섬기는 충성 여하에 있는 것이다. 차별은 실로 여기에 존재하는 것이다. 즉 차별이란 스스로를 차별하는 것에 다름 아닌 것이다.

예를 들면, 김 모(金某)는 아들 둘 가운데 하나는 전선(前線)에 보내고 다른 하나는 징용(徵用)에 보냈는데도, 이 모(李某)의 아들 둘은 집에 머물며 전쟁이 어느 하늘 아래의 일이냐는 생활을 한다고 가정하자. 여기에 차별상이 있는 게 아닐까.

또 예를 들면, 김 모는 집안의 금속을 전부 내놓았고 선조가 물려준 불상(佛像)과 불구(佛具)까지도 헌납한 데 반해, 이웃 이 모의 집에서는 아직 몇 관, 몇십 관가량의 놋쇠 식기랑 대야를 자랑하고 있고, 심하게는 은닉하고 있다고 하자. 여기에 분명히 차별이 있는 것이 아닐까.

또 예를 들면, 김 모의 집에서는 매일 천황의 만세(萬歲)를 기도 올리고 출정(出征) 장병의 무운(武運)을 빌며 대동아전(大東亞戰)의 필승을 확신하고 있는 데 반해, 이웃 이 모의 집에서는 궁성요배(宮城遙拜)도 하지 않고 전승(戰勝) 기원을 하지 않으며 자신의 저금이라든가 즐거운 생활만 생각한다고 하면, 여기에 차별이 존재하지 어디에 존재하랴.

징병은 조선 민중을 황민의 지위에 올린 최후적인 은전(恩典)이다. 그럼에도 불구하고 동대문 영내(營內)의 징병검사장에서 있었던 것과 같은 불미한 일이 생겼다면 차별받는 것도 당연하다.

징용을 회피하여 거짓 진단서를 구하거나 유령의 취직을 하는 자가 평등을 운운할 자격이 있을까. 군대에 가지 않으니 하다못해 징용만이라도, 하는 마음가짐을 가지고서야말로 비로소 차별·평등을 말할 수 있을 것이다.

이웃의 김 모는 모든 돈을 저금하여 18억 달성에 협력한 데 반해, 이웃의 이 모는 저금을 싫어하고 채권을 피하여 돈을 물건으로 바꾸고 자기의 이욕을 충족시키는 데 급급하는 모습이면 어디에 평등이 있는가.

일억 상하가 모두 전투 배치에 임하라고 매일같이 국가의 여러 기관에서 요청받고 있는 오늘날, 옛날과 같이 유장(悠長)하고 사치한 옷차림에 몰두하는 자는 그 향리가 어디인지 불문하고 황국신민이 아닌 것이다.

도조(東條) 수상은 육군대학에서 철저하게 적의 전의(戰意)를 파쇄하기 위해 지금 전력(戰力) 배양도 이루고, 그 기회를 붙들려 하고 있다고 언급했다. 마침내 전쟁은 제3단계에 접어들려 하고 있다. 실로 결전(決戰)의 순간에 우리는 서 있는 것이다. 이 결전의 순간에 있으면서 결전적인 생활을 하지 않는 자, 결전적인 정신을 갖지 않는 자를 국민이라고 할 수 있을까. 이러한 자에게 입이 열 개라도 할 말이 있겠는가.

여러분, 어떻게 생각하는가? 여러분의 동네에는 김 모가 많은가, 이 모가 많은가? 여러분의 가정은 어떠한가? 김 모와 같은가, 이 모와 같은가? 여러분 자신은 어떠한가?

여러분, 그래서는 안 되니까 여러분은 일어선 것이다. 동포가 일어서지 않음은 여러분이 일어서지 않기 때문이라고 장하게도 동포의 불명예스러운 비난을 여러분은 몸소 떠안은 것이다. 우선 여러분 자신이 궐기하여 몸을 던지고, 여러분 동네의 동포를 궐기시키고자 하는 것이다. 여러분은 아침 일찍 동지끼리 서로 모여 빗자루와 삽을 들고 여러분 동네의 오물을 치우고, 여러분 동네 주민을 각성시키고 있는 것이다. "결전(決戰)입니다. 바야흐로 결전입니다.", "궐기하십시오. 한시라도 빨리 궐기하십시오." 하고 여러분은 남녀에게 외치며 돌아다니고 있다. "궁성 요배를 합시다. 필승 기원을 합시다. 금속을 내놓으십시다. 물자를 소중히 여기고 절약합시다. 저축합시다. 조선은 18억 원의 저축을 올해 안에 하지 않으면 안 됩니다. 한 사람당 70원입니다. 젖먹이도 70원의 저축을 하는 것입니다." 하고 이야기하며 돌아다니고 있다. "징병 적령자를 소중히 여깁시다. 전원 모여서 검사장으로 나가십시오. 꼭 갑종(甲種) 합격 하겠다고 본인도 가족도 힘쓰십시오, 기원하십시오. 그리고 검사장에는 가족도 이웃도 가서 격려하십시오." 하고 여러분은 매일 이야기하며 돌아다니고 있다. "징용은 징병과 같습니다. 부름받으면 기쁘게 나가 주십시오. 기개 없는 모습을 보여 조선 동포 전체의 명예를 손상시키지 마십시오." 하고 때로는 간절하게 때로는 권위로써 권하며 돌아다니고 있는 것이다.

여러분! 여러분은 정신대원(挺身隊員)이다. 여러분은 몸을 던지고 있는 것이다. 무엇을 위해서? 여러분의 향토를 나무랄 데 없는 완전한 황민향(皇民鄕)으로 만들고 강한 전력(戰力)과 건설력(建設力)을 내어 황은(皇恩)에 보답해 드리기 위해서이다. 이를 위해 여러분은 매일 아침 모여서 마음을 깨끗이 하고 동네를 깨끗이 하는 것이다. 매일 아침, 어떻게 하면 총궐기할 수 있을까를 상의하는 것이다. 그 목적을 위해 여러분은 우선 여러분 이외의 청년층에게 호소하여 이를 우리 진영에 끌어들이고, 다음으로 이들 청년들과 힘을 합쳐 여러분의 어머니와 아내, 자매에게 호소하여, 가정의 총궐기를 촉구하는 것이다. 예능단(藝能團)은 이를 위한 커다란 무기이다. 그러나 무엇보다도 주된 힘은 여러분의 성(誠)이다. 신(神)을 움직이는 성은 반드시 여러분의 동네 주민을 움직일 것이다. 여러분은 여러분의 동네를 점령하기 위해 싸우는 전투 부대다. 동네 안의 사격 진지[特火點]인 가정의 비결전적·비황민적 견루(堅壘)를 파쇄하고, 거기에 빛나는 일장기(日章旗)를 세우는 것이다. 그리고 최후의 사격 진지인 동네 주민과 개인의 심리를 점령하여 거기에 빛나는 일장기를 세우는 것이다. 동네도 집도 마음도 깨끗이 쓸고 닦고, 그리고 집집마다 일장기가 날리도록 하는 것이다.

 그때가 여러분의 개선(凱旋)이고, 여러분이 다시 자유로운 개인 생활로 돌아가는 때다. 그때까지는 여러분은 개인 생활을 반납한 병사다. 그때에 여러분의 동네 주민은 구원의 은인(恩人)으로서, 국사(國士)로서 여러분에게 감사와 존경을 바칠 것이다. 그때에 여러분은 이미 단순히 동네의 지도자가 아니라 전 조선 3천만의 지도자이다. 아니, 전 일본의 지도자인 것이다. 왜냐하면, 여러분은 조선인을 지도하는 것이 아니라 황민(皇民)을 지도한 것이기 때문이다. 따라서 여러분은 일억 국민의 존경을 받을 가치가 있다.

그러나 무엇보다 여러분을 존경하는 것은 아무래도 조선 민중일 것이다. 그들은 여러분이 개선(凱旋)할 때는 이미 차별이니 평등이니 하는 말조차 잊을 정도로 높은 지위, 행복한 마음 상태에 있을 것이므로. 여러분을 잇는 자손들은 이미 대동아 십억의 중심이자 지도자가 되어 있을 것이므로.

여러분, 여러분의 무거운 사명을 무엇에 비하랴. 비할 데 없다. 여러분의 커다란 노고를 무엇에나 견주랴. 견줄 데 없다. 그러나 여러분의 영광은 당연히 말로 다 표현할 수 없을 것이다. 여러분은 신들이므로.

여러분은 좋은 때, 좋은 곳에 태어난 것을 축복해야 한다. 남아가 건곤(乾坤) 재건의 때를 만난 것이다. 무릇 앞서 간 사람도 뒤에 올 사람도 부러워해 마지않을 것이다. 여러분, 서로 생명을 맡기고 몸을 던지자. 여러분은 이 원(願)을 위해, 이 일을 이루기 위해 태어난 것이므로.

여러분, 우리의 결의를 새롭게 하고 대군(大君)에 대한 충의의 맹서를 새롭게 하기 위해 일어서서 성수만세(聖壽萬歲)를 삼창(三唱)하자.

— 가야마 미쓰로, 「靑年に告ぐ」, 『내선일체(內鮮一體)』, 1944. 7.

청년과 오늘

청년이 없는 시대는 없다. 그러나 청년의 임무는 시대에 따라 변한다. 즉 평화로운 때에는 청년은 다음 세대의 계승자로서 선배를 배우고 익히며 힘을 기르면 족하다. 이러한 시대의 청년의 자랑은 야심과 향락이다. 장래의 영웅을 꿈꾸고 부호(富豪)를 꿈꾼다. 현재의 책임자가 아니기 때문이다. 그가 다소 개인주의적이 되거나 퇴영주의적이 되어도 사회는 그다지 책망하려고는 하지 않는다. 청년 혈기에 있기 쉬운 잘못으로 관대하게 취급되고, 오히려 귀엽게조차 생각된다. 그 대신 이런 시대에는 청년의 존재가 많은 경우 무시되고 경시되며 귀찮게 여겨진다.

그러나 오늘날과 같은 비상시·전시(戰時)가 되면 청년은 무대의 바로 한가운데 세워져 각광을 받게 된다. 그는 국가의 운명을 두 어깨에 짊어진 당면의 책임자가 되기 때문이다. 그에게는 이미 다음 세대의 계승자로서 선배를 배우고 익히며 한가하게 힘을 기르는 것이 허용되지 않는다. 그에게는 책상 위에서 일생의 야심과 청춘의 향락을 자랑하면서 장래의 부귀공명을 꿈꾸는 것이 허용되지 않는다. 그는 현재의 책임자가 되는 것이다. 그는 더 이상 개인주의자가 아니고, 일치단결하여 명령하에 움직여야 하는 병사인 것이다. 특히 대동아전쟁이 한창인 오늘날과 같은 총력전에서 그러한 것이다.

여러분은 청년이다. 민감하고 총명한 청년이다. 여러분은 반드시 국가가 이 시대의 청년 여러분에게 호소하는 간절한 요청을 뼈저리게 절실히 느끼고 있을 것이다. 이 결전 단계에서 국가가 여러분에게 거는 기대는 절실 그 자체이며, 여러분으로서는 실로 피할 도리 없는 지상명령이다. 그것은 몸을 일으켜 총궐기하라는 명령이다. 여러분은 이 국가의 요청에 답해야 하는 이 시대, 이 국토에 태어난 것이다. 바야흐로 제국(帝國)의 명운(命運)은 문자 그대로 여러분의 두 어깨에 달려 있는 것이다. 이는 과장된 말도 아니고 격려를 위한 말도 아니다. 여러분 자신은 분명히 확실하게 그것을 느끼고 있을 것이다.

청년은 어느 시대에나 있다. 그러나 여러분이 처한 것과 같은 시대에, 여러분이 짊어진 것과 같은 무거운 책임을 진 청년은 내가 아는 역사적 지식이 미치는 한에서는 일찍이 없었다. 여러분은 역사가 있어 온 이래 가장 큰 책임을 짊어진 청년들이다. 만약 여러분 가운데 한 사람이라도 이를 느끼지 못하는 사람이 있다면 몹시 헤매고 있는 사람이라고 하지 않을 수 없다. 그것은 마치 혼례석에 자리한 신랑이 자기가 신랑인 것을 잊어버린 것보다도 심한 미혹(迷惑)이다.

바야흐로 세계의 청년들은 각각 그 조국의 운명을 짊어지고 싸우고 있다. 맹방(盟邦) 독일에서는 제2전선에서 적군을 맞아 새로운 사투(死鬪)를 시작했다. 적 미영(米英)의 청년도 마찬가지이다. 그들도 가정을 떠나고 학업을 떠나 모든 개인적 욕망, 청년의 야심과 향락을 포기하고, 혹은 피로써, 혹은 땀으로써 각자의 조국을 지키기 위해 지금 이 순간에도 싸우고 있다. 아니, 죽어 가고 있는 것이다.

그러나 여러분, 다른 나라 청년들의 사명과 우리 일본 청년들의 사명 사이에는 그 질에서나 가치에서 하늘과 땅 차이가 있는 것이다. 적 미영의 청년들은 안타깝게도 귀한 피와 땀과 생명을 바쳐 욕심의 세계, 악의 세계를 위해 흩뿌리고 있는 것이다. 그들의 앞길에는 승리도 없고 영광도 없는 것이다. 천명(天命)의 버림을 받은 그들의 조국이다. 수백 년간 그 제국주의·자본주의로써 인류를 해치고, 특히 아시아 십수억의 민생(民生)을 도탄에 빠뜨린 그 죄악이 지금 점차 가득 차서 영원히 매장되어 가고 있는 것이다. 루스벨트(Roosevelt)와 처칠(Churchill)의 무리는 실로 과거 악(惡)의 최후의 지도자인 것이다. 그들 적 영미 청년들의 땀과 피는 실로 악마의 시체를 매장하기 위해 흘리고 있는 것이다. 얼마나 가련한 일인가.

한편, 우리 일본의 전쟁 목적을 보라, 그 동기를 보라. 미영의 악마주의로 인해 유린된 아시아 10억의 민중을 구하고 아시아의 정신적 전통에 기초하여 도의적 평화 세계를 건설하기 위한 전쟁이야말로 우리 대동아전쟁(大東亞戰爭)이다. 우리가 이기면 10억이 살고, 우리가 지면 10억이 망한다. 우리가 이기면 도의(道義)가 이기고, 우리가 지면 지구는 악(惡)의 세계가 된다. 우리가 이기면 하늘이 이기고 신들이 이기며 불보살(佛菩薩)들이 이기신다. 아니, 우리가 이기고서야 비로소 적 미영 2억 민족도 천도(天道)에 의한 인간다운 생활을 맛보고 이 지구에 평화가 찾아올 것이다. 이러한 까닭에 천명(天命)이 우리에게 있고, 이러한 까닭에 필승(必勝)의 신념이 우리에게 있는 것이다. 우리는 천황의 백성이며, 팔굉위우(八紘爲宇)의 실현이라는 성업(聖業)의 익찬자(翼贊者)이기 때문이다.

그러나 청년 여러분, 하늘은 땀을 흘릴 때만 수확으로써 갚으며 피를 흘릴 때만 승리로써 보답하신다. 우리의 승리, 우리 황도(皇道)의 선양(宣揚)은 오로지 우리 국민의 피와 땀을 대가로 하여 주어지는 하늘의 선물임을 잊어서는 안 된다.

지나사변(支那事變) 이래 우리 황군(皇軍) 용사의 땀과 피는 헤아릴 수 없을 정도의 혁혁한 대전과(大戰果)를 올렸다. 지금도 병사는 전선(前線)에서, 산업 전사와 농민은 총후(銃後)에서 귀한 땀을 흘리고 있다. 이들 땀과 피는 한 방울이라도 헛되지 않을 것이다. 그것이 쌓이고 쌓여 최후의 대승리가 되고, 대동아공영권이 되고, 전 세계에 황도(皇道)를 선양하는 것이 되는 것이다. 병사는 누구인가? 산업 전사는 누구인가? 다름 아닌 청년 여러분이다.

여러분, 바야흐로 이 전쟁의 최후 결전기는 시시각각 다가오고 있다. 도조(東條) 수상은 말했다. 제국(帝國)은 은인(隱忍)하여 힘을 비축(備蓄)하여 왔으며, 바야흐로 적의 전의(戰意)를 근저에서부터 분쇄해야 할 시기를 엿보고 있다고. 총리대신의 말에 거짓은 없다. 비행기도 충분히 모였다. 수만 명의 학병(學兵) 조종사가 사용할 비행기가 일제히 전선으로 날아가는 것을 상상해 보라. 태평양의 잠을 깨운 우리의 대공세의 막이 찢겨 나갈 날을 상상해 보라. 그날은 눈 깜짝할 사이에 닥쳐온다. 오늘내일의 일이다.

그러나 여러분, 적에게도 존망(存亡)을 건 싸움이다. 일본에 시간을 주지 말라든지, 시간은 일본 편이라든지 하며 그들도 초조해하기 시작했다. 그들은 물량과 피를 있는 대로 전부 쏟아부어 올 것이다. 태평양 전선이든 인도·버마 전선이든 구주(歐洲) 제2차 전선이든, 그들은 지금 필사적으로 몸부림치고 있다. 혈안이 되어 있다. 결코 얕볼 수 있는 적이 아닌 것은 말할 것도 없다. 적의 비행기가 우리 본토(本土)를 폭격하는 일도 있을 것이다. 공습(攻襲)이 반드시 있을 것이라는 말조차 있지 않은가. 경성이 폭격될 날도 언제 올지 모른다. 최근 자주 방공 연습을 하고 있는데, 이는 결코 유희가 아니다. 진지한 것이다. 총검술을 익히고 있다. 어떤 낙하산 부대든 올 테면 오라는 태세다. 전쟁의 양상이 심각하고 격렬하면 할수록, 최후의 단계에 가까워지면 질수록 온 힘을 다하게 될 것이다. 씨름을 보라. 권투를 보라. 최후의 순간에 힘이 조금 남은 쪽이 이기지 않는가. 투지가 강한 쪽이 이기지 않는가. 승패의 요점은 최후의 순간에 어떻게 힘을 내는가에 있는 것이다.

청년 여러분, 지금이야말로 우리 국민에게는 최후의 힘을 낼 때이다. 따라서 여러분이 오늘 이곳에 불려 온 것이다. 경성부(京城府)에서 여러분을 호출했다고 생각해서는 안 된다. 국가가 부른 것이다. 국민이 최후의 큰 힘을 내도록 국민의 총궐기를 추진케 하기 위해 여러분이 선택된 것이다.

여러분은 현재 각자의 직역(職域)에서 땀 흘려 봉사하고 계신다. 그것만으로도 대단한 노고(勞苦)이다. 또 여러분은 언제 어느 때 어떤 전투 임무에 소집될지 모른다. 여러분은 항상 대기 상태에 있다. 항상 전장(戰場)에 있는 셈이다. 땀도 피도 청년의 것이라야 비로소 힘이 있는 것이므로.

그런데 여러분은 앞서 언급한 무거운 임무 외에 또 하나의 임무를 짊어질 것이 요청되고 있다. 그것은 여러분이 다른 동포의 추진력이 되라는 것이다. 일억 국민(國民)의 궐기가 부족하면 채찍질하여 총궐기케 하고, 힘이 모자라면 더욱더 힘을 내도록 하라는 것이 추진대(推進隊)로서 선택된 여러분의 임무라고 믿는다.

여러분은 어떻게 생각하는가? 여러분의 가정은 총궐기하고 있는가? 결전(決戰) 국민의 가정으로서 부족한 점은 없는가? 아직 내놓지 않은 금속은 없는가? 아직 저금하지 않은 현금은 없는가? 정신적 해이함은 없는가? 여러분의 마을은 어떠한가? 노인은, 젊은이는, 청년은, 부인은 어떠한가? 그 정도면 결전 국민으로서 나무랄 데 없다고 생각되는가?

도덕 및 정신 면에서 능히 어떤 고난이든 기쁘게 인내하고, 또 대동아 여러 민족의 지도자가 될 만한 덕과 배짱, 대범한 도량을 충분히 갖추고 있다고 생각하는가, 어떤가? 선동적인 악선전은 날아들지 않는가? 여러분, 여러분 자신은 어떠한가? 이 상태로 결전 단계의 대국민으로서 나무랄 데 없다고 생각하는가, 어떤가? 더 절약하고 저축도 더 할 수 있는 것은 아닌가? 저축만이 전쟁 비용을 조달하고 악성 인플레이션을 방지하는 것이다. 아무래도 올해 조선에서 18억 원, 경성부만으로 4억 원의 저축을 하지 않으면 전시(戰時) 재정에 문제가 생길 것이다. 물자의 은닉과 횡령, 이 때문에 일어나는 물자 부족과 악성 인플레이션의 근원인 암거래는 어떤가? 여러분 마을 주민의 애국심은 어떠한가? 적개심은 어떠한가? 병역과 징용에 대한 태도는 어떠한가? 국책(國策)에 순응하는 마음가짐은 어떠한가? 이 모든 점에서 만점이라면 특별히 여러분을 수고롭게 하지 않아도 그만이다. 만약 여기에 미치지 못하는 바가 있다면(나는 많이 있다고 본다), 이들 문제(그렇다, 문제다. 전쟁 수행을 방해하는 힘이므로)를 제거하는 것이 여러분의 임무다. 이것이야말로 전력 증강이기 때문이다.

여러분, 여러분의 가정에 한 조각의 놋쇠나 불필요한 금속을 남겨 두어서는 안 된다. 여러분의 가정에 암거래가 행해져서는 안 된다. 여러분의 가정에 전쟁 때문에 생긴 생활의 옹색함에 대해 한마디의 불평도 일어나서는 안 된다. 여러분은 국가의 명령과 요청에 대해 한순간의 망설임도 있어서는 안 된다. 여러분에게 소집이나 징용 영장이 내려왔을 때 여러분은 용감히 나서서 그것에 응하지 않으면 안 된다. 한 사람이라도 패기 없는 모습을 보여서는 안 된다. 여러분의 모친과 아내들도 마찬가지다. 여러분의 마을은 총친화(總親和)하고 일치단결하여 한집이 되지 않으면 안 된다. 그리고 어떤 사태가 발생하더라도 당황하거나 법석 피우지 말고 서로 위로하고 도와서 일사불란하게 단체 행동을 취하지 않으면 안 된다. 여러분이 일어나서 이 일을 할 임무를 맡기 위해, 여러분은 용감한 열성을 가지고 여기에 결속하고 서약한 것이다.

여러분, 여러분은 돌아가 여러분 마을의 청년 가운데서 동지를 구하라. 다섯 사람이든 열 사람이든 좋다. 멸사봉공(滅私奉公)의 정신에 불타는 청년이 있을 것이다. 아니, 여러분 자신의 멸사봉공의 정신과 실천은 반드시 다른 청년을 감동시켜 멸사봉공화할 것이다. 한 사람이 여러 사람을 낳는다. 여러분이 그 한 사람이 되라는 것이다. 한 사람이 중심이 되어 다섯 사람, 열 사람을 끌어들이면 스무 명, 서른 명이 된다. 그들이 단단히 결속되어 끊임없이, 쉼 없이, 싫증 냄 없이 여러분의 마을을 결전 국민의 마을, 즉 완전한 황민향(皇民鄕)으로 만들기 위해 노력하는 것이다. 이 임무가 어째서 특히 청년에게 지워지는가? 청년은 이욕(利慾)에 물들지 않은 순진한 열정의 소유자이기 때문이다. 청년만이 능히 깨끗한 혼의 힘을 발휘하여 자기를 희생할 수 있기 때문이다. (여러분은 명령하는 사람이어서는 안 된다. 여러분은 마을 주민의 종복이 되고 섬기는 사람이 됨으로써 마을 주민의 신뢰와 경애를 얻는다. 신뢰와 경애를 얻으면 여러분은 이미 지도자가 될 것이다. 민중은 자기를 위해 섬기는 사람을 섬기고 싶어 하는 것이다.)

민중은 결코 사리사욕을 채우는 사람을 따르지 않는다. 민중은 오직 자기 없는 사람을 공경하는 것이다. 이런 까닭에 여러분이 여러분의 동포를 지도하고자 한다면 여러분의 사욕(私慾)을 버리지 않으면 안 된다. 한없이 민중을 사랑하고, 한없이 민중에게 주는 사람이 되라. 여러분은 사욕을 버리는 것이 어렵다고 말하는가? 여러분, 이 자리에서 전사(戰死)하시게. 실제로 여러분 연배의 청년이 몇만, 몇십만이나 전사하고 있지 않은가. 옥쇄(玉碎)하고 있지 않은가. 여러분, 이 자리에서 전사하시게. 그리고 전사한 셈 치고 여러분의 동포를 위해 일하시게. 그러면 반드시 여러분은 민중에게 친근해지고 신뢰받는다. 여러분의 한마디에 민중은 기쁘게 따를 것이다. 가령 적의 폭격이 있을 경우, 많은 피난민이 길거리에서 헤맬 때에도 여러분의 한마디가 그들의 공포심을 진정시킬 것이다. 하물며 평상시에 있어서랴. 금속을 내놓읍시다, 라고 여러분이 말하면 민중은 내놓는다. 여러분을 사랑하고 신뢰하니까. 집과 거리를 깨끗이 합시다, 라고 말하면 깨끗이 한다. 황민향(皇民鄕)은 더러워서는 안 된다. 여러분이 선두에 서서 행하면 민중은 기쁘게 따라온다. 불 속, 물속이라도 따라온다. 여러분은 사욕을 떠났기 때문이다. 그리고 그 목적지는 전쟁의 승리이자 민중과 그 자손들의 영원한 행복이므로.

　여러분, 청년이 없는 곳은 없다. 어느 마을에도 청년은 있다. 조선만 해도 2천 5백 면(面), 2만 5천 마을이 있고, 마을마다 청년이 있다. 그 청년들이 모두 여러분처럼 나서서 추진력이 되면 지금보다 몇 배의 힘을 낼 것이다. 반도 2천 5백만이 충분히 힘을 내느냐 내지 않느냐에 전쟁의 승패가 크게 관계되어 있다. 반도가 충분한 힘을 내서 전쟁에 쉽게 이겼다고 하면 그 이상 가는 반도의 광영은 없지 않을까. 이와 반대로 이 국운(國運)을 건 대결전을 맞아 반도가 충분한 힘을 내지 않았다고 하면 실로 미안한 일이며, 나아가서는 반도에 적(籍)을 둔 3천만 민중의 장래에도 영향이 없다고는 할 수 없다. 낼 수 있는 힘을 내지 않고서 무슨 면목으로 승리의 광영을 나누겠는가. 대동아의 본무대에 당당한 지도자로서 서야 할 영광스러운 신분이면서도 홍당무가 되어 한구석에 웅크리지 않으면 안 되는 운명에 맞닥뜨릴지도 모른다. 그것은 제국(帝國) 국력의 감쇄(減殺)를 의미하는 것은 물론, 동시에 조선 동포로서 돌이킬 수 없는 깊은 한을 남길 것이다.

여러분, 생각이 여기에 이르면 여러분의 책임이 더욱더 무거움을 느낄 것이라고 믿는다. 여러분, 반도를 완전한 황민향리(皇民鄕里, 깨끗하고 도의적인)로 만들고, 반도 동포를 순충무구(純忠無垢)한 황민으로 만들어 천황께 바치는 일이야말로 가장 커다란 보은행(報恩行)이 아닐까. 그리고 반도 민중의 자손이 더욱더 번영하여 내지(內地) 동포와 하등 다를 것 없이 같은 조상, 같은 피, 같은 혼성(魂性)을 발휘하여 황도(皇道) 선양의 성업(聖業)에 언제까지나 한없이 익찬해 올리는 복지(福祉)를 얻느냐, 그러지 못하느냐가 여러분 청년의 태도 여하에 달려 있다고, 나는 믿는 것이다.

여러분, 여러분은 이것이 가능하다고 믿는가? 만약 믿는다면 큰 소리를 올려 "반드시 하겠다."고 외쳐 달라.

— 가야마 미쓰로, 「靑年と今日」, 『신시대』, 1944. 8.

이 전쟁과 사생활

지나사변(支那事變) 초에도 국민은 전쟁을 생각했다. 라디오를 들어도 신문을 읽어도 전황(戰況)이 바로 주의를 끌었던 것이지만, 사생활에는 거의 변함이 없었다. 우리는 언제나처럼 사리(私利)를 추구하고 사욕(私慾)을 만족시켰다. 또 그래도 좋았던 것이다. 그런데 대동아전쟁이 시작되자, 우리는 마침내 일이 커졌다며 사생활에 대해 상당히 **반성**케 되었던 것이다. 의회에서도 동원법 등의 입법(立法)이 있고, 사생활에 대한 대폭의 제한이 예상되어 국민은 비상시라든가 신태세라든가 하는 표어 아래 혹독한 마음의 대비가 요청되는 것이다. 그래도 연전연승, 잇단 대전과(大戰果)에 취해 우리들 서민층에서는 이미 입법된 비상조치도 단지 국민의 사기를 앙양하기 위해서이고, 아마도 실제로 시행되지는 않을 것이라고 꿈쩍 않는 안전감을 품었던 것이다. 그 후 **전국(戰局)**이 진척되어 결전태세라는 말이 쓰이고, 이어서 국난(國難), 또는 중대국난이라는 말이 우리들 서민층의 귓불을 때리며, 과달카날섬, 애투섬, 길버트 제도 등의 비보(悲報)를 접함에 미쳐 마침내 시국의 엄혹함이 사실생의 깊숙한 곳까지 덮쳐 왔다. 우리는 시국을 너무 달콤하게 보고 있었던 것이다. 적을 너무 바보로 여겼던 것이라는 반성의 염(念)이 강하게 만민(萬民)의 혼을 때린 것이다. 최후에 사이판 **전원 전사(戰死)**, 그 밖의 섬들의 혈전(血戰)을 알게 되어 일억 국민의 최후의 분노가 폭발했다. 고이소(小磯) 수상의 말에는 일억 총무장(總武

裝)이라고 되어 있다. 도조(東條) 부수상이 국민 총원(總員) 전투 배비(配備)에 나아가라고 말씀하신 것이 이제는 우리 같은 사람에게도 해당되는 것이다. 즉 국토사수(國土死守)의 대호령이다.

남자는 국민복에 각반(脚絆)을 두른 모습으로 언제든 대응토록 하라, 여자는 몸뻬를 입으라는 것도 이제 불평은 없는 것이다.

방공 연습도 이미 계몽적이거나 만일을 예상하는 예비훈련도 아니며, 우리의 실제 생활의 일부문이 된 것이다. 일억 총무장은 슬로건 등의 과장된 말이 아니라, 글자 그대로 실제의 말인 것이다. 남자란 남자는 총을 들든가 망치를 들든가 하지 않으면 안 되고, 여자란 여자는 남자가 비운 직장을 지키지 않으면 안 된다. 남자의 징용, 여자의 정신대(挺身隊), 이것은 지금 우리의 사생활의 일부, 아니 주류가 되어 버린 것이다. 금일의 일본의

국난(國難)을 원구(元寇) 때와 비교하곤 하는데, 그 심각함, 영향 범위의 광범위함에서 도저히 원구에 비할 바 아닌 것이다. 이 전쟁의 승패는 일억의 부침(浮沈), 흥망의 문제일 뿐 아니라, 아시아 십억 민족의 영욕(榮辱)의 기로인 것이며, 나아가서는 인류 역사의 방향을 좌우할 대전기(大轉機)이기 때문이다. 인심(人心)이 이길지 도심(道心)이 이길지, 욕(慾)이 이길지 의(義)가 이길지, 신이 이길지 악마가 이길지의 문제이기 때문이다.

생리학이나 화학적인 온갖 법칙이 만고에 걸쳐 깨지거나 변하는 일이 없는 것처럼 이(利)에 대한 정(正), 악에 대한 선, 욕(慾)에 대한 의(義)의 승리의 법칙도 깨지거나 변하는 일은 없음을 믿지 않는 자는 어리석은 자일 뿐이다. 그런 까닭에 올바른 것은 침묵하더라도 승리한다는 것은 아니다. 다만 올바른 것은 싸워 이기고, 올바르지 않은 것은 싸워 패배한

다는 의미이다. 우리가 지금 싸워 깨뜨리려 하는 악은

인류사상 일찍이 없었을 정도로 대악(大惡)의 총세(總勢)인 까닭에 이것을 깨뜨리는 데 인류사상 일찍이 없는 큰 힘을 요구하는 것이다. 그 큰 힘이란 어능위(御稜威) 아래 우리 일억의 총력인 것이므로, 우리는 지금이야말로 사생활 전체를 전투력으로 향하지 않으면 안 된다. 사리(私利)도 정욕(情慾)도 완전히 이탈하고, 신과 같은 개인이 되지 않으면 안 된다. 전승(戰勝)의 날까지는 우리에게 사생활은 없는 것이다.

— 가야마 미쓰로, 「この戰爭と私生活」, 『경성일보』, 1944. 8. 18.

반도 청년에게 보냄

조선 청년과 보살행(菩薩行)

인과(因果)

여러분, 때는 바야흐로 결전의 시기이다. 이곳은 태고사(太古寺)이고, 모인 우리는 나라를 위해 앞장서 일어난 청년정신대(靑年挺身隊)이다. 오늘 밤 여러분이 모이기를 바란 이유는 나의 소신(所信)을 여러분 앞에서 피력하여 여러분의 비판을 청하고 싶어서이다. 아니, 좀 더 솔직하게 말하면, 여러분이 나의 신념과 같은 신념을 갖고 계신 것을 발견하기 위해서이다. 나의 신념과 여러분의 신념이 동일하다는 것이 판명되면, 여기에 모인 우리 일동의 신념이 동일한 셈이다. 일단 신념이 하나라는 사실을 알게 되면, 우리는 생사를 함께하는 굳센 동지가 되는 것이다.

여러분, 나는 인과(因果)를 믿는다. 전생·내생을 믿는다. 나의 불멸(不滅)을 믿는다. 이는 석가님이 가르치신 우주의 근본 진리이다. 여러분과 내가 오늘 밤 이곳에 모인 것은 결코 우연이 아니다. 이 우주 간에 결코 우연이란 없다. 공자께서도 "신하가 그 임금을 죽이고 자식이 그 아비를 죽이는 것이 하루아침이나 하룻저녁의 일이 아니다. 그 말미암아 온 바는 점차 되어 온 것이니, 분별할 것을 일찍 분별치 못함으로 말미암은 것이다.〔臣弒其君 子弒其父 非一朝一夕之事 其所由來者漸矣 由辯之不早辯也〕"라고 말씀하셨다. 근원이 없는 강이 없듯 원인이 없는 결과는 없는 것이다. 따라서 이 모임이 말미암아 온 바는 실로 먼 것이다. 우리가 같은 정신대원이 된 것도 결코 우연이나 변덕, 돌발적인 것이 아니다. 그 말미암아 온 바는 실로 먼 것이다. 더구나 우리가 같은 시대, 같은 조선에서 태어난 것은 참으로 크고 큰 인연이어서 우리의 행방 여하가 또 우리 및 우리 자손의 방향을 정하는 것이다. 우리는 각각 우리 부모의 자식으로 태어났다. 이 또한 피할 수 없는 인연이다. 내지인과 조선인이 같은 조상, 같은 뿌리, 같은 피, 같은 혼, 같은 문화를 가진 한 민족이면서도 천여 년간 이민족(異民族)과 같이 소원(疎遠)한 생활을 하고, 그 후 다시 한 민족이 되고 같은 대군(大君)의 백성이 되어 똑같이 피와 땀으로 이 국토를 지키고 대동아(大東亞)를 건설하는 성업(聖業) 익찬(翼贊)의 무거운 임무를 지게 된 것은 실로 큰 인연 중의 큰 인연이라고 하지 않을 수 없다. 아직도 내지인(內地人) 중에도 조선인 중에도 이 무겁고 무거운 인연에 눈뜨지 못한 사람이 있는 것은 실로 유감천만이지만, 어능위(御稜威)와 우리의 노력에 의해 가까운 장래에 반드시 양자(兩者)가 원래 하나이고, 현재 하나이며, 미래 영원히 하나임을 알게 될 것이다. 이렇게 나는 인과를 믿는다. 내선일체(內鮮一體)도 피할 수 없는 깊은 인연이었던 것이다. 나는 여러분이 나와 함께 이 인과의 진리를 승인할 것을 희망한다.

어능위(御稜威)

앞서 나는 어능위와 노력에 의해 내선(內鮮)이 완전히 하나가 될 것이라고 말했다. 말 그대로이다. 한 집안의 행불행(幸不幸)은 그 가장이 지닌 복덕(福德)의 유무에 달려 있다. 그 가장 되는 이가 덕을 쌓은 사람이라면 그 집에 불행은 오지 않는다. 무병식재(無病息災)하고, 자손은 잘

자라며, 농업도, 그 밖의 일도 번창한다. 그 집에는 복덕의 상(相)이 나타나고 그 가족들의 얼굴과 말도 순조로운 상을 띠지만, 그 가장이 쌓은 덕의 힘이 다하면 여러 가지 흉조(凶兆)가 나타나고 여러 가지 불행이 생긴다. 병은 잦아지고 좋은 약도 듣지 않는다. 가족의 마음은 거칠어져 화목이 깨지고 아이들은 불량해지며, 가축도 늘지 않고 무슨 일을 해도 생각처럼 되지 않는다. 욕심만 무성해지지만, 악업(惡業)의 업보(業報)에 의해 이지(理智)가 어두워져서 매사에 잘못된 판단을 하여 실패에 실패를 거듭하고, 그래서 점점 도(道)에 어그러진 일을 하여 그 죄악이 가득 차면 결국 그 집안은 망하는 것이다.

여러분은 지금은 가장이 아닐지도 모르지만, 가장이 되었을 때를 상상해 보기 바란다. 실로 전전긍긍하지 않을 수 없을 것이다. 여러분에게 인연이 있어 태어나는, 또는 아내로서, 고용인으로서 여러분의 지붕 아래 모여든 사람의 운명이 여러분이 지닌 덕(德)의 유무, 후박(厚薄)에 의해 정해지는 것이다. 여러분은 이 진리를 믿어 주기 바란다.

한 마을에도 수호신이 계시듯이 마을을 지키는 사람이 있는 법이다. 그가 덕이 있는 사람이라면 그 마을에는 재앙이 없다. 사람들의 마음은 온화하고 소와 닭과 개도 평화롭게 자란다. 그런데 그가 부덕하다면 그 마을에는 불행이 끊이지 않는다. 다툼과 병 등 여러 가지 재난이 닥치는 것이다.

국가도 마찬가지다. 우리는 위로 한 분이신 어른[上御一人]의 백성이며, 이분의 땅에서 이분의 밥을 먹으며 살고 있다. 우리는 어리석게도 자기 땅 위에서 자기의 힘으로 먹고산다고 생각하고 있다. 마치 갓난아이와 같다. 갓난아이는 어미의 은혜를 모른다. 그러나 어미의 은혜는 밤낮 갓난아이 위에 있는 것이다. 일본이 번영하는 것은 어능위 덕분이다. 우리가 즐겁게 생존하고 있는 것도 어능위 덕택이다. 이를 빛과 열로 예를 들어 보자. 우리는 태양의 빛과 열보다는 숯과 땔감, 전등의 빛과 열을 고맙게 생각한다. 그런데 태양이 없으면 숯과 땔감도 전등도 없는 것이다. 한 걸음 나아가 태양의 빛보다도 강한 빛이 있다. 그것은 우주선(宇宙線)이라는 것으로, 우리 눈에는 보이지 않지만 2인치 두께의 강철판을 투과하여 인화지(印畵紙)에 흔적을 남긴다. 게다가 그 윗길 가는 빛이 있다. 그것은 마음의 빛이다. 이것은 우리의 오관(五官)에는 느껴지지 않지만, 혼에는 접촉하여 그것에 영향을 준다. 이것이야말로 우주에 널리 퍼져 있는 것으로, 생명의 근원이자 존재의 궁극(窮極)이다. 우리는 누구나 이 빛을 가지고 있다. 우리가 정사(正邪)·선악(善惡)·미추(美醜)를 변별하는 것은 실로 이 빛의 작용이다. 단 우리 범부(凡夫)는 아주 먼 과거 이래, 때와 먼지로 인해 이 빛을 가리고 있을 따름이다. 그러나 누구나 올바른 방법에 의해 이 때를 벗겨 버리면 밝은 본래의 빛을 발할 수 있는 것이다. 이 빛을 일러 신(神)이라고 하고, 불(佛)이라고 한다. 만물은 신이다. 만물에는 혼(魂)이 있다는 것도, 만물에는 불성(佛性)이 있다는 것도 이를 이름이다. 만물은 크고 작은 무수한 빛의 보석이다. 해와 달과 별과 같은 것이다.

대군(大君)은 일월(日月)이시다. 대군은 때 묻지 않으셨다. 대군에게는 사리사욕의 생각이 없다. 신(神) 그 자체이시다. 우리를 자애(慈愛)로 이끌어 주시기 위해 우리와 똑같은 몸을 나투어 태어나신 것이다. 이를 대비친(大悲親)이라고 한다. 우리 국민은 이 자애로운 육친(肉親)에게 감싸여 태어난 것이다. 이런 까닭에 대군(大君)이라 하고, 아버님이라고 하며, 현신(現神)이라고 하는 것이다. 그리고 또한 우리를 신민(臣民)이라고 하고, 적자(赤子)라고 하는 것이다. 대군은 우리로 하여금 남김없이 자신과 같은 신의 영역으로 끌어올리시고자 하는 것이다. 그것이 칙어(勅語)가 되고 법률(法律)이 되고 제사(祭祀)가 되며, 여러 가지 전례(典禮)와 제도가 되는 것이다. 우리는 자기 욕심의 미혹(迷惑)으로부터 눈뜨는 순간 확실히 이를 느끼는 것이다. 그래서 우리는 대군을 모범 삼아 신의 본래 면목으로 되돌아오기 위해 대군의 가르침대로 노력하는 것이다. 이것이 대군과 우리의 진정한 모습인 것이다. 이를 깨달으면 우리의 생활 목표가 '임금께 충성으로'에 있다는 것이 명료해진다. 나는 이를 믿는다. 여러분도 이를 믿어 주기 바란다. 여기에 비로소 어능위(御稜威)의 의미가 있다.

노력

그런데 우리는 무엇을 해야 할까? 우선 자기를 깨끗하게 하지 않으면 안 된다. 자기를 신민(臣民)에 어울리는 인격으로 연마하고 천업익찬(天業翼贊)의 대임무를 완수할 만한 힘 있는 인간으로 만들지 않으면 안 된다. 이를 위해 우리는 우선 미소기(禊)로써 목욕재계를 해야 한다. 목욕재계함으로써 우리는 순간이기는 해도 신(神)의 경지를 체험할 수 있는 것이고, 일단 그 경지를 체험하면 그 깨끗한 상태에서 물러나지 않게끔 더욱더 깨끗한 경지를 추구하려 노력하면 되는 것이다.

우리는 자기가 생각하고 있는 하찮은 존재가 아니다. 우리는 신이고 부처이다. 우리는 불멸(不滅)이다. 우리는 이루고자 하여 이루지 못할 것이 없는 신불(神佛)과 같은 힘의 소유자이다. 초인적(超人的)이라고 하는 말이 있는데, 그것이 실은 인간적인 것이며, 평소의 우리가 더럽혀진 인간 이하의 경지에서 헤매고 있는 것이다. 좀스러운 아리아욕(我利我慾)의 껍질에 틀어박힌 소처럼 자신의 세상을 좁히고 있는 것이다. 그

껍질을 벗어 버려라. 그러면 무한한 창공이 눈앞에 펼쳐질 것이다. 그 껍질이란 무엇인가? 아리아욕과 그것을 얻기 위해서라고 믿고 있는 교활함·영리함이다. 이를 부숴 버리는 것이다. 아깝다. 아깝지만 부숴 버린다. 부숴 버리는 순간, 그것이 결코 자기의 보물이 아니고 실은 질곡(桎梏)이었음을 깨닫게 될 것이다. 그리고 널찍하고 자유로운, 이를 데 없는 기쁨을 맛볼 것이다. 이를 바로 법열(法悅)이라고 한다. 선(禪)의 목표도 미소기의 목표도 바로 여기에 있다. 해탈(解脫)이라든가 자유자재(自由自在)라는 것은 이를 이름이다.

명인(名人), 즉 명현(名賢)·명장(名將)·명장(名匠)·명승(名僧)이라던 사람들은 모두 얕든 깊든 이 경지에 가까이 간 사람이다. 이 경지에 이른 사람의 특색은 이름이 드러나 만민의 존경을 받고, 죽어서도 그 정신이 중생(衆生)을 지도하며, 그 혼(魂)은 신으로 모셔지는 것이다. 이 경지에 이른 사람에게는 이미 빈부(貧富)도 귀천(貴賤)도 없다. 천하(天下)의 부(富)가 그의 것이고, 천하의 귀(貴)가 그의 것이다. 그는 오직 애쓸 따름이며 공(功)이 있어도 자랑하지 않는다.

여러분, 나는 여러분이 전부 이 경지에 달하기를 바라고 간절히 원하는 것이다. 그것은 여러분을 사랑해서만은 아니다. 실로 나라의 힘을 강하게 하는 길이 여기에 있기 때문이다.

부디 여러분은 선(禪)을 닦아 주시게. 반드시 커다란 것을 얻을 것이다. 그리고 매일 아침 청소의 수행을 해 주시게. 그리고 여러분의 마을을 완전히 청결한 마을로 만들어 주시게. 이는 청결 그 자체의 공리적 가치를 생각해서만은 아니다. 이로써 생길 여러분 자신 및 여러분 동포의 정신적 미소기의 효과를 꾀하는 것이다.

보살행(菩薩行)이란 정불국토(淨佛國土), 성취중생(成就衆生)하는 일이다. 그 국토를 깨끗이 하고 거기에 사는 사람의 마음을 깨끗하게 하는 것이 보살행이며, 대동아전쟁도 결국은 정불국토, 성취중생 이외의 다른 것이 아니다.

청년층의 또 하나의 임무

전쟁은 청년의 일이다. 군인도 노무원(勞務員)도 청년이다. 전선(前線)도 총후(銃後)도 청년의 세상이다. 국가의 운명은 바로 청년의 마음과 피와 땀에 달려 있다. 청년의 임무는 얼마나 중대한가.

나는 청년들에게, 특히 반도 출신의 청년들에게 또 하나의 새로운 임무를 요청한다. 그것은 청년 여러분이 각자 자기 마을을 떠맡는 것이다.

단도직입적으로 말하자. 조선에는 2,500여 부읍면(府邑面)이 있고, 그것은 또 십수 배의 정동(町洞) 등의 마을로 나뉘어 있다. 이 마을의 주민 다수는 불행히 아직 교육을 받지 않은 사람이 많다. 따라서 신문도 읽지 못하고 회람판(回覽板)도 읽지 못한다. 그런데 시국이 시국인 만큼 위로부터 잇단 명령이, 요청이 내려온다. 이를 저 무교육한 동포들은 이해할 수 없는 것이다. 예를 들면 공출(供出)이든 징용(徵用)이든, 물자 절약, 저축, 배급(配給), 전황(戰況) 등이든, 그 취지를 모르기 때문에 어림짐작, 무지한 유언비어, 불평이 생기는 것이다. 공출해야 할 것을 숨기거나 징용을 피하려 하기도 하는 것이다. 지금까지 친절하게 그들에게 설명해 주는 기관이 부족했던 것이다.

그것을 청년들이 자진해서 떠맡는 것이다. 마을의 청년층(반드시 청년에 국한되는 것은 아니지만, 청년에게는 열의가 있고 희생과 봉사 정신이 왕성하므로)이 일어나 우선 스스로 시국(時局)·전국(戰局)·명령·요청 등의 취지(趣旨)를 철저하게 알고자 애쓰고, 그러고 나서 혹은 집집마다 방문하거나 혹은 부인층만 모으거나 혹은 마을 주민 전부를 모아서 자신들의 소신(所信)을 설명하는 것이다. 그러면 마을 주민들은 자기들의 자식과 형제, 남편, 가까운 이의 입으로 설명을 듣게 되어 시국이든 전국이든, 징병·징용·공출·근로봉사의 취지든 기분 좋게 납득할 수 있을 것이다. 모르는, 훌륭한 사람들에게 설명을 듣는 것보다도 도리어 친밀감 있고 잘 이해될 것이다.

이런 식으로 국가의 의사를 민중에게 잘 전하고 제대로 이해시키는 것은 대단한 전력 증강일 뿐 아니라, 동시에 야마토(大和) 일치의 기본이 되고, 민중 생활의 괴로움을 덜어 명랑성을 증진하는 일이 된다. 이유가 납득되지 않는 것을 해야 하고, 마지못해 질질 끌리게 되는 것보다 더한 괴로움은 없을 것이다.

이상의 취지를 철저히 하는 것은 곧 선전(宣傳) 부문에 해당하지만, 생활개선의 부문에서도 이 청년 단결이 중심력이 된다.

생활개선의 근본을 이루는 것은 사상의 통일, 국민정신의 앙양이지만, 이것도 각각 마을 청년의 단결로써 이루어야 할 것이다. 사상의 통일이란 무엇인가? '나는 천황의 백성이다.'라는 굳은 신념 위에서 정치에 대해서는 위정(爲政) 당국을 믿고, 전쟁에 대해서는 군부(軍部) 당국을 믿으며, 이 대동아전쟁에서 일본의 올바름을 믿고, 일본이 올바르므로 천우(天佑)와 천명(天命)이 일본에 있음을 믿어 억측과 유언비어, 적의 모략에 걸려들지 않는 것이다. 마을의 청년층이 뭉쳐서 신사(神祠)를 숭경(崇敬)하고 매일 궁성(宮城)을 요배(遙拜)하며 필승(必勝)을 기원하는 것으로 전체 마을 주민에게 이 사상을 불어넣을 수 있는 것이며, 이 실천에 의한 시범 이외의 길은 없는 것이다.

다음으로 땅을 경작하는 것도 고기를 잡는 것도 모두 국가에 대한 봉공(奉公)이다. 우물을 치고 길을 고치고 산에 나무를 심는 것이 모두 그 마을을 위해서이며, 동시에 국가를 위해서이다. 더구나 군인이 되고 응징사(應徵士)가 되는 것은 직접 몸소 대군(大君)을 위해 봉공해 올리는 것이다. 인간 만사 살다 죽을 때까지 하는 모든 일은 대군을 위해서이고, 국가를 위해서이다. 이 정신이 즉 국민정신이고 일본 정신이며, 이 정신을 획득한 찰나 내 몸은 유구(悠久)한 국운(國運)의 일환이 되고 내 노력은 무궁한 황운(皇運)의 익찬(翼贊)이 되는 것이다. 이 가운데서 커다란 존엄과 희열이 솟아나고, 인생은 참으로 산 보람 있는 인생이 되는 것이다.

마을의 청년들이 이 정신을 발휘하여 일상에 모범을 보이면 마을 주민 전체는 저도 모르는 사이에 이 정신을 체득하는 것이다. 그것이야말로 마을을 실로 부귀한 마을로 만드는 것이다.

또한 청년들은 혹은 대서(代書)로써, 혹은 공동 근로봉사로써 직접 마을 주민의 고통을 줄이고 복리(福利)를 증진할 수 있다. 예를 들면, 청년들이 아침에 약간의 시간을 쪼개어 마을을 청소한다면 열흘 내에 그 마을은 몰라볼 정도로 청결하고 기분 좋은 마을이 될 것이다. 농한기(農閑期)의, 혹은 아침저녁의 공동 작업으로 좋은 우물, 아이들의 놀이터, 마을 주민의 집회장 같은 것이 생길 것이다. 공동 취사와 탁아소, 공동 목욕탕 같은 것도 결코 어려운 일이 아니다. 이런 것은 마을 주민의 안락과 건강, 부를 증진시키는 것이며, 협동상애(協同相愛)와 인보호조(隣保互助)의 귀중한 정신을 함양하는 것이다.

청년 단체가 입영 출정자(出征者), 응징자(應徵者)의 가족을 돕는 것도 아름다운 일이며, 출정자로 하여금 뒤돌아볼 염려가 없게끔 하는 일이다.

이러한 청년들이 지키는 마을에 범죄 같은 것은 일어날 리가 없다. 세금 체납, 그 밖에 국민의 의무 태만이 있을 리 없다. 이러한 마을에 다툼과 언쟁 등은 없을 것이다. 실로 그것은 즐거운, 존경할 만한 마을이 될 것이다.

1년, 2년 이런 생활이 계속됨에 따라 마을 주민에게는 무지나 부도덕의 흔적이 끊길 것이 틀림없다. 빈대나 파리도 없어질 것이 틀림없다. 아마도 극빈자(極貧者)도 없어질 것이다. 산과 들의 모습조차 변할 것이다. 마을의 건물과 도로, 주민의 안색과 옷차림이 완전히 변할 것이다. 청년 여러분, 이것이 여러분에 의해 새로 만들어진 여러분 향리의 모습인 것이다. 여러분은 여러분의 향리에 대해 더욱더 자유롭게 구상하도록 하라.

여러분의 마음에 드는 마을을 만들어 낼 힘은 여러분 자신이 갖고 있는 것이다.

청년정신대의 지도자 여러분에게 고함

동지 여러분! 나는 최대의 신뢰와 경애의 진심을 담아 이렇게 부른다. 여러분은 국난(國難)을 돌파하고 민생(民生)을 구하기 위해 서로 약속한 동지이다. 권력에 의한 것도 아니고, 이익에 의한 것도 아니다. 우국지정(憂國之情)으로써 함께 일하고 함께 죽기 위해 뭉친 우리들이다. 역사상 이보다 위대한 동지가 일찍이 있었던가.

지금은 국가 존망(存亡)의 시기이다. 무슨 일이 있어도 일억일심(一億一心)의 총력을 발휘하지 않으면 안 된다. 조선의 3천만 민족적 사명이 오늘날보다 큰 적이 일찍이 없었던 것이다. 대제국(大帝國) 일본의 운명뿐 아니라 아시아의 운명을 짊어지고 있는 오늘날이다. 그리고 이는 단지 우리의 주관적 신념일 뿐 아니라 바로 국가가 그렇게 믿고 부탁했던 것이며, 그것은 현황으로 보거나 사실로 보아도 있는 그대로이다.

눈을 돌려 우리 조선 동포의 현상을 관찰하매 아직 부족한 점이 많다. 그것은 대략 세 가지로 나뉜다고 생각한다. 그 하나는 사상(思想) 방면이다. 사상이란 단체 관념과 대동아전쟁(大東亞戰爭)의 의의와 승패(勝敗)에 관한 신념 및 조선 민족의 지위에 대한 인식이다. 일본은 가장 올바른 국가이고 대동아전쟁은 정의의 전쟁이며 하늘이 우리 편이므로 우리가 반드시 이긴다는 것, 그리고 조선 민족은 야마토(大和) 민족과 동조동근(同祖同根)이고 털끝만큼도 차이가 없는 천황의 신민(臣民)이라는 것이 올바른 사상이다. 이에 어긋나는 사상은 올바르지 않은 사상이고 적성사상(敵性思想)이며, 조선인 자멸(自滅)의 사상이다. 민중에게 이 사상을 보급하고 확고히 하는 것이 우리의 첫 번째 사명으로, 청년정신대의 약속 제1항에 있는 바이다.

조선 동포의 두 번째 결점은 도의적(道義的) 결함이다. 이는 꼭 조선 동포만의 결점은 아니지만, 우리 정신대가 관여할 바는 우선 조선 동포의 문제이다. 이 도의적 결함이란 무엇인가? 그 근본을 이루는 것은 이욕적(利慾的) 개인주의이다. 자기 지상주의적이고 국가나 마을, 다른 사람은 아무래도 좋다는 유태적(猶太的) 사상이다. 허위(虛僞)·시의(猜疑)·불성실·불신의(不信義)·무책임·불친절 및 공덕심(公德心) 결핍 등은 모두 이 이욕적 개인주의에서 비롯된다. 자기에게 이로우면 거짓말을 한다. 자기에게 해가 되면 신의(信義)도 책임도 헌신짝처럼 버린다. 공원의 꽃도 탐이 나면 꺾고, 도로에 가래침도 뱉는다. 모두 이 부류에 해당한다. 이래서야 조선인의 지위는 자꾸 내려가기만 하고, 마침내 국가로부터 버림받고 동포에게 버림받으며 도처에서 배척받을 수밖에 없다. 조선인은 거짓말하지 않고 속임이 없다, 성실하다, 솔직하다, 신의가 두텁고 책임 관념이 강하며 단결력이 있다는 이야기를 듣지 못한다면, 조선인은 국가는 물론 동포에게서도 신뢰받지 못할 것이다. 따라서 조선인의 지위 또한 결코 향상되지 못할 것이다. 이 점을 고치는 것이 우리의 사명이다. 그 사명을 완수하려면 우리 자신이 성실·신의·책임감의 권화(權化)가 되지 않으면 안 된다. 이것이야말로 조선인을 구제할 길이자 유일한 길인 것이다. 우리의 아침 청소나 마을회의 시중은 작은 일일지도 모르지만, 몸소 비이욕적이고 비개인주의적이며, 국가 지상주의적이고 헌신 봉공적인 모범을 보이는 작은 실마리가 될 것이다.

  세 번째 결점은 실천에 나태한 것이다. 국가의 명령과 지도에 대하여 "예, 예." 하고 척척 나서지 않고 중얼중얼 불평을 하거나, 낼 것을 선뜻 내지 않고 가능한 한 피하려 하거나, 나는 관계없다는 태도를 취하고 방관적·비판적이거나, 심지어는 다른 사람에게 이를 비방하거나 왜곡하는 근성이다. 예컨대 납세를 게을리하고 물자 공출을 꺼리며 당국자의 말을 뒤집으려 하는 부류로, 이는 단지 증오해야 할 행위일 뿐만 아니라 그 사람 자신의 인격이 비열하고 음험하며 사악함을 드러내는 것이다. 이렇게 하는 본인은 짜장 영리함을 자처하고 고급 인텔리를 자처할 테지만, 사실 국력을 손상시키고 민중을 미혹시키는 대죄인일 뿐 아니라, 실로 조선인 전체의 신용을 떨어뜨리고 품위를 떨어뜨리는 죄인이기도 하다. 당자로서도 결코 그런 행동으로 이익을 얻을 수는 없을 것이다. 설령 법망

(法網)을 피한다 해도 신명(神明)의 엄벌은 피할 수 없는 것이다.

그래서 "예, 예." 하고 호기 있게 국가의 명령과 지도에 따를 뿐 아니라, 보다 적극적으로 응하도록 이 민중을 돌려놓는 것이 우리의 사명이다. 이렇게 되어서야 비로소 조선인은 훌륭한 민족의 지위에 오를 것이다. 국가로부터는 신뢰받고, 동포에게서는 사랑받으며, 지구상 어디를 가더라도 대국민(大國民)으로 우러러 칭송받을 것이다. 이런 공경할 만한 국민이 되어서야말로 일본을 빛내어 위로 황은(皇恩)에 보답해 올리고, 널리 아시아 여러 민족의 선배·지도자가 될 수 있을 것이다.

이상의 세 가지, 즉 사상·도의·실천이 우리의 사명이자 여러분의 필생의 대사업이며, 여러분의 자손에게 남겨야 할 대사명(大使命)·대유훈(大遺訓)이기도 하다.

그런데 이 세 가지에 관한 지도 혁신은 무엇으로써 이루어질 것인가? 그것은 우리 자신의 견고한 단결로써만 가능하다. 바꿔 말하면, 우리 자신이 우선 그런 사람이 되고, 그리하여 그런 사람들의 단결의 위력으로써 동포를 이끄는 것이다. 단결의 힘은 어떤 위인의 힘보다도 크다. 개인의 힘과 수명에는 한도가 있지만, 단결의 수명은 무한하다. 따라서 우리는 우선 우리의 단결을 변치 않고 흔들림 없고 무너지지 않도록 하지 않으면 안 된다. 이를 위해 우리는 다음의 네 가지를 고려한다.

첫째는 청렴한 동지를 구하는 일이다. 청렴한 동지란 명리욕(名利慾)에서 벗어난 동지이다. 이 성스러운 목적을 위해 완전히 자기를 없애는 동지이다. 이러한 동지를 한 사람 한 사람 구하는 것이다. 단결의 힘은 단원의 수보다도 질에 의해 결정된다. 술의 힘은 그 전체의 양보다도 함유된 알코올의 양에 의한 것과 같으며, 그저 물을 많이 넣었다면 더더욱 술의 힘을 약하게 하여 이른바 질 나쁜 술이 되는 것이다.

둘째는 일단 얻은 동지를 잃지 않는 것이다. 열 사람의 동지를 얻기보다 한 사람의 동지를 잃지 않는 것이 중요하다. 왜냐하면 동지는 오랠수록 힘이 있기 때문이다.

셋째는 규율과 지도자에게 복종하는 것이다. 단결이란 무엇인가? 그것은 규율과 지도자에게 복종하는 한 무리의 동지이다. 규율은 국가에서는 법이고, 지도자는 국가를 예로 들면 수상(首相)이다. 불변이란 뜻이 변하지 않는 것이고, 부동이란 어떠한 곤란에 처해서도 규율을 어지럽히지 않고 통제를 무너뜨리지 않는 것이다. 이래야 비로소 금강불괴(金剛不壞)의 동지적 결속이 이루어지는 것이다.

지도(指導)는 청렴하고 올바르고 덕 있고 힘 있는 사람을 필요로 하지만, 적임자를 얻을 수 없는 경우는 임시로 누군가를 지도자로 삼는 것이 불가피하다. 그러나 일단 지도자로서 앉힌 다음에는 그 단결에 관한 한 그 지도자의 지도에 복종하는 것이 단결의 도이고 신의(信義)이다. 때에 따라서는 자기보다도 열등한 사람이 지도자가 되는 일도 있을 것이다. 그래도 복종하는 것이 단결의 도이다. 그 지도자가 바뀔 때까지는 복종하지 않으면 안 된다. 지도자가 마음에 들지 않는다고 해서 복종하지 않으면 그 단체는 죽는다. 단체가 죽어서는 커다란 사명은 달성할 수 없는 것이다.

넷째는 단원 각자가 그 단체를 자기의 것, 자기 책임하의 것으로 생각하는 것이다. 책임 전가만큼 비열한 것은 없다. 책임을 혹은 간부(幹部)에게, 혹은 다른 단원에게 전가하는 것만큼 부도덕한 것은 없다. 이것도 조선의 뼈아픈 통폐(通弊)의 하나이다.

다섯째는 정의(情誼)이다. 정의란 애정이다. 정신대(挺身隊)를 소중히 여기고 그 임원들을 사랑하고 대원(隊員)이 서로 사랑하는 것을 의미한다. 동지로서 의리도 중요하지만, 애정도 중요하다. 의리는 서로 비끄러매는 힘이고, 애정은 서로의 몸에서 나오는 따뜻하고 향기로운 분비물로써 끈끈하게 융합하는 힘이다. 화목함은 사랑에서 생기고, 힘은 화목함에서 생긴다. 서로 이름을 기억하고 얼굴을 익히며 서로의 가족과도 친교를 맺는 것이 단결을 강화시키는 데 커다란 힘을 갖는다. 그리고 서로 믿는다. 결코 의심하지 않는다. 동지에게 속는 것은 고통스러운 일이지만, 또 아름다운 일이다. 상대를 믿고 의심하지 않는 것은 인생 최대의 미덕이며, 그리고 조선인에게 가장 결여된 것이다.

그렇다고 해서 동지가 의형제는 아니다. 서로 돕는 것은 좋지만 의지해서는 안 된다. 의뢰심은 기개 없음을 의미할 뿐 아니라 또한 정의(情誼)를 손상하는 커다란 원인이 되는 것이다.

많은 동지 중에는 얼굴도 이름도 모르는 사람도 있을 것이다. 그래도 동지임을 알게 된 다음에는 믿고 사랑해야 함엔 변함이 없다. 한 번 보면 전부터 아는 사이처럼.

공자는 "두 사람이 마음을 함께하니 그 날카로움이 쇠도 자를 수 있고, 마음을 같이하는 말은 그 향기로움이 난초와도 같다.〔二人同心 其利斷金 同心之言 其臭如蘭〕"고 말씀하셨는데, 얼마나 아름다운 말인가. 꼭 그대로이다. 우리는 바로 천인동심(千人同心)을 목표로 하고 있는 것이다. 천 사람이 마음을 함께하는 힘은 놀랄 만한 것이다. 그 힘으로써 우리 구역을 이상적인 황민(皇民)의 향토로 만들지 못할 이유가 있을까. 아니, 조선 전체를, 일본 전체를 완전한 황민향(皇民鄕)으로 만들 것은 의심의 여지가 없다. 그러나 성공은 조급하게 오지 않는다. 제일 먼저 우리 자신의 진영을 정돈하는 것조차 일조일석에 할 수 있는 일은 아닌 것이다. 한 포기 화초가 피는 데도 한 개인의 쉼 없는 노력을 필요로 한다. 한 그루

소나무가 그 본래의 품격을 갖추는 데는 수백 년이 걸린다. 하물며 수천만 민중을 개조하는 것이 그렇게 쉽게 될 리는 없다. 그러나 우리의 노력은 한 점, 한 획도 소멸되지 않는다. 쌓이고 쌓여 크게 이루는 것이다. 오늘 밤 이 회합도 결코 무의미하지 않다. 다음에 오는 것의 분명한 원인이 되는 것이다. 악이든 선이든 떨어진 씨앗은 반드시 열매를 맺는다. 우리의 성실한 노력이 계속되는 한, 매 순간 우리는 목표를 향해 나아가고 있는 것이다.

우리가 민중의 지도자가 되기 위해서는 우선 민중의 신뢰를 획득하지 않으면 안 된다. 민중은 어떤 사람을 신뢰하는가? 자기들을 위해 진력하는 사람을 신뢰한다. 바라는 것 없이 한결같이 자기를 내주는 사람을 신뢰한다. 민중은 어린아이처럼 정직하고 또 신과 같이 총명하다. 민중은 결코 속지 않는다. 교활한 위선자가 일시 민중의 눈을 현혹하는 일은 있을 것이다. 그러나 언젠가는 민중의 성난 눈이 그것을 간파한다.

민중은 또 의심이 많고 둔감하다. 철저히 속은 민중이 더 그러하다. 처음에는 우리의 성의(誠意)가 좀처럼 통하지 않을 것이다. 혹은 조소(嘲笑)를 받고, 혹은 적대시되는 일도 있을 것이다. 또한 나쁜 사람의 참무(讒誣)와 중상(中傷)도 있을 것이다. 민중의 마음이 우리에게 향하고 있음을 알면 반드시 이를 질시(嫉視)하는 적도 나타날 것이다. 이는 필연적인 일이다.

따라서 우리가 민중에게 신뢰받을 때까지는 상당히 긴 시간 동안 성실한 노력을 계속할 필요가 있다. 삼일천하(三日天下)로는 아무것도 되지 않는다. 반드시 '또 시작이군.' 하는 눈으로 민중은 우리를 바라볼 것이다. 잠깐 시끄럽다가 곧 조용해질 것이라고 코웃음을 칠 것이다. 이는 우리의 선배가 그랬기 때문이다. 우리는 이러한 민중의 기대를 어긋내지 않으면 안 된다. 그 의표(意表)를 찔러 그들을 깜짝 놀라게 하지 않으면 안 된다. 그들로 하여금 "청년정신대를 다시 봤다. 날이 가면 갈수록 더욱더 맹렬하고 더욱더 진지하다."라고 놀란 눈을 동그랗게 뜨게 하지 않으면 안 된다. 그때야말로 민중은 우리를 따르는 것이다. 그때에야말로 우리의 포부는 실현되는 것이다. 그때까지가 고비이다. 우리는 최후의 순간까지, 최후의 한 걸음까지 분발하지 않으면 안 된다. 위산구인공(爲山九仞功)에 휴일궤(虧一簣)하는(아홉 길 산을 쌓는 데 한 삼태기의 흙이 모자라 공이 한꺼번에 무너지는 ― 역자) 일이 있어서는 안 된다. 그때에는 우리의 이상(理想)이 실현될 것이므로. 그때에야말로 우리는 황운익찬(皇運翼贊)의 일대 사업을 완수할 것이므로. 조선 동포를 힘 있고 품위 있는 국민으로 만드는 것이야말로 최고 최대의 황운익찬이므로.

    그러나 우리는 민중의 신뢰를 획득하기 전에도 눈앞의 전력 증강을 위해 분투하지 않으면 안 된다. 우리의 분수에 맞게 할 수 있는 일을 하는 것이다. 예를 들면, 내일의 경축일을 기하여 올바른 국기 게양 방법을 지도한다. 민중은 아직 우리를 신뢰하지도 않고 존경하지도 않으니, 우리는 그들에게 호령을 할 수는 없다. 몸소 그 잘못을 정정하고 공손하게 국기의 존엄에 대해 설명해 들려주는 것이다. 그러나 여기에도 견적필살(見敵必殺)의 기백(氣魄)이 필요하다. 수단은 봉사라 해도 책임을 갖고 소기의 목적을 달성하지 않으면 안 된다. 흐지부지해서는 오히려 후환이 있다. 여러분은 각자 마을 내에서 지도하는 것이므로 성의와 꿋꿋함만 있다면 반드시 소기의 목적을 달성할 수 있다고 생각한다. 내일 하루 우리가 마을 내의 국기(國旗) 존엄 철저 운동에 헌신하자. 그리고 우리 마을을 걷는 사람들로 하여금 우리 마을은 국기 게양에서 나무랄 데 없다는 이야기가 나오게끔 하자. 일단 정한 일은 반드시 철저히 한다는, 우리 청년정신대 제일의 전통을 확립하자.

　이제부터 우리는 혹은 납세기(納稅期)에, 혹은 파리 발생기에, 혹은 징병검사 때에, 혹은 애국반 반상회 때에 등등 일이 많겠으나 민중을 위한 일은 무엇이든 자진하여 떠맡고 묵묵히 일할 것이다. 이것이 즉 전력 증강이고 향토 주민의 지위 향상이며, 또한 민중의 신뢰를 획득하는 행(行)을 쌓는 일도 되는 것이다.

　여러분은 여러분 마을의 민중의 신뢰를 얻고 마을의 지도력을 쥠으로써 국민의 지도자로서의 힘을 기르는 것이다. 여러분은 단지 조선 민중의 지도자만은 아니다. 여러분은 일억 국민 전체의 지도를 허락받았고 또 부탁받은 것이다. 여러분은 우리는 조선인이라는 비열한 생각을 버리지 않으면 안 된다. 여러분은 일본제국의 지도자로서 자임해야 한다. 옛사람의 말에 "사람은 스스로를 업신여기면 반드시 후세 사람이 그를 업신여긴다."고 했는데, 바로 그대로이다. 여러분은 어엿한 일본 청년이며 일본 청년정신대의 지도자이다. 머지않아 여러분은 대어심(大御心)을 체현(體現)하여 받들어 대동아(大東亞)의 지도자가 되어야 할 당당한 법왕자(法王子)이다. 실로 여러분의 임무는 무겁고 영광은 크다.

　마지막으로 조선 동포의 지위와 운명에 대해 한마디 하려 한다. 앞에서도 언급했듯이, 현재의 사상과 도의성과 실천으로는 안 된다. 반드시 경멸받고 반드시 멸망한다. 여러분이 약속한 방향으로 일대 전환을 이루고 몇 배의 봉공(奉公)을 해야만 그 지위를 최고까지 높일 것이다. 이 점에는 한 점 의심의 여지도 없다. 여러분, 우리 대군(大君)은 복덕(福德)이 원만한 현인신(現人神)이시다. 우리 대군께서 다스리시는 나라는 올바른 나라이고 패해지 않는 나라인 것이다. 더군다나 조선 3천만이 진충보국(盡忠報國)하여, 물자로, 땀으로, 피로, 그리고 뛰어난 이상(理想)

으로써 지켜 드리고 익찬(翼贊)해 올림에서랴. 여러분, 우리는 황도(皇道)로써 빛날 명일(明日)의 아시아의 평화향(平和鄉)과 대문화(大文化)를 목표로 전력(全力)으로 나아가자.

— 가야마 미쓰로, 「半島靑年に寄す」, 『신시대』, 1944. 10.

해설

이광수의 일본어 평론과 논설에 대하여

최주한

    이광수의 일본어 평론과 논설은 그 형식과 내용을 고려할 때 크게 세 시기로 구분된다. 우선 1, 2차 유학 시절 망국을 앞둔, 혹은 식민지의 유학생 신분으로 쓴 작문과 투고 논설, 다음으로 1920, 30년대 문화정치기 사이토(齋藤) 총독에게 올린 재외 조선인에 대한 긴급책을 제안한 건의서 및 재조선 일본인 독자와 일본 내지의 독자들에게 민족주의적 관점에서 조선의 문학을 소개한 문학론, 마지막으로 1938년 11월 동우회사건을 계기로 한 전향 이후 중일전쟁에서 태평양전쟁에 이르기까지 제국주의 일본의 국책(國策)에 부응하여 쏟아 낸 방대한 분량의 본격적인 시론과 논설들이 그것이다. 전반적으로 이광수의 글쓰기는 매체와 언어, 독자에 따라 '지을 수 없는 글'과 '하여서 못 될 말'의 수위를 조절하는 명민한 감각을 보여 주고 있다는 점에서 단선적이지 않은 양상을 보여 주는데, 이는 일본어 평론과 논설의 영역 내에서도 뚜렷하다.

1. 2차 유학 시절

　중학 시절 이광수의 글쓰기는 1907년 9월 메이지학원 중학에 편입학하여 또래 유학생 소년들과 함께 조직했던 '대한소년회'의 활동과 더불어 시작된다. 소년회는 비정기적이나마 비분강개한 애국적인 성격의 등사판 회람 잡지 『신한자유종』을 간행하기도 했으나 관헌에 압수되어 현재 남아 있는 것은 3호뿐이다. 이 무렵 이광수의 공식적인 논설로서 확인되는 것은 주로 유학생 단체 기관지 『태극학보(太極學報)』와 『대한흥학보(大韓興學報)』를 무대로 한 애국적 성향의 글이 주를 이룬다. 그런데 흥미롭게도 일본어 작문 「특별기증작문(特別寄贈作文)」(『富の日本』, 1910. 3.)은 이 무렵 사랑을 갈구하는 개인의 고독한 내면을 그린 일본어 단편 「사랑인가」(『白金學報』, 1909. 12.)와 마찬가지로 애국적 성향과는 다소 이질적인 사유를 전개하고 있는 것이 주목된다. 문명과 야만의 도식을 비판하고 쾌락을 인생의 최고 목적이자 가치로 주장하면서 "자연으로 돌아가라."고 외치고 있는 이 글은, 기울어 가는 조국을 눈앞에 둔 조선의 청년들에게 최우선적 기치로서 요구되었을 애국이라는 공적 가치와 양립하기 어렵다. 이 점에서 이 시기 이광수의 일본어 작문이 일본어 단편 「사랑인가」와 마찬가지로 애국의 가치를 우선시하는 공식적인 글쓰기에 거리를 두고 사적 자아의 내밀한 영역을 오롯이 그려 낼 수 있었던 것은, 매체와 독자의 영역을 달리한 일본어 글쓰기를 선택한 덕분이었다고 할 수 있다.

　1915년 9월 와세다대학 고등예과에 편입학하여 2차 유학을 시작한 이광수의 글쓰기 무대는 동경유학생학우회의 기관지 『학지광(學之光)』과 『매일신보(每日申報)』의 지면으로 옮아간다. 이 무렵 이광수의 관심은

온통 조선 문명화의 과제에 쏠려 있었고, 이는 문명 조선 건설의 발판으로서의 농촌 문제에 대한 관심과 더불어 조선 문명화의 사명을 이끌어 갈 중추 세력의 양성을 뒷받침할 교육의 문제에 대한 관심으로도 표출된다. 당시 식민지 조선의 교육 체제는 4년제 보통학교와 실과(實科) 중심의 4년제 고등보통학교(일본의 중학교 1학년 수준)를 기반으로 한 낮은 수준의 교육에 그쳤던 탓에 일본인과의 직업 경쟁에서 불리한 것은 물론 상급 학교로의 진학에도 불리했다. 일본 민권론 계열의 잡지에 투고한 글「조선인 교육에 대한 요구(朝鮮人教育に對する要求)」(『洪水以後』, 1916. 3.)는 과감하게 동화정책 지지를 내걸고 이러한 당대 조선의 불평등한 교육 체제를 비판하며 조선에 일본과 동일한 교육을 개방할 것을 요구하고 나선 글이다. 후일 이런저런 논란을 불러일으키곤 했던 타협적 글쓰기의 시작이었지만, 이광수가 그만큼 발표 매체의 생리에 명민하게 대응했다는 이야기이기도 하다. 다음 달 같은 잡지에 익명으로 투고한 「조선인의 눈에 비친 일본인의 결함(朝鮮人の眼に映たる日本人の缺陷)」은 게재되지 않았다. 관헌의 기록에 따르면 "전문이 거의 매도적인 문구"로 가득한 이 글은 발표 매체의 코드에 거스르는 글쓰기의 운명을 잘 보여 준다.

「민족대회소집청원서(民族大會召集請願書)」(1919)는 2·8독립선언서 기초 당시 선언서와 함께 일본 의회에 보내기 위한 목적으로 집필된 글이다. 청원서가 강조하는 바는 기본적으로 정의와 인도의 이름으로 식민지 조선에 민족자결의 권리를 요구한 선언서의 내용과 크게 다르지 않지만, 애초에 일본제국 의회를 상대로 민족대회 소집을 통한 민족자결의 기회 부여를 요청하는 성격을 지닌 글이기에 선언서에 비해 비교적 온건한 어휘들을 사용한 것이 눈에 띈다. 미국의 독립선언서가 선언의 정당성을 뒷받침하기 위해 영국 의회를 향해 정의에 호소하고 탄원했던 일련의 절차들을 강조했던 것처럼, 선언서와 별도로 일본 의회에 보내는 청원서를 작성한 것 역시 절차상의 요건으로 간주되었을 가능성이 크다.

1920, 30년대 문화정치기

1919년 1월 2·8독립선언서를 기초하고 상하이로 망명했던 이광수가 국내에서의 활동을 기약하며 귀국한 것은 1921년 3월의 일이다. 1920년 5월 이래 재정난, 건강의 악화, 신문사의 봉쇄 등으로 이광수가 주필로서 관여하던 『독립신문』이 급속히 동력을 잃어 가는 것과 정반대로 3·1운동 이후 이른바 문화정치를 표방한 사이토 마코토(齋藤實) 통치하의 국내는 문화 운동의 열기로 뜨거웠다. 점차 국내에서의 문화 운동 쪽으로 마음이 기울고 있던 이광수는 이해 10월 만주의 독립군 및 독립군 근거지의 대대적인 토벌 작전의 일환이었던 일본군의 간도 출병으로 임시정부의 독립전쟁 준비론의 구상이 좌초되면서 결국 귀국의 결심을 굳히게 된다. 간도 참변을 당하고도 제대로 대응하지 못하는 현실의 원인을 '실력의 부재'에서 찾았던 이광수는 교육과 산업을 근간으로 한 장기적인 안목의 준비론에 다시금 힘을 싣게 되었던 것이다.

귀국 직후 이광수가 사이토 총독에게 올린 건의서 「재외 조선인에 대한 긴급책으로서 다음의 2건을 건의함(在外朝鮮人に對する緊急策として左の二件を建議する)」은 이러한 준비론적 구상의 헌책판이라 할 수 있다. 건의서는 중국과 시베리아를 유랑하고 있는 다수의 지식 청년들이 과격화될 위험성을 지적하며 그 구제책으로 이들 지식 청년을 중심으로 재외 조선인에게 교육과 산업의 기회를 마련해 줄 것을 제안하고 있

는데, 이러한 논리는 동화정책을 지지하며 조선에 일본과 동일한 교육을 개방할 것을 요구한「조선인 교육에 대한 요구」(1916), 식민정책의 안착을 위협하는 조선 청년 문제의 해결책으로 청년들에게 활동의 무대를 마련해 줄 것을 제언한「대구에서」(1916) 등에서도 일관되게 발견되는 것이기도 하다. 교육과 산업의 기회를 확보하는 것은 연해주의 4월 참변에 이어 간도 참변으로 심각하게 파괴된 해외 한인들의 근거지를 복구하고 장기적인 독립운동의 기반을 닦는다는 차원에서도 긴급한 일이었다. 때마침 조선에서는 언론·출판은 물론, 교육·산업·교통·위생·사회구제에 이르기까지 내선(內鮮) 무차별의 관제 개혁을 표방한 사이토의 문화정치가 시동을 걸고 있었으니, 상대의 언어로 원하는 것을 요구할 줄 아는 예의 협상가로서의 재출발을 알리는 영리한 제안이었다고 할 만하다.

1921년 3월 상하이에서 귀국한 이광수는 국내 활동과 관련하여 크게 두 가지 기획을 마음에 품었다.「민족개조론」(1921. 11. 집필)으로 대변되는 도덕적 개조에 바탕한 중추 계급 조성 운동의 실천이 그 하나이고,「예술과 인생」(1921. 12. 집필)으로 대변되는 당대 민족주의적 문화 운동에 호응하는 민중에 기반한 신문예운동의 전개가 다른 하나이다. 특히 후자와 관련하여 민중에게 예술을 개방한다는 기획은 이 무렵 이광수의 주된 문학적 관심사로서 '민중'과 '전통'에 기반한 유무형의 문화적 자산의 탐구로 이어졌고, 조선적 정조와 사고의 원천으로서 민요와 전설에 주목하는 조선국민문학론으로 구체화되어 단편「가실」(1923),『허생전』(1924),『일설춘향전』(1925) 등의 고전 다시 쓰기에서『마의태자』(1926),『단종애사』(1929) 등의 역사소설 창작에 이르기까지 1920년대 이광수의 민족문학 구축에 든든한 버팀목이 되어 주었다.

한편 1920년대 조선의 전통에 대한 관심은 민족문학론의 전유물이 아

니었다. 3·1운동 이후 문화정치를 안착시켜야 하는 과제를 안고 있던 조선총독부, 일본의 조선민속학 연구자, 그리고 식민지 조선에 정착한 재조선 일본인들 역시 다양한 이해관계 속에서 식민지 민족지의 구축을 목표로 한 조선의 전통에 관심을 가졌다. 1927년 1월 『신진(眞人)』의 특집 '조선 민요의 연구'에 실린 「민요에 나타난 조선 민족성의 일단(民謠に現はれる朝鮮民族性の一端)」은 이 두 전선 사이의 치열한 접전을 보여주는 글이다. 『신진』은 경성의 재조선 일본인 단카(短歌) 문학 동인들이 주축이 되어 1923년 7월 창간한 단카 전문 잡지로, 이들 신진 동인들은 일본의 중앙 가단과 구별되는 지방 가단으로서의 정체성을 조선의 향토성에서 찾고 조선의 민요 발굴과 소개에 꾸준한 관심을 가졌다. 특집호 '조선 민요의 연구'가 기획된 것은 그러한 관심의 한 결실로서, 특집호의 필진으로는 일본의 조선민속학 연구자들이 망라되어 있을 뿐만 아니라, 조선인으로는 이광수 외에도 최남선(崔南善)과 이은상(李殷相)이 필진으로 참여했다.

「민요에 나타난 조선 민족성의 일단」은 민요 자체보다 민요에 나타난 민족성에 주목하고 있는 점이 특징적인데, 특히 서두에서부터 호소이 하지메(細井肇)의 부정적인 조선인 민족성론을 반박하고 나선 태도가 주목을 끈다. 한말 조선에 주재하던 언론인으로서 일본의 한국 합병을 적극적으로 지지했던 호소이 하지메는 1910년 10월 조선연구회를 조직하고 일본의 조선 통치를 뒷받침할 목적에서 조선의 고서와 문화에 관심을 가지기 시작했고, 1920년대에는 3·1운동 이후 시동을 건 문화정치의 안착을 위해 조선 민족의 심성을 연구할 목적에서 자유토구사(自由討究社)를 설립하여 조선의 고문학을 번역 간행하는 데 앞장섰던 인물이다. 일찍이 1910년 조선광문회를 설립하여 조선 고서 간행사업에 주력했고

1920년대에는 조선학을 천명하여 조선학 연구에 뛰어든 최남선과 같은 인물에게는 적대적 경쟁자였고, 이는 상하이에서의 귀국 후 민중예술의 가능성에 착목하여 조선의 전통에 관심을 갖기 시작한 이광수에게도 마찬가지였다. 이미 『허생전』(1923)과 『일설춘향전』(1925)에서 호소이 하지메의 부정적인 민족성론에 맞서 계승할 만한 가치가 있는 전통이라는 관점에서 민족성을 재구축했던 이광수는, 조선의 민요를 대상으로 한 이 글에서도 조선 민족의 '잔인성'이라는 호소이의 부정적 견해에 맞서 '낙천적인 조선심'을 부각시키고 있다.

  1931년 9월 만주사변을 일으켜 만주 지역을 점령한 일본은 이듬해인 1932년 3월 만주국을 세워 중국 침략의 발판을 마련했다. 1945년까지 계속된 중국과의 15년 전쟁의 시작이었다. 만주국이 건국된 직후인 5월 조선과 만주의 장기 시찰에 나섰던 가이조샤(改造社)의 사장 야마모토 사네히코(山本實彦)는 당시 『동아일보』의 사장이었던 송진우가 베푼 연회에 초대받아 경성에서 하룻밤 이광수·윤백남·주요한 등 조선의 문인들과 함께했다. 그 자리에서 야마모토는 조선의 문인들에게 자신의 잡지 『가이조(改造)』에 글을 써 줄 것을 부탁했는데, 이미 4월에는 장혁주의 「아귀도(餓鬼道)」가 『가이조』의 현상 공모에서 입선하는 등 일본의 대륙 진출과 보조를 같이하여 일본 문단에서도 조선의 문학에 대한 본격적인 관심이 시작된 터였다. 『가이조』에 발표된 「조선의 문학(朝鮮の文學)」(1932. 6.)은 이러한 배경 아래 씌어진 것으로, 조선의 문인이 조선의 문학을 직접 일본 내지의 문단에 소개한 글로는 처음이 아닐까 싶다. 이광수에게 각별히 "조선의 현대문단·작가·작품·경향 등을 주문"한 가이조샤의 의도는 제국 일본의 한 지방으로서의 조선의 문학에 대한 흥미를 벗어나지 않았을 테지만, 한말에서 1920년대에 이르기까지 시가와 소설 영역을 중심으로 작가와 작품의 경향을 일별하고 있는 이광수의 붓끝은 간결하고도 적확하여 오늘날의 문학사론을 선취하고 있다고 해도 과언이 아니다.

동우회사건과 전향 이후

전향과 국민적 협력의 글쓰기

1937년 6월 이광수를 비롯한 181명 동우회원들의 검거로 시작된 동우회사건은 중일전쟁을 한 달 앞둔 시점에서 민족주의 세력을 와해시키고 전쟁의 수행에 필요한 협력을 이끌어 내기 위한 총독부의 선제 조처였다. 이 과정에서 이듬해 1938년 4월 안창호(安昌浩)가 사망하고, 6월 기소 유예된 18명의 회원들의 전향 성명에 이어 8월에는 대표자 명의의 해산계가 제출되었으니, 이광수를 비롯하여 기소된 회원 42명의 운명은 정해진 것이나 마찬가지였다. 결국 이해 11월 3일 이광수는 경성지방법원장의 승인하에 동우회원의 거취 결정을 위한 전향회의를 개최하고, '전(前) 동우회원 일동'의 이름으로 작성한 전향서 「합의〔申合〕」를 경성지방법원에 제출한다.

전향서 「합의」에서 이광수는 자신들이 과거의 독립사상을 청산하고 천황에게 충성하며 국책에 적극 협력하기로 결심한 데는 중일전쟁을 계기로 조선 민족을 식민지의 피통치자로서가 아니라 '일본 국민의 중요한 구성 분자'이자 '제국의 신민'으로 받아들이겠다는 당국의 뜻을 신뢰할 수 있게 되었기 때문이라고 적었다. 제국의 신민이 된다는 것, 적어도 이 무렵의 이광수에게 그것은 조선인으로서 일본인과 동등한 국민적 감정을 갖는다는 것을 의미했다. 그리고 그것은 동등한 국민으로서의 권리 획득이라는 정치적인 요구와도 결부되어 있었다.

일본어 소설과 달리 이광수가 일본어 논설을 집중적으로 써 낸 것은 바로 이 전향 직후의 일로서 『국민신보(國民新報)』에 시국 칼럼을 쓰던 시기이다. 『국민신보』는 『매일신보(每日新報)』의 자매지로서 1939년 4월 창간된 일본어 주간신문으로, '반도 민중의 황국신민화'라는 시대적 요구에 응하여 국어(일본어)보급운동의 일환이자 반도 청소년층의 사회교화 기관지로서 출발했다. 이광수는 창간 직후부터 이듬해 11월까지 대략 1년 반에 걸쳐 매주 무기명으로 칼럼을 기고했는데, 이 글들은 나중에 『경성일보(京城日報)』 등에 쓴 일본어 문장들과 함께 묶여 단행본 『동포에게 보냄(同胞に寄す)』(박문서관, 1941)으로 간행되기도 한다. 칼럼의 제목들만 일별해도 확인할 수 있듯, 칼럼은 중일전쟁에 임하는 총독부 당국의 정책과 의사 표명을 충실히 해설하는 한편, 국민정신의 수양과 훈련의 필요성을 강조하고 비상시 국민으로서의 의무를 독려, 결의하는 내용이 대부분이다. 지원병제·의무교육·창씨개명·국어보급운동 등 황민화정책의 근간이 되는 주요 정책은 물론이고, 근로봉사, 사치 금지, 방공연습, 애국 자숙일, 궁성요배 및 정오의 묵도 훈련 등 일상적 차원의 생활 훈련에 이르기까지 철저히 조선의 청년 독자에게 황민화정책을 '계몽'하는 지도적 위치에서 씌어졌다. 이들 시국 칼럼은 근본적으로 이광수에게 내선일체를 근간으로 한 당국의 황민화정책을 뒷받침하고 대중을 계몽하는 지도적 역할을 기대했던 총독부의 요구에 충실히 부응한 것이었지만, 이광수는 그것을 일본인과 동등한 국민의 자격과 권리의 획득이라는 문제로 전유하여 받아들였다. 실제로 육군특별지원병제의 시행에서 의무교육과 징병 방침의 표명, 그리고 창씨개명의 실시에 이르기까

지 이들 일련의 황민화정책이 조선인을 '제국의 신민'으로 받아들이겠다는 '국가적 의사표시'임을 거듭 강조하고 있는 것은 국민적 협력의 각오를 천명했던 전향서 「합의」의 논리와 크게 다르지 않다.

 한편 국민적 감정에 국한된 것이었다고는 해도 내선일체를 근간으로 하는 황민화의 문제는 문학인의 입장에서는 좀 더 민감한 것일 수밖에 없었다. 내선일체의 향방은 곧 언어와 문화의 독자성에 기반해 온 조선문학의 존립 여부와 직결된 문제이기도 했기 때문이다. 1939년 4월 북지(北支) 황군위문사절단 파견으로 시작된 문인들의 협력은 이해 10월 '국민문학의 건설' 및 '내선일체의 촉진'을 목표로 내건 조선문인협회의 결성과 더불어 본격화된다. 황군 위문 사절 파견 당시 '공통된 국민적 감정의 표시'라는 데서 그 의의를 찾았던 이광수는 문단 사절로 북지에 다녀온 경험을 담은 임학수(林學洙)의 『전선시집』과 박영희(朴英熙)의 『전선기행』을 새로운 국민적 각성이 낳은 조선문학 작품의 표본이라 하여 이후의 조선문학은 '일본 국민문학의 일부'라는 인식에 기초해야 함을 역설했다(「文學の國民性」, 1939. 11.). 그러나 국민문학이라고 하여 국책의 선전 기관이 될 필요는 없고 내선일체 역시 문학을 매개로 한 내선(內鮮) 간의 문화 교류를 통해 이루어지는 것이 바람직함을 강조하는 한편(「內鮮一體と朝鮮文學」, 1940. 3.), 동조동근인 바에야 문화를 일색으로 칠할 필요가 있겠느냐는 역논리로써 조선의 언어와 문화가 갖는 존재 의의를 주장하기도 했다(「同胞に寄す」, 1940. 3. 집필). 조선문학에 국민문학의 옷을 입히고 내선 교류의 매개적 지위를 부여함으로써 존립의 활로를 열어 둔 셈인데, 『록기(綠旗)』에 연재한 일본어 장편 『마음이 서로 닿아서야말로(心相觸れてこそ)』(1940. 3.~7.)는 그 창작적 실천의 일환이었다.

신체제로의 돌입, 국민에서 황민으로

1940년 8월 제2차 고노에(近衛) 내각에 의해 고도국방국가의 완성을 목표로 한 신체제의 수립이 천명된다. 중일전쟁의 장기화로 인한 동아 신질서의 외연과 내용의 확대 및 유럽 전란의 확대로 동남아시아에서 발생한 힘의 공백을 배경으로 한 전쟁 확대 방침의 표명이었다. 이에 즉응하여 일본 국내에서는 군부·관료·정당·우익을 망라한 대정익찬회(大政翼贊會)가 결성되어 관제 국민 통합 기구로서 막강한 영향력을 행사했고, 동년 10월 조선 또한 반도 신체제의 발족과 더불어 미나미 지로(南次郎) 총독을 수반으로 하는 국민총력조선연맹이 결성되어 본격적인 총동원 체제로 접어든다.

1939년 12월 1심에서 전원 무죄 판결을 받았으나 당일 검사 측의 항소로 다시금 재판에 계류되었던 동우회사건이 2심에서 유죄 판결을 받은 것은 신체제 수립 직후인 1940년 8월 21일이다. 이광수도 5년 징역형을 선고받았다. 동우회사건의 출발 자체가 중일전쟁을 앞둔 당국의 선제적 조치였듯이, 2심의 유죄 판결 또한 제국 일본의 전쟁 확대 방침에 호응하는 보다 적극적인 협력을 끌어내기 위한 사법적 조치의 일환이었다. '만민익찬(萬民翼贊)'과 '직역봉공(職域奉公)'을 기본 이념으로 내건 신체제는 단순한 '국민적 감정'의 배양을 넘어서 국체(國體) 관념을 내면화한 '황민(皇民)의 연성(練成)'을 표방했고, 이해 12월 '황도(皇道)'의 학습과 실천을 목표로 한 황도학회(皇道學會)와 나란히 일본 정신의 교육과 사상 보국의 목적으로 설립된 야마토주쿠(大和塾)를 중심으로 철저한 황민화 교육에 시동을 걸게 된다.

이러한 내외적 여건의 변동과 연동하여 이 무렵 이광수의 논설 역시 논리적인 비약을 보인다. 내선일체란 어디까지나 '국민적 감정'의 문제라

던 논조는 돌연 '민족 감정과 전통의 발전적 해소'를 통해 조선적인 것을 버리고 일본적인 것을 배우는 것으로 재정의되고, "단지 일본 국민이 되는 것에 멈추지 않고 야마토 민족이 된다."(「朝鮮文藝の今日と明日」, 1940. 9.)는 민족해소론으로 나아간다. 그리고 이전까지의 '국민적 감정'의 논리를 대신하여 전면에 등장하게 되는 것은 일본 정신, 곧 '천황귀일(天皇歸一)'의 신념이다. 황도학회 설립 당시 발기인 대표로 관여하기도 했던 이광수는 이듬해 1월 예방 구금에 준하는 '당국의 호의'하에 야마토주쿠에 입소하여 일본 정신의 수행과 저술에 몰두했다. 「내선일체 수상록(內鮮一體隨想錄)」, 「중대한 결심(重大なる決心)」은 모두 이곳에서 집필된 것인데, 이 글들에서도 내선일체는 더 이상 쌍방이 서로 다가서는 것이 아니라 '천황의 신민'이 되겠다는 조선인 측의 기백에 의해 이루어지고, 지식인의 임무 또한 '천황귀일의 신념'에 근간한 조선 민중의 황민화에 강조점이 놓인다.

전쟁의 확대 국면으로 접어든 시국은 일본의 세력 확장을 견제하는 영미와의 관계 악화로 또 한 번의 전기(轉機)를 맞는다. 바야흐로 태평양전쟁의 개전 가능성이 현실화했던 것이다. 긴박한 시국에 호응하여 조선의 지식인들은 8월 임전대책협의회 및 흥아보국단을 결성하고, 10월에는 다시금 두 단체를 통합한 조선임전보국단의 결성을 통해 전쟁 동원에 적극 나서게 된다. 거국적인 임전태세의 목소리가 높아 가는 가운데, 동우회사건 최종심에서 이광수를 비롯한 회원 전원이 무죄 판결을 받은 것은 11월 17일, 태평양전쟁을 한 달 앞둔 시점의 일이다.

태평양전쟁과 대동아의 지도자의 길

1941년 12월 8일 일본의 진주만 공격으로 개시된 태평양전쟁은 이듬해 2월 싱가포르 함락에 이르기까지 눈부신 성과를 거뒀다. 중일전쟁의 장기화에 지치고 미국의 대일 강경책에 초조함을 느끼고 있던 일본 국민은 개전과 더불어 잇달아 전해지는 전승 소식에 열광했고, 미영 격멸을 외치며 전쟁을 지지했다. 이 무렵 이광수의 공적 글쓰기 역시 전쟁의 당위성을 설파하고 전승의 기쁨을 토로하며 전쟁 영웅을 기리는 등 전시 프로파간다의 역할을 충실히 수행했는데, 이는 즉자적이고 선동적인 언어의 구사에 적합한 시와 연설의 영역에서 두드러졌다.

한편 미영과의 본격적인 결전을 앞두고 1942년 5월 조선에 징병제의 실시가 결정되면서 전쟁 협력은 보다 실질적인 문제가 되어 갔다. 징병제 실시의 발표 직후 군에서는 일본군과 어깨를 나란히 할 정예군의 양성이라는 목표하에 국어(일본어)의 보급 및 군사 교련의 확대와 더불어 국체(國體) 관념에 충실한 진충보국(盡忠報國) 정신의 함양을 공공연히 주문했고, 이광수는 「천황의 방패가 되려는 날(御盾とならん日)」(1942. 5.), 「병역과 국어와 조선인(兵役と國語と朝鮮人)」(1942. 5.) 등 병역의 의무야말로 '완전한 국민'의 표지임을 강조하며 천황을 위해 죽음을 마다 않는 황민으로서의 자기 연성을 강조하는 내용의 논설을 집중적으로 써 냈다.

이듬해인 1943년 3월 징병제의 공포에 이어 8월부터 징병제가 실시되고, 10월에는 조선인 학도특별지원병제가 실시된다. 이해 2월 과달카날(Guadalcanal) 전투에서의 패배를 기점으로 수세에 몰린 일본군은 9월에 접어들어 대학 법문학부 및 전문학교 학생들의 징병 유예 정지를 공포했고, 아직 징병 대상이 아니었던 조선인 학생들에게는 지원이라는 형식의 징병이 종용되었다. 11월 중순 이광수는 학병 권유단의 일원으로 최남선 등과 함께 오사카와 교토·도쿄 등지를 돌며 조선인 학생들을 만나고

돌아왔다. 조선인 학병이 징병검사와 단기훈련을 마치고 입영을 시작한 것은 1944년 1월, 그리고 동년 4월부터 8월까지 징병검사를 마친 징병 적령기의 조선인 청년들이 입영을 시작한 것은 9월의 일이다. 이 무렵에 집중적으로 쓴 일본어 논설 「딸에게 주는 글(娘に與ふる書)」(1944. 6.), 「청년에게 고함(靑年に告とぐ)」(1944. 7.), 「청년과 오늘(靑年と今日)」(1944. 8.), 「반도 청년에게 보냄(半島靑年に寄す)」(1944. 10.) 등은 이러한 시국의 요구에 부응하여 '조선 동포의 영예'와 '대동아 지도자'의 지위 획득에 대한 기대를 부추기며 조선인 청년의 애국심을 호소하는 내용으로 채워져 있다. 총동원 체제 아래서 언어와 매체, 독자의 경계는 무화되어 버린 지 오래였고, 암시적인 언어와 기법의 가능성에 열려 있는 소설의 영역에 비해 투명한 언어와 논리를 요구하는 논설의 영역에서는 더욱 그러했다. 1944년 7월 사이판 함락으로 일본 본토가 연합군의 공습권에 들어가게 되면서 일본의 패전은 결정적인 것이 되어 가고 있었지만, 이미 말려든 전쟁의 폭주에서 발을 빼기란 불가능했다.